了解中国电子商务发展的一部百科全书

第一次全面刻画了电子商务的发展历程和各阶段的发展特点

中国电子商务发展史

ZHONGGUODIANZISHANGWU FAZHANSHI

叶秀敏 | 著

中国第一次引领了商务领域的
人类现代化过程

山西出版传媒集团
山西经济出版社

图书在版编目（CIP）数据

中国电子商务发展史 / 叶秀敏著.—太原：山西
经济出版社,2017.3
ISBN 978－7－80767－909－7

Ⅰ.①中… Ⅱ.①叶… Ⅲ.①电子商务—商业史—中
国 Ⅳ.①F713.36

中国版本图书馆 CIP 数据核字（2017）第 046025 号

中国电子商务发展史

著　　者：叶秀敏
出版策划：刘静仪　阎晓风
责任编辑：司　元
封面设计：陈东升

出 版 者：山西出版传媒集团·山西经济出版社
地　　址：太原市建设南路 21 号
邮　　编：030012
电　　话：0351-4922133（市场部）
　　　　　0351-4922085（总编室）
E － mail：scb@sxjjcb.com（市场部）
　　　　　zbs@sxjjcb.com（总编室）
网　　址：www.sxjjcb.com

经 销 者：山西出版传媒集团·山西经济出版社
承 印 者：山西新华印业有限公司

开　　本：787mm×1092mm　1/16
印　　张：27
字　　数：435 千字
印　　数：1—2000 册
版　　次：2017 年 6 月 第 1 版
印　　次：2017 年 6 月 第 1 次印刷
书　　号：ISBN 978－7－80767－909－7
定　　价：48.00 元

发现春天，大约在冬季

姜奇平（中国电子商务协会秘书长）

叶秀敏的《中国电子商务发展史》是我国迄今第一部权威系统的电子商务史著作。

本书系统梳理了中国电子商务发展的历程。以电子商务产生、发展的时间脉络，揭示各个阶段的发展特点、主要事件及其对电子商务发展产生的重大影响。这本书有助于帮助读者清晰了解中国电子商务的发展过程。

叶秀敏博士系出名门，是中国信息经济学会前理事长陈禹的高徒。她接触电子商务很早，1998年还读硕士时，就开始搜集、汇总有关电子商务的文章。那时，我主编的《互联网周刊》刚刚创刊。1998年可以说是中国电子商务的起步时刻。我们一起经历、见证了中国互联网和电子商务的风云变幻，潮落潮起。叶秀敏的专业是电子商务，读博期间译有《电子商务革命与新经济》。进入中国社会科学院信息化研究中心后，一直分工专业研究电子商务，有常年大量的电子商务专业研究和调研成果。由她来作史，非常合适。

作者在谈写作本书目的时提到，希望能帮助读者更深刻地认识电子商务，推动电子商务更广泛的普及应用。中国人有一个习惯，通过历史来认识事物规律。中国现在是电子商务世界冠军，读《中国电子商务发展史》，可以当作悟道的一种方式。就好比读女排讲自己怎么夺世界冠军，从中来认识排球运动之道一样。

　　说起认识电子商务，读了这本书，感触良多。正如作者所述：最开始，电子商务一直不被传统领域所认可，认为是炒作、不成气候、不适合中国国情等等。但经过二十年发展，电子商务已经走入千家万户，已经逐步被传统经济所接受，并在寻求牵手的途径，以电子商务为核心的新经济的春天就要来临！

　　二十年前，让我们说电子商务如何发展，我们也不知道。但等你知道马云怎么做再起步，你已经做不成马云了。今天许多传统产业的人士还有这样的心态，正如作者分析的那样，"很多传统领域踌躇不前的原因就是不想作为试验品"。但过了节气再播种，可能为时已晚。

　　我们看看历史，中国的先行者，在整个世界范围里比较，是什么时候开始对电子商务有了感觉的？我个人认为，是在 2008 年，也就是本书"电子商务的冬天来了"那一节。叶博士用历史告诉未来：发现春天，大约在冬季。

　　在 2008 年那个商务意义上的冬季，欧洲人、美国人还在华尔街冬眠的时候，中国人在一个关键的窍门上，醒了。

　　首先是阿里醒了。

　　2008 年 7 月 23 日那天晚上，马云向全体员工发布了题为《冬天的使命》的内部邮件，提出"抓住这次过冬的机遇"："我想对严冬的到来，阿里人应该拿出当年的豪情：If not now, When?! If not me,Who?!!（此时此刻，非我莫属！）"

　　阿里提出："阿里集团要成为全世界最大的电子商务服务提供商！""有责任保护我们的客户——全世界相信并依赖阿里巴巴服务的数千万的中小企业不能倒下！"

　　其中的窍门在于，不是做电子商务，而是做电子商务平台。

　　其次是中国电子商务协会醒了。

　　2008 年 5 月 29 日，中国电子商务协会决定授予杭州市"中国电子商务之都"称号。

　　背景是，杭州市政府提出，到 2010 年，使杭州成为全国电子商务专业网站集聚中心、全国网商集聚中心。

　　其中的窍门在于，不是做电子商务的地方称"都"，而是做电子商务平台的地方称"都"。

这个意识，一直到读者手中拿到这本书，翻开这一页的时候，欧洲人、美国人仍然还没有明确具有。他们与中国人的意识相比，落后了整整十年！估计要到 2030 年才会明白。

本书有 876 次谈到平台这个词。请读这本书的人，经过这 876 次提醒，能记住一件事，中国人为什么在电子商务这件事上成功，因为"平台"！（顺便预告一下，叶博士今年的研究课题是平台经济，请大家继续关注她的成果）。

这个平台的份量有多大？阿里上市第一天，市值就超过同一天闹独立的苏格兰的 GDP。读《中国电子商务发展史》要知道，她讲的是：在全世界人眼皮底下，中国人神不知鬼不觉地搞出一串规模达到欧洲发达国家量级的平台！

欧洲没有出阿里巴巴，一个世界级电子商务平台也没有（而且一个世界级互联网平台也没有），这一点不奇怪。我在意大利威尼斯码头喝着咖啡，悠然看着意大利城管，追逐着小摊小贩，百米赛跑，鸡飞狗跳。当时心想，这些小贩为什么不去开网店呢？我知道，意大利经济类型，是世界上与浙江最象的地方（都以中小企业见长）。浙江能搞电子商务，意大利为什么不能搞呢？考察结果发现，意大利人发展不起电子商务，是因为根本没有建平台的意识，结果变成一堆小生产，只好去鸡飞狗跳，并且一地鸡毛。

而美国为什么不出阿里巴巴？我们看美国人在哪一点上不开窍就会明白。美国经济学会会长鲍莫尔说："服务业是那些生产率缓慢增长部门（生产率增长停滞）的集合体"[1]。长期以来，服务业被认为是修脚、理发的。与制造业利用机器提高生产率相反，人与机器在服务业难以结合，所以效率低。美国人思路典型如沃尔玛，与马云是反的，商业做了那么大，却不懂做平台，开放给中小企业构成的轻服务业，无法当服务价值的倍增器和放大器。结果 2016 年被阿里超过，而且恐怕再无翻身之日。

电子商务平台恰恰解决了人与机器体系结合提高服务效率的问题。中国电

---

[1]盖雷、加卢主编：《服务业的生产率、创新与知识：新经济与社会经济方法》，上海人民出版社。

子商务既不是沃尔玛那种大生产，也不是意大利那种小生产，而是大生产为小生产作平台，放大其小生产的定制能量，使大规模与定制有机结合。

我经常在想，看山不是山，看水不是水，跳出来看中国电子商务，它是一件什么事？电子不电子倒在其次，商务之变才是重点。

人类商务演进的世界走势，像当年工业分为重工业、轻工业，用重工业平台放大轻工业一样，服务业当前也正在经历重服务业与轻服务业的产业分工，重服务业就是平台，轻服务业就是店主。用平台来成倍放大店主的效率，从而使服务业变成生产率快速增长部门(生产率增长飞跃)的集合体。当这种业态从第三产业经"互联网＋"，漫延到农业和工业时，就不光是服务业变革，而是一场服务化变革了。

这种人类级变革的首发地，不是在美国、欧洲，而是在中国。发生的时间，大约在2008年冬季。中国发展的电子商务，是人类服务业、服务化的一次伟大跃升。中国第一次引领了商务领域的人类现代化过程。

希望读者在阅读《中国电子商务发展史》，拎起那些动辄百亿量级的"小事"时，感到历史的重量！

写在前面的话

"不转型就等死!"

2014 年 8 月 19 日下午,京东集团副总裁张建设欢迎由中国社科院信息化研究中心介绍,来京东洽谈合作事宜的贵州省铜仁市常务副市长宗文一行,宗文副市长紧握着张建设的手说:"我们是来联姻的……用我们铜仁的优势和资源对接电子商务!"

从 2013 年年终开始,不管是京东,还是 1 号店、阿里巴巴,都频繁遭遇类似的场景。地方的父母官们,带着虔诚的心态,领着大队人马来到各大电子商务平台,要求合作推广他们本地的特色产品。

2016 年 7 月,在杭州举办的"首届中国县域经济和电子商务峰会"上,共有 144 位来自全国各地的市、县级领导参加了论坛。即使论坛进行中,主办方还不断地接到市长、县长们的咨询电话,临时要求参会。而主办方面对汹涌而来的市长、县长们,不得不已场地受限的原因拒绝。该会的举办,引爆了县域电子商务发展的热潮。即便在会议间歇,县长们也和其他参会者一样,端着盒饭,热烈讨论着地方电子商务发展的出路。

2016 年 8 月 22 日,中国股市新三板迎来第 1000 家挂牌上市公司——吉芬设计,作为时装设计公司,上市当日即宣布将借助互联网进行商业模式创新,借助线上到线下(O2O)增加消费者体验。不仅是服装企业,笔者最近常常接到房地产公司、物业公司的咨询,他们咨询的问题是如何利用互联网、大数据进行企业转型。2016 年 8 月 26 日的消息显示,万科与淘宝合作卖房;中石化与腾讯签署战略合作协。原本传统得不能再传统的两家企业大佬,也不甘示弱地牵手互联网。

2013 年年终,以余额宝为代表的互联网金融,以及随后爆发的打车软件补贴大战,吹响了互联网转型的号角。"不转型等死""不拥抱互联网就会被淘汰"成为整个社会的共识! 中国银行首席经济学家曹远征在"2013 中国金融改革国际论坛"上表示,"互联网金融是一个革命"①。中国农业银行首席经济学家向松祚也公开声称:"我们已进入互联网金融飞速发展的时代,大型银行面临传统优势快速下降的挑战。传统银行的企业文化、经营理念、治理结构、激励机制必须进行革命性变革。"

2012 年曾有人预测,2016 年中国电子商务将超过美国,但是艾瑞的数据显示,2013 年,中国和美国的网络零售额分别为 1.84 万亿元和 1.57 万亿元,并且,中国和美国得网络零售总额占比分别为 7.8% 和 5.8%,因此,不管从总量上,还是比率上,中国已经提前超越美国成为世界第一。

自 1991 年,我国正式引入电子数据交换(EDI)电子商务以来,电子商务从无到有,几经起伏。最开始,电子商务一直不被传统领域所认可,认为是炒作、不成气候、不适合中国国情等。网络零售近几年虽然爆发式发展,但是其成交额仍然只占社会商品零售总额的一小部分, 企业间的电子商务更是以信息发布和查询为主。二十几年后的今天,电子商务已经走入千家万户,已经逐步被传统经济所接受,并在寻求牵手的途径,以电子商务为核心的新经济的春天就要来临!

电子商务虽然被传统领域所认可,但是,传统经济如何拥抱互联网一直是尚在探索的问题。"不转型就等死,转型是找死",很多传统领域踌躇不前的原因就是不想作为试验品。近年,伴随着大数据、移动互联网的兴起,线上到线下(O2O)模式成为传统零售领域转型的契机。但是,如何转、怎么转? 还缺少典型的成功案例。针对更多的领域,转型模式一直是业界讨论的焦点。

本书将梳理中国电子商务发展的历程。以电子商务产生、发展的时间脉络,揭示各个阶段的发展特点、主要事件,及其对电子商务发展产生的重大影响。希冀本书能够帮助读者清晰地了解中国电子商务的发展过程。也希望能帮助读者更深刻的认识电子商务,推动电子商务更广泛的普及应用。

---

①金彧:《中行首席经济学家曹远征:互联网金融是一个革命》,《新京报》2013 年 9 月 24 日。

目 录

第一章　电子商务启蒙阶段
(1991—1999 年)

第一节　中国最早的电子商务 EDI(1991—1993 年)

最早,人们眼里的电子商务是电子数据交换(EDI)。随着技术的进步,EDI 已经逐渐淡出了人们的视野,但它在中国电子商务发展过程中,却是最重要的根基,起到重要的启蒙作用。

在我国,EDI 的建设和应用中,政府发挥了重要作用。1991 年,国务院电子信息系统推广办公室联合八个部委建立了中国 EDI 委员会(简称 CEC)。该委员会的任务是有计划地协调和规范我国 EDI 发展。CEC 的成立,标志着我国官方对电子商务的积极认可。从此,中国电子商务开启了发展的序幕。

EDI 全称为电子数据交换(Electronic Data Interchange)[1],是由国际标准化组织推出使用的国际标准,它是指一种通过电子信息化的手段,在贸易伙伴之间传播标准化的商务贸易元素方法和标准。例如,国际贸易中的采购订单、装箱单、提货单等数据的交换。

一、EDI 产生的背景

EDI 的产生,既是国际贸易发展需求的驱动,又是计算机通信技术快速发展的必然结果。

EDI 是全球贸易快速发展的必然产物。1978 年伊朗发生政变,引发第二次石油危机,产量锐减,石油价格飙升,引发西方国家全面衰退。自 1983 年起,西方国家先后摆脱

---

[1]来源:百度百科。

了经济危机,走上了复苏之路,国际贸易出现井喷,国家之间的沟通和交流日益频繁。传统国际贸易中,通常由银行进行担保,以各种纸面单证作为凭据。而全球贸易的活跃,带来了各种贸易单证、文件数量的激增。贸易竞争的压力,产生了对凭证传递和处理速度的迫切需求。在这种情况下,EDI 的产生和应用势在必行。

计算机快速创新普及,信息技术不断突破,计算机性能飞速提升,体积逐步缩小,成本快速降低。所有这些指标的改善,都有利于计算机的普及应用。企业、事业单位开始陆续接受计算机,用于信息处理。

通信能力显著提高,为 EDI 的应用奠定了坚实的支撑。1946 年,贝尔实验室提出蜂窝移动通信概念,1983 年正式投入商用,大大提高了移动通信系统的容量。随后数字蜂窝系统、全球移动通信系统(GSM)、码分多址(CDMA)系统等相继投入使用。公用电话交换网(Public Switch Telephone Network,简称:PSTN)伴随着数字用户线路(xDSL)技术应用及智能化改造步伐,通信能力显著提升。下一代通信网络(next generation network,简称NGN)的诞生,使语音、数据、视频或多媒体能更快捷地传输。

二、EDI 的特点

EDI 有两个特点:一是电子化,利用电子信号传递和交换商贸信息;二是标准化,传递的信号符合国际通用标准。

EDI 使得文字资料电子化,给贸易领域带来前所未有的变革。EDI 在信息传输上更具优势:①速度上,信息传输瞬时可达;②可靠性上,EDI 数据更加精准;③容量上,传输内容不受限制;④便捷性上,实现了商贸活动的无纸化。

EDI 的局限性体现在它的封闭性,它仅仅应用于外贸、交通、银行等个别领域,当时中国的用户只有相关部委和少量较大型的外贸企业;EDI 应用门槛高,主要体现在建设成本高,操作复杂。

三、EDI 在我国的应用

EDI 出现以后,受到了贸易领域的广泛欢迎,提高了企业的生产率和竞争能力。世界各主要工业发达国家和地区得到广泛的应用。电子化成为国际贸易发展的一种必然趋势。

在我国,政府部门积极督促推动 EDI 应用,国家"八五"科技攻关计划投资 500 万元支持 EDI。CEC(中国电子信息产业集团)的成员单位率先应用 EDI,陆续建设了一大批试点示范项目,如海关开发了 EDI 通关系统,税务总局建设了以电子报税和出口退税为主要功能的 EDI 系统,商检局应用了签证办理和报验申请的 EDI 应用系统等。

以中国海关为例,早在 1995 年 1 月,就成功地研制了 EDI 海关系统。短时间内,海关 EDI 系统用户已达 400 多家[①],EDI 海关系统日平均处理的普通货物报关单 6000 余份,占全国总数的 15%;快递 EDI 海关系统处理的快递物品占全国的 80%以上。海关 EDI 系统的应用,起到了推动与示范的作用。

第二节　"金字"工程全面启动(1993—1997 年)

在电子商务启蒙阶段,我国政府较早认识到了信息技术的影响力,迅速做出了反应,并且通过建设试点示范工程推动信息化进程。虽然这些工程效果有待最后评估,但是这些工程在一定程度上推进了我国政务信息化的进程。

一、"三金工程"启动

1993 年 3 月 12 日,朱镕基同志主持会议,提出了建设"三金工程",即"金桥工程""金关工程""金卡工程"。1994 年 6 月 8 日,国务院办公厅向各部委、各省市传达《国务院办公厅关于"三金工程"有关问题的通知》。自此,"三金工程"建设全面展开。

"三金工程"是国民经济信息化的起步工程。"金桥工程"首先建立国家共用经济信息网。具体目标是建立一个覆盖全国并与国务院各部委专用网连接的国家共用经济信息网。"金关工程"是对国家外贸企业的信息系统联网,推广电子数据交换技术(EDI),实行无纸贸易的外贸信息管理工程。"金卡工程"则是以推广使用"信息卡"和"现金卡"为目标的货币电子化工程。

二、"十二金工程"全面展开

"三金工程"推动了以政府业务部门为主的信息化应用建设,随后其他一些部门也陆

---

①于建华、司林胜:《我国 EDI 应用现状、问题及对策分析》,《商业研究》2000 年 2 月。

续开展了信息化建设工程。如1994年开始推行的中国税收管理信息系统建设"金税工程"(中国税收管理信息系统,简称CTAIS),1994年发起的推进农业和农村信息化的"金农工程",1998年启动的以实现"科技强警"为诉求的"金盾工程",2002年启动的社会保障系统信息化的"金保工程"等,总计十二个项目工程。

2002年8月5日,中办发17号文件转发了《国家信息化领导小组关于我国电子政务建设的指导意见》,明确表示,要加快十二个重要业务系统建设:继续完善已取得初步成效的办公业务资源系统、金关、金税和金融监督(含金卡)四个工程,促进业务协同、资源整合;启动和加快建设宏观经济管理,以及"金财""金盾""金审""金保""金农""金质"和"金水"等八个业务系统工程建设。以上十二个系统建设被称为"十二金工程",其主要是针对政府部门建立的办公业务信息应用系统。

三、"十二金工程"建设过程中存在的问题

2014年5月11日,国家信息中心在新大都饭店主办"国家重大信息化工程建设交流会"。会上,"十二金"的主要负责人介绍了各项工程的进展情况、未来打算。但是,总体感觉,这种政府投资的项目,还是存在着一些问题,有些问题虽然提出多年,但是一直没有解决。这些问题是:

(1)缺少顶层设计。

(2)非需求导向,不接地气。

(3)信息孤岛日益严重,条块分割,层级不畅。

(4)标准化滞后。

(5)效果不理想,欠科学绩效评估。

(6)仍重视平台和系统建设,缺少服务和管理。

(7)仍然是一把手工程,没有形成良性运营体系和机制。

(8)信息安全重视不够。

以上问题的存在,导致"十二金工程"最终可能会演变成鸡肋工程或者是无用工程。

分析产生问题的原因,主要有以下几点:

(1)顶层不够重视。

(2)仍然存在传统工业化思维方式。

(3)各部门闭门造车,没有考虑到市场需求。

(4)政绩导向,导致各说各话、各花各钱。

四、国家级信息化领导小组成立

我国在信息化建设的早期,就发现了一些问题。这些问题涉及面广,情况复杂,某个部委也无法单独解决。在此背景下,1996 年 1 月,国务院国家信息化工作领导小组成立,由副总理邹家华任组长,20 多个部委参加。国家信息化工作领导小组的任务是统一战略规划、组织、协调我国信息化建设。原国家经济信息化联席会议办公室改为国务院信息化工作领导小组办公室,简称国信办。

此时,迫切需要一部国家级的信息化发展规则,来整合资源,推动创新和协调、健康发展。1997 年,国信办组织有关部门起草编制我国信息化发展规划。1997 年 4 月,在深圳召开全国信息化工作会议,会议确定了国家信息化体系的定义、组成要素、指导方针、工作原则、奋斗目标、主要任务,并通过了《国家信息化九五规划和 2000 年远景目标》,各省市地区相继成立信息化领导小组及其办公室,各省开始制订本省包含电子商务在内的信息化建设规划。

五、硬件厂商、系统集成商也是电子商务的积极倡导者

硬件厂商、系统集成商较早看到了电子商务发展的商机,积极布局其中。为了争夺市场,这些企业在电子商务概念普及上,互联网发展前景上,投入了大量资金,进行了广泛的公关和市场营销。1997 年,在苏州召开的电子商务大会上,参会者不仅有部委领导,还有大量企业厂商,如美国通用电气公司、IBM(国际商业机器公司)公司、HP(惠普)公司、SUN(太阳计算机系统)公司、上海华腾软件公司、北大方正等企业代表。这些厂商不仅介绍了企业的电子商务解决方案,还对 EDI、互联网的应用与前景做了分享和讨论。IBM 公司的电脑营业部副总裁汤姆逊预测:"到 2000 年全世界将有 1 亿台主电脑和 100 个大型网络与 Internet(因特网)联网,网上用户将增至 5 亿~10 亿"。并且预言,互联网将成为"全世界最广大、最深厚、最快捷和最安全的市场,在Internet 上实现的购物和服务交易额将不下 1 万亿美元。"

第三节 基于 Internet 的电子商务起步

不管是 EDI,还是"金"字工程,都离不开政府的主导。而 Internet 引进后的中国电子商务,更依赖的是自下而上的市场力量。从以 Internet 为基础的电子商务网站的兴起、商业模式的探索、网商的出现、交易的形成,无不是草根公司和个人自组织的结果。而这种自发力量,自产生以来,恰如一团星星之火,在适宜的环境暖风吹拂下,呈现燎原之势。

Internet 的创新和普及,为电子商务带来生机。相比 EDI,Internet 具有开放性、低门槛性,更适合普及推广。与此同时,自发的电子商务形式,更调动了草根参与的积极性,满足了创业、购物、企业增加订单的内在需求,顺应了市场潮流。

一、正式成为拥有全功能 Internet 的国家

1994 年 4 月 20 日,我国的中科院承担实施的 NCF 项目(中国国家计算机与网络设施,The National Computing and Net working Facility of China)连入 Internet 的国际专线开通。虽然接入带宽只有 64K,但是,却是中国首次实现了与 Internet 的全功能连接。至此,中国成为真正拥有全功能 Internet 的国家。这一天,是一个值得纪念的日子,它是中国互联网的诞生日。从这一天起,中国互联网发展的大幕才徐徐拉开。

表 1-1 我国四大网络系统明细

编号	网络名称	中文全称	运营单位
1	CERNET	中国教育和科研计算机网示范工程	国家教委
2	CHINANET	中国公用计算机互联网	原邮电部
3	CASNET	中国科技网	中科院
4	CHINAGBN	中国金桥工程经济信息网	原电子部

中国正式接入 Internet,被中国新闻界评为 1994 年中国十大科技新闻之一,被国家统计公报列为中国 1994 年重大科技成就之一。

二、形成四大骨干网络

1996 年，我国已经基本建成了四大网络系统。

这四大网络系统不仅独立成网，而且分别与 Internet 国际互联网相联系。1997 年 10 月，以上四大网络系统最终实现互联互通。

三、政府牵头，市场主动参与

1994 年，绝大多数人仍然没有听说过电子商务这个词，即使听说过，也很少人能说出电子商务的确切概念。但是，一些先知先觉者已经意识到电子商务对未来经济社会的影响，并且主动参与其中。为了普及和宣传电子商务，我国先后举办了一系列高层次的电子商务国际论坛。

1994 年 5 月，中国人民银行、原电子部、全球信息基础设施委员会（GIIC）共同组织北京电子商务论坛。该次论坛引起很多国家的重视，700 名来自美、英、法、德、日本、澳大利亚、埃及、加拿大等国的代表参加了论坛。

1994 年 10 月，"亚洲及太平洋地区电子商务大会暨展示活动"，简称"亚太电子商务大会"在上海举办。大会得到国家科委、国内贸易部、中国贸促会等政府部门的支持，会议由电子工业部副部长曲维枝担任主席。会议受到广泛关注，来自美国、加拿大、韩国、欧洲等国的信息界知名人士、我国专家学者、企业代表等共计 300 多人出席会议。参会企业不仅包括大的进出口公司，如中国电子进出口总公司、中国机械进出口总公司、中国技术进出口总公司等，还包括一些 IT 企业和政府机构，如长江计算机（集团）联合公司、辽宁省信息中心等。会议探讨了电子商务的现状和未来、电子商务与信息基础结构以及积极开拓应用 EDI 市场等内容。《中国计算机报》《信息与电脑》等杂志媒体也参会作了报道。此次高级别会议，在我国再次掀起一轮电子商务小高潮，电子商务概念开始在我国启蒙。

1995 年 4 月 25 日，包括国家信息中心在内的 9 家单位共同组建中国信息服务网络促进会，高新民担任首届理事长。促进会计划在我国建设国家经济信息资源网，旨在向全社会提供信息服务。

1997 年 4 月 18 日至 21 日，全国信息化工作会议在深圳市召开。会议确定了国家信息化体系的定义、组成要素、指导方针、工作原则、奋斗目标、主要任务，并通过了"国家信息化九五规划和 2000 年远景目标",将中国互联网列入国家信息基础设施建设,并提出建立国家互联网信息中心和互联网交换中心。

四、第一批网民出现

1997 年 11 月,中国互联网络信息中心(CNNIC)发布了第一次《中国互联网络发展状况统计报告》。十几年来,这个报告一直成为中国最权威的互联网应用数据报告,一方面是因为调查方法的科学性和数据来源的可靠性,另一方面因为它坚持每年出两次报告的连续性。最值得称赞的是它这份报告的公益性质,免费提供给所有人下载阅读。

根据 CCNIC 首份报告,截至 1997 年 10 月 31 日,中国共有上网计算机 29.9 万台,上网用户数 62 万,国际出口带宽 25.408M。此时此刻,不得不为这最早上网的 62 万人喝彩,是他们燃起了中国互联网的星星之火,向周围人普及了互联网知识,激起了更多人的上网兴趣。

五、商业化开始

1995 年起,一批海归和在美国接触到互联网的创新者,深刻意识到互联网的发展前景和巨大影响力,纷纷回国创办互联网公司,一批 ISP(互联网服务提供商)、"COM"(商业域名公司)公司开始兴起。根据 CNNIC(中国互联网络信息中心)首次调查,此时 CN(中国国家域名)下注册的域名已经有 4066 个,WWW(万维网)站点约 1500 个。这些站点都是中国互联网早期发展的火种。也是从此时开始,中国互联网开启了商业化运作之路。

【拓展阅读】早期的互联网公司

实华开网络咖啡屋

1996 年 11 月 15 日,曾强创办的实华开公司在北京首都体育馆附近开设了一家网络咖啡屋,成为我国首家网络咖啡屋。实华开网络咖啡屋借助附近国家图书馆和众多高校扎堆的文化氛围,定位于年轻的、有知识的人群。电脑+网络+咖啡三者的结合,给年轻人带了潮流时尚。借助媒介的推广,实华开网络咖啡屋开业即一鸣惊人。

上海热线

上海热线信息网络有限公司是上海信息产业(集团)有限公司全资子公司。1996 年 9 月 22 日,上海热线正式开通。上海热线聚焦于上海和上海人的生活。上海热线的功能最初定位于信息导航,经过近二十年,已经发展成为综合性信息服务网站,成为地方性门户网站的一面旗帜。

新浪网

1993 年 12 月,王志东得到四通集团投资,创办四通利方信息技术有限公司。在美国,他亲眼看见了 Internet 的飞速发展,他非常看好互联网未来发展的潜力和冲击力。于是,王志东回国后,于 1996 年 5 月,成立了四通利方的网络部,并启动建设第一个中文网站——SRSNET。据公司介绍,还针对公众用户开通中英文网上检索功能、实时论坛讨论功能。1997 年,四通利方公司引入 650 万美元的国际风险投资,成为国内 IT 产业引进风险投资的首家企业。1998 年 12 月,四通利方网站与美国华人网站华渊网合并,取名新浪网(英文名为:SINA),组建中文 Internet 门户。

瀛海威

1995 年 5 月,在中国连入国际互联网的第二年,张树新创建了瀛海威公司,是国内最早提出应在国际互联网络上提供中文信息的网络服务公司;也是最先提供 ISP (Internet Service Provider)业务的网络商之一。

1997 年 2 月,瀛海威全国大网开通,3 个月内在北京、上海、广州、福州、深圳、西安、沈阳、哈尔滨 8 个城市开通分站,成为中国最早、也是最大的民营 ISP,为用户提供拨号上网的接入服务。用户可以使用"论坛""邮局""咖啡屋""游戏城""新闻夜总汇"等诸多网络服务。

1997 年,瀛海威的全年收入为 963 万元,而仅广告宣传费即为 3000 万元。此外,在互联网普及初期,瀛海威利用媒体和"瀛海威时空科教馆",宣传、普及互联网概念。很多人也许都记得,或者听说过那句著名的广告语,"中国人离信息高速公路有多远——向北 1500 米。"事实上,在广告牌向北的 1500 米处,是当时的瀛海威科教馆,科教馆的主要目的是向中国大众宣传互联网概念,推广"网上冲浪"的乐趣。

比特网

1997年1月,比特网(www.ChinaByte.com)正式开通。它是我国第一家专注于IT领域的互联网媒体,也是中国第一个网络广告的投放地。在网站介绍中,它是这样描述自己的:"IBM为AS400的宣传支付3000美元投放比特网,开创了中国互联网广告业的历史。"

人民网

1997年1月1日,人民网接入internet,宣告正式上线。人民网最初是由人民日报社主办的以新闻为主的信息网站。人民网最初定位是人民日报的网络版。随着新媒体的迅猛发展,2000年10月,人民网正式启用新域名,独立运行。2012年4月,人民网登陆上交所,发行价20元/股,首日大涨73.6%。

网易

1997年6月,网易公司成立,并推出全中文搜索引擎服务,1997年11月,网易自主研发了国内首个全中文的免费电子邮件系统。网易免费邮箱系统一炮而红,263、国中网等纷纷要求购买这套系统,网易从免费邮箱系统的销售中,赚到了第一桶金。

搜狐

1996年8月,张朝阳拿到天使投资并以此创办"爱特信信息技术有限公司"网站,成为中国第一家以风险投资资金建立的互联网公司。网站具有搜索功能,取名为"搜乎",后改名具有中国文化特色的"搜狐"。

六、中国最早的两家电子商务公司

1997年,中国最早的两家电子商务公司中国商品交易中心和中国化工网分别上线。两者有三个共同点:都是1997年上线,都有政府背景,都是基于B2B领域。二者的差异也有三点:①中国化工信息网专注于信息,而中国商品交易则强调交易;②中国化工网专注于化工领域,中国商品交易中心是全品类的网站;③中国化工网是中国化工信息中心原班人马拓展新业务,中国商品交易中心是全新成立的股份制公司。

【拓展阅读】最早的两家电子商务公司

中国商品交易中心

1997年2月,伴随着国家经贸委发出《关于组建中国商品交易中心并进行试点的通知》,国内第一家从事企业间(B2B)电子商务的企业——中国商品交易中心成立。1997年10月,中国商品交易中心网站(CCEC)宣告上线。1998年4月,CCEC网站上进行了我国第一笔真正意义上的B2B交易,北京海星凯卓计算机公司和陕西华星进出口公司签订166万元的计算机买卖合同。1998年10月,国家经贸委和信息产业部共同决定正式启动以流通领域电子化为主要内容的"金贸"工程,并确定CCEC为金贸工程的试点与规范实施单位。

中国化工网

1997年12月,由中国化工信息中心运营的中国化工信息网正式上线,这是第一家垂直的B2B电子商务公司。中国化工信息网前身为全国化工信息综合服务系统,从事利用计算机技术为国家部委、大型企事业单位提供大型机点对点信息检索服务。中国化工信息网借助现有资源和系统优势,提前开通对外化工专业的网络信息服务。

七、Internet为全球经济发展带来新希望

为全球化插上腾飞的翅膀。20世纪80年代以来,市场全球化成为大势所趋。伴随着日本和欧洲的崛起,美国经济的霸主地位受到挑战,世界逐步向多极化方向演变。伴随着生产力的发展,专业化驱动更大范围的分工和协作,各国经济的联系越来越多,越来越紧密,依赖程度也逐步加深。拓展海外市场也成为获得更大市场份额、提升企业竞争力的必然选择。越来越多的实践表明,开拓海外市场有助于推动企业持续发展和提高利润空间。

Internet的出现,恰巧架起了沟通各国市场、各家企业的桥梁,给人们带来了希望。早期的文献中,人们是这样描述电子商务带来的好处:"对全球网络的供方而言,商品和服务供应商将不必保留渠道和仓库,公司和产品也无须通过各种媒体做广告。人们将不会错过各种招标和拍卖信息;在电子商务时代,人们不必再进行频繁劳累的商务旅行,不必承担大量纸张处理工作,如处理采购订单、发票、证明、付款凭证、设计样品和产品及储存文件等。只要利用计算机和网络就能既准确又迅速完成大部分工作,诸如市场、销售、批发和财务等。其结果促使成本降低,财务收入增加。电子商务将使公司、业主和政府组织更有效地利用有限的资源,把精力集中放在对消费者和用户有利的业务上。"

电子商务给实体经济带来希望。据统计,1996 年通过 Internet 实现的商业销售额达到 5.18 亿美元。这一趋势已引起各国政府、有关研究部门及众多厂商的高度关注。一家调查公司甚至预测,网络购物的增长速度将达到 200% 以上,到 2000 年电子商务交易将达到 2300 亿美元。

八、探索中的争论

这一阶段,业界对电子商务的认识,还处在好奇和探索阶段。2013 年前,在电子商务发展的十几年中,一直交织着两种态度,一种是乐观主义者,一种是悲观主义者。乐观主义者相信电子商务能量巨大,无处不在,将颠覆传统产业,变革传统贸易和购物方式,带来全新的商业文明。而悲观主义者则认为电子商务在发展过程中存在太多的障碍,包括交易流程和模式问题、欺诈问题、信息安全问题、认识转变问题等。尤其在淘宝网出现之前,对电子商务模式的探索一直处于瓶颈期,很多困难一直无法逾越,比如发票问题,税收问题,仓储物流问题,安全问题,质保责任界定问题等。

第二章 电子商务迎来小高潮
(1998—2000 年)

第一节 总体发展情况和特点

国内第一批电子商务网站的创办时期始于 1997 年,电子商务的全新概念开始引入,伴随着前期敢吃螃蟹者的大力宣传,电子商务的优势和美好前景鼓舞了一批创业者,他们激进地认为传统贸易借助互联网会取得颠覆性变革,因此前景不可估量。于是,从 1997 年到 1999 年,美商网、8848、阿里巴巴、易趣网、当当网等知名电子商务网站先后涌现。

这个阶段还是处于概念引入阶段。网民渗透率低、互联网应用匮乏、网民体验差,新经济的前景还只是处于想象阶段,真正的互联网应用市场还没有形成雏形。在这个阶段,中国的网民总量仍然较少。根据 2000 年年中 CNNIC 公布的统计数据,中国网民只有 1000 万。此时,网民主要使用拨号方式上网,操作烦琐、网速慢,而且上网费用高。并且,网络服务内容匮乏,网民的网络生活方式还仅仅局限于电子邮件和网页浏览。据中国 B2B(企业对企业)研究中心的一项调查数据,在目前已经成立的电子商务网站当中,有 5.2%创办于 20 世纪 90 年代。该阶段无疑是我国电子商务的萌芽与起步时期。

1999 年 7 月 12 日,中华网(www.china.com)率先在纳斯达克上市,这是在美国纳斯达克上市的第一家中国网络概念股,也是中国第一家上市的互联网公司。中华网的上市让很多人看到了互联网的魅力和巨大的财富效应。中华网的上市刺激了互联网的创业,也为中国互联网带来了短暂的繁荣,甚至是迎来一段疯狂发展期。

一、互联网环境持续改善

经过 1 年时间,截至 1999 年 1 月,互联网环境快速改善,主要指标全部翻倍式增长。根据 CNNIC 数据,上网用户增长了 3.4 倍,达到 210 万人,上网计算机也增长了 2.5 倍,达到 74.7 万台,CN 下注册的域名翻了 4.5 倍,达到 18396 个,WWW 站点增长了 3.5 倍,达到约 5300 个,国际出口带宽 143M256K,如表 2-1 所示。

表 2-1　互联网基础环境

	数量	增速
网民数	210 万	340%
上网计算机	74.7 万台	250%
CN 下注册的域名	18396 个	450%
WWW 站点	5300 个	350%

二、一些机构开始尝试互联网应用

1999 年,互联网、电子商务成为时髦概念,也引起一些政府、企业的关注。政府上网、企业上网,电子政务、网上纳税、网上教育、在线医疗概念逐步兴起。一些机构还将概念与本身业务相关联,进入试点和尝试性探索,如浙江大学和湖南大学探讨网上大学建设,北京和上海的一些大医院试点远程诊断。

三、首个网上银行服务开通

虽然,2013 年,余额宝把网络金融炒热,但是,早在 1999 年,我国就开通了网络银行服务。1999 年 9 月,招商银行率先在国内全面启动"一网通"网上银行服务,建立了由网上企业银行、网上个人银行、网上支付、网上证券及网上商城为核心的网络银行服务体系,并经中国人民银行批准首家开展网上个人银行业务,成为国内首先实现全国联通"网上银行"的商业银行。

第二节　一批电子商务零售网站开通运营

1999 年,8848 等一批 B2C 网站正式开通,网上购物从概念进入实际应用阶段。这些网站怀有激情地踏入了互联网和电子商务领域,可谓是电子商务概念的尝试者和应用的创新者,是中国互联网领域第一批敢于"吃螃蟹的人"。中国电子商务发展由此迎来一波小高潮。

一、8848——第一家 B2C 电子商务网站诞生

8848 是我国电子商务发展史中,一座具有里程碑意义的网站。8848 创始人是王俊涛,网站于 1999 年 3 月 18 日开始试运行,并在当年融资 260 万美元。8848 主要在线销售软件、计算机图书、硬件、消费类电子产品,是我国早期最有影响力的 B2C 网站。在短短的两年里,8848 克服电子商务发展初期的重重困难,创新性地探索了我国 B2C 电子商务模式,培育了我国最早一批网购实践者。

二、易趣网——国内首家 C2C 电子商务平台

1999 年 8 月,邵亦波和谭海音创办国内首家 C2C 电子商务平台"易趣网"。两位创始人都是上海人,是美国哈佛商学院的校友。易趣注册在上海,成立之初,二人在一个两居室的民居房内办公。易趣的商业模式是电子商务 C2C。公司宗旨是帮助任何人在任何地点实现任何交易,为卖家提供了一个网上创业、实现自我价值的舞台,也为买家提供丰富的、物美价廉商品资源。成立之初,为了提高用户体验,易趣网在全国首创 24 小时无间断电话热线服务。

三、当当网——只卖图书

当当网成立于 1999 年 11 月,李国庆和俞渝夫妻二人联手创业。李国庆有 10 多年的图书出版工作经验,俞渝在美国有十余年的金融和融资方面的学习和工作经历。二人受亚马逊商业模型的启发,成立了当当网。当当网成立之初,发出只卖图书的口号,目标

是成为中国最大的图书资讯集成商和供应商。2000年,当当网首次获得了IDG(美国国际数据集团)、LCHG(卢森堡剑桥集团,该集团公司拥有欧洲最大的出版集团)的风险投资。

第三节　第二批B2B网站扎堆上线

继中国商品交易中心和中国化工网上线后,第二批B2B网站陆续上线。其中包括美商网、中国制造网和阿里巴巴。

1998年2月,由焦点科技运营的中国制造网(英文版)在南京上线,中国制造网专注服务于全球贸易领域,为中国供应商和全球采购商提供交易信息的发布、搜索、管理服务。2009年11月,焦点科技在深交所挂牌上市。

美商网(Meetchina.com)是国内较早从事电子商务的B2B企业。1997年创建于美国硅谷,1998年正式在北京启动国内业务,是首家面向全球市场的B2B电子商务网站。美商网主营国际贸易,采取线上线下相结合的方式,既开通网络信息平台,又经常在线下举办大规模国际采购招商会。

1998年12月,阿里巴巴正式在开曼群岛注册成立,1999年3月,其子公司阿里巴巴中国在杭州创建,主营企业黄页,企业信息网站同期上线。1999年6月,在开曼群岛注册阿里巴巴集团。

第四节　中国电子商务发展史的首个小高潮

一、中华网上市掀起网络高潮

中华网成立于1999年5月,是中国成立最早的门户网站之一。中华网拥有全国的门户业务,公司商业模式是网络咨询和网络广告服务。1999年,中华网日均访问量只有20万、全年营收350万美元,主要收入来源是网页设计。创始人之一的叶克勇是资本市场运作高手。1999年7月13日,中华网(NASDAQ:CHINA)正式登陆纳斯达克,发行价20美元,融资9600万美元,成为中国首家赴美上市的互联网企业。华尔街投资者对中国概念股反响热烈,中华网股价暴涨,一度超过200美元,市值高达50亿美元。闪耀的光环和巨大的财富效应,瞬间鼓舞了互联网的创业者,令摸索中的互联网网站看到了前进的希望,为中国互联网创业公司募集运营发展资金探索出了道路。

二、风险投资抢先把握机会

1. 美商网获千万美金投资

美商网(又名"相逢中国")实施的是"买家带动卖家"的战略,致力于吸引国外大采购商,帮助中国供应商拓展国外市场,帮助国际买家从中国采购物美价廉的商品。美商网的商业模式受到美国花旗集团、摩托罗拉、日本三菱集团的认可,并获得千万美金的投资,成为国内网络公司中较早吸引战略投资的佼佼者。1998年10月,美商网获多家美国知名VC千万美金投资,是最早进入中国B2B电子商务市场的海外网站,首开全球B2B电子商务先河。

2. 阿里巴巴连续获得两轮投资

1999年10月,阿里巴巴获得了高盛、富达投资等投资机构的500万美元"天使基金"。2000年,阿里巴巴从软银、高盛、美国富达投资等机构再次融资2000万美金。这些资金为阿里巴巴生存和健康成长提供了基本保障。

三、零售网站快速成长

1. 8848快速成长,仅此一家

8848上线仅3个月,8848网站上拥有的可销售商品总数增长了2倍,超过15000种。到1999年底,8848开通送货业务的城市就达到了450个、支持货到付款的城市达到25个,媒介称"8848成为中国覆盖城市最多的零售企业"。2000年初,8848一个月的销售额已经突破千万元大关,销售的商品也扩大到16大类、数万种。最重要的是,8848无论从声势上,还是从销售额上都是一家独大,没有一家其他网络零售企业能与其抗衡。

2. 当当周年大促,一鸣惊人

2000年11月,当当网周年店庆,开展了图书价格大酬宾活动,当当图书优惠折扣之大,被媒体形容为"价格之低空前绝后"。当当网的图书促销活动在网民中引起巨大反响,让习惯于传统书店无折扣买书的网民欢呼雀跃。当当网一炮走红,访问量飙升。2001年7月,当当网访问量超过50万。尝到促销甜头,当当网宣布每年举办一次店庆促销活动。

四、疯狂炒作

中华网的上市推动了互联网的热潮,不仅吸引了风险投资的眼光,也受到了媒体的追捧,一系列的营销策划活动更是推波助澜,掀起了一波互联网炒作热潮。这其中有影响力的活动要算是"72小时生存试验""E国1小时活动"和首届"西湖论剑"高峰论坛。

【拓展阅读】72小时生存试验

电子商务萌芽后,受到了擅长捕捉新鲜事物的媒体追捧。1999年9月3日,包括人民日报网络版在内的十大主流媒体,模仿英国做法,发起了轰动全国的"72小时生存试验"。三个城市的12名参赛者分别被关进独立的房间,只能通过互联网与外界沟通和购物。事件顿时成为社会热点话题,CCTV(中国中央电视台)也强势介入。这次活动是媒体发起的,达到了预期效果,不仅媒体吸引了眼球,还顺便向公众普及了互联网。赞助此次活动的8848也成为受益者,8848不仅连续曝光在央视等主流媒体,蜂拥而来的订单量也让8848应接不暇。据统计,活动期间的订单量是平时的10倍,单日成交达到3000单。

【拓展阅读】E国一小时

和"72小时生存试验"由媒体发起不同,"E国一小时"是由E国网站发起的营销活动。

E国的创始人叫张永青,他毕业于美国麻省理工学院,获得物理学博士学位。1999年,张永青回国创办亿国公司,担任首席行政官。2000年4月,张永青宣布推出"e国1小时",承诺在网上收到订单1小时内,免费送货到用户指定地点。

虽然这一举措受到一些专家的涉嫌炒作的质疑,但是E国收到了意想不到的营销效果。活动第一天订单量只有30单,一星期后订单量已经窜到每天七、八百单。E国5月的销售额仅 10 万元,到 7 月份就增加到 100 多万元。

E 国品牌和张永青同样名声大震。2000 年,CNNIC 中国互联网络最具影响力网站评选中,E 国获电子商务类网站第三名;在 21 世纪首届中国百佳品牌网站评选中,获得"最佳购物网"称号。张永青亦成为媒体追逐的焦点。

虽然"E 国 1 小时活动"最终被认定是赔钱的买卖,但是这个活动在早期较好地向普通用户推广了网络零售概念,被清华大学认定为 MBA 案例。

也有学者质疑 E 国的自杀性促销方式,被评论为"跑步进入共产主义",也让张永青有了"中关村愚公"的称号。据统计,到 2000 年 7 月时,E 国员工总数达到 500 人左右,其中配送人员就有 400 人。

【拓展阅读】首届"西湖论剑"高峰论坛

2000 年以来,新经济受到追捧,有关互联网方面的会议此起彼伏,但其中最有影响力的要数"西湖论剑"高峰论坛。2000 年 9 月 10 日,阿里巴巴牵头,在杭州举办首次"西湖论剑"网络峰会。会议的主题命名为"新千年,新经济,新网侠"。参加峰会的核心网侠是:搜狐网 CEO 张朝阳、新浪网总裁王志东、网易董事长丁磊、8848 董事长王峻涛、阿里巴巴 CEO 马云。香港著名武侠小说作家金庸担任峰会主持人。峰会讨论的主要议题是在纳斯达克股市动荡之际,中国互联网经济的发展出路。高峰论坛引起了社会强烈反响,吸引了国内外上百家媒体,现场参会的网民已超过上千人。

五、大型传统企业跃跃欲试

1999 年,电子商务的炒作,让越来越多的普通人知道了电子商务这个名词,也让一些先知先觉者关注电子商务的发展以及应用电子商务的意义。2000 年,一些大型国企开始将电子商务的概念与本企业的实际业务相结合,探索可行的融合发展之路。电子商务逐步从务虚到务实,中国电子商务发展出现了新的契机。

随着 WTO(世界贸易组织)脚步的临近,各行各业都面临着前所未有的挑战和竞争。企业商务运作的国际化、电子化水平,决定了它在未来国际范围内竞争的能力。此时此刻的电子商务,源于它的无国界和时间限制,立刻受到了传统企业的欢迎。2000年初,铁道部决定在全国的铁路部门实施电子商务战略。同年,中国石化也决定把传统业务搬到网上来,把电子商务用于其业务运作中,希望通过网络采购和销售,改造其现有运作模式,降低其运作成本。

一些提供电子商务解决方案的国外公司,也看好了国内的巨大商机,纷纷进入中国推广电子商务概念,介绍其解决方案。比较有代表性的有美国的第一商务(Commerce One)关系型数据系统公司、SYBASE、IBM、德国的(SAP)企业资源管理等。

第五节　政府开始重视电子商务

1999 年,国家信息化工作小组成立,负责推进我国的信息化建设。政府随后从组织结构、发展战略、具体行动等几个方面推进中国互联网的发展。

一、提出信息化带动工业化发展战略

2000 年 10 月 11 日,中国共产党第十五届中央委员会第五次全体会议就信息化建设做出重大决策,全会审议并通过的《中共中央关于制定国民经济和社会发展第十个五年计划的建议》明确指出:大力推进国民经济和社会信息化,是覆盖现代化建设全局的战略举措。以信息化带动工业化,发挥后发优势,实现社会生产力的跨越式发展。

二、成立专门领导小组

1999 年 12 月 23 日,国家信息化工作领导小组成立,国务院副总理吴邦国任组长。并将国家信息化办公室改名为国家信息化推进工作办公室。

2000 年 6 月 21 日,中国电子商务协会正式成立。该协会旨在加强中国与世界各国在电子商务领域的交流与合作,推进电子商务在中国的应用与发展,促进我国经济的全面发展。

三、政府搭台唱戏,举办研讨会和博览会

1998 年 4 月 22 日,由上海市信息港办公室、美国战略与国际研究中心和中国社

会科学院信息基础结构与经济发展研究中心联合召开"上海国际电子商务论坛"。中国信息产业部副部长吕新奎、美国总统前高级顾问麦格金纳的代表莫尼汉博士、欧洲标准化委员会首席代表布希博士等分别作了主题报告。出席论坛的人员有来自中国、美国、英国、日本等国家的政府官员、专家、学者和企业界代表约150余名。会议充分讨论了电子商务的内涵和发展电子商务的现实意义。

1999年9月6日,中国国际电子商务应用博览会在北京举行。本届博览会由外经贸部和信息产业部主办,是首次由中国政府举办的电子商务应用博览会,也是中国第一次全面推出的电子商务技术与应用成果大型汇报会。

四、实际支持行动

2000年7月1日, 国家计委根据国务院授权指定中国采购与招标网(www.chinabidding.gov.cn)为发布政府招标公告唯一一家网络媒体。

2000年7月7日,由国家经贸委、信息产业部指导,中国电信集团公司与国家经贸委经济信息中心共同发起的"企业上网工程"正式启动。"企业上网工程"是以政府为主导,为适应互联网发展的新形势而提出的信息化行动方案。企业上网包括两个方面的内容,一是在互联网上建立企业的站点,宣传企业本身和产品;二是建立企业与市场之间的信息桥梁,促进企业与用户的沟通。

第六节 电子商务服务商积极布局

一、上网资费下降,电信运营商积极布局

2000年4月20号,中国电信集团公司、中国移动通信集团公司、中国铁通集团有限公司分别宣布成立。2001年底,中国联通也发起成立。几家电信运营公司的成立,打破中国电信一统天下的局面,初步形成市场竞争格局。2000年9月,国家计委、信息产业部就电信资费调整按照《价格法》的规定召开听证会。2000年年底,电信资费调整方案出台。新方案利好互联网用户,这次调整电信资费总体水平下降了50%,国际、国内长途电话

资费和上网用户的资费明显降低,实行城乡通话费同价。

"企业上网工程"启动后,为了提高用户体验,中国电信率先将省会网络数据由155兆提高到2500兆,扩大16倍。然后,中国电信再从省会到地市,逐步提高带宽。中国电信的数据用户总数迅速增长,2000年底前突破1000万。

2000年5月17日,中国移动互联网(CMNET)投入运行,全球通WAP(无线应用协议)服务启动,这是中国移动互联网开启的第一天。10月,WAP业务收费标准出台,手机上网开始收费。2000年11月,中国移动推出"移动梦网计划",目标是打造开放、合作、共赢的产业价值链。

二、网上银行破土

1999年9月,招商银行率先在国内全面启动"一网通"网上银行服务,建立了由网上企业银行、网上个人银行、网上支付、网上证券及网上商城为核心的网络银行服务体系,并经央行批准成为国内首家开展网上个人银行业务的商业银行。

在国有银行中,建设银行的网上银行建设起步较早。1999年1月,建设银行正式对外开通了国际互联网网站,建设银行的电子银行业务正式起步;同年8月,建设银行首先在北京和广州两地推出个人网上银行;1999年12月,建设银行在北京宣布推出网上支付业务,成为国内首家开通网银的国有银行;随后,2000年底又推出企业网上银行。

三、小结

这个阶段,电子商务环境远未成熟,上网门槛和成本比较高,网民人数寥寥。网络零售还刚刚起步,对大多数人来说,还没有体验到网络购物的便捷和乐趣。而在企业电子商务方面,大多数人还停留在概念阶段,甚至简单地认为,电子商务就是无纸化办公。

第三章　网络泡沫破裂期
（2001—2002 年）

第一节　纳斯达克股市暴跌

2001 年到 2003 年是互联网诞生以来的首个泡沫期。这一时期,电子商务迎来短暂爆发期之后的衰退,表现为电子商务网站出现倒闭潮,纳斯达克网络股票价格一泻千里,网络概念股灾席卷全球。不到一年间,纳斯达克综合指数从 2000 年 2 月最高的 5000 多点暴跌到 1000 多点,仅亚马逊公司就跌去股价的 2/3,一半的网络公司股价低于上市价。那指暴跌以后,马上迎来网络股长达七年的萧条期。

那指暴跌的原因来自投资者对网络股失去信心。20 世纪 90 年代后期,伴随着网络概念的炒作,投资者看好新经济的成长空间,疯狂追逐“网络与科技概念股”。1995 年,网景公司在上市的单季度亏损 160 万美元,但其上市的第一天,股价就上涨了 108%。同样,亚马逊公司截至 1999 年 10 月,净亏损额再创 8600 万美元的新高,而其股价自 1997 年上市到 1998 年底飙升了 2300%。Yahoo（雅虎）公司市值突破 1000 亿美元后,赚钱效应让投资者失去理智,蜂拥挤入网络概念股,并带动纳斯达克指数连创新高。然而,网络公司的业绩并没有实质性好转。投资者逐步趋于理性,并对网络股失去了耐心和信心,网络股票泡沫开始破裂。

2000 年 2 月, 美联储主席格林斯潘发表言论认为:“一系列不平衡……威胁着我们的持续繁荣”[①]。2001 年 9 月开始,COM 公司开始崩溃和萧条,发布商业周期转换官方数

---

①来源:新华网,http://news.xinhuanet.com/dzswdh/2004-12/29/content_2300322.htm。

据的美国国家经济研究局(The National Bureau of Economic Research)[1],认定从2001年3月开始衰退。COM公司的崩溃导致了人们对新经济的乐观前景突然产生怀疑。人们重新开始审视电子商务及其商业模式。

第二节　中国新经济受到重创

在国际互联网泡沫破灭的大背景下,中国也未能幸免。2000年,中国做电子商务的网站有上千家,大部分没有盈利能力,多半属于炒作概念或者处于观望状态。有的网站为了跑马圈地,或者吸引更多的风险投资,仍然不断地进行大规模的品牌宣传和营销活动,烧钱运动如火如荼。少数网站虽然吸引到了充足的风险投资,但是这些网站没有可行的商业模式,缺乏自身"造血"功能,完全依赖外来风险投资度日。只有极少数网站开展了实质性的电子商务业务,比如知名度较高"8848"、CCEC(美国商品交易中心)等。即使这些网站,也仍然没有真正实现盈利。

一段时间过去以后,人们对互联网失去了耐心,加上媒体的悲观论调,绝大多数人对互联网的期望从波峰跌到波谷。伴随着纳斯达克指数泡沫的破灭,更多的投资者撤资或者保持观望状态。针对互联网的投资骤然减少,导致一些公司无以为继,相继倒闭。

中国互联网公司没有幸免,集体进入首个寒冬期。中国互联网公司同样出现倒闭潮。根据CNNIC历年统计报告汇总的中国网站数量的真实数据。2001年1月的统计结果显示,在这半年里,网站数目从2000年7月的27289个,飞涨到265405个,增长了872%。随后,电子商务系统发生小规模崩溃,网站数量降到2001年7月的242739个,降幅达到8.54%,是有史以来,网站数量第一次出现负增长。紧接着缓慢恢复,到2002年1月,网站数量达到277110个[1]。

---

[1] F.Gerard Adams:《The E-Business Revolution &The New Economy》,South-Western,2003。

[2] 叶秀敏:《电子商务生态系统研究》,社科文献出版社,2011。

表 3-1　中国网站数量

年份(年月)	网站数(个)
199801	1500
199807	3700
199901	5300
199907	9906
200001	15153
200007	27289
200101	265405
200107	242739
200201	277110
200207	293213
200301	371600
200307	473900
200401	595550
200407	668900
200507	677500
200601	694200

第三节　电子商务先驱者带来的启示

正是凭借早期一批电子商务先驱者的努力和不断探索,才开启了我国电子商务发展的先河。尽管他们中有的倒下了,但是他们仍然是中国电子商务发展历史上重要的开拓者和启蒙者。他们的经验和教训留给后来者诸多启示。

一、8848 的兴衰

"8848"是我国第一家 B2C 电子商务网站,也是当年商业领域最璀璨的一颗新星。正如它的名字一样,在那一阶段,达到了其他电子商务企业无法企及的高峰。然而,仅仅几年过后,"8848"就像一颗流星,在中国电子商务发展的黎明,划出一道亮光之后,渐渐消失在人们的视野中。"8848"尽管陨落,但是它成长中的教训,值得众多电子商务创业公司汲取。

1. 发展历程

公司成立:1999 年 5 月 18 日,连邦软件将其电子商务事业部独立出来,单独成立公司,取名北京珠穆朗玛电子商务有限责任公司,域名为 www.8848.net。公司董事长是王峻涛。8848取自世界第一高峰,品牌寓意着永争第一的雄心壮志。

快速成长:8848首先在网上销售图书和软件。由于选择产品得当,8848的电子商务业务快速成长。1999年8月,微软授权8848.net网站为微软全线产品的网上授权零售店,8848获得产品先机,更是如虎添翼。8848快速扩张,仅用6个月,8848就从只销售软件和图书两种商品,增加到15大类商品。用了10个月时间,8848销售额就从30多万人民币增长4亿美元。到1999年底,8848.net网上超市开通送货业务的城市达到450个。在随后的运营中,8848继续攻城略地,取得了很多骄人的成绩。

自主开发并成功运营了中国第一套开放式网上商城系统。

网上超市成为中国配送覆盖城市最多的零售企业。

首家全面适应多种在线结算方式的电子商务平台。

首家在中国超过50个城市实施货到付款服务。

率先开发、采用了完整的物流管理、商务管理、客户关系管理一体化的信息平台。

首家成功地实施了异地第三方物流管理系统。

达到巅峰:8848成立之初,就如一颗璀璨的星星照耀在天空,获得了一系列光环和奖项。

1999年11月,Intel公司总裁贝瑞特访华,称8848是"中国电子商务领头羊"。

2000年1月,8848被中国互联网大赛评为中国优秀网站工业与商业类第一名。

2000年2月,美国《时代周刊》称8848是"中国最热门的电子商务站点"。

2000年7月,8848被《福布斯》杂志列入中国前十大网站。

2001年,CNNIC调查显示,8848是中国工业和商业类网站被用户访问最多的网站。

截至2001年,8848公司先后融资约6000万美元。

巨星陨落:快速膨胀的8848将新目标转向登陆纳斯达克。几轮融资过后,8848由内资控股企业转变成外资控股企业。就在8848即将上市之际,全球股市的互联网泡沫开始破灭。而后进入的投资人实际掌握了8848的决策权,一些投资人认为当时金融环境不好,上市不能带来高额回报,他们不希望8848马上上市。因此,8848上市时间一推再推,直至最后机会丧失殆尽。

2001年11月,8848的B2C业务全部被拆分出来,投入到新成立的合资公司MY8848。2011年12月,由于MY8848拖欠供货商多笔货款而败诉,公司所有固定资产遭到法院查封或是拍卖,MY8848网站由此中断,绝大部分员工被裁减。MY8848因为资不抵债宣布破产。

2003年9月,"8848"转型,将目标客户定位为中小企业,为中小企业提供电子商务解决方案,包括网上开店,开发购物搜索引擎等。2005年5月,"8848"提供的插件由于涉嫌破坏公平竞争秩序被起诉,并以败诉而收场。随后和MY8848情况相同,"8848"公司裁员,最后倒闭。

2. 成功的经验

"8848"网站上线前两年,在B2C领域取得了显著的成就。总结其成功经验,有以下几点:

经验优势:连邦软件从事正版软件的零售和批发业务,擅长营销管理和渠道建设,有丰富的商业运营经验。另外,凭借其在软件领域的优势,在电子商务网站开发和建设中,也如鱼得水。不仅开发效率高,少走了很多弯路,也极大地降低了研发成本。

产品优势:"8848"具有产品优势,连邦软件自家的产品在"8848"网站开通之初,是商城的主打产品。1999年8月,微软更是授权"8848"网站为微软全线产品的零售网站。随着"8848"知名度的提升,其和供货商的议价能力逐渐提高,"8848"采取商品代理模式,因此减少了资金占用和商业风险。

占得先机:"8848"是国内首家针对最终消费者的电子商务网站,它的上线应用,自然引起了社会的广泛关注。"8848"的名字好记、励志、又朗朗上口,经过媒体的传播,立刻引来消费者的好奇心,体验和尝试网上购物成为当年最时尚的事情。在没有任何竞争对手的情况下,"8848"迅速占领市场,一路高歌猛进。

3. 教训和启示

"8848"从辉煌到惨淡收场仅仅经过几个年头。挖掘其中的教训,对于指导其他创业公司有非常宝贵的借鉴意义。

和投资人的关系不顺:由于最初的盲目资本扩张,几轮融资过后,"8848"的股东数量从2个变成十几个,其中不乏像美林、高盛这样的大投资公司。此时,本来是内资控股的企业8848已经转变成由外资控股的企业。2000年底,由于互联网泡沫破裂,纳斯达克等市场并不看好B2C业务,8848最终无缘上市,B2C业务也从8848剥离到MY8848。创始人王峻涛迫于股东之间的矛盾,黯然从MY8848离开。多年以后,王峻涛反思到:"创业团队相对控股,这条应该是不应放弃的原则。"

战略方向不明晰:8848被外资入股后,出于短期资本运作的考虑,公司发展战略频繁被调整,导致公司发展方向不清晰,战略方向不稳定。成立之初,创始人团队的战略方向是B2C业务;2001年9月,8848与电商数据(中国)有限公司宣布合并,成立珠穆朗玛电商数据(中国)有限公司(简称:8848电商数据),宣布以信息和数据服务为主;2003年11月,8848又将业务重点转向服务中小商户和网民的购物搜索引擎服务,包括商品购物和比较信息服务。2003年12月,8848网上商店eStore招商计划启动,开始为中小企业开店提供服务。

经营能力不足:8848过早陨落的一个重要原因是其欠缺运营能力、过程管理和风险控制能力。MY8848的经营问题逐步积累,直到最后被起诉才得以曝光。而网站运营管理者没有及早发现问题并有效解决危机,直到风险积累到无法弥补,导致最后彻底崩溃。据媒体报道[1],在MY8848被起诉之际,MY8848已经欠339家供货厂商货款615万元,其他各种应付款200余万元。此外,还收网民货物预付款20多万元,没有发货。

环境不成熟:在电子商务刚引入我国初期,B2C商业模式还不成熟,没有第三方支付渠道和信用评价体系,也没有相应的政策法规约束,消费者的权益无法得到保证。按照当时的网购流程,消费者必须直接向网站汇款,然而网站是否能按时发货,或者商品是否达到质量标准,都无法保证。根据2001年一到三季度的统计[2],中国消费者协会和各地消费者协会都收到大量消费者关于网上购物的投诉,其中投诉的热点问题主要是:消费者付了货款却拿不到货,还有的消费者通过网上购物买到的是劣质产品。为此,中国消费者协会提醒消费者,在选择网上购物的时候,一定要谨慎。北京市工商局甚至向消费者发布紧急警示:不要再向8848网上商城汇款购物。

二、美商网的倒闭

与8848类似的遭遇和类似的原因,我国电子商务B2B领域的先驱者美商网也于2001年5月宣布裁员,随后逐步走向倒闭。

---

[1]李罡:《MY8848被法院执行案始末》,《北京青年报》2001年12月11日。

[2]来源:人民网,http://www.people.com.cn/GB/paper447/4739/518848.html。

1998 年,童家威创立美商网(www.meetchina.com),致力于 B2B 领域的网上撮合服务,通过吸引国外较大采购商的订单,为中小生产企业提供对接国际市场的机会。美商网在全国几个大城市相继举办几场大规模的电子商务暨贸易洽谈会。2000 年,美商网达到巅峰,收入已达 5000 万元,并且收获了 3000 万美元的第三轮融资。原定于 2000 年赴美上市,但是由于纳斯达克暴跌而搁浅。2001 年,创始人童家威被迫从美商网离职,随后网站进行大规模裁员,逐步走向倒闭。

美商网倒闭的原因基本与 8848 类似。童家威强调美商网倒闭有两个最重要的原因[①],一是创业初期,没有正确衡量风险投资的作用,没有把握好风险投资与战略投资的比例关系,导致战略决策权落入资本手中。二是创业者的观念和做法也要随着公司的发展壮大而改变,创业者要逐步向职业经理人方向转变。

三、CCEC 的陨落

1. 昙花一现

豪华的背景:1997 年 2 月,伴随着国家经贸委发出《关于组建中国商品交易中心并进行试点的通知》,国内第一家从事 B2B 电子商务的企业——中国商品交易中心成立。1997 年 10 月,中国商品交易中心网站(www.CCEC.com)宣告上线。1998 年 4 月,CCEC 网站上进行了我国第一笔真正意义上的 B2B 交易。1998 年 10 月,国家经贸委和信息产业部共同决定正式启动以流通领域电子化为主要内容的"金贸"工程,并确定 CCEC 为金贸工程的试点与规范实施单位。

中国历史第一笔 B2B 在线交易:1998 年 4 月 8 日,CCEC 网站上进行了我国第一笔真正意义上的 B2B 交易,北京海星凯卓计算机公司和陕西华星进出口公司签订 166 万元的计算机买卖合同。海星公司由民生银行向中国建设银行交易专用章库预付定金,4 月 10 日华星公司发货,13 日,满载 COMPAQ 电脑的货柜车从西安顺利抵达北京,验货结算,交易最终完成。CCEC 北京分中心和陕西分中心全程参与了交易过程,辅助交易完成。

中国首笔 B2B 订单的完成,标志着我国电子商务进入了一个实质性的阶段。虽然支付、验货等环节还有很多人工成分,但是却为中国电子商务发展树立了一个良好的开端,

---

①人民网,http://www.people.com.cn/GB/it/48/297/20010913/559586.html。

打消了一部分人对电子商务可操作性的怀疑,增强了开展电子商务的信心。正如海星凯卓计算机公司总经理王愚所感叹的:"这单电子贸易成功的尝试,使我看到了我国企业改革的希望。"[①]

超前的理念:在整个社会还不清楚电子商务的概念及其发展前景时,CCEC 已经能清楚描绘电子商务的概念、流程、对社会变革的意义和发展趋势。CCEC 的很多理念现在看来也不过时。CCEC 自成立以后,就制定了"金贸工程"总体规划,建设了集合式、资源共享型、全流程服务的电子商务发展模式,建设了具有自主知识产权、服务企业的大型电子商务平台。

电子商务应该以商务为主。虽然电子商务是时髦词汇,但是,中国商品交易中心却一直认为商务才是电子商务的根本。CCEC 总裁孙国安在北大做报告时,特别强调:"所谓电子商务,其实就是电子化的商务或者说是商务的电子化,重点是'商务'。而商务又是指与商品交换有关的一切活动之总和。"

电子商务的全流程。CCEC 从网站建设初期,就坚持以交易为主,构建网上全流程的电子商务交易模式。交易的全流程包括六个模块:信息发布、信息查询、在线洽谈、合同签约、在线支付、物流查询。CCEC 总裁孙国安常常以买冰棍为例,形象生动地描述电子商务的全过程:商品交易必然经由吆喝(信息发布)、买方问价(查询)、交易洽谈、付钱找零(支付)、拿货(物流配送)、交付(交割)等六个环节才能实现。而且,他认为这六个环节是客观存在,是不以人的意志为转移的普遍规律。

专业化分工原则。孙国安一直强调,必须由专业的人做专业的事情,所以,物流、支付环节必须交给专业结构才能完成。因此,为了保证电子商务平台的正常运营,应该吸收社会各方力量,分工协作,共同完成。例如,有关物流问题,CCEC 提出要实现多对多的物流配送,物流是一个社会化、专业化的课题,必然整合社会力量共同完成。

专业市场和地方馆概念。在 CCEC 网站,一直有两大索引入口,一是地区分类入口,一是专业市场分类入口。CCEC 认为在细分市场领域,产品的标准、型号、价格等指标都和产品的特别属性密切相关,寻找和交易相关商品,必须到更专业的市场上。同理,各地区产品的特产和特色各不相同,因此也应该单独分类。网站功能强化专业化检索和商品

---

①大魏:《我国电子商务第一单交易顺利成交》,《中国经贸导刊》1998 年 9 期。

分类。商品设有 20 个大类,325 个中类和 5000 多个小类。由于实施了模块化的平台开发专业市场平台与基础平台的"无缝连接"和功能共享,CCEC 建立了"一个平台无数个专业市场"的市场建设目标。

透彻分析电子商务对社会的变革和重要意义。CCEC 一直把电子商务看作是改变提升传统产业的重要方式方法,电子商务可以降低流通链的长度,减少成本;电子商务可以提高交易透明度,让灰色交易无处藏身;电子商务还可以让全国大市场的信息更加透明,避免买难卖难,减少货款拖欠和假冒伪劣商品的出现。

超强整合资源的能力:为了推动电子商务的全流程交易实践,CCEC 还广泛调动社会资源。CCEC 依靠国家经贸委的背景,调动各地经贸委下属机构作为各地的分支结构,从事电子书商务的理念宣传、会员发展工作。CCEC 在全国建设了 40 个省级分中心和行业分中心,建设 200 个交易分部,这其中绝大多数是由各地经贸主管部门承担的。CCEC 还与邮政、电信、银行、税务等机构部门探讨如何打通全流程电子化交易。与银行建立良好关系,大量贷款作为维持公司正常运营的资金。

政府的支持:CCEC 是国家金贸工程的唯一一家试点示范单位。作为我国"金"字号工程之一的金贸工程的实施,完全是以政府为主体对电子商务进行的直接推动。国家经贸委副主任陈邦柱给金贸工程设定的目标是:"实现我国以信息技术产业为先导,带动商品生产、流通、资本、技术、服务等行业的快速发展。"CCEC 肩扛国家金贸工程大旗,获得了国家经贸委的权利支持。一方面通过各种文件支持 CCEC 的探索,另一方面,组织各地的经贸委下属机构为 CCEC 提供支持。

一系列的案例探索:为了起到示范作用,CCEC 还在各个领域开展了一系列有价值的探索,形成一个个生动的案例。如与国家机关事务管理局合作,开发"中国政府采购网"项目,与新华书店总店合作"金版网"建设,与吉林省合作推广"金粮网"项目,与北京市公安局合作"警务通"项目等。

金粮网:吉林省金粮网是 CCEC 与吉林省粮食部门合作建设的粮食交易网。包含内部粮食信息管理网和外部粮食交易网两部分。内部信息网把吉林省地方粮食企业的收贮、销售、库存、财务、劳动用工等业务信息全部纳入管理范围,粮食主管部门可以实时观测到各个粮库的粮食进出情况,粮食的品质和进出价格。

开放的电子商务平台是个粮食展示、交易的平台。金粮网自 2000 年 6 月 8 日上线试运营,不到3个月,完成了9笔在线交易合同、涉及13.6万吨的粮食交易量,共实现交易额1.6亿元。其中公主岭市粮食收储公司与厦门中润饲料有限公司6月8日在金粮网上签订的第一笔交易合同,经过网上洽谈、买方付款、卖方粮食集港、双方在大连北良港平舱交割,仅用了短短的9天时间,而过去通常要2个月左右的时间。

内网和外网的数据共享,整个平台不仅可以促进粮食交易,推动北粮南调、减少粮食交易的中间环节、降低交易成本,还可以避免粮库管理中的漏洞。吉林省纪委书记在参观金粮网后,对省内地县粮食主管部门领导说:"哪个粮库的数据不上金粮网,哪个粮库就有可能存在问题。"

能力突出的领导团队:总裁孙国安和副总裁于懋都曾在政府部门担任领导干部,不但有丰富的资本运作经验,与主管政府部门、地方政府和商界都有良好广泛的人脉关系。技术总裁朱军曾就职中国软件集团公司,有丰富的软件开发和项目管理经验。此外,公司还吸引了一批MBA(工商管理硕士)加盟,并高薪引进职业经理人。

人物:CCEC总裁孙国安。参与策划筹备了新中国的第一支股票——深发展(股票代码:000001),组织领导策划了中国第一家股份制保险公司——新华人寿保险公司,亲自担纲新华人寿筹备领导小组的组长,后任国家经贸委金贸工程办公室副主任、中国商品交易中心董事长兼总裁。

在大多数人还不知道电子商务概念时,他不仅深刻认识到电子商务的发展前景,还对电子商务的发展实践提出了自己独到的看法。他不仅深刻剖析了电子商务的本质,认为绝不能割裂电子商务与传统商务在本质上的密切关联,还提出了电子商务全流程的理念。他还最早认为,电子商务是一个整合资源的大平台,为各种类型的商家提供一个近乎平等竞争的环境,尤其给中小企业带来利益。他还准确预测了电子商务的前景:"电子商务对任何一个企业、地区乃至国家而言都是一个十分重要的发展契机。电子商务解决的是商品交换问题,能够有效地净化流通环节,规范交易过程,规避交易弊端,节省交易成本。"他二十年前的看法,和我国当前"互联网+"行动计划不谋而合。为了推动电子商务的全流程交易实践,他还调动一些社会资源,进行实践和探索。虽然当今很少有人知道孙国安的名字,但是他是名副其实的中国B2B发展的奠基人之一。

2. 失败的原因

没有市场化运作:CCEC主要领导者均出身于政府官员,再加上"金贸工程"的光环,

CCEC 不时地陷入误区,把自己当成是政府。在实际运营中,CCEC 没有真正把自己当成是自主经营自负盈亏的公司,CCEC 没有科学合理的发展规划,CCEC 没有真正实施市场化的运作,CCEC 没有完善的风险控制体系。

在发展初期,CCEC 有过盈利模式,以发展会员为主,每个会员收取 7000 元会费,为会员提供上网和交易服务。但是,一两年时间过去,会员发展进程缓慢,会员收入微乎其微。

CCEC 最初没有建设销售渠道,一直将各地经贸委的下属机构作为分支机构。然而,各地经贸委都有大量的行政和管理工作,没有专门的部门和人员协助 CCEC 从事会员发展和电子商务运营工作。CCEC 虽然号称有 200 个交易分部,但是没有一家直接隶属于 CCEC,也没有一家能够真正协助 CCEC 开展地方性营销。

在后期,虽然 CCEC 开始重视营销宣传,开始建设市场化的营销渠道,建设了特许经营的鞍山、赤峰两家专门的分支机构,但是为时已晚,大势已去。CCEC 自己对自己丧失了信心,主要领导人之间出现分歧,相继离开公司。公司资金流面临枯竭,巨额银行贷款需要偿还。

过于封闭,缺少开放与合作:CCEC 在将近四年的运作时间里,没有引入一家风险投资商,也没有一家战略合作伙伴。虽然有多家投资商看好 CCEC,并试图参与合作,但是都被拒之门外。缺少外援一方面导致资金枯竭而衰亡,另一方面由于缺少外脑,致使公司重大战略决策连连失误。

平台功能不完善,关键环节不畅通:虽然 CCEC 一直倡导全流程的电子商务,但是,几大核心问题一直制约交易的运行。无法解决的问题包括:开发票问题、商品交割问题、税收问题、售后服务问题,企业信用问题;用传统办法可以解决,但是效率比较低的问题包括:支付和物流仓储。CCEC 的第一笔 B2B 订单虽然成交,但是却耗费了两地分支机构大量的人力,并没有完全实现真正的电子化运营。

电子商务环境不成熟:客观上,与 8848 等公司倒闭原因相同,当时的电子商务环境不成熟。首先,面对的企业缺乏对电子商务的认识,企业电子商务应用推广成本高昂。其次,支付、配送、诚信体系建设严重滞后,开展全流程的电子商务难上加难。最后,CCEC 在 2000 年赶上纳斯达克网络泡沫破裂,资本环境和电子商务的信心都跌到深谷。

第四章　电子商务迎来恢复期
（2002—2003 年）

非典推动网络购物市场崛起，互联网泡沫之后的反思，也让电子商务企业从概念走向务实。企业开始认真考虑消费者的需求，踏踏实实做企业、做服务、做生态。

第一节　非典救了电子商务

2003 年，包括我国在内的 29 个国家发现非典（医学名称为严重急性呼吸综合征，又称传染性非典型肺炎，简称 SARS）案例，并迅速形成流行态势。据报告，全球共临床诊断病例 8422 例，死亡 916 例。SARS 主要传播方式是通过人与人的近距离接触，近距离的空气飞沫传播、接触病人的呼吸道分泌物和密切接触等。

由于"非典"病毒的近距离、接触式传染的典型特征，迫使人们在非典期间尽可能远离商场、超市、办公大楼等公共场所，给人们的生活、工作带来了很大障碍。而互联网具有不受时空限制，不用人员接触的特征，人们足不出户通过互联网就可以实现工作、生活、学习。电子商务利用互联网进行信息查询，交易，不仅方便、快捷，而且避免了人员接触，节约成本。电子商务在"非典"这一特殊时期显露出得天独厚的优势。一场"非典"变故，让电子商务的概念自发地深入老百姓的日常生活之中。中国电子商务由于这次偶然事件，得到了快速发展的契机。

一、网上广交会一炮而红

广东是非典的重发区，2003 春季广交会遭遇重创，大批国际采购商取消中国行程，广交会成交额锐减。组委会紧急开通网上洽谈平台，没想到网络交易平台门庭若市，开幕当日的访问量就达到了 368 万次①,客商增加量是原来的 5 倍。据统计,截至 2003 年 4 月 27 日,广交会各网站的访问量累计总数达 5090 万次,比上届同期增长 50.95%。其中境外访问量累计数为 2589 万次。据统计,在 2003 年广交会全部 44.2 亿美元出口成交中,网上就占据了 13 亿美元。在各大类产品中,网上成交效果最好的是机电类产品,占总成交量的 73.4%,其次是粮油类和五矿、化工类产品。

二、京东和淘宝横空出世

非典时期,诞生了在中国电子商务发展史上比较重要的两家网络零售公司,即京东和淘宝。

1. 京东借助非典转型成功

京东最早从事传统业务。1998 年 6 月 18 日,刘强东在中关村创业,成立京东公司。京东公司最初采取开设实体店的方式代理和经销光盘、数码等大类产品。

京东公司成立后,发展很快。从最近微信曝光的 1999 年京东年会视频来看,1999 年的京东已经有员工六七人,有一间几平方米的店面,月营业额从几万到近 100 万元,1999 年度总营业额达到 600 多万元。一年半以后,也就是 2001 年 6 月,京东已经成为光磁产品领域最具影响力的代理商,可见其增长速度有多快。2003 年的时候,京东的实体门店已经达到 12 家。

非典期间,一直经营实体店的京东在几十天里,一笔生意也没有成交。然而房租、人工成本却每日发生,即将面临破产倒闭的困境。背水一战的刘强东想到互联网,希望通过网络尝试减少库存。于是,他组织员工到各大网站论坛发帖,利用 QQ 进行口碑营销。没想到生意从网上源源不断涌来,京东转危为安。

非典过后,虽然京东的实体店陆续恢复营业,但是刘强东已经发现了网络营销的巨大发展空间。于是,他不顾周围同事的反对和质疑,毅然决定关闭全部实体店,彻底转型做电子商务。2004 年 1 月,京东涉足电子商务领域,网站正式上线运营。自此,京东商城业务连续 7 年实现营收增长超 200%。

---

① 赵廷超:《非典时期中国电子商务八大事件》,《电子商务世界》2003 年 5 月 28 日。

2. 淘宝破壳

阿里巴巴起家于电子商务的 B2B（企业对企业）模式，但是靠收取会员费的 B2B 模式发展缓慢，并且在当时的条件下，真正实现企业间的在线交易非常困难。2002 年，全球最大的网络零售商 eBay 进军中国，引起了马云的关注。非典的来临，更是让善于把握商机的马云意识到网络零售市场的巨大商机。2003 年 4 月，阿里巴巴开始进行研发。不到三个月时间，阿里巴巴正式宣布定位于 C2C（个人与个人之间的电子商务）模式的淘宝网上线。

三、非典掀起网络购物热潮

大商场和超市是人流密集区，为了防范非典，很多年轻人尝试网络购物这种新鲜事物。网络购物网站迎来大规模的用户和订单，一些网站的交易额直线上升。2003 年 3 月份，易趣网日均交易额为 170 万元人民币[①]，4 月份为 230 万元人民币，5 月份为 250 万元人民币。3 月份易趣网活跃的购买者日均达 3 万人，4 月份就达到 4 万人。上海一些 B2C 网站在 2003 年 4 月份的数据足以说明这种快速增长："联华 OK"网站订单量一周的增长速度为 120%，华联超市"5828"电话购物每天增长 100 多笔，"易购 365"电子商务销售额月度增长 70%。网络购物热同样推动传统卖家转战网络市场。根据易趣统计，非典期间，网上在线商品增加了 25% 以上。

四、B2B 业务实现突破

2003 年的中国 B2B 市场，阿里巴巴、实华开、美商网是规模较大的三家企业。这三家企业在"非典"期间都取得了显著增长。

阿里巴巴网站的会员数和商业信息数都实现了大幅度增长。在 2003 年的二季度新增会员数比上一季增长 50%[②]；国际采购商对商业机会的反馈数比上一季增长一倍；每日新增商业机会数比上一季度增长 3 倍；中国供应商客户数比去年同期增长 2 倍，诚信通会员数在 3 月份比上一年同期增长 4 倍。

---

①杨宏生：《非典刺激小商铺触网》，《中国商报》2003 年 6 月 10 日。
②边艳菊：《电子商务 非典时期显身手》，《中国电子商务》2003 年 13 期。

2001 年以后,出于上市的需要,实华开从网吧等多元化业务逐步向 B2B 业务收缩。实华开建设 B2B 平台"网上世贸中心",主要商业模式是利用网络平台,帮助中国中小企业对接国际采购商。非典期间,实华开的交易额、询盘量和订单数都比上年同期有显著增加,交易额增长了 10 倍①,订单额增长了 7 倍,询盘数量增长了 9 倍。订单来自美国、德国、丹麦等近 10 个国家,采购商品从办公用品到生活用品,小到笔墨纸张,大到机械设备。其中,非典期间已完成的订单总金额达 300 多万美元。

五、上网业务量快速增长

基础设施方面,互联网业务量明显上升。根据北京市通信公司提供的数据显示,4 月份上网业务量增长了 40%。上海市的电信数据显示,2003 年前 4 个月的宽带安装量是上一年的总和。

六、网络银行业务借势发展

"非典"带动了网络购物,同样推动网络银行业务快速发展。2003 年的"五一"期间,工行北京分行网上银行、电话银行的个人交易同比增加 110%,交易额同比增加 189%。招商银行北京分行自 2003 年 4 月下旬以来,网上银行专业版客户增加了 50% 以上,网上炒股、炒汇、汇款、转账以及购物等几乎所有的网上银行业务比平日增加了近 50%。

七、政府推动电子商务发展

非典期间,电子商务不仅受到市场欢迎,也引起了政府的重视。国务院总理温家宝在 2003 年 5 月召开的国务院常务会议中明确要求:"规范和改善电信、互联网业务的消费环境,推动扩大电子商务、电子政务、网络教育、网上文化娱乐及全民健身等方面的消费。"各地政府也在非典期间,推出以互联网为基础的服务,如无锡市开通中小企业信息化平台,沈阳和苏州等城市采取网上招商,吸引国内外企业加盟。

---

① 李红梅:《实华开电子商务骤然升温》,《国际商报》2003 年 5 月 17 日。

第二节　网络购物市场迎来发展黄金期

一、eBay 大手笔收购易趣

eBay(易贝)创立于 1995 年 9 月,创始人为奥米迪亚(Omidyar),网站成立初衷是用来满足个人商品交易,商品也仅仅局限于糖果盒和玩具。渐渐受到网民的欢迎,逐步商业化运作,成长为全球最大的拍卖网站。eBay 在美国打开局面后,就抓紧时机启动国际化战略,先后布局德国、法国、澳大利亚等发达国家,也先后进军韩国、新加坡、马来西亚、菲律宾和印度等国家。eBay 全球化战略取得成功, 很快成为全球最大的商品在线交易市场。2003 年,eBay 交易额达到 238 亿美元,净收入 22 亿美元。

eBay 进军中国后,其本土化战略一直不顺,而它又非常看好中国高速增长的网络购物市场。于是,eBay 在 2003 年以 1.8 亿美元收购国内最大的 C2C 电子商务网站易趣网,通过中西结合的方式发展市场。合并后的 eBay 易趣在无强敌的情况下,一举占据了中国 80% 的 C2C 市场份额。

二、淘宝实施免费战略

面对 eBay 易趣这个强大对手,淘宝创新地提出免费战略,免除了商家的开店费、交易费,而在 eBay 上开店,却需要交纳 2%[①]的交易服务费和登录费。淘宝借免费战略迅速获得大量商家和用户的拥戴。2003 年底,"淘宝"在半年时间里一共吸收了大约 30 万注册会员,其中还包含了一部分从易趣搬家过来的会员。淘宝乘胜追击,仅用两年时间,市场份额就一举超过实施收费策略的易趣。随后淘宝保持快速增长态势, 直到占领全国 80% 的市场份额。

淘宝免费策略是重大创新,开创了平台经济基础服务+增值服务,免费服务+收费服务相结合商业模式的先河。淘宝平台也不是全部免费。平台通常提供两种服务:基础服务

---

①蒲实、龚融:《阿里巴巴的几个关键年》,《三联生活周刊》2014 年 9 月 16 日。

与增值服务。基础服务一般免费而增值服务收费。基础服务只包括最基本的服务项目,增值服务则满足用户更广泛、更深层次的需求。如平台提供简单的搜索服务,对于一家企业,既可以搜索到其他企业,自己的企业也会被搜索到,这就是基础服务。但是,如果企业希望在搜索结果中排名靠前,则需要向平台支付竞价排名服务费,竞价排名服务就是增值服务。

平台通过提供免费的基础服务,吸引价格敏感度高的一方或多方用户使用平台。一方用户聚集到足够多的规模,吸引另一方用户的蜂拥加盟。当平台吸引了足够多的人气和流量之后,再推出收费的增值业务。平台通过提供免费的基础服务,建立起庞大的用户群和访问量,而通过提供有偿的增值服务获得收入,维持平台的可持续发展。平台提供这两种差别服务和收费模式,使得两方用户都获得增值效用,同时平台通过合理定价收费,自身也获得了发展,最终实现多赢。多主体合作共赢,推动以平台为核心的商业生态系统的演进发展。

第三节　传统企业尝试电子商务渠道

一、电子商务企业实现盈利

2001年,阿里巴巴提出了"让天下没有难做的生意",并启动了大规模的市场推广,在全国范围内建设销售公司。2002年底,阿里巴巴员工总数达到550人,比上一年翻倍;企业会员数达到160万,比上年增加了60%。在新产品诚信通的助力下,阿里巴巴首次实现了全年收支平衡,年底实现盈利。

与此同时,耕耘在在线旅游业务的携程网和艺龙网同时宣布公司实现盈利。不断的利好,让人们再次看到了电子商务带来的希望。

二、传统企业试水电子商务

电子商务的理念逐步普及到传统领域,一些领域率先尝试电子商务渠道。2002年制造业信息化应用试点示范工程全面启动,全国27个省市、46个重点城市和近2000家企业开展制造业信息化试点示范工程。

大企业的采购工作逐步向电子商务平台转移。宝钢股份公司则采用在东方钢铁在线网站上进行大宗物资的网上招标工作。截至 2002 年 7 月,实现的采购额达 50 多亿元人民币。中国石油天然气股份有限公司把 B2B 网站交易正式纳入生产计划,截至 2002 年 12 月,交易额突破了 193 亿元,其中电子采购 106 亿元,电子销售 87 亿元。海尔集团通过业务重整,集中在电子商务平台进行招标,从而降低成本。截至 2001 年底,网上交易额达 188 亿元。

零售领域,西单商场较早介入电子商务平台运营。西单商场于 2001 年底投资 900 万元成立了电子商务公司(igo5.com)。到 2002 年 6 月,此公司月销售额已超过 400 万元。

第四节 基础环境持续改善

2000 年来,互联网基础环境持续改善。计算机和上网计算机数量明显增长,上网人数高速增长,网站数量稳中有升。网络带宽增加,2002 年,国际出口带宽总量已达 8880Mbps。宽带接入取得了大幅度的增长,用户数达 417 万户,但是只占全部网民的 7%。

一、计算机和上网计算机数量

根据 CNNIC 统计报告,我国计算机数量、上网计算机数量、互联网用户数都呈现高速增长的趋势。不仅计算机和联网计算机总量显著增长,上网计算机占比更是快速增长。2000 年只有 40.55% 的计算机联网,2001 年占比接近 45.79%,2002 年半数以上计算机都能上网,上网计算机占比达到 53.41%。

表 4-1 计算机和联网计算机数量

时间	计算机安装台数(万)	联网计算机台数(万)	联网计算机占比
2000 年	2200	892	40.55%
2001 年	2800	1254	44.79%
2002 年	3900	2083	53.41%

二、网民数量

2000年，网民数量达到2250万人，2001年的网民增速达到50%，2002年的增速更快，达到75%，网民数量达到5910万。网民基数的迅速增长，为互联网应用的发展奠定了基础。在拨号上网为主的时代，上网还需要一定的门槛，网民互助上网是最主要的方式。传播上，网民的增长主要靠口碑传播；应用上，老网民带新网民、互助上网。互联网基数的增长，为网民的爆发式增长提供了可能。

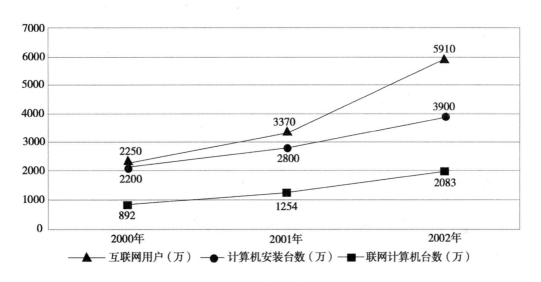

图4-1　上网计算机数量和网民人数

三、网站数量

纳斯达克泡沫破灭后，一批网站相继倒闭。但是，还有一批网站仍然看好新经济的发展前景，在泡沫中诞生。因此，2000年至2001年间，网站数量基本保持总量稳定。2002年起，网站数量有了较大幅度的增长。

以浙江省金华市为例，自2001年开始，金华历任市委、市政府领导都十分重视网络经济的发展，先后成立了金华市信息服务业工作领导小组、信息化工作领导小组等一系列机构。不仅从城市规划、招商层面大力支持网络经济企业落户金华，同时大力推进网络经济园区建设，设置孵化器、加速器，从办公用房、土地、税收、投融资、人才等方面给予网络经济企业政策扶持，对新办的网络经济企业实行"三年零房租"，实施"十年税收优惠"

等政策。巨大的优惠政策,吸引了一批创业者。中国食品网、中国包装网、中国收藏网、中国服装人才网、中国服装网、中国化妆品网、中国安防产品网、中国饰品网、中国五金网都陆续在金华诞生。

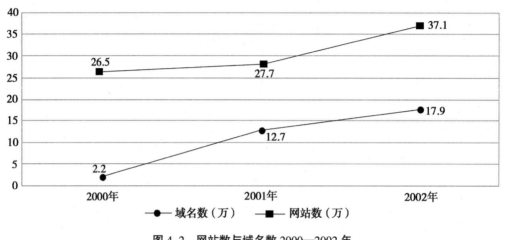

图 4-2　网站数与域名数 2000—2002 年

四、诚信体系建设

1. 首份《中国互联网行业自律公约》发布

2002 年 3 月 26 日,中国互联网协会在北京发布《中国互联网行业自律公约》。全国共有 130 家互联网行业从业单位签署了该公约,它是首份互联网行业的自律公约,对互联网行业的企业和从业人员在职业道德和行为规范方面进行了约束。它的推出,弥补了我国互联网方面法律、法规的不足,将有助于促进我国的网络信息化进程。

2. 阿里巴巴推出诚信通

B2B 电子商务模式拓展速度缓慢的一个重要原因就是国内诚信体系建设不成熟,导致风险大、交易成本过高,制约了交易顺利开展。2002 年 3 月,阿里巴巴针对中国企业信用状况的特点,推出商品和企业的真实性认证服务,命名为"诚信通"服务。通过阿里巴巴核实资质,在企业主要独享诚信标识;并拥有自己的网上信用档案。不仅如此,诚信通会员还享受信息排名靠前、独享买家信息,免费使用在线联系和客户管理工具等。"诚信通"的推出受到了市场的欢迎,会员费迅速成为阿里巴巴盈利的主要模式。

第五节　配套服务逐步建立

一、物流快递企业茁壮成长

网络零售的成长,推动了快递企业的发展,一些专门为电子商务项目服务的专业配送企业也相继出现。

顺丰速运成立于 1993 年 3 月广东顺德,最初市场主要定位于广东省和香港两地。2002 年前开始进军华东地区的快递市场。2003 年,在遭遇 SARS 航空市场不景气之际,顺丰低价包下扬子江快运的 5 架 737 全货机。SARS 推动网络零售爆发式增长,而对于早有准备的顺丰来说,如鱼得水,顺利占领全国市场。2002 年底到 2003 年上半年,顺丰的大本营广东成为肆虐的重灾区。幸运的是, 对于快递行业来说,SARS 更像是一个机遇。因为很多人选择了足不出户,快件的投递量一度反而有所增加。

宅急送成立于 1994 年,最早从事家政服务,1995 年与日本企业合资,专注于物流配送市场。1998 年宅急送开始进军更广阔的物流市场,在全国范围内布局营业网点。2002 年在北京、上海、广州建设成三大物流基地,购置汽车等物流设备,初步形成了自己的物流干线及运输网络。

此外,还有一批物流快递企业在此期间诞生或者快速成长,比如在 1993 年成立的、江浙地区为大本营的申通快递,1999 年成立的韵达快递,2000 年成立的、以上海为大本营的圆通,2002 年成立的中通快递。

二、安全问题引起重视

电子商务应用之初,我国政府有关部门就比较重视电子商务应用与发展中的安全问题。行业认证中心,如电信、海关、中国人民银行牵头组织的安全认证中心已经成立,上海、广州等城市的认证中心也相继成立。与安全标准、电子签名、密码系统等相关的核心技术的开发也得到重视并加大了投入力度。2002 年,与电子商务相关的法规、法律也在趋于成熟,2002 年完成《电子签章条例》起草工作,更多的法律正在酝酿之中。

三、支付取得重要进展

全国现代化支付系统取得实质性进展。2002 年 1 月至 10 月，全国共发放银联卡 6000 多万张，基本实现 300 个以上地级市各类银行卡的联网运行和跨地区使用。招商银行、中国银行、中国工商银行、建设银行及农业银行均已开展网上业务，中国工商银行已开通网上银行 312 个，交易额 2001 年达 6000 亿元，2002 年突破 5 万亿元。2002 年 10 月，已经实现大额实时支付系统的试运行，并陆续在主要发达城市推广，初步形成了一个跨行、跨地区银行卡信息交换网络。

四、淘宝推出支付宝

针对信用建设和支付效率和安全，2003 年 10 月，淘宝网再次推出重大创新服务——支付宝服务。最初，支付宝只服务于淘宝用户，作为第三方平台保障商品交易的资金流畅通和安全性。支付宝的推出，让消费者购物更便捷安全，完善了网络购物生态系统，促进了网络交易的跨越式发展。

最初，支付宝只是淘宝的一个业务部门。随着支付宝的快速发展，2004 年，支付宝从淘宝网分拆出来，独立作为公司运作，逐渐向更多的合作方提供支付服务。目前，除了支付服务，支付宝还提供转账、缴费等多样化服务，并且最终发展成为中国最大的第三方支付平台。

第六节　泡沫让业界逐步清醒

"非典"给电子商务带来了机遇，但是，基于刚刚经历的互联网泡沫破裂的惨痛教训，电子商务从业者开始走向务实，更加注重盈利模式和低成本经营。

一、电子商务逐渐回归商务本质

1999 年，有 457 家科技公司在美国实现 IPO（首次公开募股），其中包括 1999 年 7 月登陆纳斯达克的中华网。随后纳斯达克股价一路飙升，2000 年 3 月纳斯达克指数见顶,这个时候,中国三大门户网站新浪、网易与搜狐先后登陆美国证券交易所。伴随股价的一落千丈,三大门户网站也在劫难逃,最低时股价甚至都下跌到1美元以下。互联网公司面临极其艰难的环境,市场融资难度加大,市场推广成本增加,商业模式受到质疑。

在困难重重的环境下,电子商务从业者逐渐从概念炒作回归到电子商务服务本身。媒体和从业者纷纷从各种角度冷静思考电子商务的本质,为客户带来的价值,可实施的商业流程,可赚钱的商业模式。电子商务逐渐与传统产业相结合,出现一些开始赢利的电子商务应用,如针对企业实际需求的个性化解决方案逐渐成为主要盈利模式。比较有远见的公司更是开始布局更大的市场,建立相互呼应的电子商务生态系统。

从学术研究角度来看,学者们开始把眼光投入互联网领域,互联网产业发展研究首次成为热点。从2000年开始,以"互联网"为关键词的学术论文暴增。以知网资源库为例,搜索"互联网"关键词2000年有276篇,是1999年的4倍;2001年有536篇,同样比2000年增长了一倍,2002年有725篇,同比增长50%,如下图所示。

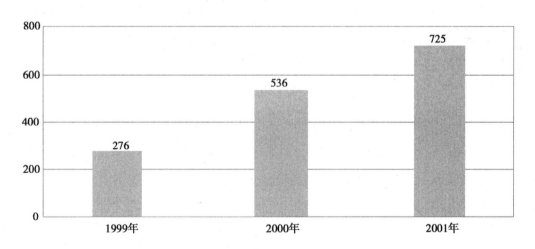

图4-3　知网以"互联网"为关键词的论文数量（篇）

二、电子政务工程全面启动

虽然纳指暴跌,但是中国电子政务市场大规模启动,为中国高科技企业带来一线生机,缓解了泡沫带来的负面影响。2002年起,在政府的推动下,我国电子政务进入紧锣密鼓的布局和实施阶段。2002年起,政府展开一系列的行动,从标准制定、大规模培训、发布指导意见,直到部署具体的建设方案,见下表所示。2002年7月国信办公布的《关于我国电子政务建设的指导意见》包含三大措施:一是建立内外网协调的电子政务网络平台,二是推进12项金字工程建设,三是加快重要战略性数据库建设,如人口、农业信息库等。

表4-2 政府大力推进电子政务建设

时间	主要举措
2002年1月	形成《电子政务标准体系框架》
2002年2月	成立国家信息化专家咨询委员会
2002年2月	举办300人"电子政务"科技知识讲座,朱总理参加
2002年5月	举行3000人的电子政务科技知识讲座
2002年7月	国家信息化领导小组通过《关于我国电子政务建设指导意见》
2002年8月	《国家电子政务标准化指南(V0.1版)》出台
2002年9月	电子政务建设地方工作座谈会
2002年10月	国办召开全国电子政务内网平台建设实施方案讨论会
2003年1月	地方电子政务外网平台建设研讨会
2003年8月	国家信息化领导小组第三次会议,发布《电子政务蓝皮书》

数据显示,2002年,电子政务在IT领域的投资就高达350亿元,其中,硬件250亿元,软件45亿元,信息服务55亿元,比同期增长25%。北京首都公用信息平台建立了142个政府网站,上海建立了143个政府网站,广州市建立了76个政府网站。

第五章　电子商务进入快速成长期
(2004—2007 年)

　　网络泡沫促进电子商务回归到实实在在的商务和服务本身,非典的出现又推动电子商务实现一次小飞跃,再次掀起一轮小的发展高潮。自 2004 年至 2007 年,电子商务支撑环境获得实质性改善,电子商务再次繁荣,取得了一系列的突破性进展:电子商务交易额持续增长,网络购物人数飞速上升,一些 B2B 企业开始盈利,B2C 企业表现为蓄势待发,C2C 企业竞争格局基本形成,传统企业对电子商务的认识逐步深入,中小企业信息化和农村信息化开始起步。这期间,阿里巴巴、中国化工网和携程网分别上市,中国电子商务迎来发展史上宝贵的黄金期。

第一节　电子商务总体发展状况

一、基础设施建设持续发展

　　我国电信基础设施依然保持高速增长态势。移动电话用户数维持高速增长,宽带接入继续普及,CN 下的注册域名爆发式增长。

1. 移动电话用户超固定电话用户

　　2007 年,全国电话用户新增 8389.1 万户,总数突破 9 亿户[①],达到 91273.4 万户。其中,全国固定电话用户减少 233.7 万户,达到 36544.8 万户,固定电话普及率达到 27.8 部/百人,自 1968 年以来首次出现年度负增长。固定电话用户的负增长,主要体现在城市无

---

　　①来源:《2007 年全国通信业发展统计公报》,http://www.mii.gov.cn/art/2008/03/28/art_169_36879.html。

线市话用户减少608.5万户，抵消了城市传统固定电话用户新增的374.8万户和农村电话用户新增加的39.9万户。

2007年，移动电话用户新增8622.8万户，达到54728.6万户，移动电话普及率达到41.6部/百人。可清晰看出，移动电话普及率自2001年一直保持直线增长趋势，并在2003年超过固定电话普及率，而固定电话普及率在2007年呈现掉头下降趋势。目前移动电话用户在电话用户总数中所占的比重达到60.0%，移动电话用户与固定电话用户的差距拉大到18183.8万户。移动电话普及率的高速增长，昭示着我国移动互联网和移动商务的巨大潜力。

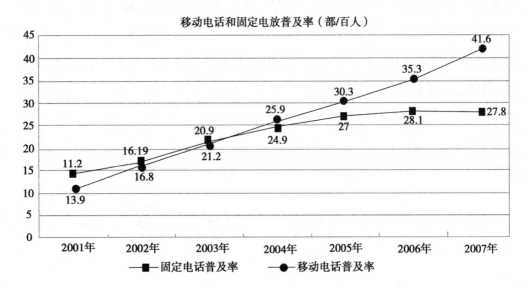

图5-1　2007年电话普及率

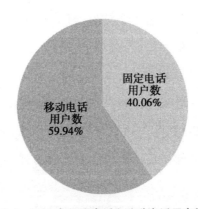

图5-2　2007年固定电话和移动电话用户数占比

2. 手机进入"宽带时代"

从用户上网方式来看,宽带用户高速发展,于2005年7月首次超过拨号上网用户,并且保持高速增长趋势。拨号上网用户数量在2005年1月达到最高值5240万后开始下跌,2006年下跌趋势有所加快。2006年,基础电信运营企业互联网拨号用户减少了917.5万户,而宽带接入用户新增1454.9万户,达到5189.9万户,将近为互联网拨号用户的两倍。2007年,宽带用户继续增加到1.63亿,比2006年增长80.13%,远高于2006年41.06%的增长速度。宽带用户占网民总数的比例达到77.8%,而拨号上网方式的用户仍然保持持续下降趋势,拨号用户数降为0.23亿,比上年减少0.16亿,占网民总数的11.1%。

使用手机上网的中国网民人数已经开始超过拨号上网用户数,达到0.50亿,并且增长速度达到196%,手机上网用户的比例已经占网民总数的24.0%,随着手机的高速普及和上网资费的下调,再加上手机的移动性和便捷性,预计手机接入方式普及速度将持续加快,并进入快速发展阶段。

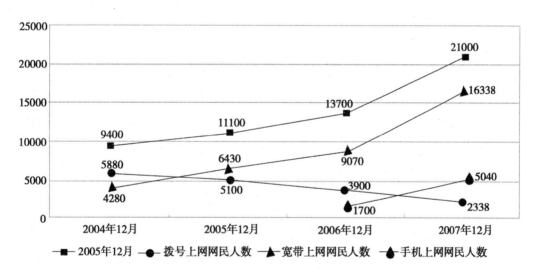

图5-3　不同方式的上网用户增长数量(单位:万)(数据来源:CNNIC)

3. CN(中国国家域名)域名数爆发式增长

根据互联网信息中心的调查结果,2007年,中国互联网络在上网计算机数、CN下注册的域名数、网站数、网页数、IP地址数等方面都仍然保持增长态势。中国互联网基础设施处在不断完善和发展的过程中。其中,CN下注册的域名数增长幅度最大,相比去年增加399.20%,CN域名数的爆发很大程度上得益于中国互联网络信息中心启动"CN域名一元体验活动暨国家域名腾飞行动"。网站数量的增速也相比去年有显著提高,增长率达到 78.40%,可见互联网行业及应用领域仍然保持强势增长。上网计算机数量、网页数量、IPv4 地址增速与去年持平。2007 年国际出口带宽虽然比上年增加 1125231Mbps, 达到 368927Mbps,但是增速却比 2006 年明显放缓。

表 5-1　中国互联网基础设施年度对比

指标	2005 年总数	2006 年总数	增长率	2007 年总数	增长率
上网计算机(万台)	4950	5940	20.00%	7800	31.30%
CN 下注册的域名(个)	1796329	1803393	64.40%	9001993	399.20%
中国网站数量(个)	694200	843000	21.40%	1503800	78.40%
中国网页数量(亿个)	24	44.7 个	86.30%	84.7	89.40%
大陆 IPv4 地址(个)	74391296	98015744	31.80%	135274752	38.00%
国际出口带宽(Mbps)	136106	256696	88.60%	368927	43.70%

【拓展阅读】CN 域名一元体验活动暨国家域名腾飞行动

2007 年 3 月 7 日,中国互联网络信息中心(CNNIC)启动了"CN 域名一元体验活动暨国家域名腾飞行动",宣布即日起至 5 月 31 日,新注册 CN 域名将享受第一年一元的体验价格。这次活动受到了信息产业部、国务院信息化工作办公室等多家主管机构的支持,旨在推动 CN 域名全民应用,推动互联网的发展,带动整体经济的腾飞。

此次域名活动将有助于推动互联网的继续普及应用。2007 年,互联网经过几年的高速发展,在电子商务、门户网站、网络游戏等领域取得了显著成果,但是互联网与网民、传统企业的结合仍然存在瓶颈。CNNIC 主任毛伟表示,"网民拥有域名的比例和互联网应用的程度成正比"[1]。一方面,恰逢 Web2.0 高速发展,个人博客和网页兴起。这次活动显然会满足大量网民个性化需求,注册具有特色的个人网络空间。另一方面,中小企业上网比例也稳步提高,建立企业网页和网站的愿望逐步提升。

此次域名活动还将有助于保障我国的互联网自主权,维护我国信息安全。长期以来,大量互联网应用使用的是., 而这个通用顶级域名是由美国互联网名称和数码分配公司

①来源:《新浪网》,《"CN 域名一元体验活动暨国家域名腾飞行动"今天正式启》2007 年 3 月 8 日。

(简称 ICANN)管理和控制。CN 域名则是由我国管理的国家顶级域名,属于国家主权范围内的互联网资源。因此,大量使用 CN 域能够在维护社会稳定、保证国家安全方面发挥作用。信息产业部电信管理局苏金生局长强调指出:"要充分认识 CN 域名管理在促进国民经济发展、维护社会稳定、保证国家安全方面的重要作用"[1]。

从世界其他国家情况来看,各国政府都很重视国家顶级域名的作用,在积极推动本国国家顶级域名的使用,从中国在国家顶级域名注册量排名中可见一般。2005 年 12 月底,CN 域名注册量首次突破 100 万个,成为全球第六大国家顶级域名。2007 年初,CN域名总量已经达到 180 余万,世界排名第四,前三位分别是德国、英国和荷兰。2008 年 12 月底,cn 域名一跃成为全球第一大国家顶级域名。而 2015 年 9 月,cn 域名注册量再次落后德国,排名第二。

二、网民数量出现爆发式增长

1. 网民增长再次出现高潮

截至 2007 年 12 月,网民人数已达到 2.1 亿人。自 2004 年以来的三年时间,网民增长速度一直稳定在 20%左右,但在 2007 年,网民数量再次出现爆发式增长,年度增长率创造了 2003 年以来的新高,增长速度超过上年 50%。

中国互联网普及率再度提高,已超过亚洲平均水平。截至 2007 年 12 月,中国互联网普及率增至 16%,超过亚洲的平均普及率水平 13.7%[2],离世界平均普及率水平 20.0%仅有一步之遥。

2. 网民结构呈现多元化和均衡趋势

(1)网民向女性群体扩散。

2007 年中国男性互联网普及率为 17.7%[3],女性互联网普及率为 14.1%,尽管性别普及率还存在一定差距,但是中国性别数字鸿沟指数已经缩减为 0.20[4],呈现连年缩小趋势,性别不平衡的状况正在逐渐改善。总体上看,中国的性别数字鸿沟已不是十分明显,与

---

①来源:《新浪网》,《"CN 域名一元体验活动暨国家域名腾飞行动"今天正式启》2007 年 3 月 8 日。
②来源:http://www.internetworldstats.com/。
③来源:CNNIC,2007 年 12 月。
④来源:"中国数字鸿沟研究"课题组,《中国数字鸿沟报告 2007》,《2007 年中国信息年鉴》。

发达国家情况基本相似。尤其是在电子商务领域,一些积极的现象也逐渐呈现出来,根据eBay易趣的调查,2005年网上卖家中,女性的构成比例月平均增幅超过36.6%,并且这一比例还在不断上升。在2007年的中国十大网商评选中,女网商增至五席,女性在电子商务发展中的地位和作用突显。

(2)网民向低年龄段和高年龄段人群扩散。

值得注意的是,自2007年开始,网民年龄构成中,18~30岁核心网民所占全部网民比例呈现负增长趋势,而18岁以下及30岁以上年龄段网民增长速度明显加快,尤其是18岁以下及40岁以上网民增速明显,网民呈现向多个年龄段扩散趋势。网民这种年龄结构的变化,无疑提醒网络服务商和社会各界要重视这部分人群的网络行为和需求。

表5-2　性别互联网普及率及其对比变化（数据来源：CNNIC）

年份	2001	2002	2003	2004	2005	2006	2007
男性网民数(万人)	2022	3505	4802	5696	6516	7987	7987
女性网民数(万人)	1348	2405	3148	3704	4584	5713	5713
男性网民普及率(%)	3.08	5.3	7.21	8.5	9.7	11.9	17.7
女性网民普及率(%)	2.18	3.28	5.02	5.88	7.3	9	14.1
绝对差距(百分点)	0.9	2.02	2.19	2.62	2.4	2.9	3.6
相对差距指数	0.29	0.38	0.3	0.31	0.25	0.24	0.20

表5-3　各年龄段所占全部网民比例（%）

	18岁以下	18~24岁	25~30岁	31~35岁	36~40岁	41~50岁	50岁以上
2006年	17.2	35.2	19.7	10.4	8.2	6.2	3.1
2007年	19.1	31.8	18.1	11	8.4	7.5	4.2
与去年同期相比	+1.9	-3.4	-1.6	+0.6	+0.2	+1.3	+1.1

（3）网民向农村人口扩散。

农村互联网处在快速发展时期,农民人口网民快速增加。2007年,城镇网民数已达到 1.57 亿人[1],占全部网民的 74.9%,而农村网民数量仅有 5262 万人,占25.1%。尽管从绝对数量上看,农村网民少于城镇网民,但农村网民增长非常迅速,年增长率超过100%,已达到 127.7%,远高于城镇网民 38.2%的增长率。2007年,在7300万新增网民中,有大约4成,即 2917 万来自农村,图表 11 为农村和城市网民普及率示意图。

（4）网络商务应用形式不断丰富。

根据 CNNIC 发布的报告显示,截至 2006 年底,中国网民平均每周上网 16.9 小时,平均每天上网 2.4 小时达到历史新高。与上年同期相比,网民每周平均上网时间增加1 小时,增幅为 6.3%。由此可见,人们对互联网的使用越来越频繁,依赖程度越来越高,互联网逐渐渗透到人们的日常学习、工作和生活。

从 CNNIC 网民行为调查发现,互联网的商务应用也逐步普及加强,应用比例保持稳定或逐步增长。网民需求的增加,同时也促进了网络商务应用形式的不断丰富。使用网络购物的网民比例保持在 22.1%[2],使用网上支付的比例增为 15.8%,使用网上银行的比例增为 19.2%,使用网络理财(炒股和基金)的人数明显增长到 18.2%。

三、电子商务交易额稳步增长

1. 电子商务交易总额稳步增长

根据国家统计局跟踪调查及商务部报告数字[3],2005 年我国电子商务交易额达12992 亿元人民币,2006 年中国电子商务交易额为 15494.22 亿,年增长率约为 20%,工业和信息化部的数据显示,2007 年中国电子商务交易额约为 23572 亿元人民币[4]。

2. 电子商务结构仍以 B2B 为主

根据赛迪顾问数据,2007 年中国电子商务 B2B 交易额占中国电子商务总体交易额的 90.1%,是电子商务的构成主体;而 B2C 交易额占整体交易额的 6.9%,C2C

---

[1]来源:CNNIC 研究报告,2007 年 12 月。
[2]来源:CNNIC,《中国互联网发展报告(2007 年)》。
[3]来源:商务部,《中国电子商务报告(2006-2007 年)》。
[4]来源:比特网,《奚国华:2007 年中国电子商务交易额突破 2 万亿》,2008 年 9 月 23 日。

交易额占3%。B2B 交易额为 21239 亿元,B2C 交易额为 1626 亿元,C2C 交易额为 707 亿元。

四、电子商务应用取得实质性进展

1. 电子商务的行业应用向多领域普及

2006 年国家统计局对中国大中型工业企业电子商务应用情况的跟踪统计表明,中国 19267 个大中型企业全年电子商务采购金额达到 5928.6 亿元,全年电子商务销售金额达到 7210.5 亿元。在大中型企业广泛应用电子商务的同时,中小企业电子商务已经起步,9%[1]的中小企业已经开展电子商务,并且网站功能正向多样化发展。从行业角度,电子商务已逐步从政府采购、流通业、制造业等电子商务领先行业向建筑、教育等行业扩散。从地域分布,电子商务已经从沿海等发达地区开始向中部和西部地区渗透。

2. 中小企业电子商务开始起步

中小企业是国民经济的重要组成部分。到 2006 年 10 月底,我国中小企业和非公有制企业的数量已经超过 4200 多万户,占全国企业总数的 99.8%。政府在大企业已广泛开展电子商务的情况下,开始重视并加大中小企业信息化推进工作。2008 年 2 月 29 日,国家发展和改革委员会、国务院信息化工作办公室、信息产业部在北京联合发布《中国中小企业信息化发展报告(2007)》和《全国中小企业信息化调查报告(2007)》。报告显示,我国中小企业信息化已基本度过起步阶段, 开始进入大规模应用普及阶段。报告显示,有 14.0%的企业具有建立企业门户网站应用,9%的企业开展了电子商务,7.3%的企业具有电子商务和网络营销应用,9.6%的企业具有移动商务应用,14.9%企业利用网站进行网上销售,10.2%企业利用网站进行洽商、下订单,7.7%企业利用网站进行采购,46.8%的企业具有网上报税应用。

3. 行业网站异军突起

2006 年,中国化工网成功上市,垂直型行业网站得到资本和社会的认可,给行业网站注入了生机,行业网站呈现快速发展势头。据最新的数据统计[2],中国行业网站已经超

---

[1]来源:中国社科院信息化研究中心,《2007 中小企业信息化发展报告》。
[2]来源:http://www.china.com.cn/tech/txt/2007-04/09/content_8084466.htm。

过了2000家,2006年总体的服务收入超过了100亿元,就业人数超过了12万人。中国化工网的上市,引来行业网站的建设和投资热潮。

4. 网民网络交易频次增加

据赛迪顾问调查显示,2006年,有超过80%的网民已经尝试或者愿意尝试网上购物。另据CNNIC调查,网民经常使用的网络服务(功能)中,网络购物的比例为23.6%,网络销售(含网上推广、网上拍卖)的比例是13.30%。其中,经常在网络销售的比例相比去年的同期的9.9%,有大幅度提升,越来越多的网民扮演了网络卖家的角色,这和2006年C2C交易模式异常火爆密切相关。

5. 电子商务生态系统逐步形成

围绕企业商务的电子化,配套的电子商务服务行业正在形成。平台服务商、电信运营商、软硬件服务商已经初具规模,加上物流、信用服务商等提供交易服务支持,从事电子商务活动的企业有效整合利用资源,与积极发展的配套服务企业及逐步改善的商务环境之间进行互相作用、相互影响、共同演化,从而构造成了共赢的电子商务系统。例如,当当网在全国66个城市与100多家民营快递公司结盟;而卓越网开始与全国各地的新华书店合作,以丰富卓越网的货源。在电子商务生态系统中,以处于核心位置的电子商务平台服务行业为主导。仅在2007年,平台服务收入就达647亿元人民币[1],从业网站达4500余家,从业人数约19万人。

五、电子商务投资热情持续高涨

与互联网整个行业不同,2007年的电子商务投资规模出现爆发式增长。投资中国的研究报告指出[2],2007年投资互联网行业的投资金额为6.21亿美元,比2006年下降31.7%。与此同时,2007年的电子商务投资案例数量却比2006年增长333.3%,达到26个,投资金额为1.88亿美元,较去年增长268.6%。电子商务领域吸引投资人的主要原因是:投资商认可电子商务市场发展具有无限潜力,电子商务模式的不断创新带来了新的商机,还有就是阿里巴巴上市所带来的投资示范效应。

---

① 来源:投资中国,《2007年中国电子商务行业投资价值研究报告》。
② 来源:投资中国,《2007年中国电子商务行业投资价值研究报告》。

第二节　电子商务服务市场发展情况

目前，中国电子商务中介服务市场仍然是三种模式：B2B（企业对企业电子商务模式）、B2C（企业对个人电子商务模式）、C2C（个人与个人之间电子商务模式）。2007年，随着阿里巴巴的上市，市场再次掀起 B2B 热潮，导致综合性交易平台和行业专业平台大打融合战。阿里巴巴依然是 B2B 平台的绝对霸主，占据 55.9% 的份额[1]。C2C 市场在细化服务的基础上，依然实行免费策略，淘宝网以第一名的身份占据 74.5% 的市场份额。在 B2C 市场中，除了当当、卓越等老牌综合性网站仍然活跃外，新出现的直销模式网站异军突起，给市场带来了生机。

一、B2B

随着阿里巴巴的上市，中国 B2B 服务市场再次呈现一片繁荣景象。根据调查[2]2007年企业化运营的 B2B 网站总数已经超过 4500 家，比 2006 年的 2000 家翻了一倍。

1. 阿里巴巴成为行业绝对龙头

2007 年，中国 B2B 电子商务网站营收持续增长。根据 DCCI（互联网数据中心）统计，2007 年中国 B2B 电子商务网站总营收为 42.1 亿元[3]，比 2006 年增长 49.8%。

阿里巴巴收入高速增长，占据市场龙头位置。根据阿里巴巴公布的招股说明书和 2007 年财报，其自 2004 年起，实现盈利；其 2006 年总营收为 13.6 亿人民币，净利润为 2.2 亿人民币；其 2007 年总营收达到 21.6 亿元人民币，同比增长 58.5%；利润达 18.8 亿元人民币。从 B2B 总体市场格局来看，阿里巴巴收入占全部 B2B 服务市场份额的 55.9%[4]；环球资源网收入规模占 26.5%；慧聪网占 8.8%，其余垂直行业网站以及其他综合电子商务服务商仅占总体 B2B 收入规模的 8.8%。

---

[1]来源：赛迪顾问，2008 年 1 月。
[2]来源：《电子商务世界》，《2007 年行业电子商务网站发展报告。
[3]来源：互联网数据中心，《Netguide2008 中国互联网调查报告》。
[4]来源：赛迪顾问。

目前,除了 B2B 龙头企业,大多数电子商务服务企业还处于起步阶段。从规模上看,大多数电子商务服务企业一般还比较小,50 人以下的行业网站占总数的 69%[1],100 人以下的网站占国内总体的 89%。从盈利状况看,大多数网站尚未实现盈利,只有 22.2% 的行业网站实现盈利。

【拓展阅读】慧聪推出"买卖通"服务

2003 年 12 月,慧聪国际在香港挂牌上市,为国内 B2B 电子商务服务业首家上市公司。在上市的当天,CEO 郭凡生宣布,慧聪上市造就了 100 个百万富翁,一句话激起了社会强烈的反应,也吸引了更多的人才加入电子商务公司。

慧聪最早的商业模式是基于传统媒体的产品信息及商情报价专线服务。慧聪自上市以后,积极向电子商务业务转型。2004 年 3 月,慧聪宣布将慧聪商务网正式更名为慧聪网,开通 40 余个行业频道和 76 个行业搜索引擎。为了增加盈利模式,2004 年 9 月,慧聪联手腾讯为商务人士推出即时通信工具"买卖通 TM",随即正式开始接受付费。一年以后,买卖通付费会员突破 3 万。

慧聪推出"买卖通"业务后,其互联网收入在总收入中的占比基本呈持续上涨,从最开始的零增长到 2004 年的 30%。2006 年,慧聪全面转型到互联网业务,定位为 B2B 综合服务平台。

2. 电子商务和传统企业结合更加紧密

电子商务实质应该是利用电子工具为商务活动服务。2007 年 B2B 电子商务服务平台的经营者们逐步从虚拟概念中走出来,将网络平台业务和服务对象更加务实地贴近传统企业和传统交易活动。因此,逐步兴起的行业网站多数选择落户于中小企业积聚的江浙一带,目的是便于形成网上网下的互动,促进实体经济与虚拟经济的有机结合。于 2007 年底上线的"中国手机代工网"则是立足"手机之都"深圳、整合手机产业链上下游资源的手机行业电子商务平台。

在 2007 年 12 月召开的"中国行业电子商务发展总裁峰会"[2]上,B2B 电子商务

---

①来源:商务部,《2006-2007 中国电子商务报告》。
②来源:赛迪网,《中国行业电子商务发展总裁峰会在京举行》,http://news.ccidnet.com/art/11097/20071220/1315793_1.html。

服务平台的经营者们更是将探讨如何建设基于传统企业需求的行业电子商务作为核心话题，认为中国 B2B 电子商务必须和传统企业进行深度结合，为传统企业提供挖掘产业链上下游资源、提升传统企业品牌价值的各项基础性服务。

3. 行业竞争加剧

在这几年的发展黄金期，网民逐步接受了网络购物生活方式，中小企业开始真正认识互联网并在互联网上寻找机会，支付和物流问题的解决，又为电子商务突破瓶颈提供了保证。慧聪网、阿里巴巴等网站的上市，激发了电子商务创业的热情。据中国 B2B 研究中心调查显示，仅 2007 年，国内各类电子商务网站的创办数量就超过了现有网站总数的 30.3%。

依托政府背景，中国网前不久宣布正式进军 B2B 领域，推出中国供应商平台；华联集团联合商务部共同推出华联采购 B2B 网上交易平台；中国首家在美国纳斯达克上市的软件企业九城关贸推出沱沱网……中国网络购物市场巨大的发展潜力，也吸引了国内外众多竞争者的参与，比如日本最大的电子商务企业乐天市场公司就宣布进入中国市场。

为了吸引用户，增加竞争力，各家企业纷纷展开声势浩大的营销攻势。沱沱网宣布 280 万元来奖励注册用户，并称将在未来两年内拿出两亿元人民币，带领中国优质供应商到海外参展。买麦网着眼于依托万网掌握的大量中小企业客户及代理商渠道优势开展 B2B 业务。

企业强强联合，整合价值链，实现资源共享是增强核心竞争力的必然选择。这使得网站融合成为发展趋势。

2007 年 4 月，阿里巴巴宣布与微软合作，通过在线服务，协助中国中小企业构建企业管理平台。目前，阿里巴巴搭建了完整的产品服务链条，覆盖了 B2B、C2C、B2C、支付、搜索、内容、软件。其中，B2B 主要为中外企业贸易提供平台；淘宝网主要提供企业和个人对终端消费者的在线销售；雅虎中国主要为企业和用户提供低成本的在线营销；支付宝主要为企业和个人提供网上支付体系；阿里软件为中小企业提供管理工具。

外贸细分市场约占 B2B 市场 70% 的份额，具有广阔的发展空间。为了争夺外贸市场，也为了与阿里巴巴在抗衡中获得优势，2006 年 5 月，环球资源网和慧聪国际结成联盟,环球资源入股慧聪国际10%的股份。整合后的慧聪,稳固了在中国B2B市场的地位,而且在与传统商情互动和电子外贸领域,相对优势更加明显。

4.行业电子商务网站异军突起

截至2007年,B2B服务市场行业巨头基本都已经成为上市公司,各公司都具有一定的竞争实力。从竞争态势上,综合性电子商务平台和专业性电子商务平台竞争尤为激烈。综合性平台如阿里巴巴和慧聪正在细分和深化行业市场或与专业市场合作,以便为用户提供精准的专业化服务,而专业性平台如网盛科技,为了克服垂直行业的规模和市场空间限制,以便与综合性网站抗衡,正在积极进行广泛联盟。

行业网站2006年全面开花结果,无论从数量、收入、就业人数都取得了实质性突破,而且获得了资本市场的追捧和青睐。2006年注册运营了大量专注于细分行业的新网站,例如:华夏纺织设备网、内衣网、中国塑胶交易网、中国风机网、全球铁艺网、德中企业目录网、中国汽车灯具网等等。同时,大型综合性网站也开始着手细分行业市场的争夺。行业中的成功网站为了获得更大市场空间,也在探索横向规模化发展之路,一方面通过建立横向的行业推广和信息共享联盟,组建能与综合类行业电子商务网站抗衡的综合类行业电子商务联盟;另一方面,通过注册和并购的方式入侵关联行业,培育横向网站群,形成行业电子商务服务集团。

【拓展阅读】网盛科技开拓"垂直门户＋联盟＋搜索"电子商务模式

浙江网盛生意宝股份有限公司(原名浙江网盛科技股份有限公司)是一家专业从事互联网信息服务、电子商务和企业应用软件开发的高科技企业,是国内最大的垂直专业网站开发运营商。2006年12月,网盛科技在深交所正式挂牌上市,成为"国内互联网第一股"。上市后的网盛科技积极拓展电子商务新领域,网盛公司分别创建并运营中国化工网、全球化工网、中国纺织网、中国医药网、中国服装网、机械专家网等多个国内外知名的专业电子商务网站。网盛科技看好"中国化工网"的成功模式,计划在中国专业网站中精选100家合作伙伴,共同打造100个类似"中国化工网"一样的行业龙头网站。在拥有大量行业网站资源的基础上,网盛科技成立行业网站联盟。2007年4月,又推出基于行业网站联盟的商业门户与搜索平台——"生意宝",独创了"垂直门户＋联盟＋搜索"的电子商务商业模式。生意宝在近千家网站打出"中国互联网第一股,携手专业网站共赢天下"的大幅广告。

5. 渠道建设花样翻新

由于中国信息化水平相对落后,中国电子商务 B2B 市场的销售渠道,不仅负责将电子商务中介平台的产品和服务销售给企业,还担负着一个重要的责任就是普及教育及推广任务。销售渠道要深入各地方的企业,手把手教用户如何上网,培训用户使用平台功能。因此,渠道在中国 B2B 发展过程中,扮演重要角色,责任和意义都非常重大。

各大 B2B 平台服务商的渠道建设特点各异。阿里巴巴采取的是直销模式,慧聪采用的是"直销与代理相结合"的模式,买麦网依据万网的渠道,采用了"大区独代、分区直销"的模式。更多规模相对小的行业和综合性平台,为了减少成本,控制风险,多采用代理模式。

6. 获得资本市场青睐

2006 年 12 月,网盛科技在深交所正式挂牌上市,成为国内第一支互联网概念股,国内互联网企业真正实现了 A 股 IPO。《电子商务世界》发布的行业报告显示,我国行业电子商务网站中,24.5%的行业电子商务网站已获得融资,融资情况明显好于 B2C 电子商务网站,而且面向整个制造、农业流通和服务领域的行业电子商务网站更有可能得到风险投资的关注。

2007 年,阿里巴巴在香港的上市,更是极大激发了创业者与投资者对电子商务的热情。两家企业上市引发的"财富效应",让电子商务公司再次成为新一轮投资标的,加快了我国电子商务技术和模式创新,推动电子商务进入新一轮高速发展阶段。

【拓展阅读】阿里巴巴在香港上市

2007 年 11 月,阿里巴巴正式挂牌香港联交所,开盘价 30 港元,较发行价提高 122%,共融资 116 亿港元,创下中国互联网公司融资规模之最。以开盘价推算,阿里巴巴市值超过 1516 亿港元。百度、腾讯、阿里巴巴成为中国市值最大的三家互联网上市公司,并且这种 BAT 格局保持至今,已经长达十年。有的学者对 BAT 格局进行了质疑,认为这种格局了抑制中小互联网公司创新,阻碍了中国互联网的发展进程。

马云在上市演说时非常低调,他谦虚地表示:"我们现在还是一个孩子,不管市值多高,不管股票多高,我们今天还是一个小公司,它只有8岁,员工的平均年龄27岁。"[①]

首席财务官蔡崇信解释了选择在香港上市的原因,一是香港是国际贸易中心,聚集大量目标客户;二是方便组织中小企业客户来香港参加展会,进行交流;三是香港是一个国际性的资本市场,方便投融资。

7. 海外市场成为新的市场空间和增长点

在国内市场饱和及竞争激烈的情况下,电子商务服务商积极开拓海外市场,为全球的中小企业提供服务,无疑可以获得更广阔的市场空间和差异化竞争优势。同时,海外市场的开拓,又反过来促进中外企业的商务交流合作,推动平台信息的活跃。阿里巴巴的成功上市,带来了品牌和资金优势,同时也助推了其在海外市场的开拓。2007年,阿里巴巴国际用户已经达到444.5万户,来自国际市场的营收达到15.5亿元,占全年总收入的71.8%,同比2006年增长56.0%。阿里巴巴B2B公司CEO卫哲在阿里巴巴上市的新闻发布会上公开表示,未来阿里巴巴将继续坚持国家化道路,帮助中国中小企业对接国际大市场。

8. 显现商业生态化特征

一些发展比较快的电子商务服务商逐步关注到自己的用户和产业链上下游的关系。例如,最近阿里巴巴提出建设"开放、协同、繁荣"的电子商务生态系统的核心战略,试图以开放和共赢的理念,营造一个客户、员工、合作伙伴、投资人、社会和谐繁荣、共同成长发展的平台。从客户需求出发,提供阿里巴巴、淘宝网、支付宝、阿里软件、中国雅虎和阿里妈妈的全程互补式服务;在整合价值链上,联合银行、物流等单位为用户提供支付、物流、信用担保、贷款等更多的服务项目和内容。

【拓展阅读】阿里巴巴构造搜索 + 电子商务 + 支付商业生态

2005年8月,阿里巴巴宣布收购包括雅虎中国的门户网站、搜索技术、通讯、广告

---

①来源:网易科技,《马云发言实录:阿里巴巴还是个小公司》,2007年11月6日。

业务、3721 网络实名服务以及一拍在线拍卖业务在内的所有资产，雅虎出资 10 亿美元换取阿里巴巴 40%股份，整合后的雅虎中国公司将全部交由阿里巴巴公司经营和接管。

阿里巴巴完成此次收购，具有重要的意义。

其一，阿里巴巴获得 10 亿美元现金，用于企业正常运营。阿里巴巴在 2005 年时，只有 B2B 业务取得盈利，收入模式以发展会员，收取会员费和服务费为主，利润率相对较低。而此时，淘宝和支付宝处在跑毛圈地，免费扩张期，需要大笔运营资金。资金的捉襟见肘，让这场并购成为一场及时雨，帮阿里巴巴渡过资金难关。

其二，马云借此次收购，重新获得阿里巴巴控制权。淘宝的免费模式让投资人对阿里巴巴持怀疑态度。面临与易趣的激烈竞争，大规模的烧钱扩张让投资人感觉到赚钱的希望渺茫。恰在此时，eBay 提出收购阿里巴巴的想法，大股东软银公司对 eBay 收购颇感兴趣。马云面临巨大风险：阿里巴巴被卖掉并且个人被解雇。而此时与雅虎的合作，雅虎获得阿里 40%股份，不仅剔除了高盛等小股东，，让阿里巴巴的股东结构比较简单化，马云也借此掌握了对阿里巴巴的控制权。

其三，阿里同时获得了一批非常优秀的人才，尤其是一大批 IT 工程师队伍。雅虎中国拥有一大批 IT 工程师，不仅具有丰富的开发经验，而且掌握着美国最先进的搜索技术。这些宝贵资源都成为阿里巴巴各大平台重要的技术支撑力量。

其四，完善了阿里巴巴的商业生态。雅虎中国的加入，带入了搜索和门户业务。而此时恰逢百度上市，搜索业务被看做是高门槛、高利润的网络应用，而阿里巴巴通过收购，轻而易举获得雅虎搜索，再加上阿里巴巴现有的电子商务和支付业务，阿里巴巴瞬间完成了电子商务+搜索+门户+支付的生态布局。

最后，此次收购活动，让阿里巴巴获得巨大知名度，成为一次声名远扬的宣传活动。阿里巴巴是国内互联网民营企业，而雅虎是高大上的国际互联网巨头。这次收购让阿里巴巴扬名海内外，赚足了眼球，获得极大美誉度，成为战胜易趣的致胜一役。

二、B2C

我国 B2C 快速发展，具有较高发展潜力。2007 年，B2C 电子商务服务市场稳定发展。B2C 电子商务服务网站全年总收入为 52.2 亿元人民币[1]，较 2006 年增长 33.5%。2006 年，我国网络零售额占社会消费品零售额比例仅为 0.5%[2]，根据美国统计局统计数据，2001 年美国网络零售额占社会消费品零售额比例为 1.0%，2006 年该比例为 2.6%。因此相比较而言，虽然我国的网络购物交易额增长迅速，但占社会消费品零售额的比例还很低，与发达国家相比还有很大差距，因而我国网络购物市场发展空间巨大。

1. 市场份额分散

B2C 市场份额仍然比较分散，当当和卓越仍处于领先地位。2006 年，当当的销售收入约为 12 亿元左右。计世资讯调查发现[3]，截止到 2006 年底，B2C 市场内两大巨头当当、卓越共占市场份额共计 28%，大部分市场份额仍被中小 B2C 服务提供商和专业领域 B2C 服务提供商的分割。这种情况表明，与 C2C 的市场高度集中不同，B2C 的市场格局比较分散。而且，随着 B2C 的利润率逐步下滑和竞争的激烈，综合性 B2C 将面临着更多的市场融合和兼并。其实，2006 年的 B2C 整合已经开始，搜狐商城、263 商城分别易手卓越和 E 国就是整合的印证。

2. B2C 和 C2C 融合发展

B2C 呈现模式多元化趋势。这种趋势有两种情况，一种情况是 B2C 服务平台加入 C2C 服务内容。B2C 平台服务商面临产品线短、利润下滑和高昂成本的风险，迫使一些 B2C 业务增加了 C2C 内容。如 2005 年 10 月，当当宣布一期投资 4 亿元，进军 C2C 市场。另一种情况是拥有自己的 B2C 网站传统生产企业，加盟 C2C 平台，借助 C2C 免费平台的人气，扩大销售渠道。例如，淘宝卖家中，70% 以上并非个人商户而是中小企业客户。

3. 综合性网站商品种类越来越全，专业性网站商品种类越分越细

B2C 综合类网站学习亚马逊商业模式，追求长尾效应，将网站越做越大，把经营商品种类越分越全，细分的产品类型也越来越多，用以留住更多的客户，提高客

---

①来源：中国互联网数据中心，《Netguide2008 中国互联网调查报告》。

②金季仁：《2 年内，网络购物交易额将突破千亿》，http://www.zjol.com.cn/05biz/system/2007/04/06/008313750.shtml。

③吴玉成：《电子商务：模式走向融合》，http://it.sohu.com/20060413/n242787028.shtml。

单价。由于受到仓储和物流等环节的限制,图书、音像、成人用品仍然是 B2C 网站销售看好的前三类产品。但是,2006 年,更多的商品种类陆续投入网民的眼帘,如服装、电器、数码产品等。卓越网突破起家时专注于图书音像的单一产品领域,已经把商品种类拓展到十几大类。目前其仍在拓展商品种类,其招商活动一直在继续。卓越网已经从最初"精选产品、减少品种"转型到目前的"大而精"。当当网更是将经营品种扩张到百万种,包括图书、音像、家居、化妆品、数码、饰品、箱包、户外休闲等商品。

与此同时,专注于垂直行业领域的 B2C 网站发展也非常迅速,国内垂直行业B2C网站数量迅速增长,在业内的影响力逐渐增大。这一模式的优势是,在动用较少的资金和资源下,就能相对保证服务质量,并且提高管理效率。尤其是高端产品的电子商务呈现火热局面。例如,销售钻石的九钻网,销售高尔夫普及系列的佰嘉通网络商城,销售手机的北斗网等等。

4. B2C 成为中国电子商务最热投资领域

投资机构看好中国网民规模及网上购物市场发展潜力,纷纷投资青睐的网络销售市场。根据统计,2007 年中国电子商务行业总投资金额将超过 1 亿美元[1],投资案例数量创历史新高,达到 15 个。其中,专业直销网络公司尤其受到资本惠顾。网络直销衬衫的 PPG,已获得两轮共计 5000 万美元的风险资金;母婴用品直销网站的红孩子公司,得到三轮超过 1000 万美元的风险投资;2007 年 8 月,今日资本向京东商城投资 1000 万美元,为京东快速起步奠定了资金基础,开启国内家电 3C 网购新时代。

【拓展阅读】亚马逊收购卓越网

2004 年 8 月,全球网络零售业龙头亚马逊同意以 7500 万美元买下中国网络零售商卓越网,进军经济快速增长的中国市场。卓越网创建于 2000 年,主要提供书籍、VCD、DVD、音乐、软件、玩具、礼物和其他商品的在线销售。2003 年,卓越网的销售额已经达到 1.5 亿元,增长速度达到 70%。2004 年,卓越网已经拥有 520 万注册用户,成为中国访问量最大、营业额最高的 B2C 零售网站。看好中国市场的网购潜力,亚马逊

---

[1]来源:创业投资研究机构,《2007 年中国电子商务行业投资价值研究报告》。

公司国际化进军的第七个国家选择了中国。中国市场大,而且相对复杂,有独特的商业文化和国情,亚马逊选择与卓越网合作,是最稳妥的进入中国市场方式。亚马逊公司的首席执行官杰夫·贝佐斯说,能够成为世界上最具发展潜力市场的一部分,对此我们十分满意。

卓越创始人兼董事长雷军谈及卖掉卓越网的原因[①],首先是缺钱,当时的中国B2C还处于烧钱阶段,没钱就没法和竞争对手比拼;其次是在中国做B2C,变数多,难度大,涉及到商品采购、用户满意、物流配送和支付等诸多环节,而很多环节需要全社会的共同努力才能达到最佳效果;三是雷军发现网络游戏生意赚钱更简单,赚钱更快,更有投资价值。

5. 消费群体快速增长,网络购物需求增长

消费群体快速增长并且网购行为日趋主流化。随着市场的培育和普及以及B2C模式创新和销售品种的多样化,网上购物人数呈现直线增长态势。需求的旺盛,也刺激网购品种日益增多,产品也更加大众化。截至2007年12月,中国网民的基数为2.1亿,购物人数规模达到4640万,网络购物比例达到22.1%。

6. B2C 商业模式获得实质性突破

一向被视为不适合网上销售的服装,在2007年在网络销售中取得实质性突破,这一年服装直销网站的异军突起,使B2C电子商务市场迅速升温。服装网络直销市场的规模在2007年已经达到10亿元人民币。PPG(批批吉)、BONO(报喜鸟)、VANCL(凡客)、LATLAND(领秀)等30余家服装网络直销公司在一年间如雨后春笋般地面市或正在创办。据PPG统计,其网络和电话销售额已经可以和传统服装行业巨头媲美。据悉,雅戈尔平均每天卖出衬衫1.3万件,而PPG每天出售衬衫也达1万件左右。后起之秀VANCL,经过广告轰炸,每天衬衫的网络销售量也达到1万件。服装直销售模式的成功,带动了服装直销网站的繁荣,再加上衬衫网络直销行业的门槛低,短时间引来大批开拓者。这其中不但有类似PPG的专门服装直销网站,还有两类其他进入者,一类是原有B2C网站的扩张,如当当网;另一类是传统服装企业的进入,如报喜鸟、雅戈尔等。

---

①来源:中国企业家网络版,2014年12月24日。

7. 传统企业试水电子商务

针对中国网上购物的快速发展以及 DELL 和服装企业等的网络直销成功启示,国内传统企业也纷纷试水电子商务。2007 年 8 月初,由中国电子视像行业协会牵头设立的品牌家电网开始正式运营。仅仅经过两个月的运营,品牌家电网销售额超过 3000 万元[①],平均订单金额为 3300 元,注册用户突破 6 万人,自销的品牌家电已达 3000 多款。

2007 年 9 月,摩托罗拉公司对外开通其网上商城系统(motostore.com.cn),意味着这个作为全球 500 强企业之一的通讯巨头正式涉水国内 B2C 电子商务市场。同时摩托罗拉也开始与一些 C2C 网站进行网上直销手机合作。

传统医药行业也纷纷利用信息技术将电子商务与传统医药分销产业相结合,开拓专业药品交易网络平台,如海虹医药网、"药商世界"医药网、九州通医药网、民生医药网等分别探索出不同的电子商务模式,并取得一定的业绩。

8. 价格战仍然 B2C 竞争的常见手段

价格战已经成为 B2C 巨头制胜的最有效的武器。当当网在 2006 年 12 月 1 日启动了盛大的岁末促销,包括网上 50 类图书音像销售排行榜上榜商品 6 折封顶,百货类商品全场买 50 返 25 元 A 券,全场通用。当当网还霸气地提出最低价格和缺货承诺,凡是在其他网站上发现同类商品的网上售价低于当当网售价的,或者发现其他网站销售了当当网没有销售的图书的,经核实后,举报者都将获得相应奖励。

当当网开展价格战的目的主要就是打压竞争对手,吸引人气,促进销售和市场占有率,维护图书、音像类网上零售商市场占有率第一位置。价格战虽然在短时间取得了销售额,但是价格战也不可避免地带来了负面影响,一是降低了网站的利润,二是价格战容易使网站轻视服务和安全等重要因素,导致行业的不健康发展。

三、C2C

2007 年中国电子商务 C2C 市场继续保持高速增长,网上交易额、销售品种及网购人数继续增长,依旧呈现高速发展态势,网络购物逐步成为普通网民的主流消费模式。淘宝免费策略依然是主旋律,开店网商日益增多,淘宝网站稳坐 C2C 市场老大位置,市场领

[①]张琦:《家电电子商务破冰:网络直销挑战传统渠道》,《每日新报》2007 年 10 月 23 日。

先优势明显加强。

1. 快速增长中淘宝成为龙头老大

2007 年中国电子商务 C2C 市场继续保持爆发式增长,2007 年中国电子商务C2C 交易额为 581 亿元,比 2006 年的 230 亿元[①]交易额增长 152.6%。短短几年,中国C2C 电子商务从无到有,从 2001 年的 C2C 交易额 4 亿元,增长到 2007 年的 581 亿元,显示出中国 C2C 市场的发展巨大潜力。

C2C 成为网络购物市场的主流商业模式。《2006 年中国网络购物研究报告》显示,当年中国网络购物总体交易额为 312 亿元,较上年增长 38.1%,其中 C2C 网络购物总体交易额为 230 亿元,占 73.7%,远远超过 B2C,而且这种差距有继续扩大的趋势。

中国 C2C 市场格局仍然高度集中,淘宝网市场龙头老大地位加强。截至 2006 年底,淘宝网注册用户数已超过 3000 万人,用户人均网购消费 563 元。2007 年淘宝网成交额达到 433 亿元[②],比 2006 年的 169 亿元增长 156.2%。淘宝网的市场份额继续增长,已经占全部 C2C 市场交易额的 74.5%,比 2006 年的 65.2%的市场份额又提升了将近 10%。在 C2C 市场,淘宝已经远远把它的竞争对手 eBay 易趣和拍拍网甩在后面。

2. 网络购物逐步向普通网民渗透

网络购物用户数高速增长。根据艾瑞调查,2001 年 C2C 电子商务用户数仅为250万。此后一直保持稳步增长,2005 达到 2245 万;2001 至 2005 年,中国 C2C 电子商务市场用户规模的年均复合增长率(CAGR)达到 73.1%。

网络购物不仅商品丰富、价格便宜、而且操作方便快捷,吸引了更多消费者的体验,也导致网购人群结构发生变化。网购人群逐步从北京上海等一线城市的白领扩张到更多二三线城市、中西部区域和农村的普通网民。据统计,2007 年第一季度,淘宝网在二三线区域用户数占到 89.01%[③],并且 2007 年上半年,淘宝网的成交额、新增用户数,增幅居前的基本上都属于二、三线城市,例如,仅山东全省的新增用户数增幅就达到 100%,四川省的新增销售额同比增幅也达到 200%。

---

①来源:易观国际,《2006 年中国网络购物研究报告》。

②来源:163 网站,http://tech.163.com/08/0122/07/42PUTS4S000915BF.html。

③来源:淘宝网,《2007 年上半年淘宝网购物报告》。

3. 网上购物品种呈现多样化和日常化

网购人群的增加及人群的大众化,使得网购品种日益增多,产品也更加日常化。

2006 年,网上最热销的十大商品分别是手机通讯设备、化妆品、笔记本电脑、网络游戏虚拟商品、电脑硬件、数码相机、珠宝首饰、运动健身、手机充值 IP 卡、汽车摩托配件。根据淘宝数据①,2006 年全年淘宝网一共卖出 4000 万件香水等化妆品,2000 万张充值卡、2000 万件保健品、450 万双鞋子、430 万个打火机,220 万部手机、60 万台数码相机和 40 万台笔记本电脑。2006 年全年淘宝网仅销售手机及配件一项,销售额就达到 53 亿元。

不到一年,淘宝网销售额前十的商品类别发生很大变化,日常生活用品占据了其中的 6 个②,日常生活用品销售比重已经超过全网成交额的 20%,居家日用品从 2006 年的第 12 位飙升至 2007 年的第 2 位,话费充值卡从 2006 年的第 9 位升至 2007 年的第 5 位,服装外套从 2006 年的第 11 位升至 2007 年的第 7 位。与此形成鲜明对比的是,数码类产品的排名大多有下降趋势。网上购物商品的转化说明,网上购物已经成为网民的主流购物方式之一,网购与网民的日常生活更加息息相关。

4. 卖家逐步职业化和专业化

C2C 卖家职业化趋势明显。eBay 易趣、淘宝网上的一些卖家已经开始雇用专职客服人员进行销售、配送。同时,卖家也意识到电子商务信誉的重要性,因此开始刻意包装店铺形象,塑造店铺品牌。卖家也越来越重视维护忠诚用户,不断改善服务水平,并在店铺整体效果设计上下功夫。

5. 免费仍是主旋律

自 2003 年 5 月初淘宝上线至今,一直执行免费策略,从最开始的免费 3 年政策到去年下旬又宣布继续免费 3 年;2005 年 12 月,eBay 易趣也被迫实施免费计划;2006 年 3 月腾讯携拍拍网进军 C2C,宣布免费 3 年;2005 年 10 月,当当网进入 C2C,承诺在 2006 年注册的用户享受终身免费。淘宝刚进入 C2C 市场时宣布免费,完全是为了与当时的市场老大 eBay 易趣竞争。虽然免费策略使淘宝成功地超越了 eBay 易趣,但是由于市场惯

①来源:《手机设备和化妆品网上最热销》,《扬子晚报》,2007 年 2 月 9 日 http://www.iresearch.com.cn/html/Online_Shopping/detail_news_id_40553.html。

②来源:搜狐网,http://it.sohu.com/20070718/n251130313.shtml。

性,商家已经很难接受收费方案了,这也导致淘宝"招财进宝"收费项目被迫夭折。

6. 盈利模式依然模糊

尽管 C2C 交易量飞速增长,但 C2C 的商业模式仍然模糊。免费策略使得 C2C 中介盈利希望渺茫,C2C 仍处在"烧钱"阶段,也致使 C2C 领域的进入门坎也越来越高。即将上线的百度 C2C 平台则将"搜索+社区+电子商务"作为自己的商业模式;而淘宝网目前虽然有一些广告收入,但是远不足以实现赢利,而其目前核心任务更是占领市场,扩大交易,尤其是它的价值还体现在作为阿里巴巴电子商务链中的重要一环。

在经过若干尝试之后,新易趣 CEO 王雷雷认为,C2C 电子商务需要达到规模效应后才能盈利,而赢利模式是交易费用和专业性的增值服务。2006 年 12 月 28 日支付宝宣布,从 2007 年开始,对淘宝以外的商家收取一定比例的技术服务费,并从 2007 年 4 月起,对商城卖家提供收费的增值服务。值得肯定的是,增值服务收费是 C2C 走出免费困境的一个良好策略和开端, 获得经营收入也是 C2C 能够持续健康良性发展的有效保证。

7. 腾讯和百度分别涉足 C2C

尽管 C2C 网络购物市场目前还无特别明显收入模式,而且绝大多数网站都处于投入阶段,但是 C2C 发展的无限潜力,仍然成为热点投资领域。2005 年 9 月,腾讯依托 QQ 逾 5.9 亿的庞大用户推出"拍拍网",拍拍网将利用腾讯庞大的用户和社区优势,与在线支付平台财付通联手打造 C2C 模式的"在线商圈"。

2007 年 10 月,百度高调宣布进军电子商务 C2C,意图凭借其庞大的搜索流量和互动社区作为业务基础,将搜索及关键字竞价排名系统整合到 C2C 市场。百度依赖其综合势力及搜索技术,不仅有可能会使得 C2C 市场重新洗牌,也会促进 C2C 赢利模式日趋清晰,有利于市场的健康发展。

【拓展阅读】拍拍网高调上线

2005 年 9 月,腾讯高调推出定位于电子商务 C2C 模式的"拍拍网"。运营发布的主题是"生活创造需求,沟通达成交易",上线首推网游天地、女人世界、数码广场三大频道,以及 QQ 宠物街、珍品 Q 秀、网上赛格电子城等特色专区。拍拍网宣布,通过半年的试运营,拍拍网拥有 100 万注册卖家,拥有在线商品数超过 200 万,用户总数超过 900 万。

拍拍网将于 QQ 和财付通等平台资源共享，实现优势互补，为用户提供一站式和全价值链的互联网服务解决方案。拍拍网一出生，就拥有无疑比拟的优势。拥有腾讯庞大、粘性极强的用户和社区资源及便捷的沟通工具。腾讯公司的数据显示，QQ 已经拥有 4.3 亿的注册账户和超过 1.7 亿的活跃账户，此外，拍拍网还将分享财付通的支付优势，保证交易的快捷、安全。拍拍网的上线，有助于打破淘宝网一网独大的格局，有助于推动了 C2C 市场的创新发展。

【拓展阅读】"第一届网商大会"召开

2004 年 6 月，"第一届网商大会"在杭州举办。全国各地 500 多名"网商"云集杭州，网商概念和这个群体首次浮出水面，大会还评选出的全球十大"网商"。

阿里巴巴副总裁金建杭表示，"网商"是指运用电子商务工具，在互联网上进行商业活动的商人和企业家。此时的阿里巴巴各个平台已经拥有 250 万家网商。

首届网商大会发布了《中国网商发展年度报告》，首次向公众大规模介绍中国"网商"应用电子商务的情况，剖析了中国"网商"群体发展特点、前景与存在的问题。大会还围绕网上商人和企业家关心的问题而展开相关的主题论坛。马云做《新一代卓越网商》演讲，他的精彩语言不仅给网商以信心，还推动更多的草根加入电子商务创业热潮。

马云首届网商大会精彩语录：

马云对未来的判断："2004 年将是中国的电子商务年。"

马云对互联网行业的分析："中国互联网从广告市场的争夺，到短信息市场的争夺，到网络游戏市场的争夺，很快就要进入对电子商务市场的争夺。"

马云概括举办此次大会的初衷："只有应用电子商务的企业成功了，电子商务产业的春天才会真正来临。"马云希望"网商大会"能为网商群体和整个中国互联网事业指明出路，成为广泛交流和相互学习的平台。

马云鼓舞草根创业："如果说'超级女声'所掀起的全民热潮还有更深层次的文化意义的话，这个文化意义无疑便是媒体开始越发关注草根阶级，一夜成名的草根梦想不再遥不可及。只要你有梦想，只要你努力，人生就没有失败。""此次大会的召开，宣告了'网商'时代的到来。"

四、电子商务创新高潮不断

2004~2007这几年,是电子商务发展的黄金期,不仅电子商务高速成长,电子商务平台企业也投入大量心思考虑商业模式,创新成为这一阶段的主基调。

1.移动电子商务进入布局阶段

移动电子商务(M-commerce)是指手机、传呼机、掌上电脑、笔记本电脑等移动通信设备与无线上网技术结合所构成的一个电子商务体系,比如在线购物、移动支付、移动银行、移动证券等移动数据业务[①]。移动电子商务与传统电子商务的区别在于其移动性、即时性、私人性和方便性。随着手机用户、手机上网用户的激增,手机应用市场愈发显得潜力巨大。同时技术创新和3G进程的加快,手机上网的速度问题将得到彻底解决,移动商务势必兴起。截至2006年底,我国的手机用户目前已经到了4.6亿,长远来看,我国移动电子商务发展前景十分广阔。

国家有关主管部门也非常重视并积极推动移动商务的进展。《电子商务发展"十一五"规划》指出,"鼓励基础电信运营商、电信增值业务服务商、内容服务提供商和金融服务机构相互协作,建设移动电子商务服务平台""广泛应用手机、个人数字助理和掌上电脑等智能移动终端,面向公共事业、交通旅游、就业家政、休闲娱乐、市场商情等领域,发展小额支付服务、便民服务和商务信息服务,探索面向不同层次消费者的新型服务模式"。2008年2月,国务院信息化工作办公室授予湖南"国家移动电子商务试点示范省"称号[②]。这标志着国家移动电子商务试点示范工程正式启动。

移动商务成为2007年的最热话题,也引发跑马圈地热潮。淘宝网与第三方支付平台支付宝联合宣布启动移动电子商务战略[③],大举进军无线零售市场。此举表明淘宝网已不满足于5000万网购用户,将目光投向更为广阔的5亿手机用户。于是,手机版淘宝网已上线公测,合作平台支付宝则同时推出手机支付业务。用友CEO王文京认为,中国基于移动互联网的手机终端建立移动商务应用,是一个历史性的市场机遇。因此用友成立了专门发展移动商务的独立公司——用友移动,以培植移动商务业务,立志成为该领域最

---

①王建军、张召浦:《移动电子商务商业模型分析》,《通信企业管理》2006年2月22日。

②陈黎明:《国家移动电子商务试点示范工程在湖南启动》,新华网。

③张勇:《移动电子商务破局关键在于电信运营商》,中国信息产业网。

大的服务供应商。

尽管移动商务吸引众多关注，但移动商务的发展还需要有个过程。首先是移动商务的产业链还需完善，产业链主体的定位还不明确、分工协作还没有展开。其中，产业链主体主要包括移动运营商、网络设备提供商、手机制造商、内容提供商等。其次，就是电子商务配套服务还需加强，包括安全认证、线下配送、信用体系等。最后就是移动商务环境的建设还需各方努力，包括法律环境、技术手段、金融体制建设等。

2.服装直销网站取得突破

服装直销网站是指将传统的服装零售业与电子商务模式相融合，采用直销营销理念，借助现代网络技术，通过供应链管理方式和配送体系，向消费者提供服装信息以及通过互联网实现服装的在线交易，完成购物的全过程的互联网企业。根据目前服装直销网站不同的直销模式可分为两类：第一种是网络直销贴牌服装，如 PPG（批批吉）、VANCL（凡客）；第二种是网络直销自有服装品牌，如 BONO（宝鸟）依托报喜鸟服装品牌。

中国服装直销网站的特点有：

(1)购物渠道创新性。

首先，服装直销网站舍去传统服装领域的实体投资渠道，采用了最接近消费者的商业模式——网络直销，通过电子商务平台实现直接在线交易。其次，服装直销网站还拓展了呼叫中心（即直销热线服务中心）等渠道，形成向消费者提供产品的窗口。最后，通过提供产品目录的方式拓展了消费者获取信息的渠道。

(2)产品标准化。

适合网上直销的产品所必需的特点是产品单价和毛利率较高，产品属性上质量较轻，不易碎，体积尺寸标准。而男士衬衫随潮流变化的趋势不明显，易于标准化，同时需求量巨大，可以实现大批量和规模化生产。而从生产的角度去考虑，衬衫面料构成和加工工序都比较简单，原料采购和库存控制相对容易。因此以男式衬衫为代表的男士服饰的易标准化特点成为目前我国服装直销网站向消费者提供的最重要的产品。

(3)传统加网络。

根据以上服装直销网站的分类看出，不管是哪类网站，都离不开现代的网络平台加传统服装的组合。从各个公司的管理团队组成上看，一般是服装人才+渠道人才+网络人才的组合；从销售渠道上看，常常是网上定单+传统的呼叫中心相结合的模式;从企业价值链看,常常是网络公司+服装企业;从推广方式看,网络广告+传统广告互相促进。

3. 电子商务新模式:视频购物

用视频制作产品介绍,不但生动有趣,而且可信度更高,因此,以在线销售商品为目标制作的"销售商亲手制作品(SCC.Seller created contents)"[1]在互联网市场大受欢迎。同样,消费者也可以制作产品视频 CCC(CCC.Customer created contents),来对产品进行评价和介绍。另外,买卖双方也可以通过视频进行交流。SCC 方式最早见于韩国 Interpark 网站后,我国也陆续出现了视频购物网站,如巴黎街（www.yzjk.cn）、木兰视频交易网（www.mulanwang.com）、七星视频购物在线（www.cntvs.com）等。

4. 关联营销:智能推荐和社区交易

当当和卓越在最新改版的网站中都添加了智能推荐系统,通过"为您推荐"和"最佳搭配"功能,以智能服务的方式,引导消费者对商品的注意和购买意愿,从而提高消费者的单次消费额。社区内交易是 C2C 的一个发展方向,社区内交易的优势是用户之间比较熟悉,相互信任,购买决策快,而且容易受其他社区成员的购买影响。社区用户多为重复购买客户,而且社区的销售对象也更加有针对性,销售商品一般与社区主题相符,通常符合这个社区的人群需求,

5. 个性化定制

个性化定制是电子商务模式的最新突破。消费者不再只是被动地接受商家提供的现成商品,而是把个人的偏好加入到商品的设计和制造过程中去,据此要求商家为其提供与众不同的商品。目前,个性化定制的商品主要包括文化衫、帽子、水晶或年历等。国内知名度比较高的个性化定制网站有卡当网、中国秀客网、艺酷、秀酷。其中,秀客网已经获 1200 万元天使投资。

6. 比较购物

比较购物[2]模式的宗旨是方便用户快速发现自己所需要购买的产品。这种模式是通过两种途径达到上述目的的,一方面为消费者提供详尽细致的商品描述、专家评测、用户评述信息;另一方面,消费者可以通过价格、品牌、配置等信息进行横向比较和搜索,辅助

---

[1]崔生:《电子商务新模式 SCC,互联网市场掀起 1UCC 风》,中企传媒网。

[2]来源:百度知道,http://zhidao.baidu.com/question/18929824.html?si=1。

消费者购买决策。由于比较购物涉及到搜索技术、知识产权等诸多难点问题,因此,比较购物在中国发展缓慢。据了解,国内比较购物网站有丫丫购物、搜必购、顶九网等。

7. 团购

团购模式,即所谓消费者对企业(C2B)模式,成为中国2006年电子商务模式的一个亮点,这种模式的核心是通过聚合庞大的用户形成一个强大的采购集团,以此来和商家进行价格谈判,改变单一用户的弱势地位。这类网站主要集中于家居建材、家电等行业。比较有代表性的网站有:我爱我家、无忧团购网等。

8. 换客

"换客"就是在互联网上以物换物的商业模式。网民可以将自己不需要的东西,诸如玩具、工艺品、图书等的相关信息发布到互联网上,同时发布自己所需要的产品信息。通过搜索和比较,将自己不需要的换成需要的东西,使闲置商品价值最大化。上海易物网是中国"换客"最早的网络平台,2006年5月成立,已经拥有12万多名会员和近1000家注册企业,成交数量5.6万笔。[①] "换客"的个人用户群多为年轻白领,他们交换的商品大多为收藏品、数码产品和各种奢侈品。

9. 互联网广告模式创新:呼叫广告

相对于门户网站的企业形象和产品广告以及搜索引擎的点击付费广告,2006年,中国出现了第三种互联网广告形式—呼叫广告。呼叫广告的基本原理是广告商通过互联网免费为厂家投放广告,消费者点击广告并输入自己的电话号码,由呼叫中心免费接通厂商,广告费用由广告主根据来电的效果向网络公司进行支付。这种模式的优势就是能够快速接通消费者与企业的联系,更清晰的统计广告效果,广告付费模式也更加合理。创新这种广告模式的是国内的蚂蚁互动网站(www.mmyee.com)。

10. 网络涌现热销新品

除了模式创新,也涌现出一批新型网络热销产品。图书、音像、数码、票务和手机等一度是网络购物的热门商品。与以往不同的是,2006年一系列网络热销商品,涌现到人们眼前,例如钻石珠宝(八百拜、九钻网等)、知识产权交易(疯狂的石头等)、宠物护理(中国宠物水族网、和谐宠物网)、婚介(佳缘网、百合网)等。

---

①来源:新华网,http://news.xinhuanet.com/fortune/2006-11/24/content_5370504.htm。

第三节　电子商务环境建设

电子商务环境是支撑电子商务良性健康发展的保证。电子商务环境包括网络信任体系、安全认证、标准规范、在线支付和现代物流，以及法律、技术、商业、文化、社会基础设施与制度安排等等。

一、物流

1. 物流专业化程度提高

2006 年，我国物流业继续保持平稳、快速、全面的发展。2006 年全国社会物流总额达 59.6 万亿元[①]，按现价计算同比增长 24%。2007 年全国社会物流总额为 75.2 万亿元，同比 2006 年的 59.6 万亿元增长 26.2%，增幅比 2006 年提高 2.2 个百分点。同时，社会物流总费用与 GDP 的比率，呈下降之势，2006 年为 18.3%，比 2005 年再下降 0.2 个百分点，表明我国物流业的运行质量进一步提高。

根据 2006 年全国物流统计调查资料，制造业物流外包特别是销售物流外包明显加大，增长速度在 5%~10%左右[②]，企业运输业务委托第三方的比例为 67.1%，比 2005 年同期提高 2.5 个百分点。2006 年已经有近七成应用现代物流的企业采用了第三方物流形式。由第三方物流、自建物流及其他物流完成配送的交易额，已分别达到总交易额的 37%、31% 和 32%。

2. 物流与交易平台强强联合

2006 年 11 月，中国邮政与阿里巴巴（中国）公司合作推出"电子商务速递"业务，今后网民在阿里巴巴公司旗下"支付宝"网站中进行网上购物时，若点击使用邮政 EMS 为其提供速递服务，EMS 可立即接收到该信息，并根据该信息提供的用户需求，以特快专递方式投送到用户手中。不仅运费与 EMS 收费相比有较大幅度下降，节约买家和卖家成本，而且由于 EMS 在全国拥有 20 多万个物流网点，网民可以享受更高效快捷的物流服

---

①②丁俊发：《"十一五"开局之年物流业发展成效显著》，http://www.chinawuliu.com.cn/bake/uploadFace/2006tj.htm。

务。淘宝网与中国邮政的强强联手解决交易中的物流瓶颈,将会促进网上交易量,也会增强淘宝的竞争能力。

3. 物流基地快速发展

发改委调查报告显示,物流费用规模继续扩大,但是物流费用率小幅下降,现代物流业务收入增长较快,显示物流企业专业化、规模化程度更高。以中远物流、中外运物流、中铁物流等为代表的国有物流企业,在重组改制加强内部管理的基础上,勇于开拓市场,国内外市场占有率都有显著提高。与此同时,一大批物流基地也涌现出来,港口物流基地和公路物流基地都在建设和运营上都取得显著成绩,这批物流基地已经产生广泛的社会效益和经济效益。

4. 物流基础设施建设取得突破

2007 年,我国交通运输基础设施建设取得重大突破。"五纵七横"公路国道主干线基本贯通,全国高速公路通车总里程达 5.3 万公里,居世界第二位。我国大陆港口集装箱吞吐量突破 1 亿标准箱,连续 5 年列世界第一。我国铁路第六次大提速,铁路货运能力提高12%。

5. 物流发展政策环境进一步改善。

政策的支持和鼓励,为我国物流业发展提供了良好的环境保障。党的十七大提出,发展现代服务业,提高服务业发展水平。商务部《国内贸易发展十一五规划》中也明确提出,要推进现代流通方式的发展,适应现代生产方式发展和走新型工业化道路的要求,加快工业消费品与生产资料批发的创新步伐。2007 年 9 月召开的全国服务业工作会议上,把加快发展服务业,特别是扩展生产型服务业,作为我国"十一五"时期的重点政策。各地也纷纷出台有关鼓励发展服务业的政策,号召大力发展第三方物流。国家发展和改革委也组织召开"首届全国制造业与物流业联动发展大会",推动制造业与物流业联动发展。国务院常务会议审议并原则通过《综合交通网中长期发展规划》。经国务院整顿和规范市场秩序办公室和国务院国资委批准,物流行业信用评级试点工作启动,首批 A 级信用物流企业也已产生。

6. 物流业发展仍然任重道远

同国外先进国家相比,我国物流业发展还处在初级阶段,一方面各地发展不平衡,另一方面,物流管理还比较落后,信息化水平比较低下,物流企业核心竞争力不强,相比国际物流企业,综合实力差,缺乏增值能力强的高端服务。中国物流与采购联合会会长陆江①也总结,中国物流业仍存在一些亟待解决的问题,这些问题体现在三个方面:大部分制造企业与流通企业仍处于"大而全"、"小而全"的运作模式;物流集中度低,第三方物流企业的营业额在整个物流市场中的比例只有5%左右;全国性和区域性现代物流信息平台缺乏;没有形成综合运输体系,多式联运差,运输技术与组织方式落后。

三、支付

1. 网上银行高速发展

从交易额上看,2007年中国网上银行交易额实现爆发式增长,实现245.8万亿元。相对2005年的71.6万亿元②,2006年的93.4万亿元,增长幅度显著,年增幅高达163.1%。在网上银行交易额构成中,以企业网银为主,占93.6%,交易额达230万亿元。尽管个人网银规模较小,但增长潜力巨大,2007年增长速度高达284.6%。在几大网络银行巨头中,工商银行以网上银行交易额达到89.9万亿元③遥遥领先,同比增长136%.。

从用户规模和用户关注程度上看,2007年也是用户增长较快的一年。数据显示,网上银行用户达到4032万人④,占全部网民的19.2%。仅工商银行,2007年新增个人网上银行客户就达1583万户⑤,企业网上银行达37.6万户,累计分别达到3908万户和98万户;电话银行新增个人客户1107.8万户,企业客户14.7万户,累计分别达到3440万户和99.6万户。百度数据研究中心的监测数据也表明,网络银行关注度显著提高。在银行个人业务关键字的检索中,个人理财检索量排名第一,达到37.17%⑥,电子银行业务搜索量占到总量26.78%,排列第二位。据统计,去年北京已有34%的企业开展了网上支付业务,总交易额中的13%是通过网上支付完成结算的,支付金额达到119亿元以上。

从银行卡发放来看,银行卡和支付业务都保持平稳增长。中国人民银行称,截至

---

①来源:新浪财经,http://finance.sina.com.cn/china/hgjj/20080110/20094391252.shtml。

②来源:艾瑞咨询,《2007–2008年中国网上银行行业发展报告》。

③来源:中国工商银行网站,http://www.icbc.com.cn/。

④来源:CNNIC调查报告,2007年12月。

⑤来源:http://www.icbc.com.cn/。

⑥来源:新浪科技,http://tech.sina.com.cn/i/2007–07–25/09481635532.shtml。

2007 年底,中国银行卡发卡总量达 14.7 亿张[1],同比增长 30%。去年银行卡消费额占同期社会商品零售总额的比重达 21%,比 2006 年提高 4 个百分点。2007 年,银行卡业务 135 亿笔,金额 120 万亿元人民币,同比分别增长 24% 和 67%。全国使用非现金支付工具办理支付业务约 154 亿笔,金额 620 万亿元,同比分别增长 20% 和 30%。信用卡业开始迅速崛起,截至 2006 年底,我国信用卡发卡量近 5000 万张[2],比上年增长 22.7%。

国内网上银行业务的发展的主要动力主要体现在内在需求增长、外在压力驱动、环境成熟三个方面:网民和电子商务的飞速发展所产生的巨大需求;传统银行柜台服务本身的局限,提出了服务模式创新的需求;金融市场的连续火热;第三方支付平台蓬勃发展和国外银行进入的竞争压力驱动;相关技术工具和安全机制逐步完善。

2. 网络银行服务开始收费

2007 年,在经过前期的用户积累和试运营后,四大国有银行(工商银行、建设银行、中国银行、农业银行)的网络银行业务陆续开始收费。四大银行的收费引起了社会和媒体的关注和讨论[3],一方观点认为,对提供的产品和服务进行收费无可厚非,另一方观点认为目前收费还为时过早,因为市场尚需普及培育,况且服务质量和交易安全性还待完善。

3. 网上银行发展中暴露一些问题

从用户普及、产品稳定性、安全性角度来看,目前中国网上银行发展还处在初级阶段,还有一些问题尚待解决。

(1)产品和服务还不稳定。

银行系统的脆弱性,会导致产品和服务的不稳定,严重影响网络银行业务的顺利发展。2007 年,5 家银行陆续发生系统瘫痪事件[4],在故障期间,造成正常业务无法开展,用户满意度和使用信心降低。调查发现,系统瘫痪原因既有软件缺陷、硬件故障,也有人为管理因素,体现出银行的信息科技基础建设还比较薄弱,仍需不断完善加强。

(2)网上银行用户还不普及,使用率还较低。

目前,网上银行的个人用户还集中于特定群体,绝大多数用户属于高收入、高学历的

---

①来源:金融街网站,http://bank.jrj.com.cn/news/2008-01-29/000003239818.html。

②来源:《新京报》,《央行数据显示:我国银行卡数量已突破 11 亿张》,2007 年 4 月 19 日。

③李洁思:《网银全面收费 中国四大银行"领先"世界》,《环球时报》2007 年 11 月 19 日。

④来源:新华网,《银监会开展信息科技风险奥运专项检查工作》,2008 年 2 月 20 日。

年轻人[1],因此网络银行的全体网民普及应用还需要一个阶段。调查显示,2007 年2 月,中国大学专科及以上学历者在网上银行用户中所占比重为 73%, 高于在整体网民中 68%的比重。个人月收入 2000 元以上用户在网上银行用户中所占比重为 37%, 高于在整体网民中 31%的比重,此外中国网上银行用户中 19~30 岁用户比重与整体网民相比高出 3 个百分点。

中国网民的网络银行使用率也低于全球平均水平。根据尼尔森公司研究结果,全球 32%的网民每周至少使用网上银行两至三次,而其中 14%的网民每天使用网上银行。相比之下, 仅有 19.2%的中国网民最少每周两到三次使用网上银行,5%每天使用网上银行,这与其他国家的网上银行使用率相距甚远。

(3)网络银行服务和安全问题仍然是制约因素。

2007 年,仍有网上银行用户资金被盗事件发生,在一定程度上也制约了网络银行的发展。中国金融认证中心(CFCA)发布的《2007 年中国网上银行调查报告》显示,71.7%用户最担心的是网银安全。iResearch 研究成果显示,有 80.9%的网民希望网上银行服务安全更有保障,另有 65.8%的网民希望减少网上银行的服务费用,此外还分别有 64.8%和 57.5%的网民希望网上银行的注册、操作更快捷以及能有更多的衍生金融产品服务。

(4)相关法律法规不健全。

除了中国人民银行出台《网上银行业务管理暂行办法》,对网络金融市场准入主体和网络银行的安全运行进行了法律规范外,我国尚缺乏对网络银行安全监管和民事责任问题进行强制性调整的法律规范。尽管 1997 年修订的《中华人民共和国刑法》加进去了针对计算机犯罪的条款,但是针对网络犯罪的条文还需细化。除了网络银行的安全问题以外,网络银行的服务质量、收费种类和标准等问题也逐步暴露出来,阻碍了网络银行的发展。因此,监管部门在兼顾传统银行业务的同时,应适当将部分工作重点转向网络银行。

4. 第三方支付平台稳步发展

第三方网上支付平台交易额持续增长

根据统计,2007 年网上支付业务已经覆盖 15.8%[2]的网民,达到 3,318 万用户,中国第三方电子支付市场交易额规模突破 1000 亿元[3], 其中网上支付市场交易额规模最大,

---

①来源:艾瑞市场咨询:《中国网上银行用户在网民中学历和收入优势明显》2007 年 4 月 3 日。

②来源:CNNIC,《互联网发展报告》2007 年 12 月。

③来源:艾瑞咨询,《2007–2008 年中国电子支付行业发展报告》。

达 976 亿元。截至 2007 年底,国内的第三方支付服务企业和网络平台约有 50 多家,其中规模较大的有十几家。近年,第三方支付的市场规模迅速扩张,从 2001 年的不足 10 亿元到目前的近 200 亿元[①]。

2006 年 7 月,银联和当当网宣布在电子商务和银行卡支付领域达成全面合作关系,银联希望通过一种基于智能刷卡电话向当当网的消费者提供"网上购物、刷卡支付"的新型电子商务支付服务。

2006 年 10 月,中国建设银行与阿里巴巴正式发布联名借记卡——支付宝龙卡,该卡是国内首张专注于电子商务并具有网上购物功能的银行卡。支付宝龙卡除了具有建行借记卡的所有功能外,还能使持卡人享受到电子支付方面增值服务。

中国银联还与中国电信共同推出支付易。消费者可以利用支付易支付水电费、网上购物等费用。用户可以直接在电话的刷卡槽上刷卡完成支付。支付易通过专网实现支付,提高了交易的安全性。

其他第三方支付平台,还包括:易宝与易行天下合作于 2006 年 10 月份建立的 Yeexing 平台,它的目标是打造一个全新的"在线支付+电话支付"的电子客票支付体系;网银在线推出的 MOTOPAY,是国内首家通过电话、传真等方式报信用卡信息、非面对面完成支付的第三方线下支付产品。云网则根据不同行业的支付结算特点列出 20 个适合推广电子支付的行业,如航空客票、媒介订阅、远程教育、直销和医疗等。

(1)第三方支付市场竞争激烈,市场面临整合。

在这一阶段,国内第三方支付平台主要有三家:支付宝、财付通、银联电子支付。其中,支付宝背靠淘宝资源,2007 年的交易额规模高达 476 亿元[②],排名第一;占整个电子支付市场近 50% 的份额。财付通则依托 QQ 游戏市场,占据 17% 的市场份额,银联电子支付凭借银联背景,占据 12% 的市场份额。各家凭借自身优势,积极拓展用户资源,挖掘产业链资源,积极建立广泛的商业合作。除了三家市场核心企业,市场还拥有大量独立的第三方支付平台,由于他们的实力还不足与三家核心企业正面竞争,于是大多数企业选择了开拓细分市场领域,如订票、游戏、彩票等专业市场。

[①] 朱泉峰:《电子商务如鲠在喉》,《计算机世界报》2007 年 2 月 2 日。
[②] 来源:艾瑞咨询,《2007—2008 年中国电子支付行业发展报告》。

（2）风险投资看好第三方支付模式。

风险投资注意到第三方支付模式的发展前景。2006年11月，首信易支付(PayEase)获得新一轮融资1450万美元，主要投资方包括美国中经合、首都信息发展股份有限公司等。首信易支付成立于1997年，是可以通过SMS为用户提供手机支付功能、在线支付、呼叫中心支付的平台。

（3）第三方支付平台不同程度地存在一定问题。

第三方支付在一定程度上解决了电子商务支付问题，但是第三方支付平台还处在发展初期，正处在不断积累和完善阶段，因此也面临一些发展中的难题。这些问题，主要是：

结算周期长：据调查，40%的第三方支付商与商户的结算周期在两周或两周以上，35%的第三方支付商提供一周的结算周期，而能控制在小于或等于3天结算周期的第三方支付商只占到25%。[①]结算周期长，导致商户资金安全风险增大；

虚拟钱币的合理化：游戏中的虚拟钱币买卖、虚拟装备的买卖等，都体现出虚拟货币属性，网络游戏软件的运营商成为虚拟货币的发行商。虚拟钱币已形成了巨大的地下交易市场，并且与人民币存在一定交换关系，从而虚拟货币的合理化，以及如何管理是需要迫切解决的问题。

利用电子支付洗钱：据美刊报道，目前电子支付已成为世界上主要的洗钱途径，如何规范和引导电子支付，加强监管和反洗钱，还需要根据中国的国情，进行一系列探讨和研究。

第三方支付的收益模式仍不明朗：第三方支付平台竞争日益激烈，而且成本居高不下，很多第三方支付平台不得以要靠开拓其他业务模式赢利。

5. 支付技术不断创新

动态密码卡。中国建设银行和中国工商银行都尝试推出了动态密码卡。交易时，根据网银提供的对应信息，填入卡上的动态密码即可。因为动态密码卡每次都在变化，并且每张动态密码卡只和唯一的账号相对应，这样避免了密码被盗。2006年10月中旬，深圳发展银行还推出了基于动态密码的密码生成器，可以无限生成新的动态密码。

指纹认证。用户拥有一部可以照相的手机，拍摄指纹，就可以顺利完成支付。但是，这

[①]李银莲等：《2006电子商务大盘点》，《电子商务世界》2006年12月。

种支付方式台阶比较高,要求使用这种支付方式的用户必须有一部分辨率足够高的手机,因而推广难度较大。

RFID 支付。它是通过无线视频识别系统进行的非接触式支付。这种方式适用于小额支付,利用手机或银行卡,不用和支付终端接触就可以完成支付。但因为 RFID 技术还处在开发完善阶段,目前应用成本较高,推广尚有难度。

6. 传统企业应用 CA 技术

2006 年,东方钢铁电子商务有限公司与上海 CA 合作,在宝钢电子商务应用领域共同规划并推广了数字证书和认证相关的服务。尽管数字证书只应用于不锈钢产品,但是它为数字证书的推广普及起到的意义重大示范作用。宝钢贸易公司的电子合同也应用了数字证书,为宝钢实现与上下游企业的业务协同、单据交换提供更加安全、稳健的基础支撑。

7. 国家金卡工程继续深化

2006 年 4 月 25 日,中国人民银行、国家发改委、公安部等 9 部委联合召开全国银行卡工作会议。会议分析了当前我国银行卡发展面临的形势和挑战,就今后一个时期的银行卡工作进行了具体部署。2006 年 12 月,"国家金卡工程第九次全国 IC 卡应用工作会议"召开,会议旨在促进 IC 卡实现"一卡多用"和推行"多功能卡",研究落实相关措施与实施方案,总结交流 IC 卡应用特别是行业性应用的经验,分析存在的问题,交流 RFID 与电子标签应用试点的情况。这都将有利于推动我国电子支付快速健康发展。

三、信用

1. 互联网信用问题仍不容乐观

网民对互联网的信任状况不容乐观。根据 CNNIC2006 年的调查,5.7% 的网民对互联网非常信任,32.3% 的网民比较信任,54.6% 的网民感觉一般,5.7% 的网民不太信任,1.7% 的网民很不信任。总体而言,虽然对互联网持信任态度的网民要远多于对互联网持不信任态度的网民,但这样的调查数据毕竟不足以令人满意。CNNIC2007 年的调查同样显示,网民对互联网信任度比 2006 年还低,只有 35.1% 的网民表示对互联网信任。CNNIC 针对澳门用户的调查同样显示,在 2007 年,超过六成的民众对互联网半信半疑。

2. 平台服务商推进信任机制建设

平台服务商为了保证交易安全,也积极采取有效措施,交纳保证金就是措施之一。平台服务商与入住的店铺签订协议,收缴保证金,并要求店铺承诺退货退款等服务原则。如淘宝商城在入住时要缴纳几千元保证金,遇到问题时,淘宝网可以对客户先行赔付。eBay易趣"安付通"也几乎同时推出"全额赔付"的升级服务。此类举措有利于增强消费者的购物信心。

2007年1月,支付宝推出与中国建设银行合作的支付宝卖家信贷服务,符合信贷标准的淘宝卖家,可以其已成交而没收到货款的交易为担保、以卖家信用为基础、以卖家个人名义向中国建设银行申请贷款,用于解决个人的短期资金需求。2007年8月,支付宝正式启动"互联网信任计划",对符合条件的商家提供信用标识,方便用户及时了解商家信用情况。

【拓展阅读】淘宝网推出"先行赔付"

假冒伪劣产品的交易纠纷让淘宝焦头烂额。仅2006年12月至2007年3月期间,杭州市工商行政管理局高新分局受理的有关淘宝网网上购物方面的消费投诉就有70余起[1],投诉的主要内容包括消费者所购实物与商家宣传有所出入、物流派送不及时、客户投诉解决滞后。

为此,淘宝网提出了"先行赔付"服务。"先行赔付"是指卖家在支付宝账户缴存并冻结一定金额的保证金,当有用户投诉该卖家,要求理赔服务时,淘宝网根据买家提供的证据,对买家投诉进行判断,并使用该卖家的保证金,向提出索赔申请的买家进行赔付。

淘宝商城的卖家须缴纳质量保证金,而淘宝网卖家可以自由申请是否加入"先行赔付计划",淘宝网在该卖家店铺加上提供先行赔付的标识,方便买家识别。

"先行赔付"服务保证金的多少会根据其店铺商品特征、交易情况规定其应当缴纳的保证金。保证金的最低金额为5000元,最高为20000元。

---

[1]来源:杭州网,《网上购物投诉太多 淘宝网推出"先行赔付"》,2007年4月27日。

【拓展阅读】阿里巴巴推出企业信用贷款服务

中小企业贷款之所以难，不是银行没钱，不是小企业还款能力差，也不是政府不重视，关键是模式。在传统的银行贷款模式下，高昂人力成本和信息不对称是中小企业成为银行信贷户的最大阻碍。阿里巴巴通过建立了一整套信用评价体系与信用数据库，允许其优质客户通过阿里巴巴向建行申请贷款和融资项目。这将打通中小企业融资难的瓶颈。2007年6月，阿里巴巴4家网商，依靠网络诚信度，获得了建行120万元贷款。同年10月，中国工商银行与阿里巴巴联合推出的网商融资新产品"易融通"也正式宣布上线。

浙江东阳人应江波[1]去年开办了义乌市梦幻电子科技有限公司，公司所掌握的专利多达130多项。公司自开办以来生意火爆，但是销量的增加给企业资金周转带来极大压力，又不得不面临银行贷款难的问题，于是就尝试申请了阿里信用贷款。"我在阿里巴巴有不错的信用积累，申请过程比我预想的简单，网上递交申请、资料审核，不到7天就通过了，获得了25万元阿里信用贷款授信。

阿里巴巴集团副总裁、阿里金融负责人胡晓明说[2]："通常银行每位客户经理能够管理100家小微企业，已经是极限。而通过阿里巴巴贷款平台，客户经理每人可以1000家以上小微企业。信贷平台打造了流水线式的'信贷工厂'。"

3. 行业协会推出中国电子商务诚信规范

中国电子商务协会成立了诚信评价中心，该中心的宗旨是加速建设网上购物的诚信环境，在社会公众中形成诚信氛围，切实保护消费者和卖家的合法权益。2006年3月，该中心颁布了《中国企业电子商务诚信基本规范》，它是由12个一级指标和60个二级指标构成，此规范成为中心评价企业在线业务诚信程度的依据。

4. 政府及相关部门重视诚信体系建设

我国政府一直重视网络信任体系建设，把网络信任体系建设作为推进电子商务发展的关键环节来抓。根据《电子签名法》和《电子认证服务管理办法》的规定，在机制建设方面，信息产业部组织成立了"电子认证服务管理办公室"，负责网络认证体系的建设和管

---

①来源：中国电子商务研究中心，http://www.100ec.cn/detail--6032413.html。
②来源：钱江晚报，《放贷超190亿元 阿里巴巴"小贷流水线"》，2012年4月10日。

理工作。目前全国已有 19 家电子认证单位,已经颁发出了近 260 万张证书。

2007 年 1 月,全国整顿和规范市场经济秩序领导小组办公室和国务院国有资产监督管理局把中国电子商务协会列为行业信用评价试点单位。

在第十届中国国际电子商务大会上,商务部廖晓淇副部长表示[1],商务部将出台商务领域信用信息管理办法,争取尽快开通试运行商务领域信用信息系统。

2007 年 6 月,中国人民银行会同公安部建成联网核查系统,全国各银行业金融机构都加入该系统。从此,金融机构在办理银行账户业务以及以银行账户为基础的支付结算、信贷等业务时,可以通过该系统核查相关个人的公民身份信息,从而方便、快捷地验证客户出示的居民身份证的真实性。联网核查系统的建成运行,为银行机构识别客户身份提供了一种权威、便捷的技术手段,标志着我国在切实落实银行账户实名制特别是个人账户实名制方面取得突破性进展。

在电子认证方面,截至 2007 年 12 月全国已有 26 家电子认证机构获得了认证证书。[2]这 26 家机构累计发放证书已有 700 多万张,应用领域涉及网上税收、社会保障、招标采购、网上银行等多个方面。已有 10 家银行,18 家证券公司和 26 家基金管理公司以及 40 多家企业集团和若干相关金融机构使用了中国金融认证中心电子认证服务。

在 2008 年 4 月第十一届中国电子商务大会上,中国电子商务协会发布了首批企业信用等级评价结果,发布的企业信用等级是按照全国整规办和国资委《关于加强行业信用评价试点管理工作的通知》,本着公开、公平、公正、科学的原则,由中国电子商务协会对首批受评企业严格按照初评、公示、复审、备案等程序所得出的结果。

四、网络安全

1. 安全问题日益严重

2006 年电脑病毒的感染率呈爆炸式增长。根据统计,金山毒霸全年共截获新增病毒样本 240156 种。更让人担忧的是,病毒呈现商业化运作、变种频繁的趋势,病毒制造者的目的不再是以炫耀技术为目的,经济利益成为病毒制造者最大动力。在 2006 年截获的各

---

①来源:搜狐网,http://it.sohu.com/20070615/n250589717.shtml。

②樊会文:《信息化:政策环境明显改善 服务链基本形成》,《中国电子报》2007 年 12 月 25 日。

类病毒中,专门盗取网银和网游等网络财产和 QQ 号的木马占了 51%,网络钓鱼占到金山毒霸截获总数的 5.45%。"新敲诈者"木马病毒、蠕虫病毒、"僵尸网络"病毒等在2006年多次泛滥,造成用户系统瘫痪、重要信息泄漏等安全问题。

2007 年网络安全问题依然不容乐观。仅 1 月~6 月半年时间内,国家计算机网络应急技术处理协调中心接收 1813 件①非扫描类网络安全事件报告,网络仿冒事件和网页恶意代码事件已经超出 2006 年全年总数的 14.6% 和 12.5%。我国大陆地区被植入木马的主机 IP 远远超过去年全年,增幅达 21 倍。我国大陆被篡改的网站数比去年同期增加4 倍,比去年全年增加近 16.9%。所报告的网络安全事件主要有网络仿冒（35%）、垃圾邮件（25%）、网页恶意代码等（10%）。

网络安全问题对互联网产业发展造成的威胁越来越大。网络黑客甚至已经形成产业链,不仅严重影响用户使用,而且还盗取财产,破坏企业正常经营活动。2007 年 2 月底,11 万个 IP 地址的主机被"熊猫烧香"病毒感染。4 月 26 日至 5 月 5 日,北京联众网站遭到攻击,服务器全部瘫痪,网络游戏被迫停止服务,初步估计经济损失达到3460 万人民币。

2. 流氓软件泛滥

近年,恶意软件(俗称"流氓软件")泛滥,严重影响了互联网用户的正常上网,侵犯了互联网用户的正当权益,削弱了用户的体验性和满意度,同时给互联网带来了严重的安全隐患。虽然网络安全企业及一些行业机构展开了一系列声势浩大的反恶意软件活动,恶意软件的侵害行为有所收敛,但部分恶意软件仍然肆虐,并且呈现病毒化的发展趋势。新浪网、中国反流氓软件联盟以及互联网实验室最近的调研数据都显示,98%以上的网民受到过恶意软件不同程度的骚扰,受害面之广令人担忧。2006 年,网民、媒体、信息安全厂商、主管部门、行业协会等纷纷采取措施,打击日益猖獗的流氓软件。以反流氓软件联盟为代表的网民起诉相关企业、信息安全厂商对流氓软件进行查杀、行业协会倡导行业自律、信息产业部公布举报电话接受投诉、媒体频繁曝光等等,在各方力量强大的打击下,部分流氓软件生产者开始放弃或减少流氓软件的制作和传播,流氓软件的侵扰行为有所收敛。

---

①来源:国家计算机网络应急技术处理协调中心,《2007 年上半年网络安全工作报告》。

3. 治理网络安全须社会各界共同努力

治理网络安全仍需要社会各界共同努力。网民、媒体、信息安全厂商、主管部门、行业协会、执法部门都应积极采取措施,打击日益猖獗的网络安全破坏活动。相关企业、信息安全厂商积极进行技术和产品创新,及时防范和查杀安全隐患,行业协会倡导行业自律,执法机关加大执法和打击力度,媒体舆论宣传引导,网民提高安全防范意识等等。

五、技术和标准

2004~2007年,在电子商务及互联网应用技术领域,有很多突破性进展。技术创新为互联网的再次腾飞提供了契机。

1.3S 技术

2006年3S技术发展迅速。3S技术是GPS(全球定位系统)技术,RS(遥感)技术和GIS(地理信息系统)技术的简称。3S是建立数字地球、信息高速公路所需的高新技术。它能把现实中的地球信息以数字方式记录在计算机网络系统中。3S作为数字地球的技术基础和核心得到迅速发展。数字地球是对真实地球及其相关现象统一的数字化重现和认识。其核心思想是用数字化的手段来处理整个地球的自然和社会活动等方面的问题,最大限度地利用资源,并使普通百姓能够通过一定方式方便地获得他们所想了解的有关地球的信息。

2. 移动支付技术

移动支付是指允许用户使用其移动终端对所消费的商品或服务进行账务支付的一种服务方式[①]。移动支付所使用的移动终端可以是移动电话、掌上电脑(PDA)、移动计算机等。移动支付通常是把客户的移动电话号码等个人识别对象或标识与银行卡支付账户绑定,通过短信、无线应用通信协议(WAP)、非结构化补充数据业务(USSD)、面向对象编程语言(Java)、无线二进制运行环境(BREW)或者交互式语音问答系统(IVR)等操作方式实现支付。客户可以使用移动终端,查缴移动电话话费、进行话费充值、公用事业缴费、个人账务查询、购买彩票、移动电话订报、移动电话购票、购买IP卡、移动电话捐款、远程教育、移动电话投保等一系列业务。

---

①来源:信息产业部电子科学技术情报研究所。

3.产品数据管理(PDM)技术

PDM 是一项以软件技术为基础,以产品(产品结构、产品订单和供应商状况)为核心,管理所有与产品相关的数据、过程(工作流程、审批与发放过程、工程更改单)和资源的一体化集成管理思想和技术。PDM 系统的基本原理是,在逻辑上将各个 CAX "信息化孤岛"集成起来,利用计算机系统控制整个产品的开发与设计过程,通过逐步建立虚拟的产品模型,最终形成完整的产品描述、生产过程描述以及生产过程控制数据。新一代PDM 系统的开发的方向将主要集中在三个方面,即电子商务与合作商务、虚拟产品开发,以及支持供应链管理。它将能够提供工程仓库和工程合作功能。新一代PDM 系统的浏览器将能够显示产品的图形描述,并可以被没有计算机辅助技术(CAD)和技术知识的使用者操作和利用。

4. 移动电邮(Push Email)

Push Email,是使用推送(Push)技术把用户在邮件服务器的新邮件(Email)主动推送给移动终端的业务,用户可以随时随地使用自己的手机,接收、回复、转发和撰写电子邮件。与传统的手机自带邮箱相比,移动电邮具有即时、附件处理能力强等特点。2006 年 4 月,中国联通推出了名为"红莓"的手机邮箱业务,主要面向大众市场;5 月 17 日,中国移动也在全国范围推出了名为"黑莓"的手机邮箱业务。

5. 射频识别(RFID)技术

射频识别(RFID)技术是一种基于射频原理实现的非接触式自动识别技术,随着相关技术与应用的不断成熟,它将影响经济、社会、政治、军事、安全等诸多方面。2006 年 6 月 9 日,15 个部委发布了共同编制的《中国无线射频(RFID)技术政策白皮书》。10 月下旬,以"加强国际交流合作,促进射频技术创新"为主题的"2006 中国射频识别技术发展国际研讨会暨展览会"在上海张江高科技园区召开,同时建设了我国国家级射频识别产业化(上海)基地。

6. 互联网协议第 6 版(IPv6)

IPv6 是下一版本的互联网协议。现行互联网协议第四版(IPv4)采用 32 位地址长度,只有大约 43 亿个地址,而 IPv6 采用 128 位地址长度,几乎可以不受限制地提供地址。从目前发展趋势来看,IPv4 定义的有限地址空间将被耗尽,地址空间的不足必将妨碍互联网的进一步发展。IPv6 的应用,将重新定义和极大扩大地址空间,提高网络的整体吞吐量,提高网络安全性,可以有效地支持其他应用功能。

7. 互联网中文国际标准

2006年10月,中国互联网络信息中心发布了《中文域名注册与管理标准》(RFC4713),同时,也展示了更早的两项标准《互联网信息传输中文字符编码标准》(RFC1922)和《中日韩多语种域名注册与管理标准》(RFC3743)。迄今为止,由中国人制定的互联网国际标准仅有这三项。RFC3743与RFC4713的出台后,中文".CN"获得全球互联网行业、软件行业、系统集成等行业的直接支持,成为全球通用的应用标准。

8. 统一通信

统一通信技术可以将语音、传真、电子邮件、移动短消息、多媒体和数据等所有信息类型集合为一体[1],可用电话、传真、手机、PC、掌上电脑、PDA等通信设备中的任何一种接收,在有线、无线、互联网之间架构起一个信息互联通道。统一通信不仅实现了网络的融合,更实现了应用的融合,从而为人们带来选择的自由、效率的提升以及整个运行机制的改变。

2007年,统一通信成为各IT巨头争夺的重要技术领域:微软推出新一代统一通信产品(Office Communications Server 2007),IBM称将花费7.45亿美元收购软件工具公司Telelogic;思科发布了统一通信系统6.0版本;朗讯(Avaya)推出统一通信扩展版本以支持通信业务流程;北电发布多媒体通信服务器新版本。

9. 云计算

云计算(Cloud Computing)是分布式处理(Distributed Computing)、并行处理(Parallel Computing)和网格计算(Grid Computing)的发展,或者说是这些计算机科学概念的商业实现[2]。云计算是一个具备高度扩展性和管理性,并能够胜任终端用户应用软件计算基础架构的系统池[3],也有定义为网络范围内应用虚拟服务器[4]。云计算的基本原理是,通过使计算分布在大量的分布式计算机上,而非本地计算机或远程服务器中,企业数据中心的运行将更与互联网相似。这使得企业能够将资源切换到需要的应用上,根据需求访问计

---

①来源:中关村在线,http://net.zol.com.cn/76/764195.html。

②来源:百度,http://hi.baidu.com/%CB%AB%D0%C2%CA%C0%BC%CD/blog/item/f81ea2d477c9de04a08bb72d.html。

③来源:http://hi.baidu.com/johnstart/blog/item/3d9456dc7e9474a5cc116627.html。

④来源:比特网,http://server.chinabyte.com/188/8073688.html。

算机和存储系统。专家们给出了云计算的几种形式:SAAS(软件即服务)、实用计算(Utility Computing)、网络服务、平台即服务、MSP(管理服务提供商)、商业服务平台、互联网整合。云计算广泛的商业前景吸引诸多打公司的投资，如 IBM、Amazon、Akamai、Sun、EMC 等。

10. 虚拟现实技术

虚拟现实(Virtual Reality)是利用计算机技术,对现实的运动进行模拟和声像演示[1]。用户可以进入三维化的虚拟环境,可以与网友、网站进行更加深入、更加真实地沟通,由此互联网上提供了一种虚拟化的生活方式,提供虚拟与现实完美结合的可能。典型的虚拟现实系统包括:效果发生器、实景仿真器、应用系统、几何构造系统。虚拟现实系统应用广泛,可以在虚拟的环境中融入广告、交友、购物、旅游等服务。例如,用户购买房屋时,用户不用亲临现场,借助于虚拟现实技术,就可以通过互联网直接关注感兴趣房屋的环境、结构、设计、装潢。

11. 糅合(Mashup)工具

Mashup 一种新型的基于 Web 的数据集成应用程序,它组合多个来自不同来源的数据,然后汇集到一个 Web 程序中。常见的可以通过开放 API、RSS 等方式把不同内容源整合起来。Mashup 广泛应用于地图、新闻、搜索和购物、视频和图像等。比如谷歌(Google)的地图通过开放 API,可以让用户或其他网站制作当地的餐馆分布图等等。再如 mashup 可以对歌曲或诗词进行分析,从而将相关照片拼接在一起,或者基于相同的照片元数据(标题、时间戳或其他元数据)显示社交网络图。

六、行业标准

标准化工作是推动电子商务有序发展的一项非常重要的基础工作,受到政府主管部门的重点关注。《2006~2020 信息化发展战略》明确指出:"加快制定应用规范和技术标准","加强政府引导,依托重大信息化应用工程,以企业和行业协会为主体,加快产业技术标准体系建设。完善信息技术应用的技术体制和产业、产品等技术规范和标准,促进网络互联互通、系统互为操作和信息共享。加快制定人口、法人单

---

[1]来源:百度知道,http://zhidao.baidu.com/question/15881695.html。

位、地理空间、物品编码等基础信息的标准。加强知识产权保护。加强国际合作,积极参与国际标准制定。"

2007 年,在信息化和电子商务标准制定方面,也取得了一系列进展,陆续出台了一系列行业标准。

1. 国家电子商务标准化总体组成立

2007 年 1 月,国家电子商务标准化总体组在京成立。它是我国电子商务标准化工作的总体规划和技术协调机构,该总体组是我国国家级电子商务标准化工作的总体规划与技术协调组织,由来自政府、协会、科研院所、电子商务骨干企业,还有来自支付、认证、物流、信用服务企业等单位组成。成立这一机构的目的,是更好地发挥企业和相关领域专家在建立完善国家电子商务标准体系方面的作用,系统协调并科学制定电子商务国家标准。总体组的主要任务是:调查研究我国电子商务发展对标准的总体需求,提出国家电子商务标准化工作的技术政策;编制国家电子商务标准体系,提出国家电子商务标准化工作的总体思路和年度工作计划;提出电子商务国家标准制修订计划项目,协调组织相关全国专业标准化技术委员会起草制定电子商务国家标准等。

2. 国家标准化管理委员会发布信息安全三项标准

2007 年 1 月,国家标准化管理委员会发布了《信息安全技术 公钥基础设施 数字证书格式(GB/T 20518–2006)》《信息安全技术 公钥基础设施 特定权限管理中心技术规范(GB/T 20519–2006)》和《信息安全技术公钥基础设施时间规范(GB/T 20520–2006)》三项信息安全国家标准。三项标准分别对数字证书、网络权限管理以及加密时间的格式、内容进行了明确规定,从而为电子商务的安全运作提供了保证。

3. 农业部制定《农村信息化示范类型与标准》

2007 年 5 月,农业部制定了《农村信息化示范类型与标准》。该示范类型将农村信息应用分为 5 种类型:信息服务型、技术应用型、网络建设型、资源整合型、整体推进型。并针对这些类型设置了相应的标准。各地政府积极组织和领导,组织专家咨询队伍广泛开展服务,组织电信服务企业进村入户,在信息资源整合、信息服务、信息技术应用和网络建设等方面协同推进、机制创新,对农业信息化和农村经济社会发展发挥了积极的推动作用。

七、政策法规

这一阶段,我国陆续出台了多种电子商务规范和法规,推动电子商务不断向纵深发展。不仅首次出台了指导电子商务发展的纲领性文件《电子商务发展"十一五"规划》,还陆续出台了多种推动和规划电子商务发展的规范和法规,推动电子商务不断向纵深发展。

1. 国务院发布《关于加快电子商务发展的若干意见》

2005 年 1 月 8 日,国务院发布《关于加快电子商务发展的若干意见》(国办发〔2005〕2 号)(以下简称《意见》)。《意见》以政策性文件的形式阐释了国家对我国发展电子商务的若干重要意见,是我国第一个专门指导电子商务发展的政策性文件,这一文件的颁布在我国电子商务发展史上具有重要意义,结束了我国长期以来缺乏对电子商务发展明确指引的状况。《意见》明确了电子商务在我国宏观经济发展战略中的重要地位,第一次从政策等多个层面明确了国家推动电子商务发展的具体措施,必将促进我国电子商务的健康快速发展。

内容分为八部分,共计 25 条。明确了我国发展电子商务的指导思想和原则,确立了我国促进电子商务发展的六大举措。对于我国加快电子商务发展的指导思想,简单地说,就是要以转变经济增长方式、提高综合竞争力为目的,通过电子商务发展环境建设、推进企业信息化、推广电子商务应用来实现跨越式发展战略,走中国特色电子商务发展道路。

为了提高各界对电子商务的认识,《意见》准确地概括了我国发展电子商务存在的核心问题,提出如何处理五个方面的矛盾关系,即:发展电子商务中政府与企业关系、作用的矛盾;环境建设与推广应用的矛盾;发展虚拟经济与发展实体经济的矛盾;突出重点与协调均衡的矛盾;鼓励发展与加强管理的矛盾。

《意见》针对目前我国电子商务存在的主要问题,提出我国发展电子商务的六大主要举措:一是完善政策法律环境,包括组织建设,法律法规、财税、投融资环境的完善;二是加快电子商务支撑体系建设,包括与电子商务相配套的信用、认证、标准、支付、物流等体系;三是推进企业信息化,分别从推进面向骨干企业、行业、中小企业和消费者的电子商务应用入手;四是提升电子商务技术与服务体系;五是加强宣传教育培训;六是加强国际交流与合作。

2. 逐步建立健全法律法规

2006 年 2 月,国信办下发了《关于加快电子商务发展工作任务分工的通知》(即国信办[2006]9 号文件)。《通知》把政府不同部门之间涉及电子商务发展与管理的体制进行了梳理和分工,从而形成了由国信办牵头,加上 5 个中央部委和央行、35 个中央级机构和 47 个地方机构,共同分工协调推进我国电子商务的新的领导体制。

2006 年,中国人民银行发布的《电子支付指引(第一号)》得到全面实施,对银行从事电子支付业务提出指导性要求,并规范和引导电子支付的发展。该《指引》全面规范电子支付行为,涉及电子支付各方权利义务、责任、安全保障、信息披露、差错处理等多个关键环节。

2006 年 5 月,国务院公布《信息网络传播权保护条例》,自 2006 年 7 月 1 日起施行。《条例》规定,权利人享有的信息网络传播权受著作权法和本条例保护。除法律、行政法规另有规定的外,任何组织或者个人将他人的作品、表演、录音录像制品通过信息网络向公众提供,应当取得权利人许可,并支付报酬。《条例》的出台和施行,将对我国网络传播起到良好的规范作用,对于建设网络文明、促进社会主义精神文明建设有着十分重要的意义。

2006 年 7 月,在美国纽约召开的联合国贸易法委员会第三十九届年会上,中国政府代表商务部条约法律司副司长吴振国受权签署了《联合国国际合同使用电子通信公约》。该《公约》旨在消除国际合同使用电子通信的障碍,消除现有国际贸易法律文件在执行中可能产生的障碍,加强国际贸易合同的法律确定性和商业上的可预见性,有助于促进国际贸易的稳定发展。中国政府决定签署该《公约》,将有助于进一步与国际电子商务法律接轨,提高国际贸易的便利化,推动我国电子商务的发展。

2007 年初,商务部出台《关于网上交易的指导意见(暂行)》,该《意见》宗旨是规范网购交易环境。《意见》提出买卖双方在网上订立合同时,交易各方可采用电子邮件、网上交流等方式,且交易各方可以自行保存各类交易记录,以作为纠纷处理时的证据。

3. 电子商务推进工作有条不紊

国家级信息化发展战略发布。2006 年 5 月,中办和国办明文发布《国家信息化发展战略(2006—2020 年)》。该《战略》明确提出了到 2020 年中国国家信息化的发展目标:综合信息基础设施基本普及,信息技术自主创新能力显著增强,信息产业结构全面优化,国家信息安全保障水平大幅提高,国民经济和社会信息化取得明显成效,新型工业化发展模式初步确立,国家信息化发展的制度环境和政策体系基本完善,国民信息技术应用能力显著提高,为迈向信息社会奠定坚实基础。电子商务的内容被列入该《战略》的重点领域和行动计划之中,贯彻落实该《战略》,将对我国电子商务的健康发展起到重要的推动作用。

主管部门积极推动中小企业信息化。国家主管部门联合实施的"中小企业信息化推进工程"取得新的进展。2006年6月16日,国家发改委、信息产业部和国务院信息化工作办公室联合召开了"中小企业信息化推进工程暨百万企业信息化培训信息发布会",并启动了百万中小企业上网培训工作。中国网通等信息通信技术(ICT)企业积极参与百万企业信息化培训工作,打造中小企业信息化应用平台,为中小企业提供全面的信息化产品与技术,帮助中小企业逐步实现信息化。

科技部发布《中国无线射频(RFID)技术政策白皮书》。科技部于2006年6月9日在北京召开新闻发布会,发表由科技部、国家发展改革委、商务部、信产部等15个部委共同编制的《中国无线射频(RFID)技术政策白皮书》。白皮书研究分析了国内外RFID技术发展现状与趋势,提出了我国的RFID技术战略及优先应用领域、推进产业化战略和宏观环境建设政策。白皮书明确强调我国在发展RFID技术过程中要坚持自主创新、实现产业化、坚持开放和协作。它对于制定我国发展RFID的具体战略,积极推动标准研究与制定、技术开发、产业发展、应用推广、政策制定等各项工作均具有重要指导意义。

国家发展改革委支持电子商务专项。2006年11月,按照《国家发展改革委办公厅关于组织实施2006年电子商务专项的通知》要求,根据投资体制改革精神和国家发展改革委有关项目评审办法,经过一系列评估论证程序,国家发展改革委办公厅批复了2006年电子商务专项项目。该批项目共24个,重点支持了第三方电子商务交易和服务类项目,力求通过发展公共服务平台,降低传统行业和中小企业电子商务应用成本。

2006年12月,中国保险监督委员会发布的《中国保险业发展"十一五"规划信息化重点专项规划》,提出了"大力推广保险电子商务,不断扩大并提高电子商务的应用范围和层次,努力发展成为对外宣传和客户服务的重要手段,并逐渐成为新的业务增长点"的设想。

2007年3月,国务院发布了《国务院关于加快发展服务业的若干意见》。文件提出,要积极发展信息服务业,发展增值和互联网业务,推进电子商务,降低社会交易成本,提高资源配置效率。

2007年3月,国务院办公厅发布了《关于社会信用体系建设的若干意见》,该意见阐述了加快推进社会信用体系建设的重要性和紧迫性,提出了社会信用体系建设的指导思想、目标和基本原则,并对完善行业信用记录,加快信贷征信体系建设,培育信用服务市场等问题提出了政策意见。

2007年5月,中国人民银行发布《关于改进个人支付结算服务的通知》,强调"培育良好的非现金支付环境""拓展网上支付、电话支付、移动支付等电子支付功能,提高电子支付的服务质量",从而进一步改善了电子商务的支付环境。

4.《电子商务发展"十一五"规划》明确产业发展目标

2007年6月,国家发展和改革委员会、国务院信息化工作办公室联合发布了我国首部《电子商务发展"十一五"规划》。这部规划是我国首部电子商务发展规划,也是我国第一个国家级的电子商务发展规划,首次在国家政策层面确立了发展电子商务的战略和任务,在电子商务发展史上具有里程碑的意义。

《规划》确立了国家发展电子商务的战略意图,明确了"十一五"期间我国电子商务的发展原则、主要目标和任务、重大引导工程,以及配套的保障措施。该规划进一步明确了电子商务的产业地位,提出"电子商务已经成为主要发达国家增强经济竞争实力,赢得全球资源配置优势的有效手段。"[1]规划还明确了我国电子商务发展的总体目标:到2010年,电子商务发展环境、支撑体系、技术服务和推广应用协调发展的格局基本形成,电子商务服务业成为重要的新兴产业,国民经济和社会发展各领域电子商务应用水平大幅提高并取得明显成效。同时,规划还从提高电子商务应用水平、培育电子商务服务体系、提升企业创新能力和完善支撑环境等四个方面提出了我国电子商务发展的具体目标。

5.规范电子商务应用管理办法陆续出台

随着电子商务的逐渐繁荣,行业内也暴露出一些问题,相关部门陆续出台了多部重要文件,规范电子商务的健康发展。

---

①来源:国家发展和改革委员会,《电子商务发展"十一五"规划》,http://www.ndrc.gov.cn/zcfb/zcfbtz/2007tongzhi/W020070620595393012331.pdf。

2005年,《电子签名法》的正式生效,首次赋予可靠的电子签名与手写签名或盖章具有同等的法律效力,并明确了电子认证服务的市场准入制。

2005年10月,中国人民银行出台《电子支付指引(第一号)》,全面针对电子支付中的规范、安全、技术措施、责任承担等进行了规定个人网上支付日限5000元。

2005年2月,信息产业部发布《电子认证服务管理办法》。该办法与《电子签名法》同步实施,为我国电子认证服务业的发展奠定了基础。

2005年3月,国家密码管理局颁布了《电子认证服务密码管理办法》。

2005年4月,中国电子商务协会政策法律委员会组织有关企业起草的《网上交易平台服务自律规范》正式对外发布。

2005年10月,中国人民银行出台《电子支付指引(第一号)》,全面针对电子支付中的规范、安全、技术措施、责任承担等进行了规定个人网上支付日限5000元。

2007年3月,商务部出台《关于网上交易的指导意见(暂行)》,该《意见》宗旨是鼓励网上交易,逐步规范网购交易环境,警惕和防范交易风险,推动网上交易健康发展。该意见首次对网上交易以及交易的买、卖方进行了界定,同时还提醒用户,网上交易当事人在使用网上交易之前要尽可能地多了解对方的真实身份,防范交易风险。

2007年4月,中国人民银行办公厅印发了《支付管理信息系统管理办法》(试行)(银办发〔2007〕73号),以规范支付管理信息系统的使用和运行管理,确保系统的安全、高效、稳定运行。

2007年7月,银监会发布了《关于做好网上银行风险管理和服务的通知》,提出在2007年12月31日前应对所有网上银行高风险账户操作统一使用双重身份认证,加强用户身份验证管理的要求。同时,该通知提出一系列规范措施:加强公众网上银行安全教育;加强网上银行安全防范,及时进行风险提示;妥善处理客户投诉,减少投诉事件的发生;加强对第三方机构的法律责任约束。

2007年12月,商务部发布了《商务部关于促进电子商务规范发展的意见》。该意见本着促进电子商务规范发展,引导交易参与方规范各类市场行为,防范市场风险和化解矛盾的目的,从四个方面提出了电子商务规范发展的意见,包括:规范电子商务信息传播行为、规范电子商务交易行为、规范电子支付行为、规范电子商务商品配送行为等。

【拓展阅读】《中华人民共和国电子签名法》发布

第十届全国人民代表大会常务委员会第十一次会议于2004年8月28日通过《中华人民共和国电子签名法》(以下简称《电子签名法》),自2005年4月1日起施行。《电子签名法》是中国信息化领域的第一部法律。它的实施具有重要意义,它实现我国电子签名合法化,有助于推动电子商务活动的规范化,将在很大程度上加强对网上交易安全的法律保障,维护电子商务健康发展的诚信环境。

《电子签名法》包括五章36条,核心内容是确立了电子签名的法律效力,规范了电子签名行为,明确了认证机构的法律地位及认证程序,规定了电子签名的安全保障措施,明确了电子认证服务行政许可的实施机关。为电子商务信息流、资金流和物流等方面都提供了法律依据和有利于发展的法律环境。

回过头来看,《电子签名法》没有广泛实施,究其原因,有以下几点:一是缺少电子凭证规范[1];二是电子签名过程中存在监管漏洞。三是需要出台相应实施细则。

八、人才培养

电子商务迅猛发展,引发了对电子商务人才的大量需求,推动了电子商务人才培训市场的发展。

电子商务人才市场仍然处在供不应求状态。在人才需求方面,2007年,电子商务持续高速发展,不管是传统企业,还是电子商务服务商都迫切需要大批专业的电子商务人才。据统计,电子商务人才需求从2007年初的27960个职位,跃升到2007年中的45128个[2]。其中,传统行业陆续涉足信息化和电子商务领域,也成为了电子商务人才的需求大户。粗略估计,目前国内的电子商务人才缺口高达65%[3]。

电子商务人才培训呈现多元化趋势,政府牵头,企业助阵,职业教育扩招。

据国信办《中国信息化发展报告(2006)》披露,在高等教育领域,本科计算机科学与技术专业点的数量从2003年的505个增加到771个。在职业教育领域,全国现有计算机信息技术类职业学校1400所,近5000所职业技术学校开设了信息技术类专业,在职业

---

[1]欧阳武:《电子签名法》,《计算机世界》。
[2]来源:新浪科技,http://tech.sina.com.cn/it/2007-08-17/23231684106.shtml。
[3]来源:中关村在线,http://m.zol.com.cn/article/902913.html。

学校学习信息技术类专业的学生达到 150 万人。在职培训领域，2005 年"全国信息技术人才培养工程"共培训 683635 人次，20%以上参加考试人员获得不同等级的资格证书。学校培训方面，不仅有正规院校，还有企业办学、社会培训等多种形式的人才培养方式。截至 2007 年 6 月底，教育部批准开设电子商务本科专业的学校已达 323 所[①]，有 100 余所学校开始招收硕士研究生或博士研究生。

2006 年 6 月，发改委、信产部、国信办联合召开"中小企业信息化推进工程暨百万企业信息化培训信息发布会"，宣布"百万中小企业上网培训"正式在全国范围内启动。2007年，商务部先后在广西、河北等地举办商务系统电子商务培训班，帮助这些地区的企业提高电子商务运用能力，同时提高商务系统公务员掌握电子商务知识的能力。

为了规范培训活动、整合培训资源、提高培训效率、确保培训质量，各界还注重培养建立一批高素质的中小企业培训师资队伍。2006 年 11 月阿里巴巴宣布，与浙大、武大、西安交大等 48 所高校联合设置电子商务类专业最大的"教育联盟"，预计将有 1700 万开展电子商务的企业从中受益。企业办学方面，阿里巴巴公司投资建设阿里学院，推出集培训、考试、认证于一体的电子商务人才培养和能力认证体系，进行《阿里巴巴电子商务证书》认证。截至 2007 年 5 月，国内已有 85 所合作院校、6 家社会培训机构和阿里学员签署协议，引进阿里巴巴电子商务认证项目。阿里巴巴还联合全国逾 300 家高等院校发起大型电子商务教育发展计划——"明日网商孵化计划"，计划在未来 3~5 年内为国内电子商务产业培育 1000 万名"网商"。该计划无疑会一举双收，不仅是培养人才、普及知识的过程，也是一个发展和培养潜在客户的过程。

第四节　电子商务应用情况

这一阶段，电子商务在各领域的应用逐步展开。尤其是在农村信息化和中小企业信息化领域取得诸多进展。

据商务部组织的调查显示，2006 年中国在信息化方面的投入成倍增长，尤其是在有

---

①来源：商务部，《(2006—2007 年)中国电子商务报告》。

关部委的领导下,启动农村信息化和中小企业信息化工程,成为 2006 年我国电子商务应用领域的最大亮点。

传统行业继续深化电子商务应用,通过建设、完善和应用电子商务平台的方式,开拓销售渠道,提升服务质量,整合产业价值链。大企业深化电子商务应用,中小企业的电子商务逐波展开。在电子商务运作上,大企业不断积累经验,通过横向和纵向联合等方式,增加服务功能;通过增加集中交易次数等方式,扩大平台影响力和交易额。据 2007 年企业信息化 500 强调查报告,2007 年大型企业电子商务销售额比率达 31.03%[1],电子商务采购额比率达 33.99,电子商务销售订单比率达 35.73%,电子商务采购订单比率达 36.45%。而同年,中小企业电子商务应用的交易额将也达到 6975 亿元[2],同比增长达到 60%。电子商务在各个领域都取得不菲的成绩。

一、农村信息化推进速度加快

在政策的大力度扶持和指导下,农业电子商务和信息化工程如火如荼开展。

1. 国家利好政策不断

2006 年,农业部先后发布了两个有关农业信息化建设的重要文件——《农业部关于进一步加强农业信息化建设的意见》以及《"十一五"时期全国农业信息体系建设规划》,明确提出了"十一五"农业信息化建设的任务、措施以及工作思路。根据部署,力争"十一五"时期末,"三电合一"信息平台服务覆盖面达到 2000 个县,受益农户达到 1.4 亿户;完成"十万村庄建站、百万村官在线、千万农民上网"的建设目标;农业信息服务网络延伸到90%以上的行政村,平均每个行政村要发展 1~2 名能较熟练采集、传播信息的农村信息员。

"十一五"时期农业信息化建设的重点是,全面实施"金农"工程,进一步强化信息系统、农业信息资源、农业信息网络等方面建设。"金农"工程主要内容是构建三个应用系统,开发两类信息资源,强化一个服务网络。即:建设农业监测预警系统、农产品和生产资料市场监管信息系统、农村市场与科技信息服务系统;开发整合国内、国际农业信息资源;提升中国农业信息网的支撑能力,建设延伸到县乡的全国农村信息服务网络。为此,

---

① 来源:CECA 国家信息化测评中心。
② 来源:赛迪网,《2006~2007 年中小企业电子商务市场年度研究报告》。

信息产业部和广电总局等部门加快实施电话、广播电视的"村村通"工程,为农业信息化和电子商务提供网络设施和信息内容的支持。

2007年,农业部发布《关于开展全国农村信息化示范工作的通知》,明确推动电子商务技术应用,启动示范工作。农业部印发《全国农业和农村信息化建设总体框架(2007-2015)》,提出以信息化推进现代农业发展,鼓励农业电子商务实践,积极构建农业产加销信息一体化服务体系,开展面向农民的多元化信息服务,全面实施金农工程,继续推进三电合一工程建设。其他部委也相继推出各种鼓励扶植政策,推动农村信息化进程。其中,商务部落实实施了农村电子商务幸福工程,信息产业部发布了有关农村信息化工作意见。

2006年9月15日至10月15日,商务部主办、各省(区、市)商务部门协办,新农村商网承办的"2006新农村商网秋季农副产品网上购销对接会"(http://nc.mofcom.gov.cn)举行。对接会采用网上网下结合的方式实现农副产品交易,旨在帮助农民解决"卖难,买难"的问题。

2. 一大批涉农网站涌现

在政策的鼓励和支持下,一大批涉农网站迅速崛起。截至2007年7月29日,全国在中国农业信息网注册的涉农网站已达5000余家[1],其中具有市场信息服务功能的网站828家,涉及电子商务信息服务的网站约410家。涉农网站为农民交流了市场行情信息,供求信息、合作信息,还提供网上招商、订单交易服务。涉农网站极大拓展了农民信息渠道,扩大农产品交易。据悉,全国已有4万个农业产业化龙头企业,17万个农村合作中介组织,61万个行政村可以通过信息网络和其他有效形式接受信息服务。

在粮食领域,比较有影响力的电子商务平台是中华粮网电子商务系统,目前国内超过60%的重点粮油批发市场已经应用该系统。截至2007年8月,通过中华粮网交易平台举办了3次中央进口转储备小麦和35次国家临时储备小麦竞价交易会,累计成交425万吨,成交金额达65亿元。在郑州举行的国家储备小麦交易中,参与网上远程交易的会员比例已经超过50%。

---

①来源:农业部信息中心。

3. 各地农业信息化建设工作如火如荼

重庆市农业信息化建设凸显成效。近年,重庆一是构建了全市、县、乡三级网络系统和信息服务体系,二是构建电子政务框架,已实现了市农业局、区县(市)农业(畜牧)局、直属单位近90个单位的联网协同无纸化办公,在网上实现农产品销售额超过2亿元,发展"农网广播"和"移动农网"用户28万户。

北京市针对农民就业技能缺乏,农村教育培训资源短缺的现状,首创了基于卫星宽带网的现代农民远程教育与培训系统,构建了国内第一个面向"三农"延伸到基层的农民远程教育网络平台。实现了"一人讲、万人听",系统综合运用视频、文本等形式将培训内容直观地传递给农民,适应了农民的接受能力和特点。

河南省三门峡市累计投资600多万元,建成了市农业信息平台——黄河农网,该网具备自动监测搜索、电子商务平台、智能专家咨询、国内报价联播等先进功能,并开通了优质果品网、畜牧网、黄河菌网、蔬菜网、渔业信息网、劳动力转移培训网等六个专业骨干网站。

浙江省绍兴市开通的"02110"农业网短信服务,将农业网与手机短信相连接,实现短信预订、接收、发送和检索查询网上动态信息管理,为农民特别是农业大户提供产品供求、农情热线、农业灾害预警信息等栏目的短信服务。

4. 社会各界广泛参与

中国移动积极投入农村信息化建设,通过"村村通电话"工程建设,两年投入近90亿元。今年底以前,将完成1.06万个未通村的通信建设任务,使村通率达到98.6%,通过"农信通""农经网""气象通"等各类农业信息发布平台,加强面向农村的粮、棉、果、菜、花、畜等农业信息资源库的建设。为农民定制低价位、方便实用的"农民手机",降低农民使用移动通信的门槛。

5. 农村信息化建设存在的问题

尽管农村信息化建设取得了较大成就,但也存在一些制约信息化发展的因素,存在以下问题:一是职能领导组织机构和协调机制不健全,农村中长期的信息化建设缺乏统一的规划;二是投入少,基础设施建设还需要加强,信息渠道不够通畅;三是信息内容少,针对性差,鲜活度不够,不能满足农民需要;四是信息化人才缺乏,培训机制不健全。这使得农民的信息需求并未得到很好满足,信息化整体应用水平还不高。五是各地农村信息化发展不均衡,农村信息化基础设施建设滞后,农业网站还需普及推广;六是农民网络应用培训、农产品标准的制订、农产品流通环境和市场秩序等问题依然没有解决。

二、中小企业电子商务开始起步

到2006年10月底,我国中小企业和非公有制企业的数量已经超过4200多万户,占全国企业总数的99.8%,中小企业创造的最终产品和服务的价值已占国内生产总值的58%,生产的商品占社会销售额的59%,上缴税收占50.2%。中小企业在经济贡献和社会发展中的作用越来越重要。但是与大企业相比,中小企业信息化工作却明显落后,根据调查,截至2005年底,我国经常应用电子商务的中小企业只占到2%左右,通过互联网获取商机并以各种方式最终实现中小企业电子商务交易额为3000亿元,仅占中小企业销售总额的3.5%[①]左右,使用电子商务进行交易的中小企业仅占企业总数的16%。中小企业信息化工作迫在眉睫,2006年,在国家发改委等部委牵头下,中小企业信息化推进工作开始出现新的局面。

1. 中小企业信息化建设扎实推进

《2006—2020年国家信息化发展战略》和《电子商务发展"十一五"规划》均要求把中小企业信息化放在重要的地位。此外,由国家发改委、国信办、信息产业部联合推进的中小企业信息化工作,正在制定推进政策意见,开展试点示范等工作。

《2006—2020年国家信息化发展战略》明确提出要大力扶持中小企业信息化,并要求"制定和颁布中小企业信息化发展指南,分类指导,择优扶持,建设面向中小企业的公共信息服务平台,鼓励中小企业利用信息技术,促进中小企业开展灵活多样的电子商务活动。""研究制定适应中小企业信息化发展的金融政策,完善相关的财税政策。"该规划提出,到2010年,现有中小企业信息化普及率将翻一番。

《电子商务发展"十一五"规划》提出的目标之一,就是使经常应用电子商务的中小企业数量占全国中小企业总数的比例提高到40%,要"普及面向中小企业和社会公众的电子商务服务",规划还在实施上提出建议,即"提高中小企业对电子商务重要性的认识,鼓励中小企业积极运用第三方电子商务服务平台"。

---

①来源:国家发展和改革委员会中小企业司,《中外促进中小企业信息化发展政策比较研究课题报告》。

2006年2月,发改委组织诸多信息通信技术(ICT)厂商启动了"百万中小企业上网计划"。旨在通过组织协调社会中介机构和大型ICT企业,共同加速推进中小企业上网,广泛开展电子商务和信息化技术的应用。

2006年6月,国家发改委、信息产业部和国务院信息化工作办公室联合召开了"中小企业信息化推进工程暨百万企业信息化培训信息发布会",并启动了百万中小企业上网培训工作。

2006年8月,国家发改委中小企业司和信息产业部信息化推进司实施的"中小企业信息化推进工程"正式启动。

2008年2月,国家发展和改革委员会、国务院信息化工作办公室、信息产业部在北京联合发布《中国中小企业信息化发展报告(2007)》和《全国中小企业信息化调查报告(2007)》。并表示,将继续组织实施中小企业信息化推进工程,努力推动试点示范工作。

2008年4月,发改委等八部委联合印发《关于印发强化服务 促进中小企业信息化意见的通知》,要求各地结合当地的实际,采取有效措施,加强对中小企业信息化的服务,努力营造发展环境,提高全省中小企业、非公有制经济应用信息技术的水平和能力,促进中小企业、非公有制经济实现又好又快发展。

2. 中小企业电子商务取得新进展

在政策的大力支持下,不论从中小企业电子商务环境建设,还是实际发展状况都取得了可喜的进展。2007年中小企业电子商务应用的交易额将达到6975亿元[1],同比增长达到60%,其中我国中小企业通过电子商务实现外贸总额3270亿元[2],网络外贸成为中小企业国际贸易新途径,也是中小企业应用电子商务的主要领域。

从电子商务平台建设情况看,中小企业目前绝大多数还没有能力建设独立的电子商务平台,因此多是依靠龙头企业和第三方电子商务平台。据统计,34.7%[3]的企业开展信息化主要采用挂靠本行业龙头企业信息平台的方式,29.6%的企业依靠社会服务平台。第三方电子商务平台不仅包括综合性电子商务平台,还包括近年新兴起的行业电子商务平台,以及电信运营商运营的电子商务服务平台。2007年上半年,来自国内电子商务代

---

[1]来源:赛迪网,《2006~2007年中小企业电子商务市场年度研究报告》。

[2]来源:赛迪网。

[3]来源:国家信息化测评中心,《中国中小企业信息化调查报告(2007)》。

表型企业阿里巴巴 B2B 的统计数据,企业间电子商务网站注册会员约 2400 万,其中国际交易市场收费会员约 3 万,中国交易市场收费会员约 22 万。

3. 中介平台和第三方服务逐步渗透

由于中小企业的实力有限,为了迅速提高信息化能力,引入中介平台和第三方服务是最经济、最有效的模式。第三方电子商务平台的应用,既可以减少中小企业建设独立网站的成本,又可以享受第三方专业服务和海量信息。据统计①,我国目前有面向中小企业的各类电子商务平台 2000 多个,会员总数逾 2000 万家,其中比较影响力的网站是阿里巴巴和慧聪。阿里巴巴会员已经有 1100 万家,慧聪网有会员 200 万家。另外,专业性平台也在 2006 年有突破性进展,中小企业也可以根据所处的行业特征,选择加盟适合的专业性网站。

4. IT 厂商加盟中小企业信息化建设

众多 IT 厂商和电信服务商,从战略高度意识到中小信息化的蕴含商机,纷纷加盟推动中小企业的信息化建设的大潮。

2006 年 6 月 13 日,由中国互联网络信息中心(CNNIC)主办,以"领航成长,址引未来"为主题的成长工程在北京启动,随后足迹将遍及北京、广州、厦门、乌鲁木齐等 50 多个城市,为中小企业提供信息化建设解决方案。"成长工程"的目的是帮助中小企业网络提高应用水平。

2006 年 8 月,中国电信、思科、微软、惠普、联想、中兴、用友等 9 家国内外 IT 企业组成的中小企业信息化联盟,发布了为中小企业推出的"商务领航"整体解决方案。另一方面,中国网通也在全力配合中小企业信息化工作,累计投资约 2.5 亿元,建成 15 个中小企业信息化应用平台,推出自己的中小企业信息化服务品牌——"宽带商务(CNCConnected)"。中国网通还自行研发或合作开发了"中国化工行业第三方电子商务交易与服务平台""河北中小企业公共信息化服务平台""吉林第三方电子商务信用信息与应用服务平台"等项目。

5. 中小企业电子商务存在的问题

尽管取得一定突破,但中国中小企业信息化和电子商务应用还处在初级阶段。据统

---

①来源:中国经营管理网,《中小企业电子商务竞争力提升策略研究》,2006 年 11 月 10 日。

计,只有9%[1]的中小企业实施了电子商务,有79.4%的企业没有开展电子商务,只有4.8%的企业应用了ERP。只有24.9%企业利用网站进行信息发布,有14.9%企业利用网站进行网上销售,有10.2%企业利用网站进行网上洽商谈,在网上下订单,有7.7%企业利用网站进行采购。同时,中小企业电子商务发展还不平衡,从行业看,电子商务主要集中在外贸和制造业;从区域看,东部沿海地区的中小企业的电子商务应用相对比较活跃。

由于中小企业在资金总量、融资渠道、信息资源、人才、技术、管理等方面无法与大企业相比,使得中小企业信息化工作存在各种各样的问题,主要表现在:一是观念落后,忽略电子商务的作用,对信息化工作的重视不够;二是重视信息化的硬件建设,忽略软件建设,重视信息化的投资,忽略实际应用;三是供给与需求不匹配,信息化在服务以及价格上还不能满足中小企业的实际需求;四是中小企业欠缺信息化应用与管理人才。

三、传统行业电子商务应用有条不紊

根据商务部统调查显示,2006年企业电子商务在投入和应用方面取得很大进展。被调查的企业中有65%认为电子商务对本企业发展非常必要,41%的企业开展了电子商务业务,40%的企业通过第三方电子商务网站开展商务活动。另一方面也发现,全国建立企业网站的有40多万个,占企业总数的比例较低,而且绝大多数网上应用单一,网络营销手段缺乏,过半企业网站平均每天页面访问量(Pageview)在50个以下。

1. 金融业

(1)保险业。

保险电子商务在我国的发展已有五六年的历史,2005年我国电子商务保费收入达到57亿元人民币,占全年保费收入的1.16%[2]。2006年6月26日国务院出台了《国务院关于保险业改革发展的若干意见》提到:要"运用现代信息技术,提高保险产品科技含量,发展网上保险等新的服务方式"。这是第一次在国务院下发的文件中明确表明对保险电子商务发展的政策支持。2006年12月,中国保险监督委员会发布《中国保险业发展"十一五"规划信息化重点专项规划》,提出了"大力推广保险电子商务,不断扩大并提高电子

---

[1] 来源:中国社科院信息化研究中心,《中国中小企业信息化发展报告(2007)》。
[2] 刘玮、柏学行:《我国保险电子商务发展的新机遇》,《中国保险报》2007年1月24日。

商务的应用范围和层次,努力发展成为对外宣传和客户服务的重要手段,并逐渐成为新的业务增长点。

电子商务平台已经成为保险企业重要的销售和客户服务渠道,用户可以在线投保,全面了解保险信息;用户也可以在线支付,提高了办事效率;用户还可以在线咨询,实时获得最佳服务。2007年,保险业电子商务市场规模已经达到了29亿人民币[1],同比增长230.3%.。2007年7月,仅"人保财险直通车"就在119个城市开通了网上支付和电子保单业务。[2]泰康人寿保险公司投资建立了泰康在线,开辟了保险在线直销的新模式。泰康在线的开通,为保险营销开拓了新的有效渠道,同时也方便用户查询信息,增加保险个环节的透明度。

(2)证券业。

2007年,在金融领域的电子商务应用,最突出的就是网上炒股和手机炒股了。据悉,计算机与网络通信技术已成为支撑各项证券业务运转的关键措施。上海、深圳、北京等地证券公司在网上建立站点,提供股市行情,网上进行证券在线交易(网上炒股)服务。通过互联网完成证券交易达数千亿元。金融企业信息化建设方面,全国100多家证券公司已建立了电子化业务处理系统,计算机与网络通信技术已经成为支撑各项证券业务。

(3)银行业。

目前网上银行已经在我国表现出了良好的发展前景,交易额规模不断增长,业务种类不断丰富。根据艾瑞市场咨询最新发布的《2006年中国网上银行研究报告》显示,2006年我国网上银行的交易达到93.4万亿元,其中个人网上银行交易为4.1万亿,企业网上银行为89.3万亿元。艾瑞研究发现,目前我国网上银行的业务主要有三大类:基本业务、新兴业务和投资理财,个人网上银行业务主要在集中在查询、转账、交费支付等基本业务方面,而以证券、基金以及外汇买卖等理财产品为内容的投资理财业务并未被广大用户所使用;企业网上银行的业务主要集中在收款、付款及公司理财等业务上,而以网上信贷为代表的新兴业务仅在工商银行和招商银行等少数几家银行中存在。

此外,中国人民银行建成全国支票影像交换系统。该系统的建成,标志着企事业单位和居民个人签发的支票可在全国通用,异地转账结算。据悉,截至2007年6月,该系统已

---

①来源:网易科技,http://tech.163.com/08/0523/07/4CK3MU1B000915BF.html。
②俞靓:《中国人保财险电子商务覆盖率增加》,《中国证券报》2007年7月18日。

经完成了在全国范围内的推广。

2. 交通运输业

交通部出台了《公路水路交通信息化"十一五"发展规划》，明确"十一五"期间交通物流信息化的重点建设任务。"十一五"公路水路交通信息化主要任务可归纳为：建设两级数据中心、三大综合信息平台、三大应用系统，完善两大门户网站、三个保障体系和一个通信信息基础网络。公路运输枢纽信息服务平台建设、港口物流综合信息服务平台建设。从 2006 年 6 月 1 日起，北京作为国际航协（IATA）"简化商务"计划的首个试点地区，开始广泛推广 BSP 电子客票。电子客票的应用，可以大幅度缩减代理渠道增加的成本。

2007 年 6 月，首汽租赁电子商务平台开通。该平台集合内部信息管理和外部信息发布的功能，不仅可以对行业车辆信息管理、客户资信认证，还可以进行行业信息发布、客户租车在线预定，并可以在线进行支付。汽车租赁业务的网络化，方便了用户办理业务，而且使商旅人士的异地的全天候租车成为现实。电子商务平台的应用，开拓了企业营销渠道，提升了客户服务质量和管理效率。

物流行业为了提高服务能力，积极建设物流电子商务平台。物流类信息平台主要包括三种类型：以区域为服务对象的地域型平台，以物流企业业务为核心的企业物流平台，以服务商为主的综合性物流平台。2007 年开通的南通现代物流信息平台就是地域型信息平台。该平台提供南通全市的最新物流信息，使信息共享，方便物流企业。同时，该平台还通过移动公司提供的短信平台，物流商务信息可以与物流平台会员企业实现手机互动。

3. 家电零售业

家电零售巨头在经过传统门店扩张后，纷纷将战场转移到互联网，将电子商务作为新的利润增长点。国美斥资千万元建成国内家电零售业最大的呼叫中心，负责国美与全国 220 多个城市的消费者之间的信息交流。这种交流通过信息化手段，不仅是单向的客户信息记录，还是更高级的客户关系管理和营销，客服中心除了日常的服务外，还要深挖用户数据，根据用户需求向推荐新产品和促销信息。

2006 年底，国美、苏宁等零售巨头不约而同地宣布增加网上销售投入[1]。先是国美电

---

①张亚萍：《传统行业、企业发力我国掀起新一轮电子商务浪潮》，《中国企业报》2007 年 2 月 7 日。

器携手国内领先的第三方支付平台快钱率先在全国范围内开通了"网上支付"功能,消费者可以通过在线支付购买国美电器。接着,苏宁电器的网上商城上线。几乎同时,家乐福中国公司在北京、青岛、武汉等地先后开通第一批网上销售试点。在此之前,具有新中国第一店之称的王府井百货也正式涉足网上购物,开通"劲购网"。

为了增强竞争力,苏宁电器不仅开拓网络店铺,还展开了广泛的强强合作。2007年6月,苏宁电器宣布与中国电信展开战略合作,通过电信旗下互联星空开拓网上电器销售市场,即在互联星空平台上开设"苏宁电器"频道。消费者可登录该网站购买如空调、电视、小家电等多类家电产品。互联星空是中国下属权威的门户网站,拥有较高的知名度和用户量。双方的合作将极大地促进苏宁电器的品牌销售。

4. 传统批发零售业

电子商务在零售行业发展迅速。根据国家统计局2005年调查结果,批发零售业占我国电子商务交易总额的比重为19.2%,仅次于制造业,居第总量规模二位,从电子商务销售额来看,批发零售商业占18.3%;产业居二位,从电子商务采购额来看,批发零售商业占19.7%;总量规模居第二位。

2006年9月,中国零售业华联集团联合商务部中国国际电子商务中心,宣布共同推出中国华联集中采购联盟电子交易平台。该平台将以华联7000多家网点为基础,建立中央采购系统,实现商品的采购最低价。目前企业的集中采购将使有限地分散人力,资源结合起来,通过寻价,比价、谈判等,取得最优惠的待遇,降低成本。

5. 外贸行业

外贸行业是最早应用电子商务的行业之一,电子商务基础扎实。近年来,外贸电子商务在各方面都有显著提升。在平台建设方面。外贸平台根据经营主体的不同,分为政府建设和企业建设两类。比较有规模的政府建设类外贸网站有商务部门户网站。2007年,地方商务之窗网站群新增站点1109个,已经建成由4957子站组成的庞大网站群。有影响力的企业运营外贸平台有环球资源网和阿里巴巴(ALIBABA)。在进出口业务办理中,港航电子数据交换(EDI)系统广泛推广,已有20多个港航企业建立了EDI中心,用户群超过1000个[①]。我国国际集装箱运输中近80%的运量实现了电子数据交换,取得了显著经

---

①来源:交通部科技司。

济效益和社会效益,已成为我国港航运输生产中不可缺少的技术手段。大中型港口和运输企业积极开展企业信息化建设,围绕运营管理、调度指挥、过程控制等业务需求,开发了生产管理系统、电子商务系统等,并通过互联网开展用户服务。上海港、天津港、青岛港、中远集团、中集集团等港航运输企业广泛应用了射频识别(RFID)技术进行集装箱运输管理。

6. 制造业

中国是制造大国,但还不是制造强国,制造业的利润据报道只有百分之几[1],仅物流成本就占到成本的三分之一以上。而信息化及电子商务化是制造业提高核心竞争力的最有效途径。目前,制造业是我国电子商务交易的主体。据国际统计局的调查,制造业电子商务交易额占我国电子商务交易额的比重高达72.8%[2],规模远高于其他行业。分行业来看,电子商务交易额居前三位的分别为:通信设备、计算机及其他电子设备制造业居第一位,占全部重点工业企业电子商务交易额的40.3%;烟草制品业居第二位,占9.2%;石油加工、炼焦及核燃料加工业居第三位,占8.6%。前三位行业的电子商务交易额占重点工业企业电子商务交易总额的比重合计为58.1%。通信设备、计算机及其他电子设备制造业约占重点工业企业电子商务销售及电子商务采购的四成左右。

2006年9月12日,科技部在北京组织召开了全国制造业信息化科技工作会议。会议正式启动了"'十一五'制造业信息化科技工程",发布了《关于推进"十一五"制造业信息化科技工程工作的若干指导意见》,并对"十一五"期间制造业信息化工作进行了全面部署。科技部计划将投入50亿元用于该工程建设。这必将对我国制造业的电子商务起到重要的推动作用。

7. 食品药品业

食品药品监管局为了规范互联网药品购销行为,国家食品药品监督管理局根据制定了《互联网药品交易服务审批暂行规定》(以下简称《暂行规定》)。《暂行规定》指出,必须经过食品药品监督管理部门的审查批准并取得《互联网药品交易服务资格证书》后,才能从事药品电子商务活动。全国已有2家企业取得了《互联网药品交易服务资格证书》。

8. 汽车行业

随着人民生活水平的提高,汽车产销在我国出现爆发式增长。汽车行业的电子商务

---

①来源:《2006制造业信息化热点之一:十一五制造业信息化科技工程全面启动》,2006年12月7日。
②来源:中国电子商务协会网站,《国家统计局:2005年我国电子商务交易额达1.3万亿元》,2006年11月13日。

应用也取得了可喜成绩。汽车类的平台也分为两种,一种是生产企业网站,一种是汽车专业网。汽车企业实力雄厚,非常重视高科技营销手段,因此绝大多数企业都建立了自己的网站。汽车企业网站功能多种多样,不仅有产品介绍信息,有的也增设了在线采购等功能。汽车行业网站或门户网站的汽车频道也欣欣向荣。"中国汽车工业信息网""中国汽车动态网""汽配专线"等网站不仅为消费者提供各种车型的比较信息,还提供车友的交流平台,各式各样的网络车友会应运而生。2007年,一批新的汽车网站上线,如"盖世汽车网"就是专门的汽车零部件交易平台,即将建成的"汽车零部件供应链资源共享平台"也具有交易功能。

9. 钢铁业

钢铁企业领先于其他行业,在我国最早普及信息化,各家大型钢铁企业几乎都建有自己的钢铁网站。尤其是大型钢铁企业,电子商务应用水平不断提升和深化。截至2007年7月,宝钢已经形成了规模化的电子商务服务体系,通过虚拟的电子商务平台,完成了实体营销业务的整合。电子商务手段支持用户在网上完成订货、跟踪、提货、结算的业务全过程。在网上可以实现各制造单元的期货订货;为客户提供相应的合同执行进程信息及质保书信息;不同程度实现了电子拍卖、电子提单、网上配款、电子结算、质量异议服务等业务功能。

2007年,宝钢投资的东方钢铁网加强电子商务专业化服务,在"平台整合"和"电子交易"两项核心工作上均取得了实质性突破。东方钢铁网的功能已经囊括了电子交易系统、运营管理系统、贸易ERP系统、仓储管理系统、融资监管系统在内的平台体系。同时,东方钢铁网为了整合产业链,还构建了加工制造、销售、采购等三大电子商务平台。

10. 石油业

中国石油电子商务交易额高速增长,截至2007年,已经累计实现网上交易额近千亿元,年均增长20%以上。利用电子方式交易,节约了5%的交易成本,直接效益数十亿元。2007年,在上海成功举办了"上海石油电子商务博览会"。共有450家中国石油供应商携1000余种产品参加展览,仅现场协议订货最终达成交易额达25个亿[1]。

另一巨头中国石化也重视并充分利用电子商务网站的作用。其网站不仅具有石化产

---

[1]来源:中国和黄信息技术有限公司。

品销售功能,还可以在线进行物资采购。截止到2007年12月底,中国石化物资采购电子商务网上采购金额累计4337.39亿元,节约采购资金159.39亿元;2007年网上采购资金达到1455.85亿元,节约采购资金59.26亿元。

11. 烟草行业

卷烟网上集中交易方式取得了很好效果,根据市场的迫切需求,2007年将交易次数增加为上半年、下半年两次。在2007年上半年的交易中,共有300余[①]家会员单位参加,签订省内购销合同9600多份,累计成交烟叶1800余万担;签订省际购销合同近90000份,累计成交烟叶2400余万担;省内购销协议累计成交烟叶近2000万担,省际购销协议累计成交烟叶2800多万担;签订省内加工合同约16000份,累计成交烟叶约1400万担;签订省际加工合同近70000份,累计成交烟叶1600多万担。

12. 其他行业

上海联通于2007年4月推出网上商城,通过网络销售预付费产品、后付费产品、终端设备、卡类产品。为了吸引更多用户采用网络平台,网络平台还可以在线购买优质号码资源和优惠资费套餐和手机终端。配合网络服务,上海联通网上商城的推出了网上购买,网下送货上门、货到付款的服务模式。既方便了用户,又降低了交易风险,受到了用户的欢迎。

旅游业中,庐山的电子商务应用最具特色。庐山利用互联网打造"数字景区",已先后建成了中国庐山网、庐山触摸屏系统、庐山旅游电子商务系统、庐山电子政务系统、庐山智能化安全系统、庐山电子门禁系统等。"数字庐山"让游客明明白白、轻松愉快地体验"难识真面目"的庐山秀美风光。电子商务将庐山的服务和销售直接推广到遍及全球的旅游服务机构及旅游者的面前,充分展示庐山的历史文化、地质风貌、名胜景观和九江的风土人情,多角度吸引游客,激发游客的旅游热情;为顾客提供准确可靠、快捷便利的吃、住、行、游等各类信息服务。电子商务助推庐山旅游经济发展,据统计,2007年暑期旅游中,已有30%[②]的游客通过庐山旅游电子商务系统预订行程。

---

①来源:中国烟草电子商务公司。
②来源:江西省经贸委。

第五节　电子商务区域发展高潮迭起

近年来,各地高度重视电子商务普及应用,取得了非常显著的成绩。各地不仅从政策上积极鼓励应用电子商务,还开展形式多样的试点示范,从基础设施和配套环境建设等多方面保证电子商务的持续发展。

一、各地电子商务持续发展

1. 北京电子商务交易额增长显著

根据 2006 年 5 月发布的《北京市电子商务发展报告(2005)》[①],北京市电子商务继续保持快速发展势头,电子商务交易额达 887 亿元以上,同比增长约 33%,电子商务应用逐步深入,取得了良好的效果。B2B 所占比重最大,交易额接近总交易额的 88%。B2C 和 C2C 则增长势头强劲,同比增长已分别达到 315%和 177%。行业龙头成为电子商务主力军。企业网上支付和网上销售的增幅较大,分别由 2004 年的 3%和 7%增长至2005 年的18%和 32%。

2. 上海电子商务交易额创新高

《2007 年上海市电子商务报告》显示,2007 年上海电子商务交易额突破 2300 亿元,是 2002 年的 9 倍。统计数据表明,2007 年上海 B2B 电子商务交易总额为 2283.30 亿元人民币[②],占全市电子商务交易总额的 94.11%。B2C 和 C2C 电子商务交易总额为142.92 亿元人民币,占全市电子商务交易总额的 5.89%。上海电子商务发展的两大主题是"提升传统"和"改善民生"。在提升"传统方面",企业不断提升信息化水平,统计数据显示,2006 年上海企业中,建立了网站或电子商务平台的已占 2/3。在"改善民生"方面,电子商务为市民带来快捷的信息时代生活方式。远程支付、网上支付、手机支付、电话支付等新型支付渠道不断丰富,通过"付费通"网站,市民足不出户就能缴付水、电、气等多种公用事业账单。

---

①来源:《经济日报》,2006 年 09 月 25 日。
②来源:上海市电子商务行业协会。

3. 天津制造业和流通业成绩明显

天津成功地组织实施了"万千百十"工程。20000 余家企业上网①;1000 家大中型企业建立了主页;100 家企业建立了企业网站,50%以上的企业具备了网上销售功能;天津劝业场、中原百货等年收入超过 10 亿元的大型商场、60%的中型商场和超市实现了计算机管理。20%的大中型商场和超市建立了"网上商城"。

4. 广东省移动商务启动

广东在移动支付领域取得了突破性进展,2007 年 5 月,广东移动推出了用手机购买地铁票和可乐等服务。购买者只要拨打地铁自动售票机的号码,售票机就会吐出一张当天的地铁票。广东移动称,广州和深圳两地的移动用户还有望通过手机购买彩票和支付水、电、煤气等公共事业的收费。

5. 江西省网上申报纳税成效显著

江西省国税系统网上申报纳税系统从设区市局同步集中到了省局统一平台,并实现与 6 家商业银行联网。据统计,2006 年 1~5 月份,江西省共有 12500 余户纳税人在网上办理申报纳税,共入库各类税款 24.7 亿余元,占全省总入库税款 20%以上,经济社会效益十分显著。

6. 浙江省将电子商务与集群经济有机结合

据 2006 年年初不完全统计, 浙江省 2005 年电子商务网上交易额已经达到 400 多亿元。省内阿里巴巴、中国化工网、中国机械网等一批电子商务网站成为著名电子商务品牌。浙江省电子商务发展的一个明显特点是,电子商务网与传统产业集群、块状经济紧密结合,部分知名电子商务网站直接脱胎于区域产业集群。比如,绍兴轻纺城发展出了中国网上轻纺城、全球纺织网、中国纺织网;海宁中国皮革城发展出了中国皮革信息网;嵊州领带产业群的中国领带网、中国领带在线;在永康等五金产业基础上,建立了中国五金网、中国科技五金城网等。到目前为止,全省发放企业电子认证证书超过 26 万。

基于阿里巴巴平台集团总部所在地域优势,杭州市已形成了 1300 多家②电子商务网站集群。杭州不仅聚集了阿里巴巴、中国化工网等行业巨头,也吸引了一批行业电子商务

---

①来源:天津市人民政府信息化办公室,《天津市:电子商务发展成效明显》。
②来源:《人民邮电报》,2008 年 2 月 20 日。

网站,如机电在线、中国建材网、中国玻璃网、中国铝业网、中国木业网等,并取得了较好的发展业绩。杭州的电子商务不仅局限于搭建企业与企业之间的网络生意平台,企业与消费者、消费者与消费者之间的网上交易也愈来愈频繁,从年轻人开始到家中长辈,都掀起了电子商务新高潮。

7. 厦门在外贸领域首先实现电子化

厦门海关、国检、边防等口岸监管部门以及码头、船代、报关行、空运货站、理货等作业机构100%与平台联网。60%[1]以上的外贸进出口流转环节及单证实现了电子化,节省外贸进出口单证流转环节40%以上的时间。厦门是全国金卡工程的试点城市,目前全市共发行银行卡近900万张,6800多台POS机遍及全市百货、超市等传统消费场所,并渗透到休闲、娱乐、教育、卫生、文化以及互联网支付等领域。2006年厦门地区跨行交易笔数达5288万笔,交易金额达347亿元,刷卡消费(不包括信托、购房等投资性交易)占全市消费品零售总额的比例达29%。[2]

8. 深圳积极培养信息化人才

深圳市现有4所大专以上院校设置了信息技术相关专业38个,每年为深圳培养信息技术类本科、大专毕业生2000多人。深圳市教育部门、劳动部门管理的开展信息技术类培训的机构约120家,每年进行信息技术类非学历教育培训的人员达20万人。此外,深圳市每年接收国内信息技术相关专业人才2500人左右。

9. 武汉市电子商务稳定发展

据不完全统计分析,武汉市2007年电子商务交易额约为232亿元[3]。其中,34家大型商业企业中,有电子商务交易行为的约有23家,主要商业企业的电子商务交易总额约为222亿元。以武汉棉花网、易泰科技(化工类)、华中商网为主的平台类电子商务交易总额约为5亿。以天喻软件、思远教育、中国银联等单位为主的电子商务服务类平台交易额为5.2亿元。值得关注的是,武汉市今年银联卡POS机刷卡金额为1324亿元,成交1.43亿笔,其中部分是电子商务进行交易。

---

①来源:厦门市信息产业局推广应用处,《厦门市电子商务发展情况简介》。
②来源:厦门市信息产业局,《厦门市电子商务发展情况汇报》。
③来源:武汉市电子商务协会。

二、各地政府积极扶持电子商务发展

1. 上海市实施 B2B 电子商务专项试点工作

为了贯彻落实《国务院办公厅关于加快电子商务发展的若干意见》,根据国家发展改革委与国务院信息办联合发布的《电子商务发展"十一五"规划》《上海市国民经济和社会信息化"十一五"规划》确定的目标任务,上海市信息委、市发改委于 2007 年底组织编制并颁布了《上海市电子商务发展"十一五"专项规划》。

为贯彻落实《国务院办公厅关于加快电子商务发展的若干意见》精神,促进电子商务在上海市先进制造业与现代服务业中的深入应用,充分发挥电子商务对上海经济社会发展的重要作用,市信息委于"十一五"期间组织实施 B2B 电子商务专项试点工作。通过专项试点,推动面向企业、行业和区域的第三方电子商务交易与服务模式的广泛应用,帮助试点企业开展市场宣传、品牌推广、产品推介,并对部分试点企业给予一定的资金扶持,有计划、有步骤地推动其做大做强,建成一批在国内具有主导或领先地位的第三方行业电子商务平台,培育新的经济增长点。

2. 广东省重视中小企业电子商务发展

广东省主管领导非常重视中小企业的电子商务发展,2008 年初,广东省党政代表团考察沪苏浙,考察当地电子商务成功发展经验,并重点了解阿里巴巴的成功经验。广东的中小企业发展目前面临着一些发展中的问题,在广东,中小企业占全省企业总数的 90%以上,工业总产值占全省的 60%,因此,中小企业的生存与发展对广东经济的影响极为关键。如何帮助中小企业成长,提升他们的竞争力,有效进行产业转型,是迫切需要解决的问题。而电子商务和信息化则是重点发展发向。

3. 山东省加快发展信息服务业意见出台

山东省信息产业厅、省发改委、省财政厅、省科技厅、省地税局和省国税局联合出台了《关于加快我省信息服务业发展的意见》。《意见》提出,要"大力发展电子商务与现代物流",强调要"完善全省电子商务支付平台建设。进一步加强移动支付、互联网支付、银行卡支付、电话支付以及其他各类支付设施建设,为企业和个人提供安全、便捷、具有公信力、综合性、全方位支付服务。"

4. 四川省出台《四川省企业信息化指导意见》

四川省信息办与省经委共同出台了《四川省企业信息化指导意见》，并选择省级国有6户控股企业全面铺开企业信息化试点，陆续将企业信息化试点工作经验逐步推广到全省93户重点优势企业。

5. 重庆成为国家移动电子商务试点示范试验区

日前，重庆市成为国家移动电子商务试点示范试验区。重庆现已实现用手机代缴水电气费、购彩票、购保险、购游戏卡、乘坐轻轨等多种远程支付业务。2007年，重庆移动与重庆银行合作，推出了自主创新的"长江掌中行"手机电子钱包，借助银行平台，实现了手机在商场、超市、餐饮娱乐等多种场所的小额支付。据介绍，重庆将加快促进有关各方构建一个合理的移动电子商务产业价值链，争取把重庆打造成世界级手机支付安全芯片、自动售货机等的制造基地，以及相关系统软件的研发基地。

6. 南京市制定《南京市软件产业发展十年规划》

南京市制定《南京市软件产业发展十年规划》，目标为建设"中国软件名城"。与此同时，《市政府关于贯彻国家信息化发展战略，加快南京市国民经济和社会信息化的若干意见》为信息化制度建设提供了纲领性文件。

三、各地积极推进电子商务平台建设

1. 江西省

江西省陆续建成并投入使用了"省外经贸厅政府门户网站""中国江西网上商品交易会""外经贸招商网""对外经济合作促进网""宜春出口网"等与电子商务相关的网站。其中，"省外经贸厅政府门户网站"的点击率在省直各部门中一直名列前茅。

2. 天津市

在天津"万千百十"工程实施过程中，涌现出"国际手机采购网""北方自行车网""环渤海建材物流网"等一批有影响的电子商务网站。

3. 上海市

上海市已初步形成了以支付、物流、信用、安全为重点的电子商务发展支撑体系，涌现了一批国内领先的电子商务企业和行业电子商务平台，带动了企业和社会的电子商务应用。其中，盛大、第九城市、易趣eBay、携程等一批电子商务企业发展壮大；联华、梅林正广和、东方 CJ 等电子商务网站的发展为市民在线购物提供了便利；东方钢铁、我的钢铁网(Mysteel)、爱姆意在线、卫虹医药等企业为相关行业提供的电子商务交易平台。

4. 四川省

四川农经网、农情网、农科网、西部农业在线网等涉农信息网络陆续建成应用。其中，四川农村经济综合信息网先后建成 1 个省级信息中心、21 个市(州)信息分中心、174 个县级信息服务中心、3280 个乡镇和 100 个典型农贸批发市场信息服务站，发布各类农经信息 128.5 万条，网站点击超过 320 万人次，仅网上招商引资和网上促销的效益超过 33.958 亿元，其中网上促销效益达 17.86 亿元。

全省景区(点)信息化发展建设，九寨沟、峨眉山等景区信息化发展水平较高，九寨沟已经建成的"数字九寨"系统，自 2002 年电子商务网站开通，网络交易额已超过 6 亿元。

5. 昆明市

昆明市建设了企业及产品全球电子商务营销推广平台(www.kmswcp.cn)，该平台主要是针对昆明地区企业及产品提供专业的电子商务营销推广支持，目前昆明地区累积注册用户已超过 300 户，各类产品信息累积达到 8500 余条。昆明将力争使该平台增加更多的注册用户和产品信息，发展电子商务以拓宽昆明地区外贸企业的营销渠道。

6. 黑龙江省

黑龙江省积极拓展中俄边贸平台建设。2005 年 9 月投入运营的中俄贸易电子商务交易服务平台(中俄边贸网)，提供 B2B 为主的服务，同时兼顾 B2C 服务，已初步建成为中俄经贸领域权威的中俄双语第三方电子商务交易服务平台。

7. 深圳市

深圳市建设"政府在线"，并以其为门户，链接了全市 50 多个政府部门，形成政府网站群。可为企业和社会提供 500 多项政务服务指南和 60 多项业务网上申报。政府网站的建设，突出了政务信息公开和网上办事，方便了企业。

8. 内蒙古

内蒙古建成"96048"电子商务平台，该平台以"引领内蒙古中小企业迈向电子商务，推进内蒙古农牧民享受电子商务"为使命，提供农产品供求发布；农村劳动力供求发布；农贸产品在线交易平台；市场行情分析查询；本月农时安排等各项服务。把内蒙古的中小企业与全国乃至全球企业连接起来。

四、各地加快完善电子商务发展环境

1. 北京出台电子商务相关法律法规

2007 年 9 月,北京市第十二届人民代表大会常务委员会召开第三十八次会议,审议通过《北京市信息化促进条例》。《北京市信息化促进条例》是一部信息化地方性法规,指明了北京信息化发展的未来。总结了近年来北京市在信息化建设中确定的方针、政策和措施,是一部指引现阶段信息化发展方向,带有阶段性、综合性的地方性法规。《条例》共 8 章,分为总则、信息化工程建设、信息资源开发利用、信息技术推广应用、信息安全保障、监督管理、法律责任和附则等章节。

2007 年 11 月,北京市印发了《2008-2010 年北京市社会信用体系建设重点任务》,推动社会信用建设工作,进一步明确了未来 3 年的北京市社会信用工作的重点和方向。

2. 山东省进一步加强电子商务基础设施建设

山东省已在全国率先实现了所有行政村通电话。据统计,截至 2007 年一季度,山东省电话用户总数达到 5696.6①万户,其中,移动电话用户总数达到 2864 万户,固定电话用户总数达到 2832.6 万户;移动电话、固定电话普及率分别为 31.2%和 30.9%。另据CNNIC最新统计,山东省上网人数全国第二,网民数达到 1126 万人,占全国网民比例8.2%,占本省人口比例为 12.2%。

3. 重庆市推进企业基础信息共享工作

重庆市已初步实现了市国税、市地税、市质监、市工商等部门企业基础信息、企业优良信誉信息、企业不良行为信息的联网征集整合与共享。截至 2006 年 10 月,系统已征集整合各类市场主体信用信息 469 万条,其中全国黑牌企业警示信息 174 万条,重庆本地信用信息 299 万条:工商部门信息 238 万条,其他成员单位信息 61 万条。

4. 福建省为电子商务提供安全保障

福建证书授权(CA)中心作为"数字福建"公用信息平台的安全基础设施为电子商务和网上作提供安全保障。截至 2006 年 7 月,福建省 CA 中心已发证 18 万多份。2006 上半年,企业使用数字证书登录"福建省工商红盾网"总数达 68 万次,通过网上年检的企业达 10.1 万户。

---

①来源:《山东通信业发展进入新阶段》,http://www.sdca.gov.cn/hangye/elec_book/2006-11/web/1-2.htm。

5. 深圳电信推出服务器租赁服务

深圳电信与第一电讯(深圳)公司签约,共同在深推出租用服务器"一站式"服务,解决中小企业日益增长的电子商务需求。深圳20万家中小企业面临的服务器租用、维护等难题将迎刃而解。服务器租赁服务成功解决中小企业信息化投入资金不足、技术人员短缺的难题,还可提高企业工作效率,摊低中小企业的管理成本。

6. 广东省信息网络基础设施规模处于国内领先水平

据广东省通信行业的统计,2006年2月19日,广东省固定电话用户达到3479万户,移动电话用户达到6525万户,成为全国首个电话用户突破1亿户的省,电话用户总数超过了全省常住人口数[1]。广东省已建成的通信网络,包括长途交换机容量超过200万路端,局用交换机容量超过1.27亿门,光缆资源超过800万芯公里,相当于全国六分之一的网络资源。另据CNNIC最新统计,广东省上网人数是全国最高的省份,达到1831万人,占全国网民比例13.4%,占本省人口比例19.9%。

7. 上海营造电子商务环境

上海积极营造电子商务大环境。统计数据显示,截至2006年,上海有线电视、固定电话、移动电话用户数比5年前增加了112万、449万、1082万,分别增长36%、82%、299%。互联网宽带用户也从12万增至223万,普及率达35%[2]。自2003年开始,上海推进"百万家庭网上行",由政府出资对城市无工作的妇女进行信息化基础知识和基本技能培训,内容包括上网、发传真、信用卡使用和网上交易等,目前已培训76万人。

8. 北京市企业信用体系建设初见成效

北京市企业信用体系建设初见成效。截至2007年6月,市级平台信用数据总量达到419万条,区县信用数据总量649万条,涵盖了全市127万户市场主体。个人信用体系开始推进,截至2007年6月底,个人征信系统收录个人信贷账户信息765万个,信贷余额2573亿元,并以91%的查得率排名全国前列。建立了住房公积金个人信用信息数据库小额担保贷款信用社区建设已启动,截至2007年6月底,共发放小额担保贷款106笔,共计513万元。

---

①顾万明:《广东电话用户突破一亿 业务收入占全国六分之一》,《新华网》2006年2月21日。

②来源:《上海着力培育电子商务大环境》,国研网,2006年9月。

9. 青岛市加快现代物流发展

青岛市积极建设面向港口电子供应链的港口物流与电子商务平台,为推进港口物流的社会化、信息化和现代化奠定基础①。港口物流与电子商务综合平台的建设,实现了政府监管部门、船公司、船代、货主、货代、码头、外理、箱站、储运公司、运输公司、铁路等单位和部门之间的联网、电子数据交换、无纸化作业及信息增值服务,同时,满足了港口物资集中采购,并为第三方提供货物交易、物流交易等服务。青岛市加快现代物流建设的举措,极大地改善了整个口岸的综合服务环境,提高了口岸单证传递及通关效率,增强了口岸操作的透明度以及物流监控力度,推动了青岛市现代物流的发展。

10. 大连市重视电子商务基础设施建设

大连市电子商务基础设施的建设和应用日趋完善丰富。首先,大连市政府为投资建设了大连市电子商务支付网关,依托银联交换系统与金融网络连接,搭建了支持多家银行卡的电子商务公共支付平台,为企业、公众提供了安全、高效、方便的网上支付和结算渠道。其次,为了方便支付网关用户申请数字证书,建设了中国金融认证中心大连注册中心系统,为网上支付提供安全保证,为企业电子商务保驾护航。

五、各地推进电子商务中存在的问题

尽管各地在推进电子商务工作中成绩卓著,极大地促进了经济的发展,但是推进过程中,各地方或多或少还存在一些问题,这些问题包括:

(1)各地发展不平衡,不能有效与地方特色和实际情况相结合。

(2)全面规划和协调不足。在推进电子商务发展过程中,由于缺乏整体规划和协调,导致重复建设和资源浪费等现象

(3)认识和积极性不高问题。由于电子商务处于起步阶段,投入大,各种效益却不能马上显现,导致企业积极性不高。

(4)资金投入和人才不足问题。

(5)平台建设后的管理和运营能力和投入较差。

(6)整体应用水平还比较低。多数企业还停留在信息查询和发布阶段,还不能与生产、营销有效结合起来。

---

① 来源:青岛市信息产业局网络管理处,2008 年 1 月 16 日。

（7）支撑保障体系还不健全。企业信用管理、投融资机制、财税政策、在线支付体系、现代物流体系等还不健全,阻碍各地电子商务的发展。

六、问题和障碍

这一阶段,中国电子商务平稳有序发展,在各个领域都取得了可喜成绩。但是由于我国企业信息化水平普遍较低,人们对电子商务认识不足,电子商务交易本身还存在一定的安全性风险等,这些不利因素在一定程度上仍在阻碍我国电子商务的进一步发展。亟待解决的主要问题有以下几点。

1. 总体发展情况落后,数字鸿沟依然存在

总体上看,电子商务水平还比较低。2007 年,在 69 个国家和地区电子商务准备度排名中,我国仅排在 56 位。基础设施、商业环境、文化、法律和政策环境、应用情况还远远落后发达国家水平。

另外,国内不同地区、不同领域、不同群体的信息技术应用水平和网络普及程度仍然存在不平衡现象。2006 年中国数字鸿沟总指数为 0.51[①],表明仍然存在显著的数字鸿沟。尤其城乡之间、东部和西部之间仍存在巨大的数字鸿沟,2006 年中国城乡数字鸿沟指数高达 0.75。数字鸿沟成为影响电子商务协调发展的新因素。

2. 电子商务税收征管问题日益突出

目前,电子商务年交易额已经超过万亿元,税收问题凸现出来,引起业界广泛关注。电子商务究竟该不该收税?如何收?成为 2006 年讨论的焦点问题。由于电子商务的一个特点就是虚拟性,交易的隐蔽性比较强,尤其是 C2C,大多数卖家都没有工商注册。电子商务税收问题留下了法律和操作空间的空白。

3. 电子商务服务市场的同质化竞争严重

在电子商务服务市场,同质化竞争严重,商业模式缺乏创新。在 2007 年里,两大热点吸引了众多创业者。一是 B2B 电子商务平台和 B2C 服务直销网站领域。中国化工网和阿里巴巴的成功上市,激发了一批创业者的电子商务热情,随之一大批同类型网站"跟风"式地新鲜出炉。这些网站或是大而全而空洞无内容,或是商业模式缺乏创新。由于资金限

---

①来源:"中国数字鸿沟研究"课题组,《中国数字鸿沟报告 2007》。

制,大部分网站很难进行细化和深化服务,陷于低水平重复竞争状态。尤其是服装直销网站,更是大拼价格战和广告战。

4. 综合性平台不能满足中小企业的需要

中小企业使用综合性电子商务平台的主要驱动力就是获得沟通信息,展示自我,获得国内外订单。但是,一部分中小企业反映应用电子商务平台后,效果并不理想。要么是平台信息更新慢,登载大量虚假过时信息,用户无法找到鲜活有价值信息;要么是平台缺少大量活跃买家,致使中小企业无法实现在线销售;要么是平台培训等售后服务滞后,制约用户使用。这些问题的存在,严重影响中小企业应用电子商务的积极性。

5. 互联网信任和安全问题仍不容乐观

信任是普及应用互联网的前提条件。尽管经过社会各界不断努力,信用环境建设受到重视,但我国现阶段互联网的信任程度仍然较低。根据中消协日前发布的《2006年全国消协组织受理投诉情况统计分析》,网络交易投诉占全部投诉的10%左右,年总投诉量近5000宗。2006年中国互联网投诉同比增长1.1%[①]。据中国电子商务协会"中国电子商务诚信状况调查"显示,有过网上交易经历的企业对电子商务的不信任比例高达36.3%,公众比例稍低,为13.3%。诚信问题主要体现在消费者收到的物品与宣传不符,功能欠缺,甚至是残次品。卖家提供虚假信息,收钱不发货,骗取钱财。卖出的东西不开具发票或相关凭证,不负责售后服务,退换困难等。2007年的调查结果显示,网民对互联网信任度比2006年调查结果不降反升。

2006年,流氓软件、垃圾邮件、黑客袭击、信用水平低依然是困扰电子商务安全的核心问题。安全问题降低了对电子商务实际应用的期望和信心,成为阻碍电子商务发展的最大制约因素。同时,2007年网络安全事件报告数量也明显高于2006年。电子商务涉及信息流、资金流、物流等多个环节,任何一点出现问题都会产生严重后果。不仅严重影响用户使用,而且还盗取财产,破坏企业正常经营活动,阻碍产业发展。

6. 配套环境还需改善

物流方面,同国外先进国家相比,我国物流业发展还处在初级阶段,一方面各地发展不平衡,另一方面,物流管理还比较落后,信息化水平比较低下,物流企业核心竞争力不

---

①来源:《3.15关注:网络消费投诉成新热点》,《每日经济新闻》,2007年3月7日。

强,相比国际物流企业,综合实力差,缺乏增值能力强的高端服务。

支付方面,目前中国网上银行发展还处在初级阶段,产品和服务还不稳定、网上银行用户还不普及,使用率还较低、网络银行服务和安全问题仍然是制约因素,第三方支付平台在服务质量和竞争能力等方面还比较落后。

在政策和法律法规方面,2007年,政府主管部门出台了一系列规范电子商务环境的政策及法律法规,促进了电子商务的发展。但是,与电子商务发展中的实际需求相比,电子商务的政策和法律环境还处于滞后和不健全状态,比如业内一直讨论的电子商务税收问题、针对计算机犯罪的法律规定等需建立或完善。

7. 电子商务人才需求和供给出现矛盾

电子商务的人才需求矛盾体现在两方面,一方面是电子商务供给与需求的失衡,另一方面是电子商务人才不能满足实际需求。

这几年是电子商务大发展的几年,尽管开设电子商务专业的学校已经达到上百所,但是仍然不能满足市场的需求,供需差距悬殊。据介绍,65%中小企业急需电子商务人才,预计每年中国电子商务人才市场需求达20万左右[①]。

另一方面,电子商务专业的毕业学生不能满足实践工作的需要。电子商务是新兴学科,缺乏针对性和专业性都比较强的教材和师资力量。并且,电子商务是实践性非常强的专业领域,缺乏实务性教学导致学生缺乏专业能力,无法胜任企业的实际工作。

---

① 来源:新浪财经,http://finance.sina.com.cn/roll/20070309/09001254308.shtml。

第六章　电子商务备战过冬期
(2008—2009 年)

在 2008 年和 2009 年这两年，人们谈论最多的词汇非"金融危机"莫属，这场危机深刻地影响了全球经济走向，也影响了各国的发展策略。在我国，刺激内需、转变经济增长方式成为当时最紧迫的任务。

在国际金融危机和国内发生一系列重大事件的大背景下，中国电子商务承受着威胁和机会的考验。一方面，部分传统中小企业的生存压力减弱了对电子商务的需求，另一方面，一些传统企业也积极应用电子商务提高抗击风险的能力：降低成本、扩大国际交流和营销渠道。

幸运的是，中国电子商务成功地利用"金融危机"带来的种种机会，多角度突围，发展势头比以往更加强劲。从总体来看，中国的电子商务成功地抵御了金融危机的不利影响，在充足"过冬"准备的基础上，增加投入、细化服务、开拓营销模式，通过创新，取得了一个又一个来之不易的累累硕果：一是电子商务年度交易额连续突破新高，2009 年达到 3.8 万亿元人民币，中国网购市场取得突破性进展；二是基础设施、电子支付等电子商务环境逐步改善；三是中小企业信息化稳步推进；四是农村信息化进程加快；五是电子商务服务市场在创新中发展；六是移动商务布局初见成效；七是新技术不断推动电子商务模式和应用创新。

中国的电子商务经受住了国际金融危机的考验，克服重重困难，不断进行摸索和创新，获得了应对危机的宝贵经验，同时还逐步探索出一条有中国特色的电子商务之路。电子商务社会经济影响力日益增强、成为驱动中国经济发展的新引擎。经过十几年的发展，电子商务的作用已经不仅仅是企业降低成本、提高效率、开拓市场的工具，它更深刻的影响社会生活的方方面面。作为一个全新的行业，电子商务服务业的崛起，满足了亿万消费者购物的需求，改变了人们的生活和消费方式；在对其他行业的影响上，电子商务在拉动了物流、加工、支付等相关产业的发展的同时,还助力传统产业的优化升级和转型。展望未来,随着全球经济的复苏,中国经济的持续向好,作为战略性新兴产业,在国家政策的强化支持下,在经历基础设施建设、市场培育和商业模式逐步夯实之后,中国电子商务一定会迎来快速发展阶段。新商业文明已经浮现,一个健康、可持续发展的电子商务生态正在逐步形成。

第一节　电子商务的冬天来了

一、寒潮悄然来袭

2008 年以来,由美国次货危机引发的全球性金融危机给世界经济造成了深远的影响。全球经济陷入萧条,购买美国债券的金融业损失严重,各国银行不得不缩紧银根。

美国金融危机造成全球经济的萎靡,也对我国的制造业产生了致命的影响。金融危机导致我国企业增速下降,利润减少,库存增加,规模以上工业企业有三分之一处于停产和半停产状态。2008 年的中国经济属于高度外向型经济,进出口总值超过GDP 的60%,外需减弱,也导致我国的出口行业受到巨大打击。尤其在我国东南沿海地区,以出口为主的中小企业所受到的挑战最大,订单锐减,用工减少,甚至一些企业由于资金链断裂,出现倒闭。调查显示[1],89%的企业受到美国次贷危机的影响,其中影响较大的占57.4%。

金融危机,给快速成长中的中国电子商务带来威胁,同样带来了机会。电子商务因链接大市场,成本低,信息透明,无时间和国界限制等优势被众多传统中中小企业小企业视为度过严冬的一个有效措施。一方面,电子商务平台企业积极准备过冬,改变产品和营销策略。另一方面,传统企业积极转型,有的传统中小企业将线下业务转向线上,有的把出口业务转向内销。数据显示,经济危机中陷入困境的线下企业比例高达84.2%[2],而线上企业仅为 16.8%,65%的线上企业表示有信心和能力渡过难关,而线下企业还不足10%。

---

①严冰:《金融风暴对中国影响有多大》,《人民日报海外版》2008 年11 月19 日。
②徐阳:《金融危机中帮企业顺利过冬》,《新商报》2010 年6 月13 日。

二、阿里巴巴提前感知冬意

春江水暖鸭先知，阿里巴巴从平台数据中，最先分析出中小企业生意的萧条。在2008年的网商大会上，马云在演讲中说，他们提前半年感受到了危机的到来。阿里巴巴外贸平台发现，国外的询盘量明显减少，订单量急剧下滑，中小企业的网络活跃度也显著下降。这些先兆表明，经济危机即将来临。

以中小企业为核心目标客户的电子商务B2B企业同样陷入水深火热之中。慧聪网郭凡生甚至公开表示多数服务出口企业的B2B网站将会死在这个经济寒冬。2008年的阿里巴巴更是有半数以上的收入来自出口型中小企业，其业务也无法避免缩水。发展新客户举步维艰，老客户在网上拿不到订单不愿意在此续约，阿里巴巴B2B网站面临严峻的考验。

为了应对寒冬带来的消极影响，2008年7月23日晚间，阿里巴巴董事局主席马云向全体员工发布了题为《冬天的使命》的内部邮件，号召全体阿里人"准备过冬"，"抓住这次过冬的机遇"，为阿里人战胜困难加油鼓劲！

【拓展阅读】马云致信阿里巴巴全体员工号召准备过冬（全文）

各位阿里人：

对阿里巴巴B2B的股价走势，我想大家的心情一定很复杂！今天想和大家聊聊我对目前大局形势和未来的一些看法，也许对大家会有一点帮助。

大家也许还记得，在二月的员工大会上我说过：冬天要来了，我们要准备过冬！当时很多人不以为然！其实我们的股票在上市后被炒到发行价近3倍的时候，在一片喝彩的掌声中，背后的乌云和雷声已越来越近。因为任何来得迅猛的激情和狂热，退下去的速度也会同样惊人！我不希望看到大家对股价有缺乏理性的思考。去年在上市的仪式上，我就说过我们将会一如既往，不会因为上市而改变自己的使命感。面对今后的股市，我希望大家忘掉股价的波动，记住客户第一！记住我们对客户，对社会，对同事，对股东和家人的长期承诺。当这些承诺都兑现时，股票自然会体现你对公司创造的价值。

我们对全球经济的基本判断是经济将会出现较大的问题，未来几年经济有可能进入非常的困难时期。我的看法是，整个经济形势不容乐观，接下来的冬天会比大家想象得更长！更寒冷！更复杂！我们准备过冬吧！

面对冬天我们该做些什么呢？

第一，要有过冬的信心和准备！

冬天并不可怕！可怕的是我们没有准备！可怕的是我们不知道它有多长，多寒冷！机会面前人人平等，而灾难面前更是人人平等！谁的准备越充分，谁就越有机会生存下去。强烈的生存欲望和对未来的信心，加上充分的思想和物质准备是过冬的重要保障。阿里集团在经历了上一轮互联网严冬、非典等一系列打击后，我们具备了一定的抗打击能力。去年对上市融资机会的把握，又让我们具备了二十多亿美金的过冬现金储备。集团年初"深挖洞，广积粮，做好做强不做大"的策略已经开始在各子公司得到坚决的实施。我想对严冬的到来，阿里人应该拿出当年的豪情：If not now, When? If not me, Who?（此时此刻，非我莫属！）2001 年我们对自己说过：Be the last man standing! 即使是跪着我们也要是最后一个倒下！凭今天阿里的实力也许我们自己不会倒下，但是今天的我们肩负着比以往更大的责任，我们不仅仅要让自己不倒下，我们还有责任保护我们的客户——全世界相信并依赖阿里巴巴服务的数千万的中小企业不能倒下！在今天的经济形势下很多企业的生存将面临极大的挑战，帮助他们渡过难关是我们的使命！是"让天下没有难做的生意"在今天最完美的诠释！我们要牢牢记住：如果我们的客户都倒下了，我们同样见不到下一个春天的太阳！

第二，要做冬天该做的事！

一个伟大的公司绝不仅仅是因为能抓住多少次机会，而是因为能扛过一次又一次的灭顶之灾！2002~2003 年间，我们抓住了互联网的寒冬大搞阿里企业文化，组织结构和人才培养建设。今天，我们在感谢去年上市给我们带来机会的同时，也要学会感谢今天世界经济调整给我们带来的巨大机遇。阿里巴巴从 18 人创业到今天超过一万人，我们的文化、组织和人才建设也在快速增长下面临挑战，但也因此得到机遇，让我们这五年轰轰烈烈地经历了组建淘宝网、支付宝公司、收购中国雅虎、创建阿里软件、阿里妈妈和投资口碑网一直到去年上市。我们希望有几年的休整时间，感谢这个时代又给了我们一次这样的机遇。

我们经过深思熟虑，决定基于我们一贯"客户第一，员工第二，股东第三"的原则，明确阿里未来十年的发展目标：

(1)阿里集团要成为全世界最大的电子商务服务提供商!

(2)打造全球最佳雇主公司!

要实现以上目标首先要抓住这次过冬的机遇!让我们再一次回到商业的基本点——客户第一的原则,把握危险中的一切机遇。一支强大军队的勇气往往不是诞生在冲锋陷阵之中,而是表现在撤退中的冷静和沉着。一个伟大的公司同样会体现在经济不好的形势下,仍然以乐观积极的心态拥抱变化并在困难中调整、学习和成长。

中国市场的巨大潜力和对世界经济的积极影响力将会在未来世界经济体中发挥越来越大的实质性的推动作用,我们庆幸地看到世界各国的领导人比以往更懂得协同和交流,我们看到全世界在共同面对疾病、海啸、地震、大气变暖等自然灾害上的高度统一,于是我们有理由相信世界各国将一定会在经济发展这个人类社会生存和发展的重要问题上表现出更为积极的努力和智慧。我也坚信这次危机将会使单一依靠美元经济的世界经济发生重大变化,世界经济将会走向更加开放更加多元化!而由电子商务推动的互联网经济将会在这次变革中发挥惊人的作用!"拉动消费,创造就业"必将是我们电子商务在这场变革中的巨大使命和机会。我们坚信电子商务前景光明,并能够真正地帮助我们的中小企业客户改变不利的经济格局。十年以后因为今天的变革,我们将会看到一个不同的世界!

各位阿里人,让我们一起参与和见证这次变革吧!

马云

三、政府积极救市

2008 年起,为应对国际金融危机对经济的影响,我国各地方政府纷纷出台政策,通过切实的财政扶持等手段,普及中小企业电子商务的应用,帮助企业走出困境。其中杭州、浙江、南京、江苏、广州、广东、上海、成都、四川等省市走在了全国前列。

1. 上海电子商务持续增长,逐步渗透传统应用

2008 年,上海市电子商务交易额达 2758.17 亿元[①],同比增长 13.68%。其中B2B 交易

---

①来源:《青年报》,《上海市促进电子商务发展规定正式实施》,2009 年 3 月 2 日。

额占比达到92.95%，而B2C和C2C的交易额占比虽然较小，但增长幅度高达36%。目前上海个人级的B2C、C2C电子商务交易额，在过去一年内从142.9亿元快速增至194.5亿元，消费者日均上网交易为5300多万元。上海的"付费通"平台已能支持水、电、煤、通信4大类24种公用事业费及交通罚款、公路养路费的支付，截至2007年11月累计交易9260万笔，累计交易额82.44亿元。

数据分析表明，2002年到2008年七年间，上海电子商务交易额从250多亿元提高到2700多亿元，增长逾10倍，年均增幅超50%。其中，企业级的B2B电子商务模式占据九成以上份额。上海重点工业企业的主营业务收入，目前已有20%通过便捷的网上销售实现，如宝钢、上汽、烟草、双钱等骨干集团，均已将主要的大客户业务转移至各自的电子商务交易平台上。在信息化程度还不高的中小型企业中，也已有超过11万用户，加入上海电信"商务领航"等第三方电子商务平台，以每月几百元的较低成本，租用这类平台提供的信息化管理系统。

2. 扎扎实实实施"数字安徽"战略①

在"数字安徽"战略指引下，安徽省电子商务的发展环境和支撑体系不断完善，服务水平不断提升，应用规模日益扩大。

电子商务应用不断普及深化。全省近30%的大中型企业建立了网站，不少大中型企业直接在网上开展了电子商务，部分企业网上销售额占全年销售额的比重逐渐上升。马钢股份、铜陵有色、江汽集团、合力叉车等企业的网上销售、采购已成为其贸易的重要手段。特色行业开展电子商务卓有成效。省烟草行业网上年交易额近300亿元。亳州中药材交易市场、太和西药交易市场电子商务客户覆盖全国大部分地区。安徽粮食批发交易市场2006年4月网上挂牌，现已成为全国大型区域性粮食批发交易市场。和县皖江蔬菜副食品批发交易市场，投资500多万元建立了电子交易平台，2007年完成交易量56万吨，实现交易额7亿多元，成为长江中下游地区最大的蔬菜集散基地，步入全国百强市场行列。面向消费者的电子商务应用规模不断扩大。合肥市城市一卡通实现了公交、出租、水电气等公用事业缴费和超市购物等小额消费一卡支付。

特色电子商务公共平台不断涌现。省经委创办的中国安徽企业网，注册会员近三万

①来源：安徽省信息产业厅推广应用处。

家,为全省广大中小企业提供包括电子商务在内的各方面信息服务。省商务厅举办安徽出口商品网上交易会,打造"永不落幕"的进出口网上交易平台,徽农网集门户网站、电子商务、电话语音、手机短信、专家视频在线等多种功能为一体,形成综合性农业信息服务平台,其电子商务促成网上年交易额超过 60 亿元。

电子商务支撑环境进一步完善。安全信用体系基本建立。完成了安徽企业信用征信互连平台、安徽企业信用数据库、"信用安徽"网站和安徽企业信用信息发布查询系统的建设。省联合征信中心完成 15 万多户企业的信用信息入库。全省个人联合征信系统平台已基本完成,个人联合征信数据库已汇集 110 多万城镇居民的个人基本信息。以密钥管理为基础,以省电子认证中心为核心的全省统一电子认证体系初步建立,全省累计发放企业电子证书 3.6 万张。

3. 杭州市成为全国首个电子商务之都

浙江省以互联网业务、动漫游戏、电子商务为主的信息服务业发展迅速,浙江全省城乡信息化正逐步朝着均等发展的方向前进。浙江省涌现了阿里巴巴等一批优秀的电子商务信息服务企业。目前,浙江全省行业网站已经占到全国总数的 40%,杭州市已形成了以阿里巴巴为代表的 1300 多家电子商务网站集群,杭州也成了全国首个"电子商务之都"。据悉,杭州还将通过六大措施来打造"全球电子商务之都"。

4. 广州计划建设亚太电子商务中心

广州市电子商务发展加速。2007 年,广州市一般企业网上交易总量为 1749.7 亿元[1],比 2006 年增长 30.6%。其中网上销售实现主营业务收入总额为 1036.3 亿元,占网上交易总量的 59.2%;网上采购商品和服务总额为 713.5 亿元,占网上交易总量的 40.8%。2008 年,全市电子商务驶入良性发展的快车道。预计全年电子商务交易额将达到 2100 亿元,同比增长超过 20%。

按照《加快"信息广州"建设的意见(送审稿)》[2],广州将打造"网络商都",建设亚太电子商务中心。广州将着力发展塑料、金属、粮食、建材等行业电子交易中心,加快发展电脑、音像、汽车、中药材、茶叶、蔬果、服装等大型专业市场电子商务,积极发展化工、电子

---

[1]来源:电子商务协会,《广州市电子商务发展调研报告》,2009 年 1 月。
[2]郑佳欣、刘辉军:《广州要建亚太电子商务中心》,《南方日报》2009 年 1 月 16 日。

元器件、花卉等网上交易市场,加快建设特色优势农产品电子商务平台,形成一批国内外有影响的电子商务品牌。按照计划,"十一五"规划期间,广州电子商务发展重点建设项目多达34项。由阿里巴巴建设的中小企业电子商务应用工程计划2009年12月在广州建成,帮助广州市1万家中小企业开展国内贸易电子商务,投资9800万元。广州将加快实施"信息亚运"工程,实现所有亚运会场所均可通过各种信息化手段,随时随需获取多语言、智能化、个性化的信息服务。到2010年举办亚运会时,广州将建成覆盖全市城区的无线宽带城市、第三代移动通信(3G)网络和移动数字电视网络,初步形成服务型电子政府,亚运会访客和市民可享受随时随地随需的网络和信息服务。

5. 福建工业企业电子商务千万工程启动

福建省经贸委与阿里巴巴(中国)网络技术有限公司签署了共同推动福建省工业企业应用电子商务开拓市场合作备忘录[1],这标志着福建工业企业电子商务千万工程即福建营销联盟电子商务工程正式启动。该项目是福建省政府支持工业企业开拓市场、帮助工业企业克服国际金融危机影响的一项重要措施,将全面推动福建工业企业应用第三方电子商务平台开拓国内外市场。根据合作备忘录,千万工程涉及企业上网、电子商务培训、企业联保贷款等合作。

6. 重庆将打造中西部电子商务中心

当前,重庆市中小企业信息化建设还处在低水平发展阶段,部分中小企业重视不够[2],还不能适应电子商务中心建设的需要。目前全市中小企业中仅有8%的企业开展了电子商务应用。已开展电子商务的外贸企业仅占外贸企业总数的14.3%,成交金额仅占外贸出口总额的4.48%。即使已经开展电子商务的企业,绝大多数的网上商务活动仍然以信息发布、寻找供应商或代理商信息以及网上询价、洽谈等初级电子商务应用为主。

在严峻的经济形势下,重庆中小企业如何利用信息化降低成本、加强管理、提升综合竞争力,显得尤其重要和迫切。加上重庆多山多路,特别需要依靠信息化来提升办事效率。根据重庆市中小企业介绍,为帮助企业走出金融危机困境,他们确立了到2012年信息化工作目标,其中包括与企业合作搭建"重庆市中小企业电子商务平台";将企业信息

---

①陈晓燕:《福建工业企业电子商务千万工程启动》,《福建日报》2008年12月10日。

②来源:《重庆打造中西部电子商务中心》,《重庆晚报》2008年12月1日。

化培训工作重点由主城区延伸到中心城市和区县，每年免费培训信息化方面人才2000人以上等等。

"2008重庆市中小企业信息化年会"吸引到来自政府主管部门代表、行业学术专家、各行业等200多位中小企业代表。与会者在献计献策的同时，表示将按照市委、市政府对信息化建设的最新要求，共同努力早日将重庆建设成为中西部电子商务中心。

第二节　内贸电子商务在寒潮中崛起

尽管外贸遭受国际金融危机的重创，但是内贸电子商务却迎来机遇，在寒潮中崛起。

2008年，中国电子商务在遭遇南方雪灾、四川地震、北京奥运、国际金融危机等众多环境变数下，仍然保持稳定、快速增长。在这一年，中国电子商务不仅取得了应对不利环境的宝贵经验，而且在基础设施建设、上网用户数、电子商务交易额、企业应用水平、第三方电子商务服务和支撑环境建设等方面都取得新的成果。尽管出现了全球性金融危机的不利局面，外贸受到不利影响，但是在内贸和网络零售的带动下，电子商务业年均增长速度超过30%，远远高于中国经济8%左右的增速，昭示出电子商务发展持续不断的朝气与影响力。电子商务服务业已成为我国重要的新兴产业之一。

2009年4月，我国电子商务更是迎来政策重大利好，国务院发布的《电子信息产业调整和振兴规划》，指出电子信息产业是国民经济的战略性、基础性和先导性支柱产业，对于促进社会就业、拉动经济增长、调整产业结构、转变发展方式和维护国家安全具有十分重要的作用。2009年，我国电子商务彻底摆脱国际金融危机的影响，交易总额更上一层楼，突破3.8万亿元[①]，网民超过3.84亿，在世界经济论坛（WEF）公布《2009-2010年全球信息科技报告》中，中国大陆排名显著提升，从2008年的46位提高到2009年的37位，表明我国在信息基础设施建设、信息技术应用水平方面都取得了显著的进步。

---

①来源：新浪财经，http://finance.sina.com.cn/roll/20100831/08223437281.shtml。

一、电子商务交易额稳步增长

中国电子商务服务市场在金融危机背景下逆势增长。电子商务服务企业的特点是创新能力强,适应环境变化而采取的快速反应能力强。在市场不利环境下,积极探索出路,沉稳思变,反而在各个领域都取得了很好的成绩。

在应对金融海啸的过程中,部分B2B服务商借机扩大市场,通过与各地政府合作,迅速在中小企业和西部地区普及电子商务。B2C逐步成为中国电子商务的亮点,传统企业和其他类型网络服务提供商纷纷加入B2C领域。C2C交易额仍然保持高速增长,淘宝继续垄断市场并且首次实现收支平衡,网络购物人群持续扩大,网络售物成为热门职业。此外,值得一提的是,在移动商务领域,商机不断显现,产业链紧锣密鼓地进行布局。

1. 电子商务交易总额稳步增长,年度交易额创出新高

金融海啸的背景下,中国电子商务逆势增长,转危为机。2008年中国电子商务交易额达到3.19万亿元, 同比增长高达47%;2009年中国电子商务交易额达到3.8万亿元,同比增长19.12%,相比国内生产总值(GDP)8%左右的增速,成为一道亮丽的风景线。尽管受到金融危机的冲击,增速放缓,但是电子商务依然是中国经济发展中最富活力的领域之一。

表6-1 中国电子商务年度交易额

时间(年)	交易额(万亿)	增长率
2004	0.93	
2005	1.3	39.80%
2006	1.55	19.23%
2007	2.17	40.00%
2008	3.19	47.00%
2009	3.8	19.12%

网络零售取得突破进展。根据艾瑞数据,2009年中国网络购物交易额近0.25万亿,同比增速高达93.7%,远远高于社会消费品零售总额15.5%增长速度。网购交易额占社会零售总额的比重达到2%,比2008年提高了0.8个百分点。

2. 农村信息化进程加快

国家持续大力推动农村信息化建设。"金农"工程建设按计划推进、"三电合一"工程继续稳步实施、"农村信息化示范工程"积极推进、"村村通"工程继续向纵深发展。2008年,全国通电话行政村的比重达到99.7%。在宽带接入方面,全国98%的乡镇能上网、95%的乡镇通宽带,全国有27个省份"乡乡能上网"已成现实。家电下乡,电脑陆续走进农村市场家万户,农民手机上网比例高速增长。"乡乡有网站"项目试点取得初步成效,全国31个省(区、市)、80%以上的地(市)和60%以上的县级农业部门建立了专门网站,初步形成了覆盖全国的农业信息网络群。农村信息化平台建设效果显著,农村信息化技能培训如火如荼。"12316"三农服务热线效果显著,"农信通""农民用工信息平台""信息田园"等农村综合信息服务平台得到进一步完善和扩大。

3. 电子商务与传统企业商务逐步融合

大型企业的电子商务应用水平逐步深入,已经从网上信息发布、采购、销售等基础性电子商务应用向上下游供应链企业间网上设计、制造、计划管理等全方位业务协同的纵深方向发展[1]。调查显示,大型企业和上游主要业务合作伙伴的协同水平达到39.3%;和下游主要业务合作伙伴的协同水平达到39.7%;全集团内部的协同水平达到55%。大型企业电子商务已经占有B2B服务市场份额的29.55%,其突出表现为买卖双方中有一方是大型企业,而另外一方为中小企业。一对多结构的电子商务与多对多结构的电子商务比率约为3:7。

中小企业是受金融危机影响的重灾区,而电子商务在帮助中小企业摆脱困境和转变发展方式上,发挥了关键作用。2008年3月,八部委联合发布文件《关于印发强化服务促进中小企业信息化意见的通知》,要求各地强化政府对中小企业信息化的公共服务,完善中小企业信息化社会服务体系。在通知的要求下,各地政府和平台服务商积极合作,共同促进中小企业的电子商务应用。"中小企业移动电子商务推进工程"进展顺利,业内巨头联手建设中小企业电子商务基础设施。

在社会各界共同努力下,中小企业电子商务应用范围进一步扩大,交易额继续保持

---

[1]来源:商务部,《中国电子商务报告(2008—2009)》。

增长,中小企业电子商务拉动了 GDP 增长,创造了新的就业机会。在政府各部门积极推动下,中小企业电子商务推进工程陆续启动,并取得初步成效;在两化融合试验区中,中小企业的示范体系开始形成。电信企业和电子商务服务商联手建设中小企业电子商务基础设施,推动电子商务应用向纵深方向发展。

4. 电子商务服务市场在创新中发展

中国电子商务服务市场经受住金融危机的不利影响,积极利用机会,深入挖掘市场潜力,积累了应对市场变化的宝贵经验。B2B 服务商深入挖掘中小企业市场,向中西部地区普及电子商务,在运作模式和营销战略上不断创新。B2C 逐步成为中国电子商务的亮点,3C、母婴用品、钻石、鲜花礼品、家居建材、家电、服装等一大批细分行业网络直销市场呈现百花齐放态势,而且还吸引了传统企业和其他类型网络服务提供商的垂涎。C2C 交易额仍然保持高速增长,C2C 服务商进一步探索商业模式,网商规模壮大、网货更加繁荣,网规逐步完善,淘宝继续垄断市场并且首次实现收支平衡。在移动商务领域,用户规模持续扩大,国家进行战略性布局并初见成效,移动商务示范工程取得实质性启动,商机不断显现,产业链企业纷纷寻找商机,抢占市场,移动商务从概念走向实际应用领域。

数据显示,截至 2009 年 12 月,我国规模以上电子商务网站总量已经达 1.75 万家[①];电子商务服务类企业营收累计达到 163.5 亿元人民币;国内使用第三方电子商务平台的中小企业用户规模已经突破 1250 万,中国网购用户的规模已经突破了 1.3 亿人;电子商务交易额达到 3.9 万亿元。

5. 中国网络就绪度状况整体提高

根据世界经济论坛发布的《全球信息技术报告 2009-2010》的网络就绪度排名[②],中国的排名从去年的第 46 位升至第 37 位,而"金砖四国"中的其他成员印度、巴西和俄罗斯分别名列第 43、第 61 和第 80 位,都落后与中国。报告显示,近几年,中国的网络就绪状况迅速提高,从 2006 年的 59 名,快速提升到 2009 年的 37 名。

---

①来源:《2009 年中国互联网行业投资统计分析报告》。
②说明:网络就绪度评价内容涵盖个人、企业和政府的信息化就绪度情况。《全球信息技术报告》由世界经济论坛和欧洲工商管理学院共同编撰,是全球评估信息与通信技术对各经济体发展进程和竞争力影响情况的最全面和最权威的报告。

【拓展阅读】年度网络购物交易规模突破了千亿元

2008年，全球经济环境迅速恶化，一些外贸型中小企业因缺少订单而倒闭。然后，中国网络购物市场却在金融海啸中乘风破浪，爆发式增长，全年交易额突破千亿元，网络购物占社会消费品零售总额的比重也首次突破1%。根据艾瑞咨询的统计数据，2008年C2C交易规模实现了130.6%的高增长，达到1194.7亿，仅淘宝网在2008年就实现网上交易额999.6亿元。B2C网购也首次实现突破式增长，全年交易额达到87.1亿，较2007年交易额实现了翻番。排名靠前的网络购物商品大类分别是服装鞋帽、手机、数码、化妆品、家居用品。

分析网络购物爆发式增长的原因有以下几个方面：

（1）网购网络购物人群快速增长。2008年，网购注册用户达1.2亿，同比增长185%，人均网购消费968元，并且这些用户黏性强。网络购物已经逐步成为年轻一代网民主流的购物方式，淘宝已经拥有网购会员账号0.98亿，其中，16-32岁用户占比高达83%，是网购用户的生力军。

（2）网络商品优势明显。首先是多样化，网购商品正不断丰富，覆盖了人们衣食住行各个领域，学习、办公及生活用品无所不包。其次是价格低廉，由于流通渠道缩减，卖家和买家直接对接，减少了中间流通环节，降低了成本。最后是方便快捷，足不出户，轻点鼠标就会收到心仪的商品。

（3）传统外贸型中小企业转型为内贸。外贸订单萎缩的情况下，一些中小企业将市场转向国内，并通过互联网渠道，直接与最终消费者建立联系。福建省安溪县早期的支柱产业是加工藤铁工艺品，产品多出口国外，2008年前受金融危机冲击，年轻人开始通过开淘宝网店拓展国内市场，结果销售情况喜人。以灶美村为例，2013年，全村藤铁工艺家居用品网上销售额达1.8亿元，全村308户村民共开设淘宝店铺1150个，成为远近闻名的淘宝村。

（4）资本支持。2008年，网购领域受到了资本青睐，电子商务全年投资金额为26213万美元，比2007年增加39.4%，投资案例只有15个。B2C再次受到资本青睐，京东融资额达到2100万美金，凡客融资额2000万美金。

（5）网商群体的崛起。网络免费开店的低门槛吸引了一批年轻人创业就业。2008年，在淘宝上开店实现的人数达到57万。不仅有大学生、有待业青年，还有中小企业主。他们销售的商品有的是自产自销,有的是代理,甚至是自己独创了淘品牌。

(6)电子商务平台企业的努力。2008年5月,易趣网宣布用户网上开店将获终身免费。百度推出"有啊"平台并开展多种促销活动。马云在2008年7月宣布将对淘宝增加投资20亿元人民币。B2C领域,PPG、红孩子、京东崛起并成为电子商务领域的新星。

(7)电子商务环境日益完善。宽带基础设施日益普及,网费逐步降低,网络信用环境不断改善,支付和物流配送瓶颈逐步突破。这些环境的变化,交织在一起,推动网络购物市场启动并快速发展。

二、B2B

1. B2B 服务市场发展状况

(1)B2B 服务领域保持高速增长。

根据艾瑞咨询数据,2009 年中国 B2B 电子商务服务商营收规模达到 63.0 亿元,同比增长 13.8%。从运营商格局来看,阿里巴巴市场份额扩大至 60.4%,环球资源为 10.9%,中国制造网为 3.2%,慧聪网为 2.1%,中国化工网为 1.2%。根据公开财报显示,阿里巴巴延续增长势头,截至 2009 年底,全球注册用户超过 4770 万,共有 61.5 万名付费会员,同比增长 42.4%。阿里巴巴 2009 年总营业收入同比增长 29%,达到 38.75 亿元;净利润10.13 亿元,同比减少 12.3%。阿里巴巴收入增长、而利润降低,可见阿里巴巴在金融危机的不利环境下,加大了市场投入,增高了营销成本。生意宝 2009 年度实现了营收1.34 亿元,较 2008 年度增长 27.35%;其中利润总额达 4058 万元,较 2008 年度增长29.94%。

(2)B2B 服务平台遍地开花。

据中国 B2B 研究中心数据显示[①],从 2002 年到 2009 年,国内行业 B2B 电子商务领域高速发展,行业网站数量从 2007 年的 4500 余家,增加到 2008 年的 5100 余家,2009年中国行业网站规模更是突破万家大关。B2B 平台的发展,主要得益于传统企业的加入和专业行业网站的涌现。在行业网站中,纺织服装类电子商务服务平台最多。根据中国

---

① 来源:中国信息产业网,http://www.cnii.com.cn/20080623/ca604588.htm。

B2B 研究中心最近发布的《1997—2009：中国电子商务十二年调查报告》显示，在电子商务服务企业的行业分布中，排在前十名的依次为：纺织服装、数码家电、钢铁机械、化工医药、建筑建材、农林、五金、包装印刷、食品糖酒、礼品饰品这些行业领域。其中纺织服装和数码家电行业所在比重最大，分别为 14.3% 和 10.4%。

（3）产业链企业高调介入 B2B 服务市场。

看好电子商务的发展趋势，产业链上的企业也纷纷利用自身优势试水电子商务。

用友参与"全程电子商务工程中心"。"全程电子商务工程中心"名义为中国电子商务协会的常设机构，其设立目的是在全程电子商务产业研究、企业应用培训推广、企业应用体检、产业链合理构建等方面开展工作，而用友伟库电子商务公司将为该中心提供技术平台支持。

中国移动宣布推出 B2B 电子商务服务。中国移动建设了全新的电子商务平台——JOY 电子商务网（www.b2bjoy.com），组建了专业的服务支撑团队，针对企业用户量身定制了电子采购、企业采购、酒店预订、机票预订、采购信息发布等五项 B2B 电子商务服务。

沃尔玛将在华推出电子商务。根据报道[1]，这家全球最大的零售商计划在中国开展电子商务业务，目前，正处在搭建技术平台阶段。

百度在日本市场推出测试版的网上商品集合平台——百度日本之窗。该平台属于电子商务产品集合平台。在该平台及链接网站上发布的商品信息，由百度日本之窗的合作伙伴提供。

国内电子商务 B2B 平台金银岛获得达晨创投 1 亿元注资。金银岛网主要从事大宗产品电子商务，包括化工、燃料油、塑料、钢材、橡胶等标准化原料产品。该网站发展迅速，已经实现盈利。投资资金将主要用于整合并购相关细分网站和引进高端人才。

焦点科技（中国制造网运营公司）成功登陆深圳中小板市场。它是中国继阿里巴巴、慧聪国际、环球资源、网盛科技之后，第 5 家登陆资本市场的本土 B2B 企业。旗下中国制造网拥有注册会员达 362 万名，其中注册收费会员 9211 位。

珍诚医药申请国内上市。珍诚医药属于垂直型医药 B2B 企业，是获得企业间 B2B 药

---

①来源：比特网，http://net.chinabyte.com/367/11193367.shtml。

品交易服务资质的企业,已经受到包括红杉资本、华睿投资在内的多家机构投资。目前正在申请国内上市。据悉其 2008 年销售额已达 4.2 亿元,预计 2009 年销售收入将超过 8 亿元。

2. 在危机中谋求发展

2008 年的金融危机给中国 B2B 造成了巨大威胁。国际经济的走弱,导致国际消费市场萎缩,订单大幅度减少,出口企业面临窘境,出口型 B2B 网站同样陷入萧条。风险投资的保守,将对金融危机下的互联网公司造成深重的负面影响。一批没有核心竞争力,不能及时应对环境变化的企业被市场淘汰;而另一部分企业充分预测了环境的恶劣变化,积极调整产品、营销和战略,反而利用环境的变化,取得突破性发展,成为电子商务行业新一轮洗牌的胜利者。

危机面前,暴露出一些 B2B 企业应对环境变化的经验不足,没有充分意识到危机的危害性并作好足够的应对准备,导致企业陷入困境:万国商业网欠薪裁员,遭遇运营危机;沱沱网大幅裁员,运营团队集体跳槽;慧聪网二季度亏损达 7.5 万元,商情领域的付费会员数几乎停止增长。

而另一批企业很早察觉到了环境的不利变化,并积极采取有效措施,变被动为主动,反而利用危机提升了企业竞争能力。阿里巴巴的马云最早号召提出“过冬”准备,并采取了一系列举动:调整战略、启动“150 亿援冬计划”,等等。其他一些 B2B 企业也纷纷制定计划,应对危机,B2B 企业采取的主要策略包括:

(1)降价。

B2B 服务商纷纷推出更多降价产品,以期吸引更多用户,保持市场持续增长。如环球资源推出 38800 元/年的一星会员和 6 折优惠措施、阿里巴巴推出 19800 元/年的出口通产品、网盛生意宝更是推出 1800 元/年的中国供应商。

(2)获得政府的支持。

平台服务商和政府捆绑,让利向中小企业推广电子商务服务,通过电子商务,帮助中小企业增加营销渠道,开拓国内外市场。

浙江省经贸委及财政厅启动“万家企业电子商务推进工程”。浙江省政府计划投入3000 万元,帮助中小企业开展电子商务,计划用 3 年时间实现浙江省开展电子商务的企业总数超过 20 万家。

中国制造网也联合江苏省商务厅开展"优企计划",为企业量身定制电子商务服务推广方案,给予企业现金优惠,并赠送内容丰富的推广服务;同时为企业提供专场培训活动。

广东、四川等地方政府也都开始采取补贴模式,资助中小企业通过开展电子商务。据了解,各地的政策一般为,对加入第三方国际电子商务平台开展国际贸易的外贸企业,一次性给予一定金额会员费的补贴。

逾10个省和地方政府已和阿里巴巴携手合作,协助中小企业发展 B2B 电子商务,并对成为阿里巴巴付费会员的中小企业提供年费资助。

杭州市政府已经和16家本地的电子商务平台达成了合作,共同对中小企业实施的救助。杭州市本地企业在电子商务平台进行内贸时,只要用三分之一的价格就可以获得原来的服务。

(3)广泛宣传推广。

在"援冬"计划里,阿里巴巴还宣布投入3000万美元[①]在全球20多个国家和地区进行大规模海外推广,其中包括在美国各大电视台,各大网站购买广告,宣传阿里巴巴品牌,帮助中小企业开拓海外商机。环球资源则在2008年12月至2009年1月期间举办了十场"买家专场采购会",出席的全球顶级买家超过50家。

(4)建立合作,抱团取暖。

阿里巴巴还陆续与日本、韩国和美国的 B2B 平台进行深度合作,推出巨额的大买家采购订单。据统计,其日本网站已经有12万会员,40%为日本买家[②]。阿里巴巴财报显示,2008年其国际市场的注册用户同比增长79.7%。同时,阿里巴巴诚信通开始加大针对个人会员的收费服务,通过收取个人用户的年费获得更多的盈利空间。阿里巴巴协同联想及英特尔,面向中小企业推出廉价商用电脑,意图帮助中小企业尽快实现信息化。

(5)产品和模式创新。

在产品创新方面,网盛生意宝推出包涵千万条产品数据库的电子商务垂直搜索——生意搜,在 B2B 领域打造行业公共搜索平台。慧聪推出"行业专属服务"增值服务。阿里巴巴针对中小企业融资难的问题,宣布推出网商融资平台,目前已经有400余家风投机

---

①来源:和讯新闻,http://news.hexun.com/2008-10-22/110269054.html。

②周文林:《经济观察:中国电子商务企业逆势拓展海外市场》,《新华网》2009年4月13日。

构云集,该平台还联合建行、工行,推出"网络联保"贷款业务,截至 2009 年底,帮助中小企业贷款金额累计超过 60 亿元。在模式创新方面,ECVV 提出 B2B 按效果付费的创新模式,用户可以依据 ECVV 公司为其推广带来的效果,自愿支付服务费。敦煌网也提出按照成交额来收取佣金的模式,并且只有产品在买家验货满意之后,再由敦煌网将货款转至卖家账户,保证了交易安全。

(6)不断提高和完善服务水平。

平台服务商通过改善平台服务功能,提高服务能力,更贴近用户的需求。

产品升级。主要电子商务服务商纷纷升级老产品,推出新产品,提供更多增值服务。如阿里巴巴、慧聪网等均对产品进行升级,新增橱窗推荐、企业邮箱服务、商务管理工具、数据管家、买家 GPS 等服务,而网盛生意宝也推出了自己全新的招商加盟网站。

服务功能的纵深化。B2B 电子商务平台从信息功能逐步向交易和服务功能演变,逐步实现从信息发布、查询、签约、支付的全过程的电子商务。电子商务服务模式呈现多样化,除了会员制,电子商务服务市场根据用户需求,新涌现了各种各样的商业模式:代购代销商品、交易佣金、增值服务等。中国制造网还提供了培训等增值服务。

网上与网下相结合。2008 年 10 月,网盛生意宝宣布正式涉足线下专业会展业务,试图形成线下和线上业务的互动补充。

帮助企业解决库存压力。企业应用电子商务的主要目的就是为了增加生意,获取订单。B2B 平台服务商也注意到企业的需求,开始为帮助企业获取订单而奔波。海外买家资源由此成为各 B2B 网站眼中的热点和竞争武器。例如,中国制造网在中文和英文语言版本的基础上,增加德语、意大利语、印度语等多语言网站,帮助用户开拓新兴市场。6688 网站在国内外贸型中小企业受到冲击、库存积压的情况下,做起了"帮中小企业进行电子商务外包"的业务,在其网站帮助企业销售商品,缓解企业的库存压力。

个性化服务。2008 年 9 月,慧聪网推出行业专属服务,针对不同行业的客户提供个性化服务,满足企业的差异化需求,包括精准的市场信息、媒体营销、企业品牌塑造等。该服务立足于企业客户所属行业的特点,提供精准的有针对性的精细化服务。

3. B2B 服务市场发展趋势

(1)平台化发展趋势。

为了满足用户的多样化需求,增加用户黏性,争夺市场,国内 B2B 企业纷纷进行产业链整合,通过做大做强,巩固市场的领导地位。

中国服装网收购"穿针引线网"。中国服装电子商务门户网站中国服装网完成收购国内最大服装设计师社区网站"穿针引线"网[①]。这是中国服装网在融合中华服装网后,实施其"中国服装网络大平台"计划的又一重大举措。目前,该平台集合了中国服装网(B2B 电子商务)、中华服装网(行业媒体与网络社区)、服装招商网(招商加盟)、中国服装面辅料网(服装 B2B 上下游采购链)等多个垂直网站,试图进行深度整合,打造全球最大的"服装电子商务航母舰队"与产业集群。

阿里巴巴构建一站式电子商务解决方案。阿里巴巴推出网络批发业务,并启用1688.com 域名。1668 定位于国内小额批发业务的在线交易平台。淘宝网、1688、阿里巴巴三个平台互相呼应,将形成完整的产业链:阿里巴巴将做大额贸易的平台,1688 将成为做批发业务的平台,而淘宝网依然专注于做零售。2009 年 8 月,阿里巴巴收购阿里软件的管理软件业务,由阿里软件负责向小企业提供各种在线软件产品、应用及服务。阿里巴巴通过整合旗下公司,旨在向客户提供"一站式电子商务解决方案"。

(2)社区(SNS)化融合趋势。

2009 年 5 月,网盛生意宝正式推出商务 SNS 业务"生意人脉圈"。"生意人脉圈"将应用社区的黏着力,提升 B2B 用户之间的沟通,保持用户的稳定性。正式上线 40 天后,会员加入量突破"百万大关",由用户自发建立的各类人脉圈也达到了近 3000 个。随即,在 2009 年 6 月,阿里巴巴研发的 SNS——"人脉通"也正式上线。

(3)会员制服务向交易服务模式转型。

长期以来,以阿里巴巴为代表的 B2B 服务平台,多以会员制为主要商业模式。这种模式在应用之初,满足了大批中小企业上网信息发布的需求。但是,这种模式并没有解决企业扩大销路,获得订单,实现产品交易的本质性需求。市场迫切需要打破传统 B2B 会员制服务模式,真正帮助中小企业实现网上交易的梦想。技术、观念和交易环境的变革已经为创新网上交易服务方式提供了可能。2009 年,B2B 服务商陆续启动向交易服务转型的模式创新,并且受到了企业的欢迎。敦煌网立足外贸电子商务,它的商业模式和传统会员制服务模式不同,而是采取免费入会、交易成功收取佣金的模式。该模式受到了企业用

---

①来源:腾讯科技,http://tech.qq.com/a/20090707/000376.htm。

户的欢迎。在 2009 年,敦煌网海外买家的月平均增长速度达到了 20%[1],海外买家总数超过 280 万,成交订单总数超过 170 万个,平台交易流量突破了 25 亿元人民币。敦煌网的成功,给阿里巴巴带来了竞争压力。阿里巴巴迅速采取应对措施,取消了"全球速卖通"会员收费模式,开放了免费注册和发布服务,同样以佣金取代年费。

(4)移动化趋势。

移动电子商务成为 2009 年的热点。移动商务具有个性化、便捷性、用户规模更大、低成本的优势。不仅电信运营商、内容服务商也争先恐后在其中布局,B2B 服务企业更是纷纷将触角伸向该领域。用友伟库推出全程电子商务概念。用友伟库隆重推出第一款产品——新旺铺[2],企业不仅可以通过电脑、更可以通过手机向自己的客户进行信息发布、平台推广,并与客户进行互动交流。阿里巴巴布局移动商务。2009 年 3 月,阿里巴巴再次推出移动版"诚信通",加强布局移动电子商务。以加强在手机浏览器市场的竞争力与业界影响力。2009 年 6 月,阿里巴巴投资优视动景(UCWEB),双方优势互补,布局移动电子商务。未来,UCWEB 和阿里巴巴将在多层面共同开展战略合作,共同打造领先的移动电子商务平台。合作后,各方将共享对方的用户、品牌等资源,形成强强合作。

(5)向中部和西部普及。

东部沿海地区的外贸型中小企业受金融危机冲击最为严重,为了帮助中小企业快速走出困境,政府牵头,积极推动中小企业利用电子商务工具扩大市场渠道,帮助企业走出困境。广东、浙江、福建分别与第三方电子商务服务平台合作,建设地方性电子商务平台,开展"百万企业上网工程"。另外据阿里巴巴相关数据显示[3],河南等中西部地区的电子商务业务拓展开始起步。2008 年,河南等中西部地区电子商务市场业务的增长速度甚至超过了阿里巴巴业务的总体增长速度,也超过了沿海等发达城市的增长速度。安徽省近 30%的大中型企业已经建立了网站,重庆也提出了"打造中西部电子商务中心"的发展战略。

另外,从 B2B 服务商应对国际金融危机举措中不难发现,B2B 企业在进军中西部的同时,也在拓展个人市场、国际市场等,尽可能拓展市场空间。

---

①来源:中华网,http://www.china.com.cn/economic/txt/2010-01/29/content_19332322.htm。

②来源:比特网,http://soft.chinabyte.com/315/11138315.shtml。

③史金金、王席乐:《河南电子商务增速高于全国平均水平》,《河南商报》2008 年 3 月 19 日。

4. 当前 B2B 存在的主要问题仍然是不能更好地满足企业需求

目前中国电子商务 B2B 的主要问题是缺乏对传统企业持续的吸引力。一方面传统企业更看中通过 B2B 平台给企业带来的订单,而 B2B 平台在这方面发挥的作用有限;另一方面,B2B 企业的服务内容缺乏创新,B2B 在中国应用十余年来,一直以信息服务为主,缺乏解决企业实际需求的增值服务。

三、B2C

2008~2009,是我国 B2C 快速发展的两年,网上销售额快速增长。相对于 C2C 购物,B2C 网上商城格外受到消费者青睐,原因是 B2C 不仅保持物美价廉的优势,而且产品质量和售后服务更有保障。据易观国际数据,2008 年中国 B2C 网上零售市场呈现三个阵营。其中,黑马京东商城以 17% 的市场占有率雄居榜首,为第一阵营;第二阵营被卓越亚马逊(12%)和当当网(12%)平分秋色;第三阵营被北斗手机网(7%)、新蛋网(3%)、红孩子(2%)等占据。在 B2C 网上零售各个细分市场中,家电、服装、珠宝、百货领域的网上商城都取得辉煌的销售业绩。

1. B2C 成为中国电子商务的亮点

(1)高速发展。

B2C 细分市场持续扩大,延续服装网络直销市场的火暴,3C、母婴用品、钻石、鲜花礼品、家居建材等一大批细分行业网络直销市场呈现繁荣之势。从总交易额来看,根据正望咨询预测,2009 年中国网购市场规模将达到 2680 亿元。2009 年服装 B2C 交易额达到 24 亿元,占服装网购交易规模比重为 7.8%,比上一年增长 99.8%;家电 B2C 网络购物市场交易规模为 21.2 亿元,比 2008 年增长 177.0%,增速惊人。

从 B2C 网站数量来看,在 2009 年,电子商务的行业站点数保持高速增长。截至 2009 年 12 月,电子商务的总网站数达到 1.56 万家,同比增长了 32.34%,其中仅 B2C 网站数就超过了 9400 家,同比激增 43.79%。

甲型 H1N1 流感推动网民选择网购方式。根据艾瑞调研数据,26.5% 的网民认为甲流对其购物产生了影响,近 6 成网民会选择人流量少的时间外出购物,近 5 成用户因甲流而减少了购物需求。因甲流而改变购物方式的网民当中,100% 使用了网络购物的方式。

(2)风险投资热捧。

尽管2008年风投领域日趋谨慎,但是中国B2C市场还是吸引了大量风险投资的目光。其中,京东商城获得2100万美元,悠都网和凡客分别获得2000万美元,钻石小鸟、宝宝树、珂兰钻石网、汇通天下等网站也不同程度地获得注资。

(3)一批创新型网站崛起。

悠都网的商业模式是通过互联网平台,充分发挥和利用每个人的创意,着力打造人们的个性化生活。舍得网开拓了闲置物品交易平台,创新性地推出了舍得券,扮演中介等价交换功能,使得二手换物轻松实现。汇通天下创新携程预订酒店模式,全国各地的酒店预订系统与汇通天下的系统对接,用户就可以实时了解全国酒店的客房信息,并在网上完成预订。人人购网站每天只卖一种商品,最多只卖24小时,新货在当晚零时准时上线。兰亭国际与其他B2C相区别的是,它的销售对象是国外的中高端个人买家,网站上甚至还销售各大明星的礼服,公司定位是"向世界销售具有中国特色的产品"。

(4)旅游电子商务成为热点。

在扩大内需的政策的引导下,国内旅游市场无疑是最大热点之一。景区门票分销商"驴妈妈"获得天使投资资金。旅行网宣布,完成上千万美元的第一轮融资。与此同时,一批新兴旅游网站崛起,包括易网通、遨游网、芒果网、同程旅行网、9588旅行网、快乐e行网、易休网等。2008年5月,橄榄订餐网获得2500万元人民币投资,橄榄网的商业模式是通过互联网帮客人订餐,从而获得店方给予的返点。

2. 危机下的中国B2C企业表现各异

金融危机促使人们不得不降低购物成本,货比三家。而网络购物恰巧满足用户的需求,网络购物的特点是商品丰富、价格低廉、购物方便,因而促使一些消费者选择网络购物。与此同时,在金融危机下,一些B2C网站也未雨绸缪,采取了一些措施应对不利的经济环境。

促销推广。2008年11月,百联E城举办了为期一个月的购物节。购物节期间,网上电子商务交易额达到1.88亿元,同比增加169.8%,平均每天的交易金额超过500万元,单日最高成交额达到850万元,大大超过历史最高水平。

降低成本。当当网延长库房使用年限,旧货架也全部都进行维修后继续使用。为了降低成本,当当网还放弃了纸箱子包装商品,改用塑料袋包装。

锁定目标客户,做深做精产品。2008年7月,同程旅游网联合阿里巴巴旗下支付宝,正式推出了"你敢订,我敢赔"的旅游支付宝计划,当游客与旅行社之间出现质量纠纷时,同程网会居中先行调解,如旅行社无法实现先行赔付,同程网将对游客实现先行赔付。当当网推出读书频道,顾客在购买之前可以免费浏览部分章节的内容,做到"看好了再买",不仅能满足用户需求,也极大地促进图书销售。

尽管B2C市场出现火暴,但是,并不是所有企业都同样幸运,一些经营不善的B2C企业还是出现倒闭或撤出现象。

贝塔斯曼撤出中国。全球第四大传媒集团贝塔斯曼于2008年7月宣布关闭中国图书零售连锁店。贝塔斯曼1995年进入中国市场,巨资建立了曾经领先一时的BOL网络图书电子商城和书友会。贝塔斯曼的撤出,致使跨国企业在中国本土化过程中又多了一起失败案例。

家居易站暂停营业。家居易站是家居建材类B2C企业,在开业5年后,因资金链断裂暂停营业。

PPG风波未平①。2008年初,最早的服装网络直销龙头企业PPG,创造了"轻公司"的典型,成为风险投资和模仿者追逐的目标。然而危机事件接踵而来:PPG商标被查封事件、供应商和代理商起诉货款和广告费事件、创始人携款"潜逃风波"、"高管离职"事件、"获得美国百货公司一亿美金战略投资"事件等等,一时间让业界眼花缭乱、猜疑不断。PPG短时间由盛而衰的教训值得业界认真总结和深入思考。

3. B2C市场竞争状况

(1)四种主要经营模式均衡发展。

在目前B2C电子商务服务领域,目前有四种主要经营模式:一是经销模式,由电子商务平台企业代销或经销其他品牌商品,从中赚取销售差价,代表性的企业有当当网和卓越网;二是生产厂商直接在网上销售自己的产品,如DELL、联想等;三是混合式经营模式,在网站上既销售自有品牌产品,又代理其他品牌产品,如凡客诚品;四是只提供网上开店运营平台,不直接从事商品买卖,即B2B2C模式,如淘宝网和拍拍网。这四种模式各有特色,在2009年都发挥各自优势,在本领域稳健发展。

---

① 来源:和讯网,http://stock.hexun.com/2008-11-29/111779054_2.html。

(2)B2C龙头网站强势依旧。

B2C龙头企业强势格局依旧,京东商城市场占有率最高,达到28.7%,卓越网(15.3%)和当当网(12.3%)分列第二和第三名。

自2004年创立至2009年,京东商城保持跨越式发展,年销售额分别达到1000万元、3000万元、8000万元、3.6亿元、13.2亿元,2009年底,销售额已经突破40亿[①],年均复合增长率达到340%;据易观国际的报告显示,2008年红孩子的销售额约为1.75亿,2009年预计为2.93亿;当当也同样高速成长,2008年当当网全年销售额为9.5亿元,2009年的销售额预计达到12亿元。另据艾瑞数据显示,在自主销售式服装B2C网站中,VANCL以28.4%的市场份额排名第一,2009年销售额预计达到6亿元。

当当网实现持续全面盈利。为了扩张规模,在激烈的市场竞争环境中,B2C企业普遍采取了低价格策略,因此对于B2C企业来说,实现盈利非常困难。然而,在2009年5月底,当当网宣布,在经营10年之后,已经实现持续全面盈利。据悉,当当网85%的收入来自图书销售,为了增加利润,当当网扩张了产品线,增加百货类商品。同时,当当网加入B2B2C模式,对百货类商品实施招商政策,对入驻企业收取平台使用费和交易佣金。招商政策增加了当当网的盈利手段,拓展了利润空间。

(3)新进入者不断涌现。

随着京东商城等网站的迅速崛起,B2C类电子商务模式逐步受到重视,新进入者不断涌现。

传统卖场加入。自从京东商城在3C领域取得成功后,竞争者接踵而至,新的竞争者不断进入。太平洋电脑网开辟了IT商城,入驻的商家需要经过营业执照认证,且在太平洋电脑城有实体店经营。一直以网络媒体定位的中关村在线、海龙资讯网也悄然转型电子商务平台。2009年7月,百脑汇也宣布其B2B2C形式的电子商务网站即将上线运营。另悉,国美、迪信通、中复等越来越多的3C传统卖场也正在布局在线销售,加大对电子商务的投入。

传统生产企业加入。随着商家对网上销售的重视程度和消费者网上购物的接受程度的不断提高,传统行业企业开始拿出更大的精力经营网上交易。IBM宣布将用自己的电

[①]来源:http://video.techweb.com.cn/mingren/2010-01-06/512132.shtml。

子商务平台产品为中国知名的运动品牌李宁搭建官方网上商城,以满足其在中国迅速发展的网上购物需要。中粮集团在2009年最新推出的B2C型食品购物网站"我买网",该网销售的产品从精品大米、饼干、蛋糕到绿色健康、美容养颜产品,几乎涵盖了所有的食品类别。2009年12月,大唐集团下属上市公司大唐高鸿数据公司发布B2C平台,将立足于IT和3C产品。2009年6月,曲美家具e世界网络商城正式上线,消费者不仅可以通过网站浏览家具产品的图片,还可以直接下订单购买。

(4)B2C网站各显神通应对竞争。

为了提高市场份额,B2C网站纷纷采取各种手段,提高企业的竞争力。

加强服务。京东在北京、上海、成都等重点城市购入约800亩土地,用于扩建京东商城物流转运中心。目前京东商城已经在全国24个城市开通了自己的配送服务,为客户提供货到付款等服务。

探索新盈利模式。在B2C领域,竞争激烈导致利润空间缩减,为了生存和可持续发展,企业纷纷探讨新的盈利点。例如,京东商城陆续推出许多增值服务的尝试,包括推出DIY的服务,延保产品的服务,商家的广告服务等。

疯狂促销。玛萨玛索(MasaMaso,定位于高档服装)推出周末一折销售活动,受到消费者追捧,很多商品一上架便被抢购一空。2009年6月,随着暑期的到来,卓越推出了百种畅销图书全部半价抢购的活动,当当也针锋相对推出了畅销榜图书4.9折封顶的促销活动。

(5)网上网下相结合,增加用户信任和体验。

增加用户体验,无疑会增进用户对商品的了解、增加信任、提高购买率。凡客(Vancl)推出了"三十天无条件退换货"政策以及"送货上门,现场试穿"服务,同时在北京、上海、广州自建配送体系,这样可以确保北京、上海、广州、深圳四个大城市两天内送达。Vancl的这一举动,虽然增加了企业运营成本,但是却赢得了用户的好评和忠诚度。2010年3月,天津市首家实景体验式大型家居建材综合商务平台开通,该网的特色是360°全景展示,消费者可以足不出户,仅需移动鼠标模拟行走,就可在网上身临其境般进入建材中心各个展厅、各个楼层及VIP客户商店浏览产品。2009年9月,"钻石小鸟"网站也开通了其武汉体验中心。

4. 传统企业打造零售B2C平台

随着网民的激增和购物习惯的改变,网络购物逐渐成为消费者热衷的购物方式之一。传统企业也顺应潮流,纷纷拓展网络营销渠道,涉足 B2C 领域。传统企业进军电子商务,向专业 B2C 企业提出了挑战。

2008 年 1 月, 保险中介机构中国众合公司于推出的保险中介业务电子商务平台正式上线运营。该平台涵盖了电子保单交易、代理人展业支持、保险产品营销规划、保险客户服务管理等服务。

2008 年 9 月,新华书店所属北发图书网联合北京图书大厦、王府井书店、中关村图书大厦等 7 家分网站,推出"百日百种图书大酬宾"活动。在该活动中,近 200 种畅销图书以六五折左右的价格在线销售,有的售价甚至低于知名的网上书店卓越、当当。

2008 年 9 月,神州数码旗下的 B2C 网站享购网正式上线运营。享购网是整合上下游多方资源而创立的电子商务消费类网上购物平台,向用户提供丰富的 IT、通讯、电子消费类等产品。

2008 年 6 月,正佳网开业。它是由商务部中国国际电子商务中心、广州正佳网络现代服务有限公司、广州正佳广场三方资本携手打造的,整个项目将分三期完成,总投资约 16 亿元。

另据悉,京城知名手机连锁卖场中复电讯经营管理部也开始筹划网上销售活动。

5. B2C 总体发展趋势

(1)B2C 与 C2C 呈现融合趋势。

C2C 网站增加 B2C 的商业模式。据《2010 中国电子商务 100 位 CEO 调查报告》显示,在被调查者中,有 66 位 CEO 认为未来 B2C 将代替 C2C 成为网购趋势。从主要C2C运营商的动作上看,这种趋势也暴露无遗。2009 年,淘宝开辟了网上商城,开通旗舰店服务,入驻的总商户数已近万家。同年,百度旗下 C2C 平台"有啊"正式推出其 B2C 旗舰店频道"名品"。名品频道的目标客户主要是代理商和生产厂商。

企业 B2C 直销网站与 C2C 店铺的融合。电子商务软件服务商上海商派(ShopEx)开发的企业网站系统通过与淘宝网的数据互通,实现了企业 B2C 网站与淘宝 C2C 网店的全面融合。不仅实现企业商品信息的共享,订单管理、信用评价也可以同步实现。这种融合大大方便了企业,实现了多个网络销售渠道的资源共享,不仅节省了人力,还对提升网站流量和销售量大有益处。

（2）传统品牌企业将更多地融入第三方电子商务平台。

随着电子商务十几年来的高速增长，电子渠道成为传统企业抢占的重要营销渠道。在电子商务渠道建设方面，传统企业表现为更倾向融入第三方电子商务平台。主要原因有三点：先是成本更低。按测算，如果品牌商自己做电子商务的 B2C 平台，自建物流、配送和货到付款的支付体系的话，每卖 100 元的货，那么它需要为后端物流体系支付 12 元~18 元的成本[①]，而第三方平台能把成本压到 6%左右。其次是传统企业缺乏复合型电子商务人才，缺少电子商务平台的运营经验，而借助第三方电子商务平台则会轻而易举地解决这两个难题。最后，在第三方电子商务平台，更能达到规模效益，第三方平台影响力更大，汇集了更多的流量和购买力，可以达到"大树底下好乘凉"的效果。例如，李宁、爱国者、周生生等品牌纷纷加盟淘宝旗舰店，宝洁公司还专门设立了"红孩子营销部"。

（3）百货化趋势。

为了留住客户、降低风险、提高利润，B2C 企业在占领垂直领域的一席之地后，无不向"大而全"的综合性网上商城方向转型。日用百货品包括家居用品、厨房用具、服装首饰等。日用百货需求量大，利润较高，是 B2C 主要追逐的销售商品之一。垂直类网站向综合类商务网站转型，也是抗击单一产品大类风险高的举措。京东商城已经从 3C 扩展为百货销售，红孩子也从母婴产品扩展到化妆品、保健品和 3C 数码，VANCL 从销售男装扩展到女装、童装、家居和鞋。这些实践无一不验证着百货化趋势。据悉，图书类 B2C 网站卓越网的百货销售额已经超越图书音像，达到总销售额的一半[②]以上，当当百货的销售额也已经占到总数的 16%以上。

（3）地域性扩张趋势。

在一线城市逐渐普及以后，众多二三线城市也成了 B2C 争夺的战场。据悉，截至 2009 年底，卓越亚马逊的货到付款城市基本上可突破 700 个[③]。而当当网也表示，2009 年货到付款的城市将由之前的 300 个增加到 450 个。另外，除了大陆市场，B2C 企业也将视角投向其他地区，据报道[④]，凡客诚品计划于近期进军香港市场，以拓展其网络服装零售业务的触角。

---

①曹增光：《2009 年回顾与展望：电子商务痛并快乐着》，《比特网》2009 年 12 月 6 日。
②罗添：《电子商务网站集体百货化 还需 10 年转型期》，《北京商报》2009 年 11 月 2 日。
③金朝力：《B2C 网商加快终端建设 二三线城市争夺战已展开》，《北京商报》2009 年 6 月 17 日。
④海明：《凡客诚品将进军香港市场》，新浪科技间 2009 年 12 月 11 日。

(4)营销社区化趋势。

随着 Web2.0 和社区理念的成熟,社区成为增加用户黏性口碑传播的重要手段。电子商务与社区互相融合,将活跃商品的网络销售。2008 年电子商务的社区化也成为行业一大热点。例如,魔时网推出的以"社交网络+传统电子商务的"模式,运营初期,以票务作为推广试点,试图通过人际网络和口碑传播实现销售。

(5)导购视频化趋势。

通过最新的互动式视频网络购物模式,用户不仅可以通过视频,全方位立体了解商品,而且可以自由的通过视频、声音等方式与真人导购人员进行信息交流。提供全方位的产品展示。苦于电视购物的成本和信用危机,七星电视购物已经涉足 B2C,开辟网络视频呼叫购物。

(6)定位差异化趋势。

随着 B2C 市场竞争的加剧,电子商务服务商陆续实行差异化定位。例如,在旅游市场,携程通过推出自驾游版块来吸引新用户,并正式推出全新的英文网站;艺龙将发展重点放在加强服务方面,推出 7×24 小时旅行预订服务和低价及有房的双重承诺;芒果网则依靠丰富的线下旅游资源及企业 B2B 差旅服务来提高竞争优势。

(7)网上与网下互相渗透。

携程涉足酒店运营,宣布成立"星程酒店联盟",它与部分单体二星、三星酒店合作,输出管理协助运营,统一通过携程网等渠道推广。携程此举不仅可以收取联盟"品牌维护费"获益,还可以帮助单体二星、三星酒店拓展渠道、树立品牌形象。

6.B2C 存在的问题

2009 年的 B2C 虽然异常火热,业内人士也普遍看好它的发展前景,但是,B2C 行业内部仍然存在一些问题,制约起健康持续发展。这其中,最严重的当属行业内企业的恶性竞争。B2C 行业的高成长,引来了众多竞争者,为了圈地扩张规模,行业内恶性竞争严重。恶性竞争导致 B2C 服务企业营销成本高昂、销售价格低、服务质量无力保证、用户重复购买率低和利润微薄。

(1)市场还不成熟。

目前的 B2C 市场还处在起步阶段。尽管 2009 年 B2C 交易额有了大幅度提升,但是相对于国内社会商品零售总额,所占比重还微乎其微。B2C 市场并没有形成稳定的市场格局,新企业不断涌入,现有企业倒闭现象时有发生。尽管企业商业模式已经成熟,但大多数网站并没有形成稳定的利润空间,绝大多数处于亏损状态。用户队伍并不稳定,尚未形成较高的用户满意度和忠诚度,用户重复购买率还比较低。

(2)诸侯割据,市场缺少绝对的龙头老大。

与 B2B 和 C2C 有绝对龙头老大阿里巴巴和淘宝网不同,B2C 领域还没有稳定的、绝对的超大型企业。2008 年,美国的亚马逊公司的销售额已经达到 192.7 亿美元,而我国 B2C 老大的京东商城的销售额只有 13.2 亿元人民币,差距悬殊。尽管京东商城、当当网等都力图向综合类网上商城方向扩张,但是受到资源、经验、竞争和成本的制约,很难在短时间成为市场领袖。

B2C 领域的市场龙头空白,也引起了业内外广泛的窥探和动作。2009 年底,百度与日本最大的电子商务网站乐天达成协议,将斥资 5000 万美元组建一家 B2C 合资公司。目标是打造面向中国用户的超大型综合类 B2C 网上购物商城。如果这个平台上线,将对京东商城、凡客诚品、当当网造成巨大威胁。

(3)利润空间依然狭小,绝大多数企业没有实现盈利。

目前,B2C 虽然有成熟的商业模式,但是仍然没有稳定的利润空间。对于电子商务网站,成本一直居高不下:平台开发运营、广告成本、产品成本、物流等成本一个都不能少。而价格低廉、商品雷同、重复购买率低也都导致绝大多数 B2C 企业处于亏损状态。价格制约企业利润的空间,企业一旦提升价格,就会面临客户流失的风险。如,京东商城购物的老用户抱怨[1],京东的价格越来越没有竞争力了,甚至有的商品与国美、苏宁店面里的价格相当。虽然当当网声称已经连续 3 个月实现盈利,但却遭到业内广泛的质疑[2]。

(4)没有差异化,缺少增值服务和特色。

B2C 属于边际成本递减为特征的行业,B2C 公司的销售额越大,利润则更高。因此,B2C 企业往往热衷吸收风险投资,增加产品大类、降低商品价格、抢占用户。垂直型 B2C 企业在此思想指导下,在积累了一定经验和用户后,常常选择向百货扩张的路线。这种百货化的转型,导致网站之间的差异化逐渐缩小,大多数网站的商品和服务几乎雷同,网站之间只能靠价格和烧广告取胜。而低价格策略又以牺牲服务质量和特色为代价,造成同

---

①来源:《第一财经日报》,《低价扩张战略初显疲态 B2C 企业利润率之惑》,2009 年 7 月 16 日。
②卢曦:《当当网盈利遭三大质疑:三年估值保持不变》,《每日经济新闻》2009 年 6 月 4 日。

行业的同质化、低价竞争。烧广告依然是主要推广方式,网站没有完全摆脱广告'不投放,订单降'的怪圈。据悉,VANCL 的广告支出比例高达销售额的 30%左右①。如此恶性循环,不利于 B2C 行业的整体提高和发展,而距离依靠品牌、产品和服务赢得市场的可持续发展道路还很遥远。

(5)投资方与管理团队的矛盾暴露。

电子商务市场已经有太多因为投资方和管理团队之间的矛盾而导致网站破产的案例。投资方往往更关注资金回报周期和投资回报率,周期当然越短、收益越高越好。而管理团队更关注企业未来的长远发展。双方在目标上的矛盾,自然会严重影响网站的正常运作。2009 年 2 月,由韩国 SK 电讯注资创建的千寻网高调亮相。然而,不到半年时间,就传出投资方与管理团队产生理念不合、战略分歧,导致包括 CEO 在内的多名中方管理人员已相继离职。随后不久,又传出 SK 停止投资、转投粉丝网,千寻网裁员 90%的报道②。

(6)内部管理出现漏洞。

对于 B2C 企业来讲,企业的核心竞争力不仅体现在商品质量、价格、售后服务,还体现在内部管理上,尤其是供应链管理。零售企业比拼的是运营效率和成本控制,这需要多年的发展积累和对市场准确地把握。B2C 是新兴行业,它的特色虽然是电子化,但是它的核心还是商务本身,因此供应链管理在企业运营中意义重大。科学有序的管理是建立和谐的供应关系、快速满足用户需求的保证。然而,在 B2C 领域却不时爆出供应链管理混乱的问题:结账拖延、下订单随意、入库混乱等。B2C 企业在开拓市场的同时,应该继续加强内部管理,和供应商建立稳定的价值链关系,通过提高效率来降低运营成本。内部管理的混乱和系统的不稳定性,会导致一系列信任危机的出现。比如 2009 年 12 月的卓越网的图书"25 元事件",以及随后出现的"硬盘割肉甩卖事件"、京东商城春节"1 元抢购事件"③等都暴露出电子商务企业内部管理存在着问题。

(7)破产倒闭现象依然存在。

虽然 2009 年是 B2C 爆发增长的元年,但是,依然出现一些企业经营不良,破产倒闭

---

①来源:尚品定制网,《凡客诚品与 B2C 的赢利前景》,http://www.shirtonline.cn/68/71/7EAC33CE3CE4D2F1。

②来源:亿邦动力网,http://www.ebrun.com/online_retail/2832.html。

③来源:世界工厂网,《秒杀引争议 京东"店大欺客"?》,2010 年 2 月 10 日。

的现象。除了千寻网高层离职及裁员风波外，2009 年 6 月，因资金链断裂，家居建材网家居易站也向法院申请破产清算。

(8)传统渠道与网络渠道发生冲突。

B2C 的低价格体系，扰乱了传统营销渠道的现有规则，网上商城的价格优势已经严重冲击厂商现有的价格体系。卓越网推出"畅销榜图书全部半价抢购"活动，部分图书甚至比经销商从出版社拿的价格还低。这种直接面向消费者的低价格，扰乱了传统营销渠道的价格体系。中信出版社曾抱怨说[1]，他们给各个图书渠道商的批发价是 6.5 折，而卓越的半价直销价格将给中信出版社其他供货渠道带来销售压力。出版社更为担心的是其他渠道从卓越购书，再退货给出版社，这样一来渠道商可净赚 15% 以上。一些传统品牌服装企业也不愿意大规模开拓网上市场，其中一个重要原因就是很难梳理网上网下渠道的价格体系，导致出现窜货现象，造成市场倾轧、价格混乱，严重影响厂商声誉的恶性营销现象。

(9)经验不足，官司不断。

B2C 是新兴行业，它的快速成长，导致一些企业并没有积累到足够丰富的企业运营和管理经验，致使在发展中突发这样和那样的问题。一些垂直性网站在成长到一定规模后，开始向多元化方向扩张。而很多商品在销售过程中会涉及一些国家限制性的规定，而互联网企业由于经验不足和缺少相关知识，一不小心就会出现违规现象。据报道[2]，经营京东商场的"北京京东世纪贸易有限公司"因涉嫌违法经营保健食品，同时还涉嫌虚假宣传保健功效，遭工商部门查处。在内部管理上，B2C 企业也需要一个漫长的摸索和完善内功的过程。据媒体披露[3]，不久前京东商城采购人员因私自接受厂家宴请、收受供货商过节费、好处费、销售返点，甚至联合供应商恶意抬高京东进货价以获得价差等方式侵占公司款项，目前已被立案进行专项审计。

B2C 网站快速崛起，跟风者不断涌入，但是行业规范和相关法律并不健全，同样引发了业内企业间大大小小的官司。2009 年 8 月，麦考林起诉百度和 VANCL。在百度中搜索麦考林的关键字，结果出现的却是竞争对手"凡客诚品"的网址链接，并标以"赞助商链

①刘扬：《卓越、当当激战畅销书榜——出版方利益受损无力抗争》，《数字商业时代》2009 年 7 月 30 日。
②王鹏昊：《京东商城涉嫌虚假宣传将遭工商部门查处》，《京华时报》2009 年 7 月 31 日。
③来源：太平洋电脑网，《京东商城采购潜规则曝光——转战百货并非通途》，2009 年 12 月 10 日。

接"的字样。麦考林与百度等公司交涉没有结果后,提起了对百度诉讼既 VANCL 公司的连带诉讼。这类官司的出现,也提醒主管单位,尽快制定相应的竞争规则。服装电子商务市场的持续升温,使得越来越多的创业者进入这个领域,大大小小的服装 B2C 网站层出不穷。很多网站为了快速复制成功者的经验,在网站设计上模仿和抄袭的现象严重①。2009 年 9 月,VANCL 负责人透露,公司正在调查取证一批山寨版网站的抄袭证据,对那些在域名、品牌 LOGO 和网站风格等方面高度抄袭 VANCL 的网站,公司将诉诸法律手段。

四、C2C

金融危机肆虐全球,股市萎靡、公司降薪、导致消费者的购买力大幅下降,一些热衷于奢侈品牌的消费者悄然转向时尚而又物美价廉的网络购物;我国的电子支付、信用体系和快递业快速成长,逐渐能够满足网购的基本需求;外贸型中小企业将目光转向国内市场,提供了丰富的物美价廉商品;金融危机造成的失业潮,使得更多人在网上开店创业。在此背景下,网络购物迎来了种种利好,C2C 启动了又一轮快速增长,成为国内为数不多的热点领域。

1. C2C 发展特点

(1)网购市场保持高速增长。

2008~2009 中国电子商务 C2C 市场仍然保持高速增长, 交易额为分别为1162.33 亿元②和2483.5 亿元,年增长速度为 100.01%和 93.7%。2009 年,网络购物交易规模占社会消费品零售总额的达到 1.98%。

从店铺数量来看,根据易观数据,截至 2009 年第 2 季度末,中国 C2C 网上零售市场在线店铺规模已经达到 270 万个,保持高速增长之势。根据艾瑞对产品门类的统计数据,家居日用品成为网货龙头,其次是服饰、手机、化妆品和户外运动品。

从网购人数来看,网民快速转化为网购用户。根据 CNNIC 报告,应用网络购物的网民占 28.1%,达到 1.08 亿人,比 2008 年增长了 45.8%,增速超过了当年网民的增长速度。淘宝数据显示,截至 2009 年上半年,淘宝网共有注册会员 1.45 亿,占全体中国网民数的

---

①陈静:《国内服装 B2C 网站泛滥,VANCL 欲起诉山寨网站》,《中国证券网》2009 年 8 月 9 日。
②数据来源:艾瑞咨询。

43%。网购用户数同比增长 101%。网络购物成为网民最常使用的功能之一。

从购买次数来看,根据艾瑞 2009 年 2 月的调查数据显示,月购物 1~3 次占整体购物总次数的比重为 36.16%,其中月度购买 2 次以上的用户占比达 64.65%。

从网购金额来看,易观国际的调研表明,有 64.1%的消费者在 2009 年加大了网货消费方面的投入。网上商品的海量、价廉为用户提供了选择空间。

从购买商品来看,根据淘宝网公布的 2009 年 1~12 月消费者站内搜索排行榜①,可以清晰地发现,消费者对时尚、流行商品更感兴趣,并且根据季节的不同,消费者感兴趣的商品也有很大差异。

(2)网购用户年龄偏低,网购行为多发生在办公室。

网购人群年龄偏低。根据 CNNIC《2008 年中国网络购物调查研究报告》,在淘宝网和易趣网购物的用户中,有近四成的购物者年龄在 24 岁以下,年龄层次明显偏低。与淘宝和 TOM 易趣相比,拍拍网在低年龄段的用户比例更高。

从网购用户的其他特征来看,根据艾瑞 2009 年 2 月的调查数据显示,网购用户中,女性、未婚比例高于非网购用户,学历水平整体较高,华东、华南地区用户比例高,中低收入者为主。从网购用户的特征看出,他们具有时尚特征,性价比较高的商品会受到欢迎。

绝大多数网民的网购行为发生在办公室。根据世界工厂网监测数据显示。网民发生电子商务行为时段集中在 8 时到 22 时,其中 9 至 11 时、13 至 16 时、19 至 21 时形成三个相对高峰期。因此,一些购物网站将抢购时间定在上午九点。在网购地点选择上,网民在办公室网购的比例最高,达到 89.1%,家庭占 6.5%,学校占 1.9%,网吧占 1.8%。

(3)网购向二三线城市和中年人群渗透。

受金融危机的影响,网民的消费需求和消费习惯都有相应改变。网络购物以其便捷、低价成为网民主要购物渠道。根据《2008 上半年中国互联网用户测量数据》报告,2008 上半年中国互联网用户通过互联网消费 2560.7 亿元,同比增长 58.2%,而且中年人逐渐加入网购大军。另据艾瑞咨询数据,2008 年中国网购注册用户达 1.2 亿,同比增长185%,人均网购消费 968 元。2008 年,仅淘宝网注册会员就达 9800 万人,超过 70%的网购用户来

---

①来源:世界工厂网,http://info.ch.gongchang.com/E-commerce/2010-02-26/88616.html。

自于江浙、山东等省的二三线城市。从交易数据也发现,虽然2008年交易额比2007年多出一倍以上,而且人均网购消费比2007年高出200元,但其实平均每笔成交的价格却比2007年还低了14.2元,可见消费者更看中物美价廉的商品。在中国网购人群中,以16~32岁年轻人为主,占比高达83%。

(4)电子商务拉动快递业发展。

在2008年,中国电子商务带动的包裹量超过5亿件[①]。而2009年上半年,淘宝网上的快递包裹数已超过3亿件。快递物流业务覆盖全国90%以上市、县、区,达到2999个。90%的网购用户选择邮政普通包裹或快递服务。据测算,全国快递服务1/3的业务量是由电子商务牵动完成的。

(5)社交网试水电子商务。

社区网以用户黏性高为优势,试水电子商务,融入网购模式。网络社区是近年来的互联网发展的热点领域,制约社区持续发展的一个核心问题就是社区网站缺乏盈利模式。为此,社区网站进行了不懈的尝试。而社区网加入网购模式,为社区探索了一条很好的发展之路。一个典型案例就是篱笆网,篱笆网从个人论坛起家,拥有230多万注册会员。而目前团购已经成为其主要商业模式,2008年完成了15亿元的交易额。由于看好社区+团购模式,篱笆网还受到风险投资的青睐,在2008年5月完成了1500万美元的第二轮融资。淘宝网也顺应社区化趋势,推出SNS产品——淘江湖;社交网站魔时网也推出活动票务服务。

(6)平台服务商逐步完善信用机制。

受制于商品质量和售后服务的投诉压力,淘宝网于2010年2月启动网购纠纷首问责任制,向消费者承诺"你敢买,我敢赔"。只要在淘宝网网购出现交易纠纷,买家和卖家未达成有效协商的,淘宝网将一律先行垫赔消费者。根据一个月以后的消费者维权数据显示,淘宝共收到买卖双方协商不成导致网购交易纠纷投诉4.8万余件[②],已帮助46335位消费者成功维权,为消费者挽回经济损失接近1000万元。

【拓展阅读】C2C商业模式取得突破性进展

2008年8月,淘宝网宣布公司实现盈亏平衡。淘宝的盈亏平衡意义重大,它为业界

---

①来源:东方早报,《电子商务拉动物流业发展 快递法律地位首明确》,2009年9月18日。

②来源:世界工厂网,http://info.ch.gongchang.com/E-commerce03-04/89364.htm。

探索 C2C 商业模式提供了可借鉴的样本,有利于 C2C 行业的健康发展。尽管针对淘宝所有店主的店面服务仍然免费,但淘宝开拓了其他收费服务。目前,淘宝营销中心提供的服务包括:淘宝直通车、品牌广告、淘宝客推广。

【拓展阅读】网络卖家成为新兴职业,网络开店的主要目的是赚钱

C2C 的繁荣和较低的进入门槛,带来了一个新兴的职业群体:网络卖家的产生和快速增长。根据正望咨询的调查结果,截至 2008 年 9 月,在淘宝、拍拍和易趣三个 C2C 平台上开店售物的卖家人数已经达到 117 万, 其中仅淘宝网上有店铺的卖家人数就达到了105 万人。另据艾瑞咨询的报告显示,网络卖家的主力人群是 23~32 岁的年轻人,占比60%,他们开店的主要驱动力是赚钱(67.2%)、出售闲置物品(59.6%)、业余时间经营副业赚钱(47.4%)、好奇(44.4%)等。

2. C2C 竞争更加激烈

在 C2C 网上零售市场中,淘宝网保持一网独大。根据易观国际数据,2009 年淘宝交易额超过 2000 亿市场占有率达到 82.49%。2008 年起,易趣被拍拍赶超,并且差距逐步拉大,2009 年排名第二的拍拍网市场占有率为 10.13%,易趣仅为 6.95%。

C2C 的增长速度和市场前景,吸引了业界巨头们的目光和发力。淘宝先发取得了市场绝对垄断地位,而其他巨头不甘示弱,纷纷加入市场争夺战。市场争夺战中,既包括老牌 C2C 企业,如易趣,也有新进入者,如百度。2008 年 5 月,迫于不断缩小的市场份额和淘宝的强大竞争压力,易趣网宣布网上开店终身免费。新进入者百度紧锣密鼓涉足电子商务,2008 年 9 月百度推出 C2C 支付平台,并命名为百付宝。10月,百度宣布其C2C 网络交易平台"有啊"正式上线,接下来平台会陆续开展多种促销活动。百度依托其搜索技术和社区资源, 势必对 C2C 市场竞争格局带来深远影响。具有强大技术和资金优势的百度进军 C2C,引起了淘宝的警惕,并迅速采取全方位的防御性措施:马云在 2008 年 7 月宣布将对淘宝增加投资 20 亿元人民币,用于淘宝网的技术、人才和商务发展;淘宝还确认,已经把竞争对手百度的搜索引擎进行了彻底屏蔽。

3. C2C 发展趋势

(1)开放、共享、平台化趋势。

淘宝公布大淘宝战略,紧锣密鼓的采取了一系列行动,在业内外进行强强联合,意图构建一个开放、透明、共享的电子商务平台,打造一个生产、批发、零售、消费、服务等全覆盖的电子商务生态网络。下表列举了2009年的淘宝扩张地图。

表6-2 淘宝扩张列表

路径	方式	内容
战略层面	大淘宝战略	开放、共享、平台、服务。整合资源,提供全覆盖的一站式服务
内部资源整合	淘宝、支付宝、阿里云计算、中国雅虎	形成一条"制造—批发—零售—支付—服务"的完整产业链条
业务形式扩张	拓展 B2C	开通淘宝电器城;淘宝商城运营,吸引了优衣库、李宁、百丽等知名品牌开设官方旗舰店
	增加官方机票直售	与东航合作,覆盖旅游市场,实施机票直销
	增加保险销售业务	与多家保险公司形成合作关系
渠道扩张	进军线下零售	授权副食品店、超市、连锁店、校园店等社区店成为淘宝网官方授权代购店
	布局无线互联网	推出内嵌淘宝功能的定制手机
	视频购物	与优酷网、56网等视频网站签署战略合作协议,向卖家提供商品的视频展示服务
	媒体的合作	联合湖南卫视,覆盖电视购物,设立专门的潮流购物频道
		与浙江日报集团合作,推出淘宝杂志《淘宝天下》
价值链合作	发布了"淘里淘外"系统	自建平台与淘宝之间的平台数据进行无缝对接,共享淘宝的数据和用户资源
	推出"淘宝合作伙伴(Taobao Partner)计划"	批签约20多家服务商,整合IT、渠道、服务、营销、仓储物流等服务商加盟电子商务生态链

(2)B2C 与 C2C 的融合化趋势。

淘宝模式本身就是 B2B2C,淘宝是平台服务商,是第一个 B;中间的 B 是网店,其中,中间 B 有一部分是个人卖家,因此被看成是 C 而已,而实际上还有一大部分的中间 B 是非个人商户。事实上,这种 B 和 C 的界限已经变得越来越模糊。从另一个角度来看,C2C 中加入 B2C 服务已经成为既成事实,也昭示着这种 B2C 和 C2C 融合的发展趋势。为了增加盈利渠道,淘宝也在网站中增加了品牌旗舰店 B2C 服务功能,也印证着这种融合趋势。

(3)视频购物趋势。

2009 年,淘宝与优酷网、56 网等视频网站签署战略合作协议,将共同向卖家提供商品的视频展示服务。这一举动,意味着未来视频购物将逐步成为主要网购形势。视频购物对于 C2C 产业链是个多赢的举动:消费者可以通过视频,多角度了解商品,增强可信度;对于商家来讲,扩大了销售;而对于视频服务商和 C2C 网站来讲,由于提供了服务,增加了流量和销售收入。

(4)无线购物趋势。

伴随着我国 3G 业务的发展,手机上网增长速度超过了网民增速,移动网络成为亮点。随着移动支付的进展,无线购物将成为购物的主流方式。不仅几大电信企业大张旗鼓地布局移动商务市场,软件企业(如浙大网新、用友等)、手机厂商、电子商务服务商(淘宝、当当)等都已经开始进军这一市场。

4. C2C 存在的问题

C2C 快速成长,依然受到一些问题的困扰。既包括传统遗留问题,又包括涌现的新问题。

(1)恶性竞争严重,网站没有明确的盈利模式。

我国各 C2C 网站之间存在着严重的恶性竞争。为了圈地,各家网站都实行"免费"开店策略。因为担心客户流失,没有一家网站愿意率先收费。目前,C2C 网站一直处在亏损经营状态,而运营资金一般是由实力雄厚的母公司承担。

C2C 网站的盈利模式目前仍以广告类服务为主,而电子商务及相关服务而带来的收入比例相对较低。数据显示[①],淘宝目前的收入构成中,广告占 80%~90%,增值服务收入及淘宝商城的分成收入仅占 10%~20%。淘宝的广告收入主要来源于淘宝直通车、淘宝超级卖霸、淘客三个方面的服务。

(2)网购行为比例不高。

虽然网购用户增长很快,但是,网民的实际网购比例仍然偏低。根据艾瑞咨询报告,

①牛立雄:《淘宝 2009 年广告收入破 15 亿——支付宝将获 50 亿投资》网易科技 2010 年 4 月 12 日。

有 85.7%的网民半年内在网上查询过商品信息,但其中却只有 26%的人在网上购买过商品。没有网购的原因多种多样,其中 45.3%的人不习惯使用,15.4%的人不会使用,10.7%的人因为没有支付工具,还有 12.2%的网民对网络购物安全担忧。

(3)信誉和售后服务仍然制约 C2C 发展。

C2C 仍然存在信誉、质量和售后服务等诸多问题。这一问题的存在,降低了网民的购物欲望。根据消协统计数据,网购中的商品质量仍然是投诉热点。买家经常遇到货品颜色、包装、生产日期、批号、规格等与描述不符。消费者要求卖家退货,但是却遭到拖延或者自己承担运费等不公平待遇。这些没有保障的售后服务降低了用户的网购欲望和忠诚度,也制约了整个网络零售业的健康发展。

(4)假货扰乱正常销售秩序。

网购中,假货严重影响了消费者的购买体验,而维权过程的繁琐更是让消费者对网购产生恐惧心理。据悉,在 2010 年 5 月上旬,淘宝共清理平台上的假货 9 万余件[1]。

假货屡打不绝,这也让 C2C 网站承担了运营风险。2009 年 9 月的一则消息[2]引起了电子商务业界的关注:法国奢侈品牌路易威登轩尼诗集团宣布,一家法国法庭裁定eBay 因为在其网站上销售假冒产品,罚款 8 万欧元,并称如果以后再犯,每销售一次假冒商品将罚 1000 欧元。这意味着,虽然作为第三方交易平台,eBay 也要对其网站上销售的假冒产品承担连带责任。法国的这桩官司为中国 C2C 网站敲响了警钟。

(5)灰色产业链隐现。

网络购物的火爆,也吸引一些投机取巧人群的关注,产业链的不成熟,给他们带来钻营的机会。这些人钻网购管理的漏洞,形成了一些地下服务,构建了一条灰色产业链。如新出现的一些新职业:给竞争对手抹黑的恶评师[3]、给店主提供好评的刷信师、帮助店主删掉坏平的删恶师等等。这些灰色产业链的存在,扰乱了网购的正常秩序,需要引起平台服务商、网商和消费者的警惕。

(6)部分网商的利润来源不健康。

快递的集体涨价风波,折射出网购产业链的一个问题:网购产业链节点的利润来源

---

① 来源:网易新闻,http://news.163.com/10/0528/02/67O61BIK00014AED.html。

② 来源:http://www.techweb.com.cn/news/2009-09-19/440946.shtml。

③ 李欣欣:《灰色产业链考验网购诚信:职业恶评师月入过万》,《新闻晨报》2009 年 11 月 27 日。

不健康。从店铺角度，为了吸引用户，以低价取胜，所售商品价格远远低于传统零售渠道和其他店铺，低价策略无疑剥夺了店主的利润空间。一些店主不是通过商品销售获利，而是通过挤压快递利润，赚取几块钱的快递差价来获取盈利。这种与快递分成的模式，也降低了快递的盈利空间，导致快递业生意难做。因此，不难理解被"剥削"的快递业会出现"集体涨价"现象。

五、移动商务

移动电子商务就是利用手机、PDA 及掌上电脑等无线终端进行电子商务活动。移动商务因为具有灵活性、个性化、基于位置、方便快捷等优势，而被各界普遍看好其发展前景。移动电子商务迎来前所未有的机遇，不仅受到各级政府的高度重视，产业链的各个节点也纷纷试水，抢占市场，移动电子商务成为一道亮丽的风景线。

国务院在《电子信息产业调整和振兴规划发布》中，明确提出，要"加快第三代移动通信网络、下一代互联网和宽带光纤接入网建设，开发适应新一代移动通信网络特点和移动互联网需求的新业务、新应用，带动系统和终端产品的升级换代"。这为移动商务发展提供了政策保障。

1. 移动电子商务试点工程取得突破

我国自 2007 年开始推进国家移动电子商务试点示范工程[1]，并于 2009 年分别在湖南、重庆建立了手机支付系统全国中心平台和全国密管中心，明确了手机钱包终端方案为 2.4G 全卡（RFID-SIM 卡）方案。移动电子商务应用已在多个试点省份取得突破。公共交通领域，湖南试点了公交应用，重庆试点了轻轨应用，上海正在开发地铁应用；公共事业领域，湖南等地试点了手机缴电费等应用。中国移动公司总部同时策划在今年年底之前上线约 27 个省会城市的公共事业缴费应用约 140 项[2]。消费购物方面，已提供超过 30 家远程支付商户及大量地面小额消费的商户。移动公司还将以世博手机票为典型应用，打造全自动交易过程。

2009 年 9 月起，工信部和中国移动公司联合确定在湖南、重庆、上海、广东、湖北、福建、浙江、北京、吉林、内蒙古等 10 个省份开始全面部署试商用。预计到 2010 年，我国将

---

[1] 张桂林：《我国移动电子商务试点工程取得突破》，《新华网》2009 年 9 月 25 日。

[2] 来源：《移动商务创新点亮点》，http://www.accessnet.cn/info/detail/41-14388.html。

形成 1 亿个移动电子商务用户和超过 2 万家的商户。

2. 国家战略性布局,示范工程实质性启动

在政策扶持方面。国务院信息化工作办公室先后授予重庆、长沙、广州"国家移动电子商务示范基地"称号。湖南省、重庆市、广州市等国家移动电子商务试点示范省市分别结合当地情况,推进手机支付、公共交通、公共事业缴费、移动购物、移动健康保健服务、农业移动电子商务、专业市场移动电子商务、中小企业移动电子商务、移动物流信息服务、移动旅游服务、亚运会移动商务综合应用等多项应用试点工作[①]。2008 年 2 月,中国移动通信集团与湖南省政府签署《关于推进湖南移动电子商务试点示范工程建设合作备忘录》,湖南省的国家移动电子商务试点示范工程正式启动。2008 年 3 月,广州市获准建设国家级移动电子商务产业园。2008 年 5 月,重庆市通过《重庆市移动电子商务发展规划》,明确提出了重庆移动电子商务发展的三步走战略目标和主要任务及八个方面的具体政策措施。2008 年 9 月,厦门市政府和中国移动福建公司合作建设的"无线城市"项目正式开通,厦门成为国内首个采用 TD-SCDMA/HSDPA 技术、实现 3G 高速宽带无线网络覆盖的城市。

在技术研发方面。国家移动电子商务研发中心开发了端到端手机支付原型系统,开发并验证了手机支付系统的安全解决方案、支持多应用和多安全域的 SIM 卡软件平台解决方案、不需要更换手机的 SIM 卡及 POS 终端解决方案,并制订了手机支付相关技术标准。

在企业应用培训方面。中国电子商务协会联合用友移动合作开展"中小企业移动电子商务推进工程"。将在全国 100 个重点城市召开 1000 场移动电子商务培训活动,以期提升中小企业移动电子商务应用水平。

3. 中国移动商务营收规模快速增长

根据艾瑞咨询即将发布的《2008-2009 年中国移动互联网行业发展报告》研究显示,3G 时代,在运营商推广力度加大以及用户规模增长等因素驱动下,2009 年中国移动互联网市场规模将达到 148.8 亿;2009 年中国移动电子商务营收入规模将达到 5500 万元,同比增长约 130%。

[①]来源:工信部网站,《国家移动电子商务试点示范工程进展良好》,2008 年 11 月 26 日。

4. 移动基础设施建设提速

移动基础设施建设步伐加快，据工信部数据,2009 年三家基础电信企业共完成3G 网络建设直接投资 1609 亿元①。截至 2010 年 2 月底,我国 3G 用户累计达到 1606 万户,来自中移动的有 686 万户,中国电信 514 万户,联通 406 万户。在网络覆盖上,中国移动 TD 商用网络覆盖城市达到 238 个,中国联通 WCDMA 商用的城市达到 335 个,中国电信 CDMA2000 网络已覆盖全国 342 个地级城市。

5. 移动互联网用户增长潜力巨大

未来,移动互联网一定会向着服务种类多样化、服务内容精细化、服务对象地域化、服务质量个性化、产业融合化方向发展,也一定会吸引越来越多的用户。根据 CNNIC 的统计,2009 年底,中国移动互联网用户规模已达到 2.33 亿人,年增长率超过 49.9%。目前移动互联网用户已占到整体网民规模的 60.7%。根据艾瑞报告显示,18~30 岁年轻用户是手机网民占比达 50.7%,但从年龄增长趋势看,年龄层次分布将趋向均衡发展;高中及以下学历仍占主体 61.3%,但高学历人群日益增多;1000 元以下的低收入群体占37.8%,但高收入群体较去年有逐渐增加的趋势。

6. 各地政府推动移动电子商务发展

2009 年 3 月,由中国电子商务协会与中国商业联合会合作的十大行业共推"移动电子商务行业应用工程"在北京正式启动。2009 年 6 月,福建省电子商务工作指导协调小组出台《关于加快福建省移动电子商务发展的实施意见》②,从九个方面加快移动电子商务发展。2009 年 3 月,湖南移动电子商务服务平台于上线③,仅 8 月份的交易金额就超过 2 亿元。2009 年 6 月,中国电子商务协会授牌杭州市文三路电子信息街区"中国移动电子商务试点基地"。2009 年 12 月,东莞市人民政府办公室公布了《东莞市"无线城市"建设实施方案》。据估算,用于"无线城市"建设资金将超过 200 亿元。

7. 移动运营商抢占移动商务市场

在国内,电信业新一轮重组初步完成。我国拥有了 3 家具有全业务运营能力运营商,有效推动了我国电信市场的有效竞争,也为移动互联网发展带来了难得机遇。2009 年 1

---

①来源:新华网,《去年我国3G 网络建设直接投资达 1609 亿元》,2010 年 1 月 14 日。
②吴江波:《福建九项措施发展移动电子商务》,《人民邮电报》2009 年 6 月 25 日。
③来源:世界工厂网,湖南移动电子商务在全国先发制人》,2009 年 8 月 6 日。

月,中国移动、中国联通和中国电信分别获得工业和信息化部发放的三张 3G 牌照,标志着我国移动通信正式进入 3G 时代。3G 牌照发放加速移动电子商务领域的竞争。3G 时代到来,移动商务等增值业务越来越受到运营商青睐,创新产品、抢夺用户的竞争已经悄然展开。

中国电信将号码百事通业务作为切入移动商务领域的窗口,通过号码百事通,中国电信正全力开发接入、支付和积分合作三方面的业务,从而逐步形成一个影响广泛的移动商务平台。2010 年 3 月,中国移动公告称,以人民币 398 亿元收购浦发银行 20%股份,成为其第二大股东。此举被业界认为是未来电子支付进行铺路。2009 年 4 月,中国联通在上海发布其基于非接触式通信(NFC)技术的手机支付业务。2009 年 8 月,中国移动宣布将在无锡成立中国移动物联网研究院,布局物联网。

8. 业内其他企业纷纷布局移动电子商务

移动互联网的巨大发展潜力,引起了产业链各节点企业的广泛关注,纷纷投入巨资争夺移动互联网产业"金矿",进行市场调研、产品创新和市场营销,试图抢占市场。淘宝宣布将联合手机制造商联想移动、TCL 和中国电信合作推出三款淘宝定制手机,进入移动电子商务。用友软件将移动商务确立为"2007~2009 三年战略规划"重点培植的核心业务,瞄准了即将到来的 3G 时代。2009 年 12 月,支付宝公司推出了其新版手机客户端软件,新增加了能利用手机进行"生活缴费"的地区。当当网在移动商务领域的战略布局初步完成、安利宣布与中国电信合作,推出了全球首款预装"安利商务随行软件"的定制 3G 智能手机。2009 年 5 月,用友移动、UCWEB、百度无线、腾讯无线、艾瑞咨询等发起成立的国内首家移动商务专业联盟——中国移动电子商务产业联盟。

9. 移动商务发展中存在的问题

目前,中国移动商务仍然处于启动阶段,还存在一些困难和问题,体现在多个方面,如产品创新和提升服务质量问题、移动网络的安全性性问题、产业链合作问题、资费过高问题、诚信问题、用户普及和培养、政策法规完善问题等等。

六、电子商务在重大事件中表现靓丽

1. 电子商务与北京奥运完美结合

2008 年北京奥运会无疑成为电子商务应用的成功典范,也同时推动了电子商务的发展。从奥运电子商务应用本身看,它应包括两个主要范畴[1]:奥运组委会和政府在组织、建设和举办奥运的过程中,利用电子商务实现奥林匹克营销的各种商务活动和获得相应的收益。包括出售奥运会电视版权、奥林匹克标志产品专营权、经营许可证、门票销售、纪念币和纪念邮票销售等,还包括奥运场馆的建设、基础设施建设、奥运会比赛期间比赛信息的传递、赛前和赛后的各项服务活动、整个奥运会举办期间为奥运会的顺利召开而进行的各项业务和娱乐等商业性活动。

北京奥运推动了基础设施建设。北京奥运是"科技奥运"的盛会,而"科技奥运"的实现,加快了电子商务基础设施的建设,这其中也包括了奥运电子商务网站建设、新媒体借助奥运机会的完善,电信基础设施的建设,社会诚信体系的建设等等。

北京奥运也推动了电子商务的广泛普及应用,这其中的两个亮点是奥运门票的销售和新媒体在赛事传播中的表现。首先是新媒体在奥运报道中异军突起。CNNIC调查显示,互联网是网民获取奥运信息的第一渠道,其次是电视、报纸,手机。值得一提的是,在奥运中,网络视频得到了实质性的发展,很多网民是通过网络实况转播观看的比赛。拥有美国奥运独家转播权的美国国家广播公司(NBC)在网络上播放2200个小时的奥运内容,占其直播总内容的三分之二。而在中国,控制奥运转播权的中国中央电视台也在网上提供5000个小时左右的奥运内容。这是四年前雅典奥运会网络转播规模的50倍。奥运筹备期间,奥组委开通了官方门票销售网站(www.tickets.beijing2008.cn)。根据CNNIC统计,北京奥运会第一阶段门票预订90%的订单是通过奥运票务网站在线提交的。它提供的可借鉴的教训是:其一,还没实现售票的全流程电子化,观众在网上预定成功后,还要到中国银行门票代售网点现场领取票品;其二,奥运在线售票系统稳定性不能保障,售票期间多次出现系统故障;其三,出现了与人文奥运理念相背离的网站销售假奥运门票的诈骗事件[2]。

2. 电子商务在汶川地震和雪灾中发挥渠道作用

汶川地震,牵动了亿万中国人民的心,全国各地的热心公众纷纷通过多种方式捐款捐物,为灾区人民献上爱心。互联网在传递公众爱心过程中,发挥了重要作用。首先,信息

---

[1] 姜广智等:《2008年北京奥运电子商务应用模式及支撑环境研究》,http://www.bjkw.gov.cn/n1143/n1240/n1465/n2216/n3710709/3717439.html。

[2] 来源:搜狐网 http://news.sohu.com/20080804/n258580798.shtml。

的获得方式发生了改变,通过网络,人们可以更及时、更透明、更全面地了解灾区的最新情况。其次,人们可以对灾区人民表达更多的爱心:通过发表博客,参加论坛表达对灾区的慰问;通过朋友圈帮助寻找失散的亲人。最后,网上捐赠成为最快捷、最透明、最方便的渠道,中国扶贫基金会、中华慈善总会、杭州慈善总会等都开通了在线捐赠通道,支付宝、财付通、易宝支付三大网上支付平台开通网上捐款平台并最终依靠网友募捐到了6000多万元[1]。

在2008年初的雪灾中,我国南方出现罕见的雨雪冰冻天气,导致大雪封路地段物流瘫痪。电子商务中的物流环节受影响严重,致使已经通过网上订货的买家无法收到货物,一方面导致卖家遭受退货损失,另一方面网络信誉经受了严峻考验。根据淘宝统计,南方雪灾导致流量和成交量双降。事实上,雪灾中并没给中国电子商务带来致命打击,网络企业积极采取应对措施减少损失。例如,有的商户个人掏腰包,通过航空运输把商品送到客户手中,维护了商家信誉;携程网通过开通社区和英文网站平衡雪灾对网站的不利影响;淘宝也积极应对,向南方用户主推取暖用品。雪灾中,网络支付也扮演了重要角色。北京市红十字会紧急发起"风雪救援行动",开启了网上捐款渠道,募集善款31627.09元[2],最高的一笔达3000元。仅2008年2月3日一天,其赈灾视频在酷6网播放量便突破16万次。

第三节　电子商务基础设施建设稳步推进

2008~2009年,中国电子商务在遭遇南方雪灾、四川地震、北京奥运、国际金融危机等众多环境变数下,仍然保持稳定、快速增长。在这两年,中国电子商务不仅取得了应对不利环境的宝贵经验,而且在基础设施建设上稳步推进,全国电话用户总数创出新高,宽带接入继续普及,手机接入快速发展,网站数量增速最快。截至2009年,我国共建成光缆网络线路总长度达826.7万公里[3];99.1%的乡镇和92%的行政村接通了互联网,95.6%的

---

①来源:畅想博客,《地震捐款凸显网上三大支付平台强大的力量》http://blog.vsharing.com/feip/A689588.html。
②来源,红网,《"风雪救援行动"在线捐款升温》,http://china.rednet.cn/c/2008/02/05/1436063.htm。
③来源: 王晨在全国人大常委会专题讲座上的讲稿:《关于我国互联网发展和管理》,http://news.sina.com.cn/c/2010-05-01/091217451379s.shtml。

乡镇接通了宽带;3G网络已经基本覆盖全国。互联网基础设施的完善大大促进了互联网的普及和应用。据统计,过去16年,中国信息产业年均增速超过26.6%,占国内生产总值的比重由不足1%增加到10%左右;我国互联网与实体经济不断融合,利用互联网改造和提升传统产业,带动了传统产业结构调整和经济增长方式的转变,互联网已经成为我国发展低碳经济的新型战略性产业。

一、全国电话用户总数持续创出新高,用户增速平稳

2008~2009年全国总的电话用户数不断创出新高,分别达到9.82亿户[①]和10.6亿户[②]。但是新增用户数放缓,新增用户分别只有6930万户和7946.7万户,相对于2007年新增8389.1万用户,增速出现放缓趋势。

1. 移动电话用户数依然保持高速增长,移动电话用户数量与固定电话用户数量的差距拉大

2008年,移动电话用户数新增9392.4万户,达到64123.0万户,移动电话普及率达到48.5部/百人。从图表1和2,可清晰看出,移动电话普及率自2001年一直保持直线增长趋势,并在2003年超过固定电话普及率,而固定电话普及率在2007年呈现掉头下降趋势后,2008年持续下降。2009年,全国移动电话用户净增10613.8万户,达到74738.4万户,移动电话普及率达到56.3部/百人。此时,发达国家的手机渗透率已经超过100%以上,我们离这个目标还有一定差距;但同时也表明,我国手机渗透率增长空间巨大。

2. 全国固定电话用户数持续减少

2008年固定电话用户数减少2483.2万户,达到34080.4万户,固定电话普及率为25.8部/百人,延续去年的负增长趋势。固定电话用户的负增长,主要体现在城市电话用户减少1660.2万户,农村电话用户也出现负增长,减少823.0万户。2009年,全国固定电话用户依然呈现下降趋势,全年减少2667.1万户,达到31368.8万户,固定电话普及率降为23.6部/百人。固定电话普及率在2007年呈现掉头下降趋势后,

①来源:工信部网站,2008年12月通信业主要指标完成情况,http://www.miit.gov.cn/n11293472/n11295057/n11298508/11912660.html。

②来源:工信部网站,2009年全国电信业统计公报,http://www.miit.gov.cn/n11293472/n11293832/n11294132/n12858447/13011909.html。

移动电话用户数与固定电话用户数的差距已经拉大，目前二者的比例大致达到7:3的格局。

表6-3 近9年电话普及率（部/百人） （数据来源：工业和信息化部）

	2001年	2002年	2003年	2004年	2005年	2006年	2007年	2008年	2009年
固定电话	13.9	16.8	21.2	24.9	27	28.1	27.8	25.8	23.6
移动电话	11.2	16.19	20.9	25.9	30.3	35.3	41.6	48.5	56.3

二、宽带接入继续普及，上网设备移动化趋势明显

宽带接入继续普及，增速趋缓。从用户上网方式来看，2009年宽带接入方式继续普及，宽带网民数净增0.76亿人，达到3.46亿人。宽带用户年度增长率为65.3%，略低于2008年80.13%的增长速度。宽带接入网民占网民总数的90.1%，比去年下降0.5个百分点。

新增手机上网用户1.2亿人，将近2/3的网民使用手机上网。2008年手机上网用户达到1.176亿，并且增长速度达到133%，2009年手机上网新增网民1.2亿人，接近于全部网民的1/3。通过手机上网的网民达到2.33亿人，占网民总数的60.8%，接近2/3的网民使用手机上网。2009年，手机上网网民年度增长速度达到98.13%，虽然远高于宽带上网和网民总数的增长速度。

中小城市互联网基础设施建设提速。2008年11月，中国互联网协会公布的数据显示，截至2008年10月，我国乡镇通宽带率达到94%，乡镇实现拨号和宽带上网达到97%。互联网接入能力的提高，为电子商务向中小城市普及奠定基础。

农村地区互联网接入能力提高。互联网已经覆盖全国所有城市，农村地区的覆盖情况也取得较大进展。根据工业和信息化部的数据①，截至2009年11月，我国95.6%的乡镇已通宽带互联网，比去年提高1.6%，90.9%的行政村能上互联网。基础设施建设的提速，为农村地区应用电子商务奠定了良好基础。

---

① 来源：搜狐网，http://it.sohu.com/20091102/n267900322.shtml。

三、互联网基础设施建设稳步发展

中国互联网络在网站数、网页数、国际出口带宽等方面都仍然保持稳定增长。中国互联网基础设施建设依然稳定增长,尤其是网页数量在2009年翻倍,表明互联网应用领域越来越广泛,已经渗透到社会的方方面面。由于资源的限制,大陆IPv4地址数增速放缓,尤其是CN下注册的域名数呈现负增长。

表6-4　中国互联网基础设施年度对比

指标	2006 年		2007 年		2008 年		2009 年	
	总数	增长率	总数	增长率	总数	增长率	总数	增长率
CN 域名(个)	1803393	64.40%	9001993	399.20%	13572326	1	13459133	−0.83%
中国网站数量(个)	843000	21.40%	1503800	78.40%	2878000	9140.00%	3231838	12.29%
中国网页数量(万个)	447258	86.30%	847108	89.40%	1608637	89.90%	3360173	108.88%
大陆 IPv4 地址(万个)	9802	31.80%	13527	38.00%	18127	34.00%	23245	28.23%
国际出口带宽(Mbps)	256696	88.60%	368927	43.70%	640286.67	73.60%	866367.2	35.30%

(数据来源:CNNIC).

四、三网融合取得实质性进展

2010年1月,国务院总理温家宝主持召开国务院常务会议,决定加快推进电信网、广播电视网和互联网三网融合。这是国内提出三网融合概念以来,三网融合最为明确的一次实质性的进展。"三网融合"是为了实现网络资源的共享,避免低水平的重复建设,形成适应性广、容易维护、费用低的高速带宽的多媒体基础平台。我国加快推进三网融合将本着先易后难、试点先行的原则进行。据工业和信息化部透露,三网融合试点方案预计2010年6月启动。

五、网民数量仍保持高速增长,结构更加均衡

1. 网民增长率和互联网普及率都为28.9%

截至2008年12月,中国网民规模达到2.98亿人[1],年增长率为41.9%,中国网民规模依然保持快速增长之势。但是,在国际金融危机的影响下,相比2007年的53.3%增长率,网民增长率略有萎缩。2009年,全国网民数净增0.86亿人[2],达到3.84亿人,超过了美国人口总数。互联网普及率达到28.9%,网民年增长率为28.9%。虽然增长人数基本与去年持平,但是相比去年,网民增长率有所降低,表明我国网民增长进入平稳区间。网民渗透率从去年的22.6%提升到28.9%,已经超过26.6%的国际平均水平。但是,相对于北美洲76.2%的平均水平差距甚远,这也说明我国网民增长空间巨大。

2. 网民结构更加均衡

互联网性别普及率的差距逐步消失。中国女性网民占网民总数的45.8%,比去年47.5%的水平略有降低,按照2009年人口的性别结构比例,经过计算可知,2009年中国男性互联网普及率为29.06%,女性互联网普及率为28.71%,两者之间的差距仅为0.35个百分点。同时,中国性别数字鸿沟指数呈现连年缩小趋势,性别数字鸿沟指数已经缩减为0.012[3],逐步趋近于零,性别鸿沟几乎消除。

表6-5 性别互联网普及率及其对比变化 (数据来源:CNNIC)

年份(年)	2001	2002	2003	2004	2005	2006	2007	2008	2009
男性网民数(万人)	2022	3505	4802	5696	6516	7987	12012	15645	20813
女性网民数(万人)	1348	2405	3148	3704	4584	5713	8988	14155	17587
男性网民普及率(%)	3.08	5.3	7.21	8.5	9.7	11.9	17.7	23.05	29.06
女性网民普及率(%)	2.18	3.28	5.02	5.88	7.3	9	14.1	22.21	28.71
绝对差距(%)	0.9	2.02	2.19	2.62	2.4	2.9	3.6	0.84	0.35
相对差距指数	0.29	0.38	0.3	0.31	0.25	0.24	0.2	0.04	0.012

---

[1]来源:CNNIC报告,2009年1月。

[2]来源:CNNIC报告,2009年1月。

[3]来源:《信息年鉴》,《中国数字鸿沟报告2008》,国家信息中心"中国数字鸿沟研究"课题组。

青少年网民依旧是中国第一大网民群体,40岁以上中老年网民所占比例连续两年增加。延续2008年的网民增长结构趋势,10岁以下及40岁以上网民所占比例连续两年保持增长。10~19岁年龄段网民所占比例虽然下降,但依然是中国第一大网民群体。随着其他年龄段网民的高速增长,20~29岁网民所占比例连续两年呈现下降趋势。网民的年龄结构日趋均衡,网民从少数精英团体,逐步覆盖到各个年龄层次的草根百姓。

农村网民人数继续增加,但增长速度低于城市网民。2009年,农村网民数净增0.22亿人,达到1.07亿人。但是,农村网民的增长指标却不容乐观。与去年相比,农村网民占全国网民的比重有所下降,从2008年的28.39%降为2009年27.8%;同时,农村网民的增长速度(26.25%)也低于城市网民(29.89%)。农村网民的增速却受阻,应该引起各方重视。

六、网络购物人数激增,网络支付受到热捧

1. 网络购物人数激增

根据CNNIC报告,2009年,应用网络购物的网民占28.1%,突破1亿人,达到1.08亿人,年增长45.8%,增速远远超过当年网民的增长速度。另据CNZZ数据[1]显示,2009年12月,我国电子商务网站的访客数达到了2.46亿人次,同比增加61.29%。在2009年12月,全国网民中有86.49%访问过电子商务网站,达到历史新高。

2. 网络支付逐渐普及

应用网络支付的网民占24.5%,达到9400万人,比上一年激增62.3%。把网络银行作为主要网络功能的用户占比也达到24.5%,增长速度高达80.9%,同样达到9400万人。可见,随着技术的创新和服务的升级,原先制约网络支付发展的安全性和便捷性问题已经陆续解决,网络支付手段已经逐步成熟,受到越来越多网民的认可和使用。

3. 网络购物发展潜力巨大

从实用功能看,根据CNNIC报告统计,从各种互联网应用功能的发展速度上看,商务交易类应用增速遥遥领先,远远超过信息类和娱乐类应用。可见,互联网正从信息和娱乐功能向商务功能转型。

---

[1]来源:世界工厂网,http://info.ch.gongchang.com/E-commerce/2010-03-03/89180.html。

从网购交易额的比例看,根据艾瑞数据,2009年中国网络购物交易额近2500亿元,约占社会消费品零售总额的2%,而韩国这一数字为12%[1],相比之下,差距还很大,显示我国网络购物市场仍然处在初级发展阶段,并且发展前景巨大。

从网络购物渗透率来看,我国应用网络购物的网民占28.1%,而美国和韩国网购用户的渗透率已经达到70%,说明我国网购用户增长空间还很大。其中,韩国网民数为3400万人,网络覆盖率为75%,网购人数为2400万人,占网民的70%。

4. 网络购物存在区域性鸿沟

根据世界工厂2009年第1季度《中国网民电子商务行为研究报告》中国网民的电子商务行为存在严重的鸿沟。在北京、上海、广州、浙江、福建、江苏等东部沿海发达省份,网民应用网上交易和在线电子支付以及其他在线商务活动上最为活跃;中部地区网民的电子商务活动比较活跃,而西部及东北部分省市则相对落后。

七、投资热情持续萎靡,B2C受到资本追捧

国际金融危机的爆发,导致投资者的资金投入越来越谨慎,电子商务领域的投资也受到一定程度影响。总体来说,2008年互联网行业的投资总额为8.72亿美元,比2007年增长40.4%,略高于2007年增长幅度,电子商务投资数量虽有增长,但增长比例下降明显。尽管在2009第二季度有所复苏,但是,全年呈现负增长趋势。

在经济环境不利氛围下,互联网行业的投资方向转向了抗风险能力比较强的游戏、社区、视频等领域,而风险投资在电子商务方面的投资热情却有所降低。除了三笔未透露具体融资金额的案例外,2008年电子商务投资案例只有15个,比2007年减少34.6%。虽然投资案例数减少,但投资金额却有所增加,电子商务全年投资金额为26213万美元,比2007年增加39.4%,增长幅度显著降低。在投资电子商务的案例中,B2C再次受到资本青睐,风险资金重点投向B2C中的母婴、服装、珠宝、旅游、3C等领域,详见下表所示。

2009年,最受资本青睐的是中国B2C领域。京东商城2009年初获得今日资本、雄牛资本等风险投资2100万美元联合注资;12月又有传言称,将获得老虎基金的第三轮首笔风险投资。垂直电子商务领域的鞋类B2C网站好乐买获得红杉资本中国基金千万美

---

[1]来源:比特网,《韩国电子商务之旅——拜访韩国TOP B2C/C2C》,http://soft.chinabyte.com/368/9003368.shtml。

表6-6　2008年电子商务投资明细表

公司名称	融资金额	投资机构	公开日期
京东商城	2100万美元	雄牛资本、今日资本	2008-12-19
悠都网	300万美元	海纳亚洲、联想投资	2008-11-12
凡客	2000万美元	启明创投、IDGVC、软银赛富、策源	2008-8-1
畅翔网	3000万美元	凯鹏华盈、杭州通汇创投、清科创投	2008-7-1
乐友网	3700万美元	永威投资、德意志银行	2008-6-2
阿里巴巴日本	2000万美元	软银集团	2008-5-15
橄榄网络	366万美元	国内一家投资机构	2008-5-10
钻石小鸟	1464万美元	今日资本和联创策源	2008-10-1
摇篮网	1710万美元	Sutter Hill Ventures 及 Foundation Capital 和 NSA Investments	2008-3-1
宝宝树	1000万美元	经纬创投	2008-3-10
乐友网	3700万美元	永威投资、德意志银行	2008-6-2
信网	73.21万美元	远东控股集团	2008-5-13
珂兰钻石网	300万美	某上市公司	2008-8-6
齐家网	1500万美元	某基金公司	2008-11-8
环球市场	3000万美元	集富亚洲、NIFSMBC	2008-4-7

（数据来源：网络公开资料；美元和人民币汇率按6.83折算）.

元的投资；66网成功与香港嘉宏集团签订了融资一千万的协议；九钻网也于2009年11月成功引进了第一笔风险投资。网易在2009年初针对诸多VC所做的一项调查显示，当年看好电子商务的VC约占56%，远超过看好SNS网站（25%）和看好网络视频（12%）。

B2B领域，也有几家企业幸运地获得投资。2009年6月，线上大宗产品交易平台金银岛网交所拿到了达晨创投1亿元人民币的增资；B2B公司敦煌网宣布完成第三轮千万美元级别融资。2009年12月9日，B2B企业焦点科技股份有限公司在深交所中小板上市。焦点科技是互联网行业唯一VC/PE背景企业在创业板成功IPO。此次IPO共计发行股票2938万股，每股发行价为42元，募集资金12.3396亿元。

第四节　电子商务环境趋暖

电子商务环境不断完善，为电子商务发展提供了更适宜的发展空间。电子商务环境包括网络信任体系、安全认证、标准规范、在线支付和现代物流,以及法律、技术、商业、文化、社会基础设施与制度安排等等。

一、物流

1. 物流业行业止跌企稳,工业品物流总额保持增长

根据发改委公布的数据,2008 年我国物流业仍然实现了平稳较快发展。全国社会物流总额 89.9 万亿元,同比增长 19.5%。但是,受到油价上涨、罕见的雨雪冰冻、汶川地震等灾害和国际金融危机的影响,物流需求增长明显趋缓,社会物流总额全年增幅回落 6.7 个百分点,主要物流经济指标同比增幅均出现不同程度的回落。尤其是 2008 年第三、四季度下滑明显,如图[①]。

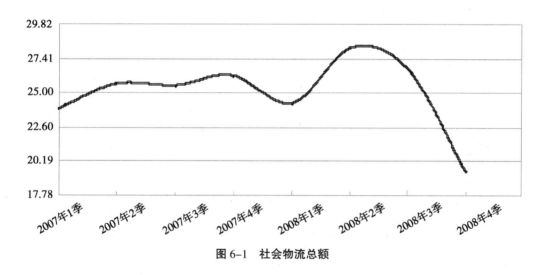

图 6-1　社会物流总额

2009 年起,我国物流业止跌企稳,开始回升。全国社会物流总额 96.65 万亿元[②],同比增长 7.4%。表明物流需求在经济增长的带动下,已经初步克服国际金融危机的影响。2009 年物流业务基本上呈现出一季度止跌,二季度企稳,三季度回升,四季度增长的积极变化。

从构成情况看,工业品物流总额 87.41 万亿元,同比增长 9.4%,占社会物流总额的比重为 90.4%,同比提高 1.7 个百分点,是带动社会物流总额增长的主要因素。进口物流

①来源:中国物流信息中心,http://www.clic.org.cn/portal/wltj/A1231index_1.htm。
②来源:发改委网站,当前我国物流业运行情况,2010 年 1 月 12 日。

总额 6.86 万亿元,同比下降 12.8%,占社会物流总额的比重为 7.1%,同比下降 1.6 个百分点。农产品物流总额、再生资源物流总额和单位与居民物品物流总额同比分别增长 4.3%、12.3% 和 16.4%。

2. 物流业发展受到重视,《物流业调整和振兴规划》及系列政策出台

2008 年 3 月,国务院办公厅发出国办发〔2008〕11 号《关于加快发展服务业若干政策措施的意见》,明确指出现代流通业是发展服务业的重点。2008 年 3 月,商务部也出台《关于加快流通领域现代物流发展的指导意见》。财政部设立专项资金,支持农村物流体系建设。国家税务总局批准 184 家企业纳入第四批物流企业税收改革试点。工业和信息化部提出了《全国性、区域性现代物流公共信息平台建设的指导意见》。交通运输部、铁道部加快物流通道建设。交通运输部发布了《快递市场管理办法》。国家发改委主持制定了全国现代物流业发展规划纲要。

在 2008 年国务院机构改革中,新组建了交通运输部,原交通部、民航总局和国家邮政局职能归并其中,部门机构和职能的变化,将对物流业的资源优化配置和综合发展产生深远影响。

2009 年 3 月,国务院关于印发《物流业调整和振兴规划》(以下简称《规划》)的通知。《规划》第一次完整地、科学地提出了物流业在国民经济中的地位与作用。《规划》指出:"物流业是国民经济的重要组成部分""促进产业结构调整,转变经济发展方式和增强国民经济竞争力等方面发挥着重要作用"。《规划》还明确了物流业本身的发展任务和思路;重点规划了九大物流工程;描绘了中国物流业点、线、面结合的三维空间布局。《规划》的出台,增强了政府各级部门和各地方对发展物流业的重视,各地方也陆续出台物流业振兴规划或实施细则,并正在组织实施。

3. 物流业基础设施建设持续增长

2008 年,我国物流相关行业固定资产投资持续增加,投资额达到 17508 亿元[①],同比增长 22.6%。2009 年,全国完成公路水路交通固定资产投资 11142.80 亿元,比上年增长 33.7%,占全社会固定资产投资的 5.0%。

随着投资的增长,我国物流业基础设施条件得到持续改善。2008 年,我国新增公路

---

① 来源:交通运输部网站,2010 年 4 月 30 日。

里程 10 万公里,其中新增高速公路 6433 公里,达到 6.03 万公里,稳居世界第二。沿海港口新扩建泊位 154 个。各地在桥梁、铁路、港口等方面的基础设施建设方面,也取得了显著成绩。2009 年底,公路里程持续增长,村道所占比重进一步提高。公路技术等级和路面状况进一步提升。全国内河航道通航里程 12.37 万公里,共有 4153 处枢纽。港口码头泊位持续增加。2009 年底,全国港口拥有生产用码头泊位 31429 个。公路营运车辆突破一千万辆,水路运输船舶运力结构进一步调整优化。公路货物运输增长较快。2009 年,全国营业性货运车辆完成货运量 212.78 亿吨。全国完成水路货运量 31.90 亿吨。集装箱运输出现明显回落,港口货物吞吐量继续保持增长。

4. 制造业和物流业联动趋势明显,物流外包快速成长

受金融危机影响,大多数制造企业和商贸流通企业面临较大的成本压力。为降低成本、提高核心竞争力,制造和流通企业主动提高物流业务的外包比例,由第三方物流企业负责其物流运作,从而加强了物流业与其他产业的联动发展。2009 年 10 月,国家发改委在昆明召开了第二届全国制造业与物流业联动发展大会。据悉,相关示范方案将于2010 年出台。上海市人民政府于 2009 年 5 月印发了《上海市服务业发展引导资金使用和管理办法》,鼓励制造业企业发展生产性服务业。福建省出台了《2009 年度福建省现代物流业发展专项资金申报工作办法》,重点扶持制造企业与物流企业形成联动发展并取得实效的对接项目。山东省于 2009 年 5 月份印发了《山东省现代物流业振兴发展规划》,明确今后三年山东省现代物流业发展规划。

5. 物流业总体运行效率进一步提高

据统计,前三季度社会物流总费用与 GDP 的比率为 18%[①],比去年同期降低 0.3 个百分点,反映物流业总体运行效率进一步提高。在业务量大幅下滑的情况下,企业普遍放慢扩张步伐,转到向市场服务和内部管理要效益,加快细分市场建设,提升专业物流服务能力,走专业化发展道路。中铁快运、邮政速递物流等企业优化资源配置,为客户提供定制化服务,不但提高了自身的服务能力,而且提高了盈利水平。

6. 电子商务与物流业互动发展

互联网用户规模的持续扩大和网上购物的发展,使得快递业务爆发式成长。快递服

[①] 来源:国家发改委网站。

务与电子商务合作日益紧密。一方面电子商务依托快递突破了物流瓶颈,快速发展;另一方面,电子商务配送拉动快递服务迅速增长。据悉,全国快递业 1/3[1]业务量由电子商务牵动完成,仅 2008 年中国电子商务带动的包裹量就超过 5 亿件。

7. 物流业发展仍然任重道远

虽然物流业呈现增长趋势,但是,物流行业仍然存在一定困难和问题。一是物流需求上升缓慢,需求依然不足,二是物流企业经营仍面临较大困难,业绩增长受阻,三是物流企业面临较大资金压力,遇到融资难题;四是物流企业的管理仍有些滞后,面临成本和效率压力。

二、支付

1. 银行卡产业快速发展,居民习惯用卡消费

银行卡产业快速发展,《国家金卡工程全国 IC 卡应用(2008–2013)发展规划》发布。

我国银行卡产业获得很快发展。根据中国人民银行发布最新统计数据[2],截至2009年末,中国银行卡发卡总量约为 20.7 亿张,较 2008 年末增加 2.7 亿张。其中借记卡发卡量为 18.8 亿张,信用卡发卡量为 1.9 亿张。各类银行结算账户共计 28.1 亿户,较2008 年末增长 17.2%;其中,个人银行结算账户 27.9 亿户,单位银行结算账户 2191 万户。截至2009 年末,境内发卡机构已达 195 家,境内银联卡联网商户达到 157 万家[3],联网 POS 机241 万台,联网 ATM 近 20 万台。

银行卡已成为我国居民个人使用最频繁的非现金支付工具。央行数据显示,2009 年全国使用非现金支付工具办理支付业务约 214.3 亿笔,金额 716 万亿元,同比分别增长16.9%和 13.1%。其中,银行卡业务 197 亿笔,金额 166 万亿元,同比分别增长18.1%和30.5%;银行卡消费额占同期社会商品零售总额的 32%,同比提高 7.8%。

银联推动银行卡应用多样化,不仅能用银联卡在 ATM 机上取钱,在商家的 POS 机上刷卡购物,就连日常的水电煤气缴费、商旅预定、信用卡跨行还款、话费充值,甚至是慈善捐款、电视购物、交保险、买基金等都能用银联卡实现。银联正加速推进银联卡由大中

---

①张道生:《我国快递服务 1/3 业务量由电子商务牵动完成》,《新华网》2009 年 9 月 14 日。

②来源:中国政府网,http://www.gov.cn/jrzg/2010–02/08/content_1530993.htm。

③来源:新浪网,http://finance.sina.com.cn/roll/20100304/16217502946.shtml。

城市向二级地市、区县和广大农村地区延伸,数据显示,2009 年上半年,二级地市受理市场的新增商户数和 POS 终端量已经占到各省份新增量的一半以上[①]。

2008 年 4 月 24 日,《国家金卡工程全国 IC 卡应用(2008–2013)发展规划》发布。《规划》的战略目标是:到 2013 年年末,基于磁条卡、IC 卡和 RFID(射频识别)电子标签等介质的各类卡应用系统进一步普及;信息基础设施、政策体系与制度环境建设更趋完善;为"金卡"工程提供配套的信息与通信产业的自主创新能力与核心竞争力显著增强,拥有的自主标准、核心技术和知识产权日益增加,为"金卡"工程提供技术、产品、应用软件、整体解决方案和综合信息服务的能力及信息安全保障水平大幅提高。

2. 网上银行平稳发展

(1)网上银行交易额依然保持增长趋势,但增速放缓

从交易额上看,根据易观国际数据,2009 年中国网上银行市场交易总额达404.88万亿元,比 2008 年增长 34.16%,增速趋稳。其中,个人网银交易额达到 38.53 万亿元,占比 9.52%。

在服务环境改进方面,2009 年中国银行业金融机构共对 23955 家网点进行了改造,占网点总数的 14.67%;新增自助银行 11231 个,增幅为 32%。从银行服务方式看,电话银行和网络银行发展迅猛,2009 年末,新增电话银行个人客户 7905 万户,增幅为34.53%;新增电话银行企业客户 88.8 万户,增幅为 57.89%。

根据易观国际数据,截至 2009 年第四季度末,中国网上银行注册用户数达到1.89亿,较上年增长 28%。网银用户占全部网民的比例达到 49.22%,相当于全部网民的一半。网络银行在经过 2002 年至 2006 年的高速扩张后,连续三年保持平稳增长。

网银用户增长空间巨大。根据调查,在非网银用户中,计划未来一年开通使用的潜在用户比例为 23.0%。网银用户呈现逐步普及的趋势,《2009 中国网上银行调查报告》显示,35~44 岁的人群和女性市场网银用户增幅较大,表明网银正进一步渗透到各类人群中。企业网银方面,2009 年,全国企业网银用户的比例为 40.5%[②],比 2008 年略有下降,但企业网银交易用户比例为 70.3%,比 2008 年上升了 5.9%。企业网银对于柜台业务的

---

①刘长忠:《中国人习惯用卡消费:银联 POS 机突破 200 万台》,《中国新闻网》2009 年 7 月 16 日。
②郑春峰:《2009 年中国个人网银市场逆市而上》,《南方日报》2009 年 12 月 10 日。

替代比率进一步提高,达到 50.7%[①]。

用户的网上银行为趋向活跃和多样化。2009 年,全国城镇人口中,个人网银用户的比例为 20.9%[②],活跃用户比例为 15.7%[③],呆滞用户比例为 3.2%。企业网银方面,2009 年,全国企业网银用户的比例为 40.5%,比 2008 年略有下降,其主要源于受金融危机冲击较大的、百万元以下规模中小型企业的网银用户比例比 2008 年下降了 4%。尽管如此,企业网银交易用户比例为 70.3%,比 2008 年上升了 5.9%。中国金融认证中心的数据显示,2009 年登录过中国网上银行的活跃用户数量达到 5800 万[④]。在个人网银活跃用户中,最近一年使用过网银交易功能(包括转账、缴费、还款、贷款、购买投资理财产品等)的交易用户比例为 83.6%。

网银用户忠诚度高。网上银行可以更大范围内实现规模经济、为用户提供超越传统银行业务的创新型服务,便捷用户,提升用户满意度。"2009 年中国网上银行调查"的结果显示,有近一半的接受调查者(49.9%)[⑤]使用网银已经 2 年以上,另有将近 30% 的用户使用时间在 1 年以上,且表示愿意继续使用现在选用网银的用户占比为 99.1%。调查结果显示,节约成本(时间成本、人力成本和财务成本)是开通网银服务的主要驱动力。

网银应用向纵深方向发展。2009 年活动个人用户人均每月使用网银 5.6 次,2008 年为 5 次;交易用户平均每月使用次数更高,为 5.9 次,也高于 2008 年的 5.5 次。企业用户方面,2009 年的月使用频率则更高,平均每家活动用户使用网银的次数从 10.3 次增长到 11.3 次。企业网银对于柜台业务的替代比率达到了 50.7%。

个人用户对于网银安全的信心提升。中国金融认证中心的数据显示,3/4 以上的潜在用户认为网银是"安全"的。另一项调查显示,只有 7.6% 的网络购物者认为网络支付不安全。网上支付安全的信心来源主要集中在以下几点,一是自我防范意识和能力的增强;二是对银行实力和对银行的信任;三是对网银安全技术手段和安全措施有一定的了解;四是亲朋好友的使用经历及口碑。

---

①来源:中国金融认证中心(简称 CFCA),《2009 中国网上银行调查报告》。
②来源:腾讯网,http://finance.qq.com/a/20091204/000766.htm。
③来源:中国金融认证中心,《2008 中国网上银行调查报告》。
④阮婧雯:《电子商务为网银发展铺路》,《北京青年报》2009 年 12 月 14 日。
⑤来源:东方财富网,《2009 中国网上银行调查报告》。

(2)网上银行仍处于起步阶段,发展中还暴露一些问题。

用户增长受到制约。中国网上银行注册用户数增长速度略低于网民增速,只有将近一半的网民使用网络银行功能。从用户背景角度,使用网上银行的用户群体单一,基本是为城市白领和大学生群体。尼尔森的数据显示,全球14%的网民每天使用网上银行,而我国这一比例只有5%,存在较大差距。

银行网站整体发展水平还比较低。调查显示①,截至2008年底,我国32.37%的城市商业银行仍然没有建设网站,尤其是在西部地区,只有一般的城市商业银行拥有自己的网站。在已经建设网站的银行中,有83.78%的银行网站还处在基础建设阶段。很多银行网站还仍以自我介绍和发布信息为主,还不能提供真正的网上银行业务服务。不仅是在网上银行业务落后,银行网站在网站运营、用户安全方面的能力也急需提高。

从政策环境、长期以来一些制约网络银行发展的问题仍然没有解决。比如,缺少网上银行监管机制和相应法律法规、标准化问题仍然制约网络银行发展、网络安全问题时有发生、网络银行服务还需拓展和增强用户体验性。

(3)各方采取积极有效措施,促进网上银行安全。

2009年,网上银行安全问题一直是制约网上银行发展的最大障碍,而社会各界也积极采取有效措施,改善网上银行安全状况。在法律法规方面,在"2009中国移动支付产业论坛"上,中国信息安全认证中心副主任陈晓桦表示,从2010年5月1日开始,将对防火墙、网络安全隔离卡等13类信息安全产品实行强制性认证。银行方面,各家网上银行都致力于提升网上银行的安全性,消除交易风险,以此吸引用户使用。民生银行在推出了电子银行风险交易监控系统和网银在线杀毒功能,招商银行推出的"一网通网盾"安全体系,建设银行建立24小时高风险交易后台监控系统等。

3. 第三方支付平台

(1)第三方网上支付平台交易额连续五年翻番。

2008年,互联网支付平台交易实现跨越式增长。根据艾瑞统计,交易规模从2007年的976亿元飙升到2008年的2743亿元,同比迅增181%,2009年交易额达到(预估)5766亿元,同比增长110.2%,网上支付已经是连续五年增长速度超过100%,远高于互

---

① 来源:国脉互联金融信息化研究中心,《2009年中国本土银行网站竞争力评测研究报告》。

联网的其他相关行业。

根据艾瑞咨询数据,利用第三方平台的大额支付发展极快。航空客票、数码家电、高档服装配饰等,都对大额支付提出了具体明确的需求。网上支付用户数也快速增长.2009年7月,支付宝宣布用户数突破2亿;随后在不到一年的2010年3月,支付宝宣布其用户数已经突破3亿,其外部商户数已经增长到46万家。

(2)支付宝一家独大,百度和网易进军第三方支付。

支付宝背靠淘宝资源,2008年的交易额规模高达1392亿元,占据50.7%[1]的市场份额,与上一年基本持平。2008年底,其用户数已经达到1.3亿,日交易额5.5亿元人民币,日交易笔数250万笔。2009年,支付宝的交易规模达到2670亿元[2]。2009年12月7日,支付宝日交易额突破12亿元。

财付通的市场份额屈屈第二,但增长速度加快。2008年,财付通交易额规模达到和530亿元,占据19.3%的市场份额,2009年,财付通的份额增长到20.6%。增长的主要来源于其在企业级(B2B)支付市场的积极渗透,财付通已开始推出单笔百万级的企业大额支付业务。

2008年9月,百度宣布第三方支付平台百付宝网络交易平台正式上线运营。百付宝提供网上支付和清算服务,为用户提供了在线充值、交易管理、在线支付、提现、账户提醒等丰富的功能。2009年2月,网易低调推出了第三方在线支付工具网易宝。网易宝提供多种方便的在线充值、交易管理、在线支付、账户管理、代收、提现等服务。网易宝可以轻松消费网易公司提供的各种产品(点卡、游戏周边、交友等)。

(3)银联进军第三方支付市场。

中国银联旗下的全资控股子公司银联支付被人称为第三方支付的"国家队"。银联支付成立后,大刀阔斧闯入第三方支付市场。2009年,银联高调宣布将大举进军第三方支付市场,随着拥有国有背景的银联电子支付企业加入竞争,第三方支付市场竞争将更加激烈。银联支付背靠政府优势,首先进入的是公共事业性缴费、教育和通信等同样拥有政府背景的领域。

---

[1]来源:艾瑞咨询,《2008–2009年中国网上支付行业发展报告》。
[2]鲍宜春:《支付宝用户首破3亿规模》,《周末》2010年3月18日。

(4)第三方网络支付平台进军传统支付领域,并试图向海外扩张。

2008年6月,第三方支付平台快钱开通了上海地区部分公共事业缴费服务;2008年10月,支付宝也宣布进军传统缴费市场,推出一站式公共事业缴费服务。用户在第三方支付平台进入缴费系统,就可以完成缴费。第三方支付平台进军传统领域,既方便了普通百姓交纳水、电、煤等日常费用,又为互联网与传统领域的结合提供了有益的尝试。

2008年6月,支付宝与澳大利亚在线支付公司Paymate携手,基于澳大利亚B2C平台"海外宝"为中国用户提供澳大利亚特色产品。并且此前,支付宝已经可用于美元、英镑、港币、瑞士法郎等12种货币的支付。

(5)安全问题受到第三方支付平台重视。

第三方支付平台还处在发展初期,正处在不断积累和完善阶段,随着用户的激增和业务的扩张,因此也面临一些发展中的难题。这些问题包括:一是法律法规不健全,网上支付缺少监管机构;二是存在恶意套现等形成的支付风险;三是网络支付运营成本高,但目前还没有形成稳定的赢利模式;四是行业发展没有规范,业内鱼龙混杂,恶性竞争严重。

鉴于第三方支付平台的潜在风险,部分银行选择退出支付合作,如民生银行、中国银行、农业银行、兴业银行、工商银行、浦发银行和深圳发展银行等。而招商银行、中信银行、光大银行等,也对信用卡网上支付做了限制。

2009年1月,支付宝安全策略中心上线,中心除了继续保障用户的账户、交易、隐私等安全外,还将向用户提供量身定制的五重安全保护。2009年10月,支付宝推出指纹结账。2009年6月,财付通宣布针对合作商户推出移动安全证书解决方案——财付盾,可以有效地避免网络木马、黑客入侵等风险。

(6)第三方网上支付市场即将迎来规范化管理。

虚拟货币的跨企业微支付业务将被禁止。2009年6月,文化部、商务部联合下发了《关于网络游戏虚拟货币交易管理工作》的通知,明确规定了虚拟货币不得兑换其他企业的任何产品或服务。

第三方网上支付规范即将出台。中国人民银行公布了2009年第7号公告①,要

---

①来源:中国人民银行网站,http://www.pbc.gov.cn/detail_frame.asp?col=100&ID=3181。

求境内从事支付清算业务的非金融机构须在 2009 年 7 月 31 日之前按要求进行登记,包括网上支付、电子货币发行与清算、银行票据跨行清算等在内的五类业务都在登记之列。

三、信用

1. 诚信问题仍然是目前电子商务行业面临的首要问题

网民对互联网的信任状况不容乐观。根据 CNNIC,2009 年 1 月调查,网民对互联网信任度较低,认为在网上进行交易是安全的只有 27.6%,只有 47.5% 的网民在互联网上填写真实的注册信息。可见,网民对互联网的安全性还是持怀疑态度。另据新浪调查显示,超过七成以上的网民曾经在网上购买过假货。

另据北京市工商局发布的 2009 年度消费投诉十大热点[1]。其中,针对互联网的投诉增长最快,该局全年共受理互联网服务类投诉 2200 件,占全年投诉总量的9.25%,投诉量同比 2008 年增长了 1.17 倍。而在互联网投诉中近七成是网上购物引发的,已经成为投诉增长最快的"问题"。消费者反映的主要问题有:①货物存在质量问题,②虚假宣传问题严重,③售后服务差,④网站恶意骗款。

2. 信用问题引发市场和技术创新

为更好地保障网用户使用安全,服务提供商也把重点投向信用体系建设,从而也带来了市场创新和服务创新。2008 年 5 月,信网获得 500 万元人民币风险投资,信网通过整合工商、公安、质检、卫生、税务等政府部门的相关信息资源,通过"免费注册、交费查询"的运营模式开拓中国信用市场。2009 年 1 月,支付宝安全策略中心上线,采用的主动安全策略能向用户提供多维度的安全保障。除了登录密码和支付密码等多重密码保护之外,支付宝的风险控制系统会提供全天候的异常操作检测,以及手机动态口令等免费信使服务。

网络发票方便真伪识别。2009 年 12 月,河南省开出首张网络发票[2],这意味着网络发票时代即将来临。开票单位可通过互联网填开发票内容并开具发票。消费者拿到发票后,发个短信便知真伪,中奖了还能收到通知短信;而假发票将再无容身之地。

---

①来源:网易新闻,http://news.163.com/10/0313/08/61L28D9S000146BD.html。

②田园文、白周峰:《河南郑州开出首张网络发票——纳税人省钱省时间》,《大河报》2009 年 12 月 25 日。

3. 电子商务网站启动诚信活动

针对售假问题,网站方面表示要加大监管力度,多家网站推出了一些新的监管方式。淘宝网在接到被查处网店消息后,马上将该网店封店,并永久封账号。淘宝用一种"定价系统"来监测商品,如果商品比实际价格低的幅度过大,有假货嫌疑,将对其进行检查或直接下架。易趣网①也表示,会对商品进行监测,如果发现售假商家会对其进行举报。易趣网相关负责人说,"现在发现假货就不是简单口头警告一下了,肯定会对其进行封号"。

2010年3月,新华社联手阿里巴巴启动"诚信中国年"活动,1万家小企业在线予以响应。同时,阿里巴巴公开宣布,即日起建立国内首个"小企业商业信用体系",并斥资10亿元设立先行赔付的企业诚信保障金。拍拍网启动"全站诚保"行动,将逐步实现各个类目所有的商家店铺和商品全部加入拍拍网的"诚信保证计划"。2009年4月份,淘宝网建立了保健品准入制,所有在淘宝网上销售的保健品必须有国家食品药品监督管理局的批准文号才能上架销售;7月,淘宝"诚信自查系统"上线;9月底,淘宝网要求所有图书都必须录入ISBN(国际标准书号)编码库才允许上架;11月,淘宝网宣布将拿出一亿元来支持打假行动和建设网购保障。

4. 行业协会开展企业信用评级活动,并组织行业自律

为了贯彻落实中央关于"整顿和规范市场经济秩序,健全现代市场经济的社会信用体系"和"加强网络文化建设和管理,营造良好网络环境"的要求,工业和信息化部下发了《关于2008年"阳光·绿色网络工程"工作方案的通知》。2008年8月,互联网协会牵头成立了互联网企业信用等级评价中心(筹),制订了《中国互联网行业企业信用评价实施方案》(试行)及《企业信用等级评价标准》(网站企业与电信运营商),互联网协会下发《关于开展互联网企业信用等级评价工作的通知》,开展信用等级评价工作。2008年9月,中国互联网协会对首批17家互联网企业的信用等级进行了评定并向社会公示。2008年10月,互联网协会下发了《关于开展第二批互联网企业信用等级评价工作的通知》。

行业协会组织网上商城开展行业自律。2008年1月,为落实《北京市实施〈零售商促销行为管理办法〉细则》,规范网上商城的经营和促销行为,北京市电子商务协会联合当

---

①于士凯:《电子商务网站打击售假行为》,《北京商报》2009年2月13日。

当、新浪等首都网上商城,发出"网上商城诚信促销"倡议。有51家网上商城企业在"网上商城诚信促销倡议书"上签字。

【拓展阅读】淘宝网宣布将拿出一亿元打假

面临日益猖獗的假冒伪劣产品以及强大的国内外舆论压力,2009年11月,淘宝宣布投资1亿元,打击假冒伪劣商品,建设安全可信的网络购物环境。

假冒伪劣产品让淘宝面临困境和风险,一直是制约淘宝品牌形象的障碍之一。一方面来自消费者的大量投诉和抱怨。另一方面来自品牌商的压力,做工粗糙的假名牌产品泛滥,引起了品牌商的不满。如耐克、劳力士都是被抄袭仿冒的重灾区。品牌商面对互联网上汹涌的假货,一方面通过多种渠道打假,一方面在网上开旗舰店宣布正品所在地。牛仔服装品牌杰克琼斯负责人就表示,当初开网店的目的就是打假。

淘宝也不断采取各种措施来打击造假行为,推出"消费者保障计划",具体包括"先行赔付"、"7天无理由退换货"、"假一赔三"、"如实描述"等举措,设立2000万元网购保障基金,发出了《全民打假倡议书》。

轰轰烈烈的打假活动取得了一定效果。通过打假活动,淘宝网声称已经清理假冒品牌商品1946588件,冻结封杀9834家售假的网店,仅化妆品一个类目,平均每月下架的假冒商品就超过10万件,以耐克为例,2008年淘宝网帮助耐克进行假冒商品处理16次,下架商品达488360件。此外,消费者也接受了一次在网络购物中,维护自身权益的教育。

与以往不同,淘宝此次打假行动,摒弃了以前单打独斗的作战风格,而是从其生态思想出发,联合了消费者、经营企业、执法单位等多方主体,共同出拳。此次活动中,淘宝更是联合了工商、公安、消协等执法部门参与,试图加大打击力度。淘宝还希望通过此次活动的尝试,整合多方主体资源,建立打假和诚信网络,形成一个多方参与的综合治理体系。

此外,淘宝还广泛动员了媒体力量,通过举办新闻发布会,媒体转载等手段,造成铺天盖地的舆论声势,形成一场声势浩大的舆论攻势。通过百度搜索"淘宝投资一亿打假",可以找到十万多条相关结果。

此次打假活动,投入资金巨大,参与主体众多,媒体宣传之广,可谓是中国有史以来最大规模的网络打假行动。

四、技术

新技术、新发明势必会带来新的应用,便利人们的生活,影响产业的发展方向。尤其在经济低谷中,新技术更是受到追捧,它给人们带来了对未来的美好期待。

1. 物联网(The Internet of things)①

物联网概念早在2005年就已经由国际电信联盟(ITU)提出。在国际金融危机过后的转型期,物联网成为新兴产业的发展方向之一。物联网,简单的说,就是物物相连。是指通过射频识别(RFID)、红外感应器、全球定位系统、激光扫描器等信息传感设备,实现任何物品与互联网的连接,以实现信息交换和通讯、智能化识别、定位、跟踪、监控和管理等等功能。物联网的关键性技术包括RFID、传感器、智能识别等。

2. 框计算(box computing)

2009年8月,百度在技术创新大会上第一次提出了框计算,框计算的意思是用户只需要将自己的需求提交给框,框计算便可以迅速识别这些需求,并且把这些需求分发给最优的应用或内容资源提供商处理,最快最好地满足用户需求。框计算的原理,实际上是一个开放了框计算接口的信息整合平台。目前,百度的框计算已经拥有200多项应用,网民在百度搜索财经信息、图片、邮箱、人民币汇率、股票、电视节目、热门电影、万年历、音乐等多个信息时,都已经可以体会到框计算所带来的便捷与周到。框计算是中国互联网乃至信息产业领域首创的技术理念、是中国第一次引领全球IT技术潮流。

3. 智慧地球(Smart Planet)

智慧地球由IBM最先提出。智慧地球所描绘的愿景,是利用新一代信息技术,让世界的运转更加智能化,涉及个人、企业、组织、政府、自然和社会之间的互动,而它们之间的任何互动都将是提高性能、效率和生产力的机会。智慧地球是依赖于感应技术及网络互联,通过数据计算,帮助人们做出更科学的行动决策。智慧地球是个很大的概念,包含远程教育,远程医疗,交通信息化、能源信息化等等。

4. 绿色 IT(Green IT)

绿色IT在关注计算机解决方案效果的同时,也将环保充分考虑在内,例如减少碳排

---

① 来源:中国信息产业网,http://www.cnii.com.cn/20080623/ca605173.htm。

量、最大效率的利用能源。这一技术理念的推动和实施体现了环保意识。

5. 软件即服务(Software as a service,SaaS)

SaaS 提供商为企业搭建信息化所需要的所有网络基础设施及软件、硬件运作平台，并负责所有前期的实施、后期的维护等一系列服务，企业无须购买软硬件、建设机房、招聘 IT 人员，即可通过互联网使用信息系统①。在应用了 SaaS 的电子商务系统中，电子商务系统服务商将负责企业所有电子商务网站维护和升级，其中包括新网购功能开发、新安全技术应用、服务器软硬件设备更新等。企业不用再聘用技术团队维护电子商务网站，也不必再支付额外费用。企业需要哪项功能，只要在电子商务系统平台中选择、应用即可。

6. 云计算(cloud computing)

"云计算"概念是由 Google 公司提出的。狭义云计算是指 IT 基础设施的交付和使用模式，指通过网络以按需、易扩展的方式获得所需的资源;广义云计算是指服务的交付和使用模式，指通过网络以按需、易扩展的方式获得所需的服务。这种服务可以是 IT 和软件、互联网相关的，也可以是任意其他的服务，它具有超大规模、虚拟化、可靠安全等独特功效。广义云计算是指通过网络以按需、易扩展的方式获得所需的服务。这种服务可以是 IT 和软件、互联网相关的，也可以是任意其他的服务，它具有超大规模、虚拟化、可靠安全等独特功效。市场调研机构 Gartner 近日发布报告称，2009 年基于互联网的"云计算"服务的市场规模将达到 75 亿美元，同比增长 17.7%，之后每年稳步发展，到 2013 年底其市场规模可达 140 亿美元。

7. 3G(3rd-generation,第三代移动通信技术 3G)

3G 是指支持高速数据传输的蜂窝移动通信技术。3G 服务能够同时传送声音及数据信息，速率一般在几百 kbps 以上。目前 3G 存在四种标准:CDMA2000,WCDMA,TD-SCDMA,WiMAX。2009 年 1 月 7 日，工业和信息化部为中国移动、中国电信和中国联通发放 3 张第三代移动通信(3G)牌照，此举标志着我国正式进入 3G 时代。

8. Twitter(微博,微博客)

Twitter 是新兴起的一类开放互联网社交服务，国际上最知名的微博网站是Twitter,

---

①来源:百度百科,http://baike.baidu.com/view/369107.htm?fr=ala0_1_1。

目前 Twitter 已经是最炙手可热的互联网新贵,美国总统奥巴马、美国白宫、联邦调查局(FBI)、Google、HTC、DELL、福布斯、通用汽车等很多国际知名个人和组织在 twitter 上进行营销和与用户交互。目前,国内著名的微博有:新浪微博、搜狐微博、网易微博、嘀咕、叽歪、做啥、139 说客、9911 等。

9. GPU (Graphic Processing Unit,中文翻译为"图形处理器)

GPU 是相对于 CPU 的一个概念,由于在现代的计算机中(特别是家用系统,游戏的发烧友)图形的处理变得越来越重要,需要一个专门的图形的核心处理器。GPU 是显示卡的"大脑",它决定了该显卡的档次和大部分性能,同时也是 2D 显示卡和 3D 显示卡的区别依据。2D 显示芯片在处理 3D 图像和特效时主要依赖 CPU 的处理能力,称为"软加速"。3D 显示芯片是将三维图像和特效处理功能集中在显示芯片内,也即所谓的"硬件加速"功能。显示芯片通常是显示卡上最大的芯片(也是引脚最多的)。现在市场上的显卡大多采用 NVIDIA 和 ATI 两家公司的图形处理芯片。

五、行业标准

网络环境下,基于不同交易平台的贸易各方欲完成交易过程,就必须对数据交换和流程交易进行标准规范。我国电子商务标准还处在起步阶段,建设我国电子商务标准体系,是我国推动电子商务发展的当务之急。标准化工作是推动电子商务有序发展的一项非常重要的基础工作,受到政府主管部门的重点关注。《2006-2020 信息化发展战略》明确指出:"加快制定应用规范和技术标准","加强政府引导,依托重大信息化应用工程,以企业和行业协会为主体,加快产业技术标准体系建设。完善信息技术应用的技术体制和产业、产品等技术规范和标准,促进网络互联互通、系统互为操作和信息共享。加快制定人口、法人单位、地理空间、物品编码等基础信息的标准。加强知识产权保护。加强国际合作,积极参与国际标准制定。"在 2009 年 4 月发布的《电子信息产业调整和振兴规划》中明确指出:"支持 RFID(电子标签)、汽车电子、机床电子、医疗电子、工业控制及检测等产品和系统的开发和标准制定。"

这期间,在信息化和电子商务标准制定方面,也取得了一些进展,陆续出台了一系列行业标准,通信标准化技术委员会也开始筹备。

2008 年 3 月,"企业移动信息平台标准项目"正式启动。在信息产业部企业信息化标准工作组、科技部中国生产力促进中心协会、用友移动等政府和企业的共同推动下,项目组将制定符合我国国情的移动信息化平台统一标准。

2008年8月,网络内容身份识别编码标准将制定实施。为打击网络盗版,有效保护网络音乐、视频、文本作品的知识产权,中国将采用国际通行做法,指定实时网络内容身份识别编码国家标准。

2008年9月,我国"全国通信标准化技术委员会"正式开始筹建,它标志着中国通信标准化协会不仅仅在通信行业标准化工作中发挥重要作用,同时也在通信领域的国家标准和相关标准化研究工作中发挥更大的作用。

2009年6月,在第十二届中国国际电子商务大会上,中国电子商务协会发布了《中国电子商务无行业标准》;2010年3月23日,我国提交给ISO/IEC信息技术委员会的一项关于"传感器网络信息处理服务和接口规范"的国际标准提案通过新工作项目(NP)投票[①];2009年12月18日,信息技术服务标准工作组在北京召开了信息技术服务运维标准在中央部门信息化的应用研讨会;2009年12月,卫生部公布了《电子病历基本架构与数据标准(征求意见稿)》;2010年3月,由中国电子商会制定的《中国电子行业电子商务企业信用资质认证实施办法》试行方案出台。

六、政策法规

在全球经济危机背景下,电子商务助力传统企业转型。电子商务政策环境持续向好,暖风频吹。不仅总理在政府工作报告中强调要积极发展电子商务,各相关部委也站在国家战略的高度积极出台各种扶持政策、措施,推动电子商务的发展和行业规范。政策的利好,也提升了业内企业管理者的信心,据中国电子商务研究中心《2010中国电子商100位CEO调查报告》显示,高达92%的电子商务企业CEO对目前国家政府部门和所在地方政府对于电子商务的政策扶持力度表示满意。展望未来,商务部等四部委简述各自信息化2010年新思路,其中,商务部以构筑现代流通网络为重点,交通运输部将重点推进三大信息系统建设,铁道部将实施客票发售预订系统,卫生部将建好居民电子健康档案。

---

①来源:比特网,http://do.chinabyte.com/97/11192597.shtml。

监管方面,电子商务从无到有,近年持续高速发展,也陆续暴露出发展中的一些问题,尤其是缺少相应的法律法规的制约,面临着管理真空的问题。各级政府部门陆续制定或出台了一批相关政策法规。法律法规的完善将有利于加强市场约束,营造良好环境,有益于市场的健康发展。

1. 在鼓励行业发展方面

(1)总理在《政府工作报告》中提出积极发展电子商务。

温家宝总理在作的 2010 年《政府工作报告》中也明确提出要加强商贸流通体系等基础设施建设,积极发展电子商务。据悉,这也是首次在全国两会的政府工作报告中明确提出大力扶持电子商务。在"两会"上,人大代表、中国移动广东公司总经理徐龙建言制订《电子商务法》,引起了业内人士的广泛关注。

(2)中央经济工作会议要求加快信息产业发展。

在中央经济工作会议中,政府将转变经济发展方式作为 2010 年工作重点,强调要加快信息咨询、软件和创意产业的发展,对软件产业发展提出了明确的要求。并且,即将出台的相关政策,将会持续增加对软件业的扶持力度。

(3)一系列政策利好频繁出台。

国务院发布《电子信息产业调整和振兴规划》,指出信息技术是当今世界经济社会发展的重要驱动力,电子信息产业是国民经济的战略性、基础性和先导性支柱产业,对于促进社会就业、拉动经济增长、调整产业结构、转变发展方式和维护国家安全具有十分重要的作用。提出"软件和信息服务收入在电子信息产业中的比重从 12%提高到 15%"。各地方政府为落实振兴规划,纷纷出台和制定具有地方特色的支持政策和规划。

2008 年 3 月,国家发展和改革委员会、国务院信息化工作办公室、科学技术部、信息产业部、商务部、中国人民银行、国家税务总局、国家统计局联合发布文件《关于印发强化服务促进中小企业信息化意见的通知》,要求各地结合本地实际,强化政府对中小企业信息化的公共服务,完善中小企业信息化社会服务体系。

2008 年 3 月,科技部、信息产业部联合印发了《关于推进农村科技信息服务的意见》,指出要推进农村科技信息服务,加快农村信息化建设:加快科技信息进村入户;加强涉农信息资源开发;推动农村科技信息服务号码;加强农村信息化人才培训;推进农村科技信息服务的标准化和规范化;形成联合推进农村信息服务的工作机制以及营造良好的农村科技信息服务发展环境。

2008年3月,《国务院办公厅关于加快发展服务业若干政策措施的实施意见》正式发布,要求加强商业网点规划调控,鼓励发展连锁经营、特许经营、电子商务、物流配送、专卖店、专业店等现代流通组织形式。

2008年4月,《国家金卡工程全国IC卡应用(2008—2013)发展规划》发布。金卡工程实施十几年来,在社保、交通、医疗、金融、旅游、农业等行业的智能卡应用方面取得了丰硕成果,惠及全民,大大推动了社会信息化的进程。《国家金卡工程全国IC卡应用(2008-2013年)发展规划》的公布,将进一步推动国家金卡工程全国IC卡应用工作,促进IC卡与RFID产业的创新发展。

2008年5月,商务部副部长姜增伟透露①,国家发改委正在制订《鼓励发展类服务业指导目录》,现代物流、连锁经营、电子商务有望列入该目录。其中,对外商进入的资格、投资比例、合营年限、合作形式、审批程序等将做出明确的规定。中国电子商务领域有望对外资进一步开放。

《关于推进光纤宽带网络建设的意见》发布,基础设施建设提速。《意见》中明确要求:"到2011年,光纤宽带端口超过8000万,城市用户接入能力平均达到8兆比特每秒以上,农村用户接入能力平均达到2兆比特每秒以上,商业楼宇用户基本实现100兆比特每秒以上的接入能力"。

工业和信息化部花大力气启动实施国家级两化融合试点示范工程。2009年3月,在两化融合试验区工作培训会议上,工业和信息化部副部长杨学山指出,推进信息化与工业化融合是国家的一项重大战略部署。做好两化融合试验区工作,必须找准切入点,抓好典型示范。

国资委强调信息化的重要性,下发《关于进一步推进中央企业信息化工作的意见》。2009年8月,在央企信息化工作座谈会上,国资委主任李荣融指出,推进信息化是提高企业竞争力的需要。2009年5月,国资委下发《关于进一步推进中央企业信息化工作的意见》,旨在进一步加快推进中央企业信息化建设,实现2010年信息化发展目标。

2009年3月,为了贯彻落实《国民经济和社会发展信息化"十一五"规划》及相关子

---

①来源:赛迪网,http://industry.ccidnet.com/art/12129/20080526/1458295_1.html。

规划提出的重点任务,国家发展改革委办公厅以发改办高技〔2008〕618号文发布了《国家发展改革委办公厅关于组织开展信息化试点工作的通知》。

2009年11月,商务部近日发布了《关于加快流通领域电子商务发展的意见》,从多个方面鼓励支持流通领域电子商务发展,到"十二五"期末,力争网络购物交易额占我国社会消费品零售总额的比重提高到5%以上。

2. 政府部门继续加强电子商务监管

(1)国家已经明确网络商品交易行为的监管部门,相关管理办法正在制定。

2009年3月,国家工商行政管理总局局长周伯华透露[①],国务院已明确工商部门是监管网络商品交易行为和有关服务行为的部门。我国将出台网络商品交易和服务行为的相关管理办法。新办法将鼓励网络的发展,网店可能实行备案制"宽松准入",同时设立网上交易监管平台。既确保消费者的合法权益不受损害,也确保网店经营者的合法权益不受损害。另据国家工商总局市场管理规范司黎晓宽透露,工商总局不会以传统手段管理网店,有关部门已经制定了三条关于网店监管的原则:一要确保能促进网上商品交易的健康、快速发展;二要规范网购市场秩序,建立起网购的诚信体系,让网上交易更加平等与安全;三要加大维权力度,保护好网上经营者的合法权益,维护好消费者的正当权益。工商总局还提出了建立"四位一体"监管体系的思路。"四位"分别是指:政府监管(立法定规,以行政手段监管)、行业自律、社会监督与群众参与;"一体"则是指多个部门协同一体管理。

(2)国税总局调研电子商务税收征管,拟正式立法征税。

2009年2月,国家税务总局表示[②],正会同有关部门共同调研电子商务税收征管问题,进而着手修订税收征管法,将拟从确立完整的纳税人权利体系、建立电子商务的税收征管法律框架、健全法律责任制度、完善税收征管程序制度设计、对行政协助设置相应的法律责任规定以及科学界定税收管辖权等方面入手,争取立法机关和有关部门的支持,积极推进税收征管法的修订与完善。

(3)商务部出台网购规范征求意见稿。

2008年4月,商务部就《电子商务模式规范》和《网络购物服务规范》出台征求意见

①来源:腾讯新闻,http://news.qq.com/a/20090307/000643.htm。
②蔡岩红:《国税总局调研电子商务税收征管 拟正式立法征税》,《法制日报》2009年2月27日。

稿[1]，对实名制、支付交易和信息记录等都做出具体规定。规定宗旨是规范目前电子商务市场良莠不齐的交易行为，然而个别条款适宜性和适用性也引起了业内的热烈争论。

（4）财政部等部委联合封杀网上彩票业务。

2007年11月，为了治理某网上赌博行为，财政部等五部委局联合下发了公告[2]，要求"停止非彩票机构主办网站彩票销售业务，严厉查处和打击利用互联网非法销售彩票行为"。一个多月后，财政部等部委又联合下发了《关于彩票机构利用互联网销售彩票有关问题的通知》，要求"不得利用互联网发行销售彩票"。据悉，网售彩票在2007年的销售额增长迅猛，专业代购彩票的网站有10家，非法经营的彩票网站估计有700家，一些网站提供赌球等博彩服务。

（5）其他一些监管措施。

2009年5月，由中国国际经济贸易仲裁委员会颁布的《中国国际经济贸易仲裁委员会网上仲裁规则》正式施行，该规则特别适用于解决电子商务争议。

2009年6月，文化部、商务部联合下发《关于网络游戏虚拟货币交易管理工作的通知》，首次明确了网络游戏虚拟货币的适用范围，规定同一企业不能同时经营虚拟货币的发行与交易，并且虚拟货币不得用于购买实物，防止网络游戏虚拟货币对现实金融秩序可能产生的冲击。

2010年4月，国务院法制办昨天在其官网公布了《网络商品交易及有关服务行为管理暂行办法》的征求意见稿。据悉这是我国出台的首个专门以网络商品交易及服务为管理内容的部门规章。通过网络从事商品交易及有关服务行为的自然人，应当向提供网络交易平台服务的经营者提出申请，提交姓名和地址等真实身份信息。

3. 行业协会出台的自律规范

（1）"中国网络视频反盗版联盟"启动。

2009年9月15日，由激动网、优朋普乐公司和搜狐网等3家国内新媒体版权拥有和发行方代表共同发起，联合全国110家互联网视频版权各权利方共同创建的"中国网络视频反盗版联盟"在北京启动。联盟旨在共同抵制网络侵权盗版行为，维护网络视频市场的正常秩序，推进网络视频正版化进程。

---

①孙晶晶：《商务部将出台网购规范电子商务面临实名制考验》，《中国证券报》2008年5月30日。
②文莉：《禁令雪封网上彩票业务 风投遭遇社会责任风险》，《第一财经日报》2008年1月22日。

(2)我国首个电子商务示范文本出台。

2009年12月,中国电子商务协会政策法律委员会、北京大学互联网法律中心、网上交易保障中心等多家行业权威机构,在北京举行"网上交易服务格式合同示范文本"发布活动,推出了包括《电子商务网站交易投诉管理规则》在内的四项规范,旨在应对网购盲区,完善网上交易的相关规则。

(3)出版发行行业协会联合发布《图书公平交易规则》。

2010年1月,在北京图书订货会上,国内3家全国性的出版发行行业协会联合发布《图书公平交易规则》,规定"新书出版一年内,销售折扣不得低于85折"。该规则是由中国出版工作者协会、中国书刊发行业协会、中国新华书店协会制定的,从订货、供货、退货、促销、结算等环节对图书交易行为进行了全面规范。然而该规范的出台,引起了读者的普遍反对,业内也对其可操作性提出了质疑[①]。

4. 地方性法律法规

面对金融危机对就业形势的不利影响,各地纷纷出台政策,鼓励个人利用互联网开店经营。

2008年6月,《上海市促进电子商务发展规定(草案)》(以下简称《规定》)提交上海市人大审议。该规定明确要求,从事电子商务的企业要公开相关证照信息;此外,还规定网上交易要保护个人信息、网购也应出具购物凭证等内容。

2008年7月,北京市工商行政管理局公布"关于贯彻落实《北京市信息化促进条例》加强电子商务监督管理的意见"(以下简称《意见》)。规定从8月1日起,北京的营利性网店必须先取得营业执照后才能经营。针对《意见》的适时性和可操作性,引起了业内广泛争议。

2008年9月,北京市劳动和社会保障局等部门下发《北京市失业人员从事微利项目小额担保贷款财政贴息管理办法补充规定》。新条文规定,为促进创业,北京市失业人员自谋职业可申请小额担保贷款,从事微利项目的由市财政100%全额贴息,小额担保贷款的贴息项目从原来的19项扩大至8大行业100多个小项,"网店"等新销售形式被首次明确纳入申贷贴息项目。

---

①来源:中国新闻网,http://www.chinanews.com.cn/cul/news/2010/01-22/2087614.shtml。

2008 年 12 月,浙江省工商行政管理局出台了《关于大力推进网上市场快速健康发展的若干意见》,其中明确规定:对于个人网上开店不强制办理执照,扶持网上市场做强做大,鼓励个人通过网上创业解决就业难题。

深圳市为打击互联网领域新型侵权行为,《深圳市互联网软件知识产权保护若干规定》将自 2009 年 8 月 1 日起施行,将就软件在互联网环境下的有关著作权、信息网络传播权的新型、突出问题予以规范。

北京市工商局重拳网络打假。2009 年 1 月份,北京市工商局在年度工作会议上提出,2009 年将重点强化电子商务监控能力,遏制网上交易违法行为①。2 月初,北京市工商局海淀分局查处了一个销售假冒 LV、登喜路等近 10 种品牌商品的淘宝卖家。

【拓展阅读】"网店新规"流产

2008 年 7 月 3 日,北京市工商局下发了《关于贯彻落实〈北京市信息化促进条例〉加强电子商务监督管理的意见》,简称《意见》。这个《意见》出台后,在社会各界受到广泛争论,也被媒体称为"网店新规"。《意见》称网络商店应在工商局注册后方才合法,否则将以无照经营予以取缔。《意见》将从 8 月 1 日开始执行。

新法规的出台,引起了平台企业、网商和学者的不安,展开了大规模的讨论。

一些网商极力反对《意见》的出台,他们认为网商盈利水平已经比较低了,工商注册就意味着交税,网络购物优势将不复存在,网商生存问题更难保证。此外,工商注册、银行开户、税务登记等程序烦琐,耗时长。

平台企业同样加入了质疑的行列。淘宝、易趣等公司宣布北京的规定管不到全国性电子商务平台。此外,《意见》在体例上又不属于法规、规章的模式,没有罚则等条款,对于企业和消费者就缺乏基本的约束力,会使《意见》流于形式,难以起到作用。最后,平台企业担心北京市实施成功后,必定会引发国内其他省市效仿,必定会降低平台上网商的数量,从而影响业绩。8 月 3 日,阿里巴巴董事局主席马云在杭州举办的第二届亚太中小企业峰会中谈及"网店新规"时,称目前阿里巴巴集团正在和工商、税务等相关部门进行紧急沟通。

---

①刘方远:《网络打假风暴正在酝酿中——中国 C2C 产业成为重灾区》,《21 世纪经济报道》2009 年 2 月 12 日。

《意见》同样引起了专家学者的热议。互联网资深专家吕伯望认为,《意见》不是促进而是阻碍甚至扼杀信息化。北京邮电大学阚凯力教授表示,北京单个城市出台的《意见》属于地方性法规与电子商务无地区限制的特点相互矛盾。6688 总裁王峻涛也公开表示,《意见》会扼杀大量个人卖家的积极性,网商办理证照不具有可操作性。著名新经济专家姜奇平认为 C2C 电子商务仍然处于起步期, 对它的发展应该多鼓励、多扶持。

北京工商局此次出台新规的出发点是好的,要求网店注册,可以在一定程度上减少骗子的活动空间,提高网络交易诚信度,有助于电子商务的发展。但是意见的出台,缺少前期的调研和可行性研究及论证, 致使一出台就遭到社会的广泛诟病直至最后无果而终。2008 年 7 月 17 日,迫于压力,北京市工商局暗示“网店新规将不会强力推行”,被解读为工商系统做出让步的重要标志。原定于 8 月 1 日开始在北京强制推进的网店新规,被迫缓行。

七、人才培养

1. 电子商务人才依然紧俏

金融危机袭来,全球经济遭受重创,企业倒闭增多,各地掀起裁员降薪潮。而电子商务逆市发展,尤其是 B2C 迎来井喷行情,电子商务人才随之也炙手可热。电子商务交易额年度保持高速增长,对专业人才需求旺盛。根据艾瑞咨询《中国电子商务从业人员职业发展及薪酬研究报告》,2008 年电子商务用人需求出现井喷, 新增电子商务用人需求超过 230 万。统计数据表明,51.4%的企业间电子商务业务开展企业在一年内有明确的电子商务人才需求;38.9%的企业有潜在的电子商务人才需求。70.2%的网上零售企业在未来半年内有明确的人才需求,25.3%的企业有潜在人才需求。另据中国电子商务研究中心日前发布的《1997—2009:中国电子商务十二年调查报告》显示,截至2009 年 6 月,电子商务服务企业直接从业人员超过 50 万人。间接带动的就业人数,已超过 600 万人,达到近年来的又一新发展高峰。根据 2009 年 1 月智联招聘网统计,电子商务成为全国行业招聘职位数最多的前五个行业之一。2008 年底,国内主要电子商务企业都发出了逆市招聘的需求,环球市场网将招聘 1000 名国际营销顾问,阿里巴巴即将招聘 3000 人。

2. 人才制约中小企业应用电子商务

企业的核心是人力资源。对于中小企业来讲，网络营销是扩展市场的重要途径，而对网络营销人员就要有很高的要求，不仅应该掌握传统营销、网络知识、还要懂得促成交易的技巧。既要懂网络，又要懂商务，还要对企业和产品非常了解。中小企业需要的是复合型电子商务人才。企业开展电子商务，同时需要具有专业能力的网络营销人才，其中商务运营经理、网络营销顾问、网络销售经理、客户维护经理、渠道销售经理、企业广告经理、商务研究研发工程师、服务营销代表等职位最为热门。但是，由于培养方式粗放，且远离实践，导致大量电子商务毕业生找不到工作，而企业也找不到合适的人才。根据阿里学院联合艾瑞咨询发布的《中国电子商务从业人员职业发展及薪酬研究报告》，显示中国电子商务从业人员人才缺口达到 100 万以上。

3. 社会各界致力于电子商务人才培养

在人才供给方面，为了适应日益增长的人才需求，正规院校，企业办学、社会培训、联合办学等多种形式的人才培养方式多种形式百花争鸣。尤其是开发区人才培训机构与企业联合办学形式如火如荼。2008 年 7 月，苏州软件园培训中心与阿里巴巴集团在杭州签署合作协议。双方将联手打造国内首个高端电子商务人才培养基地。2008 年 11 月，杭州开发区电子商务创业园正式在浙江经贸职业技术学院开园。创业园目的是综合利用企业、高校，以及政府三方资源，进一步提高电子商务类的创新人才以及动漫设计与制作、物流管理等相关专业人才的培养质量，培育研发创新人才。2008 年 11 月，建行"e 路通"杯 2008 全国大学生网络商务创新应用大赛拉开帷幕。大赛由中国互联网协会主办、中国建设银行、中国制造网协办，旨在普及和推动大学生网络应用能力与创新发展，帮助大学生提高网络商务应用程度及水平。

高等院校开展电子商务课程。据悉，全国各地已经有 275 所本科高校和超过700 所高职院校开设电子商务，有 51 所"211"高校开设招收电子商务专业研究生[①]。2009 年10 月，阿里巴巴宣布阿里学院成立，阿里学院将致力于小企业电子商务和管理人才的培养，解决小企业在管理过程中碰到的人才的瓶颈问题。中国电子商务协会组织实施电子商务职业经理人认证。

---

①来源：百度百科，http://baike.baidu.com/view/389740.htm?fr=ala0_1_1。

在规范人才上岗标准方面,2008年10月,阿里巴巴诚信通推出了电子商务从业人员CME培训认证体系。该体系的宗旨是成为帮助企业选拔人才、考核人才、培训人才的行业标准,进而促进网络营销行业从业人员的整体素质提升。

4. 电子商务催生新职业

随着电子商务应用的广泛和深入,一批新职业应运而生[①]。"网络捕快"的主要工作就是借助技术和人工的手段,对网络交易进行监督,对不正常的网络交易进行调查处理,确保网络交易环境的安全。"淘宝荐客"相当于网上的"导购"人员,帮助淘宝卖家推广商品,在博客、论坛、网站等地发帖推广店铺或商品。

第五节　电子商务逐步向传统行业渗透融合

一、农村信息化进程加快

中国农村人口7.37亿,占全国人口的56%,农业的国内生产总值是35477亿人民币,占国内生产总值的10.6%。因此提高农村地区的信息化和电子商务水平是提高整个民族竞争力的关键。2009年12月,我国出台了《关于加快流通领域电子商务发展的意见》。意见指出,要提高社会公众对电子商务的认知度和参与度,开拓适宜网上交易的居民消费领域,培育和扩大网上消费群体。商务部新闻发言人姚坚也强调,要加快农村流通体系建设和扩大农村消费。可遇见,占有一半人口以上的农村市场势必成为电子商务的下一个热点。虽然农村消费规模增长潜力巨大,但是,农村市场具有消费分散、流通设施落后、农村商业经营成本高的问题。与此同时,国内部分省市在此率先进行了有益探索,并逐步积累出一条切实可行的发展之路。

1. 农村网民持续增长,呈现移动化和年轻化趋势

CNNIC报告显示,截至2009年底,我国农村网民达到10681万人,年增长2220万人,年增长率26.3%。其中,农村手机上网用户约为7189万人,与2008年相比增长3000

---

①来源:世界工厂网,http://info.ch.gongchang.com/E-commerce/2010-03-01/88845.html。

多万,年增长率79.3%,远高于农村网民的整体增幅。手机成为农村网民主流上网终端,农村网民手机上网使用率达67.3%,甚至高于城镇手机上网使用率(57.5%);农村网民更加趋于年轻化,农村网民中30岁以下群体所占比例高达69.2%,超过全国网民中水平。

2. 各地农村信息化建设取得可喜成绩

各地根据实际情况,采取了多种多样的农村信息化建设手段,取得了可喜的成绩。江西省将"信息下乡"列入2010年政府民生工程;石家庄"农机跨区作业服务直通车"系统成效显著;青海省加大对农村信息化的投入,累计投入资金达1000多万元①;山西通信业将以分步实现农村电话、手机、上网(宽带、拨号)全覆盖为目标②;海口各界通过农村信息化论坛等形式,探讨农村信息化建设思路;重庆市将强力推进"信息资源整合、传播渠道畅通、终端用户拓展、信息体系夯实"③四大行动;陕西省在2009年新建9000个行政村农村综合信息服务站④,加快解决为农村和农民提供信息服务的"最后一公里"难题。截至2008年底, 辽宁省农村宽带客户期末到达37万户, 占全省宽带客户期末到达数的14.1%。全省100%行政村、99%的自然村通电话。全省有12个市、23个县(市、区)均正式成立了的农业信息中心(站),培训认证农村信息员8891人,已经完成了2000多个行政村基础信息的采集和发布。

3. 政府高度重视农村信息化工作

国家持续大力推动农村信息化建设和新农村建设,政府和相关企业共同推进农村信息化进程。家电下乡,电脑陆续走进农村市场的千家万户,解决了农民"买得起"电脑问题。一系列的培训,让农民"用得上"互联网,真正帮助农民提升信息应用水平。

2008年1月,《中共中央国务院关于切实加强农业基础建设进一步促进农业发展农民增收的若干意见》(2008年中央一号文件)提出,要积极推进农村信息化,这已经是中央一号文件连续四年强调农村信息化问题。文件要求今年着力健全农村信息服务体系,采用多种模式探索信息服务进村入户的途径办法,整合资源共建平台。

2008年1月, 原信息产业部提出2008年村村通工程发展目标, 计划为约2.4万个

---

①来源:中国信息产业网,http://www.cnii.com.cn/20080623/ca597727.htm。
②武雅明:《山西农村信息化设新目标》,《人民邮电报》2009年6月19日。
③刘启明:《重庆坚持信息为农服务着力推进农村信息化》,《中国信息产业网》2009年4月30日。
④来源:陕西日报,《陕西今年将建成9000个农村信息站》,2009年6月1日。

20户以上已通电自然村开通电话,力争年底全国自然村"村通率"提高1个百分点,为全国95%以上的乡镇开通宽带,其中东部、中部省份实现所有乡镇通宽带。2008年3月,科技部、信息产业部联合印发了《关于推进农村科技信息服务的意见》,指出要推进农村科技信息服务,加快农村信息化建设,重点联合开展以下几项工作:加快科技信息进村入户;加强涉农信息资源开发;推动统一农村科技信息服务号码;加强农村信息化人才培训等。2008年10月,党的十七届三中全会通过了《中共中央关于推进农村改革发展若干重大问题的决定》。会议指出,我国总体上已进入以工促农、以城带乡的发展阶段;全会提出,要发展现代农业、建设社会主义新农村,必须要加快农业和农村基础设施建设。

2009年6月,针对农村劳动者转移就业技能培训,人力资源和社会保障部、财政部近日联合下发通知①,要求实施分类培训。2009年10月,为提升"万村千乡市场工程"现代化水平,商务部下发了《关于推进"万村千乡市场工程"信息化建设的通知》②,对推进"万村千乡市场工程"信息化建设进行了部署。2009年1月16日,为期36天的商务部"第三届冬季农产品网上购销对接会"落下帷幕,共促成农产品销售总额35.32亿元。农业部非常重视农村信息化工作,联合其他部委,先后采取了一些列有效举措,尤其是农业部组织开发的"农机跨区作业服务直通车"系统经过几年运营取得显著成绩推动了农村信息化进程。在平台建设方面,"12316"三农信息服务平台推进农业农村信息化。

针对农村市场的各类信息化平台,也取得了显著效果。湖南省网上供销社为农村电子商务提供"网上供销社"③试点,农民可通过"供销通"手机,在网上销售农产品、购买日用消费品;中共浙江省委组织部在全省远程党教系统基础上,启动了"三纵一横"的农村信息化总战略;湖北移动与农业部门联系,推出农机信息平台和专网;辽宁省建成林业"网站群";广州利用广州农业信息网平台建设了荔枝网站④。

4. 社会力量陆续参与到农村信息化建设

农村信息化建设是件复杂长期的工作,不仅需要政府的扶持,更需要社会各界的广泛支持。针对现阶段农民分散化小规模经营,并且中国农民移动上网水平较高的特点,各地电信运营商联合地方政府,开展了多种多样的农村信息化建设。中国电信启动了千乡

---

① 来源:《通信信息报》,《农民亟须提升信息应用水平》,2009年6月9日。
② 来源:商务部新闻办公室,2009年10月12日。
③ 来源:有道网,http://news.youdao.com/top?item=a1fd9bc39f992f50。
④ 黄征宇:《广州农村:全力打造农产品"广州价格"》,中国信息化,2009年8月4日。

万村的信息示范工程,并推出"信息田园"这一面向农村的客户品牌;惠州移动公司通过开展"千村送党报·信息惠万家"活动[1];中国移动福建公司近日推出的"惠农网"业务;江西移动开展了"一镇一店"建设[2];浙江电信提供宽带租用费优惠;中国移动吉林公司在新农村信息化建设上重点开展五大工程合作项目[3]。

5. 农村信息化过程中存在的问题

城乡数字鸿沟依然存在,与 2008 年相比,农村网民占全国网民的比重有所下降,增长速度(26.25%)也低于城市网民(29.89%);农村居民尚未真正意识到互联网对农村生产和生活的重要意义,根据 CNNIC"中国农村消费者研究报告"[4]数据,农村居民认为电脑和互联网仅供娱乐消遣;我国农产品的物流能力有待提高,客户提供新鲜的农产品,。从采摘,到包装、仓储、物流配送都要求高标准、高效率、高质量。因此,要求物流企业降低成本、提高效率,提高服务水平;缺少电子商务专业专门人才,缺乏懂计算机、网络的人,更缺少既懂网络有懂商务的综合型人才。

二、中小企业电子商务稳步推进

根据商务部的调查,随着金融危机的冲击,中小企业面临前所未有的挑战,尤其是以外贸为主的传统制造业形势最为严峻。在这一场危机中,根据统计,应用电子商务的企业应对能力和抗风险的能力明显高于没有用电子商务的企业。国家相关部门及各级政府已经全面启动拯救中小企业计划,除了政策调整、资金补贴外,政府更注重推动企业经济增长方式的根本性转变,开始重视并推动中小企业应用电子商务来增强企业核心竞争力。

2008 年,各方积极合作,共同促进中小企业的电子商务应用。中小企业在网站建设、在线交易、网络推广和信息化管理等方面都取得了显著进步。以浙江为例,据不完全统计,浙江的中小企业中,有 50.6%拥有自己的网站,有 50.1%[5]拥有自己的独立域名,有20.8%已开展了电子商务,远高于全国 2%的平均水平。截至 2007 年底,全省应用互联网的中小企业已逾 10 万家,电子商务成交额突破 5000 亿元。与此同时,调查显示,企业通

---

①来源:中国信息产业网,http://www.cnii.com.cn/20080623/ca592138.htm。
②王席传:《江西移动信息之花遍田园》,《中国信息产业网》2009 年 4 月 17 日。
③来源:《人民邮电报》,《吉林移动与省农委达成合作意向:五大工程助推农村信息化》,2009 年 6 月 30 日。
④来源:《人民邮电报》,《我国农村通信市场潜力不容小觑:城市信息化接近世界平均水平》,2009 年 12 月 2 日。
⑤来源:《浙江省信息产业厅,关于报送浙江省电子商务发展情况的函》。

过网上交易,在降低销售及采购成本、缩短库存周期、增加销售收入等方面均有收益;同时在降低订单错误率、库存缺货率、客户投诉率,提高按时交货率等方面也有效果。

1. 中小企业加速应用电子商务

我国中小企业加速应用电子商务,促进了产业结构的优化,电子商务服务业已成为重要的新兴产业。目前参与电子商务的企业约为22.3%[1],汽车行业、电子行业和贸易行业等应用水平较高。预计2009年中小企业电子商务规模将达到1.99万亿元[2],同比增幅达20.3%。其中,内贸、外贸的交易规模分别为1.13万亿元和0.86万亿元。同时,中小企业电子商务对GDP具有拉动作用。据测算,中小企业通过电子商务创造的新增价值占到我国GDP的1.5%,拉动我国GDP增长0.13%。中小企业通过开展电子商务直接创造的新增就业超过130万,相当于2008年城镇新增就业的11.7%。每增加1%的中小企业使用电子商务,就能带来4万个新增就业机会。

2009年,中国中小企业在各环节的电子商务应用保持高速增长:在营销环节,使用电子商务的中小企业数量年均增速达到15.2%;在采购环节,使用电子商务的中小企业数量年均增速达14%;在物流仓储环节,使用电子商务的中小企业数量年均增速达到10%。[3]中小企业电子商务应用呈现出"多渠道、主动性"特征。

2. 中小企业对电子商务需求迫切

目前,我国中小企业对电子商务需求迫切,并且走向多元化。根据《2009年度中小企业信息化调查和发展报告》,在信息化建设中急需通过信息化应用提高生产运作能力的比例高达91%;有82%的企业希望提高企业内部办公效率和财务管理水平;73%的企业希望率先解决人力资源管理和内部协作问题。

3. 政府各部门和地方各级政府积极推动中小企业应用电子商务

2009年9月,国务院发布《关于进一步促进中小企业发展的若干意见》,要求各有关部门积极支持和推动中小企业的发展。该文件的发布,将解决中小企业现实困难与保持平稳较快发展、推进结构调整结合起来,引导中小企业转变发展方式,全面提高企业整体素质和市场竞争力。

---

[1]来源:比特网,http://cio.chinabyte.com/422/11016922.shtml。

[2]来源:比特网,http://smb.chinabyte.com/304/11090304.shtml。

[3]来源:工信部中小企业电子商务研究课题组,《中国中小企业电子商务发展报告(2009)》。

工信部把推进中小企业信息化作为促进结构调整和产业优化升级的重要手段。在2009年12月23日举行的中小企业信息化推进工作总结会①。工业和信息化部杨学山副部长在出席会议讲话时指出,推动"两化"融合是党中央、国务院在新的历史时期做出的重大决策和部署。在推动措施方面,工信部将继续开展研发、管理和电子商务信息化服务平台试点;继续在"两化"融合试验区等重点区域推动中小企业信息化推进工程;继续鼓励和支持大企业开展贯穿中小企业生产、经营、管理等业务流程的信息化改造与应用;继续引导和支持社会化的信息化推进活动。

浙江、广东、四川、天津在内的多个省市,已经启动了大规模电子商务工程。2008年10月,浙江省经贸委、财政厅与阿里巴巴集团联合宣布,于当年7月开始实施的全国首创的"万家企业电子商务推进工程"取得令人瞩目的阶段性成果:浙江省内企业电子商务普及率显著提高,阿里巴巴诚信通会员突破10000余家,参加"百场万企"电子商务培训的企业超过4000家,阿里巴巴向浙江企业免费赠送的"旺铺"超过46000个。2008年7月,广东省信息产业厅、中小企业局与阿里巴巴签署合作备忘录,共同打造广东省中小企业电子商务应用平台,由广东省政府和阿里巴巴共同设立"广东中小企业启动电子商务和在线管理软件的扶持基金",两年内,对首次应用电子商务服务的中小企业给予一定的补助,以协助中小企业迈出电子商务应用的第一步。2008年12月,福建省经贸委与阿里巴巴签署了共同推动福建省工业企业应用电子商务开拓市场合作备忘录,正式启动了"福建工业企业电子商务千万工程"。根据合作备忘录,建立阿里巴巴"福建电子商务专区",打造全省综合性B2B电子商务平台,把福建企业品牌推向全球240多个国家和地区,阿里巴巴首创的"网络联保"模式也将在福建省内进行试点。

4. 业内巨头联手建设中小企业电子商务基础设施

2008年7月,阿里巴巴、联想、英特尔联合在北京宣布达成长期深入合作关系,一起推进支持中小企业电子商务发展的"助力中国"计划,并于2008年10月正式推出包括笔记本和台式机在内的"中小企业电子商务专用电脑"。中小企业电子商务专用电脑的推出,标志着"打造并完善中小企业电子商务基础设施"计划②已经正式落地。

---

①来源:中国信息产业网,http://www.cnii.com.cn/20080623/ca602581.htm。

②来源:泡泡网,http://www.pcpop.com/doc/0/308/308902.shtml。

中国万网中小企业推广互联网基础应用服务。中国万网制订了3亿元投资计划[1]，预期在2012年前扶持50万家中小企业通过中国万网的产品和服务建立网站。阿里巴巴与各地政府互动，在浙江、广东、四川、天津在内的多个城市，已经启动了大规模电子商务工程，以推动当地中小企业全面步入电子商务。福建电信开始在全省开展以"海西先行、信息化领航"为主题的"数字福建"商务领航企业信息化平台二期工程暨企业信息化成果巡展活动[2]。

5. 中小企业在应用电子商务中存在的问题

中小企业在应用电子商务中还存在一些问题，包括中小企业对电子商务认识不足，应用水平比较低，缺乏开展电子商务的长远规划，应用电子商务的能力不高，人才匮乏。在电子商务应用环境方面，电子商务应用存在地域和行业上的不平衡、诚信体系不完善、物流、支付和认证等支撑体系不能满足电子商务需求，都是制约电子商务发展的主要因素。

三、行业应用

席卷全球的金融危机并未对中国电子商务造成影响，相反，中国电子商务逆势扩张之势。传统企业纷纷寻求电子商务营销渠道，电子商务更紧密地与实体经济紧密结合。两化融合，更好地带动了工业经济发展和传统商贸服务经济的转型。国家级两化融合试点示范工程进展顺利。国家级两化融合试点示范工程包括5类：推进企业关键环节信息化提升、产业信息化服务平台、电子商务、信息化促进节能减排与安全生产、物流信息化。"国家级两化融合试点示范工程将优先支持试验区项目。"数字显示，2009年我国8个两化融合试验区已启动142个重点企业试点示范项目，涉及钢铁、石化、汽车、物流等11个行业，重点支持建设信息化服务平台40个。

全国林业信息化建设扎实有序推进。林业部编制印发了《全国林业信息化建设纲要(2008—2020年)》和《全国林业信息化建设技术指南(2008—2020年)》。全国中药材行业信息中心启动[3]，这标志着我国中药材产业加快进入信息化时代。

---

①来源：赛迪网，《3年3亿帮扶50万中小企业实现电子商务》，2009年11月13日。

②来源：中国信息产业网，http://www.cnii.com.cn/20080623/ca543624.htm。

③来源：新浪网，http://finance.sina.com.cn/roll/20100329/08487651194.shtml。

网络保险和网络证券市场高速增长。网络保险自 2004 年开始起步,一直保持100% 以上的增长速度。网上证券市场逐步成熟,根据万瑞数据,截至 2009 年 7 月,互联网财经 业的独立用户数已经达到 0.88 亿人,占全部股民人数的 73.33%。

航空业布局移动商务。2009 年 4 月,南航率先在全国推出手机电子登机牌登机,真 正实现了订票、支付、值机、安检、登机的全程无纸化登机服务;国航也紧随其后推出了手 机值机服务,使用手机办理完乘机登记手续后。2009 年 11 月,东方航空宣布正式入驻淘 宝商城开设旗舰店。2010 年 2 月,国航与中国联通签署了战略合作框架协议书。

邮政电子商务三大基础平台基本建成。2009 年,邮政电子商务发展全面展开,工程 建设工作进展顺利。三大基础平台已于年内基本建成,信息和代理各业务累计收入同比 增长 29.58%[①],2007~2009 年三年时间内,收入规模翻了一番。2009 年 1 至 11 月,电子商 务信息平台支撑各项业务交易近 3000 万笔。

电子商务在轻工业发展中发挥了重要作用,帮助广大的轻工企业,特别是一大批 中小企业抵御国际金融危机。如海尔集团长期以来坚持大力发展电子商务,让电子商 务战略与海尔的公司整体战略协调发展,让海尔电子商务竞争力构成企业整体核心 竞争力,通过电子商务战略,大大提升了公司的竞争力,也增强了公司克服各种困难 和抵御各种风险的能力。又如江苏泰兴凤灵乐器有限公司积极开展信息化建设,为提 升企业管理水平和缔造企业核心竞争力打下了坚实的基础,通过电子商务扩大了国 内、国际市场。

中国服装电子商务成主流。在金融危机带来出口难的困境下,众多企业开始进军电 子商务领域。根据正望咨询的数据,服装网购金额占网上购物金额当中所占的比重,已经 占到了四分之一,服装是中国网民在网上购物当中人数最多、网购金额最高的一个商品 类别。

粮食领域的电子商务硕果累累。中华粮网粮食电子商务系统十年来已累计竞价交易 各类粮油近 400 场(次),交易国家临时储备粮、中央和各地储备、贸易粮近 8000 万吨,累 计成交金额达 1280 多亿元。在举行的国家储备小麦交易中,参与中华粮网网上远程交易 的会员比例已经超过 50%,先进、便捷的交易系统得到参加交易的企业和交易代表的认

---

①来源:中国信息产业网,《邮政电子商务异彩纷呈:地方特色处处开花》,2010 年 1 月 7 日。

可和赞誉。2008年,吉林、宁夏、甘肃、山西、天津、福州等省市粮食批发市场通过中华粮网粮食电子商务系统销售和采购各类粮油110多万吨,成交金额达11.3亿元。

四、企业应用

1. 传统企业应用电子商务

电子商务以其快捷、节约成本的优势在我国的消费市场中正占据着越来越重要的地位。传统企业进一步应用电子商务开拓营销渠道、降低运营成本。据中国联通关数据统计:中国联通网上营业厅2009年网上交费充值交易额业已突破40亿元,月均环比增长近15%,日均交易额达3000万元。中国移动实现网上采购总额超过750亿元;采用反向拍卖方式采购230次,涉及金额超过170亿元。截至2009年11月,宝钢今年的采购电子商务平台交易额突破80亿元[①],其中,网上竞价金额70亿元,电子招投标金额逾13亿元,全面完成年度交易额目标。大连烟草通过积极推进网上订货,2010年3月份,全市城乡将实现网上订货零售户5000户[②]。2009年,中国三峡总公司信息化建设各项工作有条不紊向前推进[③],并启动登高计划部分信息系统建设前期工作。内联升是老字号制鞋企业,建立网上销售电子信息平台,网店每日访问量近千次,平均每日收到20多笔网上交易,2009年上半年度,内联升销售额同比增长40%、效益同比增长70%。

传统企业还通过提供网络服务,不断提升用户满意度。中国移动通信集团公司面向企业用户正式推出B2B电子商务服务[④],包括:电子采购、企业采购、酒店预订、机票预定、采购信息发布等五项服务。2009年10月,民生银行开通了网上商城,实现了民生网银与商城的有机结合。2009年12月,国人保财险在业内首家推出手机WAP保险电子商务网站(wap.epicc.cn)。该网站可为手机用户提供手机投保、手机支付、车险理赔信息查询等多项服务。2009年8月,中粮集团旗下专业食品购物网站"我买网"正式上线运营[⑤],我买网目前还在以每月近300种的速度增加。

---

①来源:国资委网站,《宝钢采购电子商务年度交易额逾80亿元》,2009年12月14日。

②来源:比特网,http://do.chinabyte.com/60/11149560.shtml。

③来源:电力软件网,《中国三峡总公司信息化"登高"》,2009年8月27日。

④安吉:《中国移动启动B2B电子商务服务》,《科技日报》,2009年12月30日。

⑤来源:IT商业新闻网,《我买网受困中粮体制——宁高宁对赌电子商务》,2010年3月10日。

传统品牌企业纷纷开通网上。品牌企业大举进军 B2C 领域,拓展营销渠道。2009 年 3 月,迪士尼消费品部携手其中国授权商宣布,推出国内首个迪士尼授权的 B2C 网络购物平台"小主人网迪士尼专区"。2009 年 4 月,日本知名服装零售企业优衣库推出网上销售。2009 年 4 月,中华老字号五芳斋今年首次试水电子商务,除了建立自己的官方网站销售,不到两个月,销售额达到了 600 万。2009 年 7 月,曲美家具开通网上商城——曲美 e 世界。2009 年 11 月,东航将在淘宝网开设旗舰店。

品牌企业不断摸索网上营销经验,在网上销售的产品、渠道建设等方面都动足了脑筋,创新网络营销的新策略。帅康就为电子商务专门新设了一个叫做康纳的新品牌,通过型号差异化、赠品等一系列手段将网络电子商务和传统分销渠道成功区隔。大量招募网络分销商。格兰仕就招募了近百家加盟店,格兰仕网络加盟店已经逐渐成长为淘宝网中较有影响力的销售队伍。李宁增加授权的网络门店的规模,仅仅在一年的时间里,网络门店的数量就超过 1000 家,网上月销售额增长了 12 倍①。

2. 实体市场和网上市场将进一步结合

随着电子商务的蓬勃发展,它已成为传统专业市场的一种不可缺少的经营模式。在商务部促进电子商务发展的举措中,推进实体市场和网上市场的结合将成 2010 年工作重点。实体市场与网上市场的有效融合,将为传统实体市场开拓另一巨大市场,形成优势互补的良性互动。2010 年 1 月,奥特莱斯网(www.outletscn.com),获得百万的风投资金②,用来扩大网站运营规模,向用户提供服装的最近折扣、品牌资讯服务,同时支持直购店内商品、商店加盟等电子商务服务的综合平台。2009 年 9 月,成都市的温江花木电子商务中心宣告成立,温江花木网同时宣告上线③,将有效推动全区花木产业标准化、规模化、科技化、集约化发展。

苏宁电器 2010 年 1 月底宣布,正式上线其网上购物商城"苏宁易购网",不仅开发白电、黑电及 3c 数码产品,也将产品销售拓展到了百货、家居、特色商品等诸多领域。国美计划 2010 年 3 月前后推出全新的电子商务解决方案。

---

①来源:比特网,http://do.chinabyte.com/473/11108473_2.shtml。

②来源:比特网,http://net.chinabyte.com/443/11091943.shtml。

③来源:比特网,温江区花卉园林局,http://www.wenjiang.gov.cn/shownews.asp?id=84891。

第六节 地方政府积极推动电子商务发展

金融危机使各国经济备受创伤,尤其是外贸经济受到严重挫伤。而电子商务领域却逆势而上,不仅整个行业呈现快速发展态势,而且整个电子商务生态系统呈现更加和谐发展的态势。各地政府相关部门对开展电子商务日趋重视,纷纷抢抓机遇,采取诸如资金补贴、建立本地电子商务平台或与第三方电子商务平台展开合作等各种方式,为开展电子商务提供支持。2009年,各地方政府意识到电子商务在拉动内需、转变经济增长方式上的重要作用,不管是在政策制定上,还是在具体实践上,都更加务实。尤其是在很多地方,推动电子商务的牵头单位已经从省部级单位,具体到各市县级单位。

一、各地电子商务交易额保持稳定增长

2009年,北京本地企业电子商务交易总额约为3200亿元[1],同比增长15.8%,其中B2B交易额约为2906亿元,占总交易额的91%。全市企业电子商务销售额已占全市企业主营收入的比例超过2.7%(其中,制造业占6.5%,总部型企业占7.81%。广州正在建设"信息广州",通过发展电子商务。2009年广州全市电子商务交易额预计将超过3600亿元[2],约占广东省的50%。2009年参与网络购物的市民达223万人。广州市被中国电子商务协会评为中国电子商务应用示范城市。上海2009年电子商务交易额再次迅猛增长,预计将突破3000亿元[3]。上海目前正在全力推动电子商务在全市的普及。为了培养大学生的电子商务应用,2009年5月,上海启动了"电子商务进校园"活动。2009年深圳电子商务交易额达1200亿元[4]。深圳有电子商务公司300多家[5],从事电子商务基础服务或渠道销售的公司超过3000家,超过半数的企业通过各类电子商务网站开展业务。杭州电子商务行业等新兴服务业发展势头强劲。2009年1~8月,杭州市的电子商务

---

[1]来源:http://www.e-gov.org.cn/Article/news004/2010-08-20/110111.html。
[2]来源:中国信息产业网,http://www.cnii.com.cn/20080623/ca609789.htm。
[3]来源:新华网,http://xinhua.itcpn.net/cp/a/50055207.shtml。
[4]来源:比特网,深圳市电子商务年交易额已达到1200亿元,2009年12月23日。
[5]来源:世界工厂网,深圳电子商务市场将走向有序,2010年1月2日。

服务收入 32.1 亿元①。

二、各地平台建设快速发展

各地加快电子商务平台建设步伐。2009 年，各地建设的各具特色的平台陆续开通，并取得丰硕的效果。福建国际电子商务平台②开通一年后，会员已达 11000 多家，占福建省有实际出口企业总数的 90%以上。国内其他一些电子商务平台陆续开通。如，青岛国际电子商务应用平台、绥芬河中俄商务平台、江苏省外贸产品网上内销交易会平台、河北网络与信息安全信息通报平台，以及立足广西的电子商务交易平台"东盟商汇"，天津家实景体验式大型家居建材综合商务平台，深圳第一个全程外贸服务平台——达通网等。

三、各地通过出台鼓励政策等多种形式，扶持电子商务发展

各地政府通过出台鼓励政策、提供扶持资金、加大培训等多种形式，帮助中小企业广泛应用电子商务，走出金融危机的不利影响。在出台政策方面，浙江省政府常务会议通过《浙江省信息化促进条例(草案)》，建省出台《关于加快福建省移动电子商务发展的实施意见》，四川省商务厅赢得了第三届网货交易会在成都举办权，并发布《成都市电子商务规划(2009—2012)》，工信部与河南省政府签订"两化"融合合作协议，杭州出台扶持企业和个人电子商务发展政策，郑州市政府日前发布了《2010-2015 年电子商务发展规划纲要》，深圳通过《深圳建设国家电子商务示范城市工作方案》，青岛市将电子商务作为扩内需的重要举措，金华市出台政策破解网络信用瓶颈。海南、陕西和甘肃、广州等省市继续补贴企业应用电子商务。北京市通州区建设国际电子商务基地，惠州针对中小企业进行信息化培训。

四、企业与地方开展多种形式的合作，促进电子商务发展

电信等一批企业，通过与地方政府合作，推动当地电子商务的发展，实现企业的价值。如，中国国际电子商务中心与甘肃省合作开通平台，促进出口；广东联通与 21 个地市

①来源：2009 年前 8 月杭州电子商务服务业收入 32.1 亿元，2009 年 11 月 4 日。
②来源：http://news.chinabyte.com/18/11099518.shtml。

政府战略合作,实施信息化战略"八大工程";建电信打造的"数字福建"平台二期巡展启动,帮助中小企业打破信息化瓶颈;海电信开展"宽带大提速"活动,提高企业和个人网络应用体验。其他的一些亮点包括:贵州移动推动地方五大市场信息化建设,IPV6 版物联网应用试水湖南获得突破,"五方共赢"电子商务出口模式在苏州亮相等。

五、各地在电子商务发展中存在的问题

各地在电子商务发展和应用普及中虽然取得了一些成绩,但是,还是存在一些不尽如意的地方,表现在以下几个方面:一是各地发展不均衡,一些地方对电子商务的认识仍然不足,参与电子商务的积极性不高;二是各地在电子商务应用上的水平参差不齐,在电子商务应用的深度和广度不够,有些还是仅仅停留在网上产品展示阶段;三是电子商务投入不足,政策优惠扶持不够,与各地整体经济发展水平不相称;四是管理机构不明晰,存在多头管理、服务意识不强、办事效率不高等问题。

第七节　电子商务发展中存在的问题

2008~2009 两年间,中国电子商务克服不利环境,仍然保持高速发展态势,在各领域都取得了显著的成绩,尤其是在 B2C 和网络支付等领域还取得了突破性进展。但是,研究过程中,依然发现中国电子商务在发展中依然存在一些问题,制约中国电子商务的健康发展。

一、我国电子商务发展仍处在初级阶段

在基础设施建设方面,我国的网民渗透率、宽带上网渗透率、国际出口带宽、手机和手机上网渗透率等指标仍然在国际排名中处于中等水平,和发达国家相比,我们的差距还很大。

在应用水平方面,我国网民的网购率水平还比较低,网上交易额和社会零售商品总额的比例也处在低位。企业信息化水平也有待提高,企业的销售、采购和管理环境中还尚未大面积普及应用电子商务。

数字鸿沟依然存在。2008年中国数字鸿沟总指数为0.36[1],表明仍然存在明显的数字鸿沟。2008年城乡数字鸿沟总指数为0.59,即农村信息技术应用总体水平落后于城市59%左右,表明城乡之间仍存在着明显的数字鸿沟。地区数字鸿沟总指数为0.44,即最低地区的信息技术综合利用水平落后于全国平均水平44%左右,表明地区之间仍存在着明显的数字鸿沟。

二、电子商务并没有真正和传统企业进行融合

我国应用电子商务的企业比例低,电子商务的应用程度也相对较低,交易规模还处在较低水平。相当大一部分企业的B2B交易网站并没有公开运行,有的甚至只是信息网,或者是企业网站与经营业务严重脱节,导致电子商务服务并不能真正满足企业的需求。

造成企业电子商务应用水平低的原因主要有三个方面。一是许多企业对电子商务不够重视,投入不高;二是电子商务平台服务商还处在模式摸索阶段,服务内容还不能满足企业的需求,服务质量还有待提高;三是企业缺乏专业性的电子商务人才,尤其是中小企业需要大量有行业背景和营销经验的复合型人才。

三、电子商务人才供需矛盾依然没有解决

企业开展电子商务的过程中,人才匮乏依然是主要问题,人才不足是影响企业电子商务应用的一个重要因素。据估计,未来我国对电子商务人才的需求每年约20万人,由于人才缺乏,我国企业电子商务进程比较缓慢,严重制约了电子商务的发展。然而,我国有超过300家[2]高校开设电子商务专业,有数十万电子商务专业在校学生。电子商务专业应届毕业生就业率仅为20%,远低于全国普通高校毕业生就业签约率47%的指标。究其原因,在于企业需要的是掌握传统手段与现代手段相结合的复合型人才,而高校培养的毕业学生缺乏传统商务和实践能力。电子商务人才供需矛盾问题依然没有解决。

---

[1]来源:国家信息中心"中国数字鸿沟研究"课题组,《中国数字鸿沟报告2009》。
[2]来源:《深圳特区报》,《电子商务就业形势"乍暖还寒"》,2009年12月21日。

四、物流仍然是制约电子商务行业发展的瓶颈

国内第三方物流企业在规模、服务水平、服务扩展性等方面还落后于电子商务的发展要求,致使物流业与电子商务的发展出现衔接不顺畅、发展不协调问题。

从规模上看,物流业的发展速度与电子商务的需求不匹配。2009年,淘宝与多家快递公司陷入的"涨价风波",充分暴露出物流系统建设与电子商务高速成长之间的矛盾。据悉,仅淘宝在2007年底,物流配送量为20万单/日,到2008年底物流配送量上窜至200万单/日,而在2009年6月份,上升到300万单/日[1]。这种短时间对物流需求的爆发式增长,远远超出物流体系的支撑能力。

从服务质量看,物流业的管理还需规范化,服务水平尚待提高。我国的快递行业中,企业分散、规模小、人员流动性大,导致物流服务质量良莠不齐,存在货物在途周期长、货物在物流环节出现破损、送货人员服务水平低的现象。根据从国家邮政局公布的7月到10月每月消费者申诉情况通告显示,连续几个月快递业务有效申诉量环比增加,其增幅最高达到26.2%。公众投诉的主要问题包括快件延误、损毁、丢失。另外,物流企业为了扩大市场,盲目降价,恶性竞争,也是导致服务质量的降低的原因。

物流瓶颈的存在,必然导致消费者对网购的满意度降低,制约我国电子商务的发展。

五、网上支付服务尚需完善和深化

尽管网上支付在用户规模和交易额方面取得突破性增长,但是,网上支付服务仍然需要完善和提高。目前存在的主要问题包括:服务品种单一,功能同质化,用户操作烦琐;支付安全尚存隐患,系统建设、管理制度、突发事件预防等等尚没有形成完善、可靠的安全体系;金融机构对网络支付发展趋势认识不足,缺乏动力和推动积极性;网络支付缺乏标准,无法实现信息共享和规模效应,导致效率低下和资源浪费;网络金融的监管机制不健全;网络支付的相应的法律、法规发展滞后。

---

[1]来源:中国信息产业网,《行业观察:电子商务"脚大"快递服务"鞋小"》,2009年12月24日。

六、网络购物中，"假货"现象依然猖獗

诚信问题已成为阻碍电子商务发展的重要瓶颈。尤其是假货的泛滥，已经是制约电子商务发展的一大顽疾。根据正望咨询公布的数据显示，"2009 年前三季度，网上购物投诉量呈逐月递增态势。"部分省市的工商部门和消费者协会，在其前三季度的投诉统计中不约而同地显示，网上购物仍是投诉的重点领域，商品质量问题多、售后服务差、商品与订货不符。数据显示，2009 年仅化妆品一个类目，淘宝每月平均下架的假冒商品就超过10 万件。中国香精香料化妆品工业协会专门对网上销售的化妆品进行了一次调查显示，假冒伪劣商品达到了 90% 以上。以耐克为例，2008 年，淘宝网帮助耐克进行假冒商品处理 16 次，下架商品达 488360 件。大量网络"假货"的存在，以及价格体系的混乱，导致大量品牌企业不愿意参与网络营销，因此也无法满足消费者购买到货真价实的品牌商品的愿望。2009 年网民对互联网不信任度达 64.9%，假货的存在，也降低了消费者的网购期望。

七、电子商务安全问题没有彻底解决

安全问题仍然是制约电子商务发展的头号障碍。安全问题的存在和有关保护法律的缺乏，无疑加大了电子商务活动的风险，也严重制约电子商务的持续快速发展。虽然社会各界都积极采取各种措施，维护电子商务交易安全，但是，电子商务交易安全问题，并没有彻底得到解决。根据中国反钓鱼网站联盟的统计数据显示[1]，在 2009年 6 月份，该联盟累计收到了反钓鱼网站投诉 5500 多例，其中利用金融服务、电子商务平台相同的页面进行诈骗的比例达到 20% 以上。在网络购物和在线金融服务领域，"钓鱼"成为其中最难防范、受损失最严重的不安全因素。据百度"有啊"的安全工程师透露，通过对平台的检测发现，网购领域对个人账户信息的窃取途径，99% 以上都来自钓鱼网站。网络安全公司趋势科技的数据也显示，有 5% 的网购用户曾经因为钓鱼网站上当受骗。

---

[1] 来源：比特网，《电子商务"钓鱼"泛滥：月投诉率达 5500 多例》，2009 年 7 月 27 日。

八、法律法规尚需建立和完善

电子商务是新兴领域，但是，它涉及物流、资金流和信息流，对生产、生活得影响重大。各种各样的网络活动需要规范，比如说网上支付的规范问题、网上银行的体制问题、网上食品销售准入问题[1]，网上违法犯罪行为的打击问题等。因此，电子商务的健康发展亟须完善的法律法规的保障。我国在电子商务立法方面，虽然做了一些尝试和努力，如颁布的《电子签名法》，但是我国在电子商务的立法依然明显滞后。不仅是已有立法的范围只覆盖了很小的领域，而且立法的效力层次也较低。电子商务涉及各行各业，由某一个行业主管部门出台的行政性法规很难做到全面公正。

九、传统品牌面临网上和传统渠道的价格冲突难题

网购的爆发式增长也吸引了传统品牌企业的注意，意识到一旦电子商务渠道落后，就等于把市场份额拱手让给竞争对手。然而，传统企业在应用电子商务渠道进行零售时，却面临着产品、价格、渠道的诸多矛盾和冲突。核心矛盾是线上产品的定价问题。如果线上产品定价太高，商品就没有竞争力；但是如果定价较低，势必会影响传统渠道的价格体系，引起传统经销商的不满。另外，由于传统渠道的地域性造成价格差别，会导致网上窜货现象严重，影响传统经销商利益。最后是经营品牌商品服务的网站良莠不齐，会损害企业的品牌形象。这些顾虑的存在，阻碍了传统品牌的网络应用进程。

十、原有利益关系阻碍电子商务发展

2005 年国务院办发布的《关于加快电子商务发展的若干意见》和 2007 年发布的《电子商务发展"十一五"规划》，从指导思想、发展方向、原则以及一些关键环节都做了很好的规划。电子商务在经过十几年的探索和初步发展后，随之而来的是面临着更快速的发展阶段。但是，电子银行、电子支付、物流、交易安全、信用体系等环境建设问题仍然制约电子商务的发展。透过这些问题反映出一方面是我国市场经济的先天发育不足，培育良好的电子商务发展环境需要一个过程；另一方面是电子商务在走过能力建设

---

[1]来源：世界工厂网，《淘宝卖食品实施准入制》，2010 年 1 月 7 日。

阶段、在市场上运作发展到一定程度以后,和原来既有的利益结构、政策规定发生了摩擦和碰撞。造成碰撞的原因,既有对电子商务及其发展的认识问题,也包含着利益博弈问题。

【拓展阅读】案例研究:PPG 的经验和教训

PPG 是中国电子商务发展史上有一个非常具有启示意义的典型案例。PPG 率先把传统服装消费与互联网技术相融合,利用信息化手段与用户快速建立购买联系,采用"轻公司"形式,创造了一种互联网直销和敏捷制造有机结合的商业模式。但是,由于公司战略、团队、运营等诸多方面都存在问题,致使 PPG 最终以倒闭而告终。

在互联网+的背景下,PPG 的商业模式值得中国传统企业学习和借鉴,PPG 的经验和教训也为中国电子商务发展提供了警示和反面素材。PPG 在中国电子商务发展史上,就向一颗流星,照亮了零售业的转型发展方向,然而光芒过后,它就消失在茫茫的黑暗尽头。

一、大起大落的发展历程

总结 PPG 的经验和教训,有必要简单回顾一下其短暂而不平凡的发展轨迹。

2005 年 10 月 24 日,PPG(Perfect Products Group,完美产品集团)成立于上海,定位为网上男式衬衫的销售。创始人李亮,高中起留学美国,本科毕业于纽约大学摄影专业,毕业后李亮进入美国著名的邮购和网络直销服装公司 Land's End,先后担任首席采购代表和亚太地区采购部副总裁。互联网大潮兴起,李亮创办了 51marry 婚庆网站,网站转让后获得第一桶金。2004 年,李亮回国创业。

2006 年第三季度,PPG 获得了 TDF 和集富亚洲的第一轮 600 万美元的联合投资。

2007 年 1 月至 3 月,PPG 月销售衬衫数量连续突破 1.5 万件,超过月均 1.3 万件的老牌服装企业雅戈尔,一举成为男式衬衫市场的冠军。雅戈尔拥有 1500 个销售网点,成为行业第一名花了三十年时间,相比之下,PPG 成立仅仅一年多,没有一家销售网点。PPG 的"轻公司"商业模式获得了 2007 年度最佳商业模式奖,被誉为"服装业戴尔"。PPG 爆发的奇迹,引发了广泛关注,PPG 由此成名。

2007 年 4 月,PPG 获得第二轮千万美元的投资,投资商包括美国最大的风险投资基金凯鹏华盈向 PPG 注资超。

2007 年年底,三山投资公司向 PPG 注资超过 3000 万美元。

2008 年,几十家 PPG 的竞争对手先后出现,其中包括凡客诚品、优衫网、CARRIS 等。

2009 年,PPG 丢掉了行业老大的地位、官司缠身、高管流散,凡客诚品取代 PPG 成为行业老大。

2010 年 1 月,PPG 被上海地方法院判处经济赔偿债务成立,PPG 银行 180 万存款被冻结,公司剩余物资也被搬走。历经了 4 年零 5 个月,一颗明星企业 PPG 倒闭。

2010 年 3 月,PPG 上海总部人去楼空,创始人李亮返美不归,PPG 彻底消失。

二、PPG 快速发展的因素分析

PPG 在短时间爆发式成长,成为男式衬衫的行业领导者,有其成功的经验,值得学习和借鉴。总结 PPG 的经验,大致包括以下几项内容:"轻公司"运作模式、网络直销、服装独具特色、应用大数据、大规模广告投入。

1. 创新"轻公司"运作的商业模式

PPG 的最大特色就是利用互联网,创新了"轻公司"的商业运作模式。首先,PPG 利用互联网和呼叫中心进行衬衫的直销;其次,在产业链的原材料、生产和物流环节,PPG 采用外包方式,而 PPG 只负责原材料的选取和产品质量监督,PPG 的贴牌加工生产企业有 7 家。最后,PPG 把搜集来的销售数据和用户信息,进行统计分析,确定衬衫生产的品种和数量。并利用信息系统整合产业链资源,快速给合作伙伴下达生产指令,做到即时生产。

PPG 的"轻公司"模式具有多重优势,使得 PPG 短时间就超越传统服装企业。这些优势体现在三个方面:第一,网络直销直接将产品从生产厂运到消费者手中,不开设线下门店,没有中间商,缩短营销渠道长度,减少了流通环节,降低库存,节省了流通时间和大量渠道营销费用。第二,产业链非关键环节外包,没有厂房,没有机器设备和生产工人,增加了企业运作的灵活性,降低了公司运营成本和风险。第三,信息技术和大数据的应用,使得敏捷制造和即时生产成为可能,提高了整个价值链的快速反应能力,提高运营效率。

据测算,一件质量相同的衬衫,PPG 要比同类品牌节约将近 60%[1]的运营资本,其中

---

[1]来源:中国电子商务研究中心,《从 PPG 四大战看陨落曲线》,http://b2b.toocle.com/detail--5254802.html。

比传统服装企业节约了大概20%以上的厂房仓库等固定资产投资；在渠道建设方面，PPG比传统企业节省了20%左右的网点建设投资；在物流体系上，又比传统企业降低了20%左右的成本。

2. 利用大数据，快速反应

PPG充分利用互联网和呼叫中心进行产品直销。这种模式使得PPG第一时间就获得每个用户的需求数据，市场部门在汇总分析的基础上，判断市场需求，因此可以有针对性地做出快速响应。

PPG还开发出一套IT信息系统，对运营的主要环节实现控制，将仓储系统、物流、采购和生产各个环节打通，方便数据和指令的传递。管理信息系统使得PPG能够快速向供应商和生产商下达订单指令，24小时之内就能将原料直接运送到服装加工厂，服装加工厂在四天内就会完成批量生产，然后将成衣运送到仓库等待配送。PPG宣称只有7天库存周期，而传统服装企业需要90天。PPG的柔性生产和资源整合能力，可以最大限度地降低库存成本，有效规避经营风险。

李亮曾对媒体表示："我们既不是服装企业，也不是互联网公司，而是一家数据中心，甚至你可以认为是一家服务器公司。"①

3. 服装产品独具特色

PPG主打男式衬衫，产品独具特色，受到了消费者的欢迎。从市场容量上看，男式衬衫是商务人士一年四季必备的服装，通常家里的衣橱都会备有几件便于更换。从款式上，PPG的衬衫领尖带扣，充满美式风格，带有流行因素；从布料选择上，采用牛津纺质地，这种布料挺括耐磨；颜色上，PPG衬衫多选择蓝、粉，清爽淡雅，适合商务场合。牛津纺衬衫是美国文化的体现，迎合了年轻人追求时尚的消费心态。在我国服装业整体供大于求、市场不景气的背景下，PPG创造了全新的市场需求，使得男式衬衫市场出现井喷。

4. 低价格

PPG爆发式成长的重要战术之一就是低价格。PPG的衬衫定价为99元，相比动辄几百元的传统服装品牌，PPG衬衫受到了白领的热烈欢迎，引发了抢购热潮。低价格促进了

---

① 来源：南方周末：《PPG创始人"潜逃"调查》，http://www.lxway.com/224209462.html。

交易量井喷,PPG 衬衫立刻在白领中流行开来。

此外,PPG 还通过捆绑销售方式,提高客单价。如采取"购买衬衫加裤子立减 50 元",买多件产品给予价格折扣,满额免邮费等。这些促销手段都有效地促进了销售,提高了资金的回笼速度。

PPG 的低成本使得低价格成为可能。传统衬衫销售过程中,50% 以上成本来自于各种营销渠道,致使传统商场的一件衬衫至少也要上百元。PPG 的直销模式绕开了传统销售渠道的冗长环节,直接对接消费者,大幅度节约了销售成本,使得定价可以大幅度低于竞争对手。

5. 风险投资与合作伙伴的支持

PPG 的商业模式获得了风险投资的青睐,收到了源源不断的资金投入。从 2006 年开始,先后三次获得风险投资的支持,总计投资金额达到 5000 万美元。这些资金保障了企业的高速发展。

但是风投的注资,并不足以维持将近亿元的庞大广告开支。于是,PPG 继续采用借钱营销的策略,一边继续拖欠唐神等广告商的资金,一边游说上游供应商和配送企业,采取滞后付款模式,集中力量将资金用在广告的投放上。在 PPG 风头正旺之际,无论上游还是下游的合作伙伴,均被 PPG 的上升势头所吸引,纷纷不顾风险,采取支持 PPG 的策略。

6. 大手笔的广告宣传

PPG 短时间占领市场的另一大诀窍就是大规模地投放广告。PPG 非常重视广告的制作,大手笔请知名制作公司策划和制作;PPG 邀请香港知名影星吴彦祖代言,媒体选择地铁、报纸、杂志、电视等全覆盖;广告语"Yes! PPG"简单有力;画面除了有震撼的广告语还有穿着 PPG 衬衫的吴彦祖的迷人笑脸。

2006 年 12 月起,PPG 将广告陆续铺展到全国各地,电视、报纸、网络广告随处可见,在楼宇、超市、地铁里,也能看到 PPG 广告的踪影。在主流媒体《南方周末》《参考消息》《读者》上,PPG 的广告更是铺天盖地。根据观潮时尚网(FTD Friends)提供的媒体检测数字显示,PPG 在 2007 年 5 月份的媒体(电视、杂志和网络)投放费用为 800 万~900 万。据统计,2007 年前 10 个月,PPG 共花掉 2.3 亿元广告款。PPG 甚至自己宣称"公司广告投放额占营业额的 50%"。

伴随着广告的狂轰滥炸,PPG 销售额一路飙升,产品供不应求,甚至出现断货的现象。有媒体做过统计[1]，PPG在《青年报》上投入1万元广告，销售金额提升到1.5万元；在《地铁风》上投放9000元广告，带来1.8万元的销售额。

三、PPG发展中暴露出来的问题

短暂辉煌之后，PPG在2008年先后遭遇资金链断裂和诚信危机。竞争对手乘虚而入，市场份额不断被蚕食。PPG不但丢掉了行业老大的地位，而且雪上加霜，官司缠身、高管跳槽，最后是创始人李亮消失，传说卷款潜逃到美国。PPG的商业神话终于以倒闭而告终。

1. 竞争落后，行业老大地位丢掉

PPG的快速成长受到了广泛关注，低门槛的商业模式也很快吸引众多效仿者。2007年下半年，网络销售衬衫的企业数量猛然增加到30多家。其中，最突出的两家是报喜鸟推出的衬衫品牌宝鸟（BONO）和获得巨额风险投资的全新品牌凡客诚品。

新对手背景雄厚，一进入市场就开展了大规模市场营销，瞬间蚕食了PPG的市场份额，PPG销售额直线下降。价格上，BONO基于报喜鸟优势，推出777元的"5件衬衫和2件T恤"大礼包；随后又紧锣密鼓推出169元衬衫和109元毛料混纺T恤。凡客不甘示弱，网站推出68元初体验价格，当当网衬衫开展了全场衬衫满100返30元的促销活动。广告宣传上，BONO与PPG展开媒体版面竞争，显示出志在必得之势，凡客同样大手笔打出半版彩色广告，宣扬全棉概念。

2009年，凡客诚品彻底击败PPG，跃居网销衬衫市场占有率的第一名。

2. 官司缠身，合作伙伴关系瓦解

在经营中，PPG一方面拖欠广告商的费用，一方面拖欠上游供货商的货款。PPG如日中天的时候，合作伙伴关系相对稳固，但是当网销衬衫市场竞争激烈，PPG资金逐步枯竭，开始走下坡路之时，PPG的债务纠纷暴露出来，PPG接二连三地当上被告。

2008年2月，因为和上海唐神广告有限公司的广告费用纠纷，"PPG"和"YES! PPG"两个商标被法院查封。2008年4月21日，上海中润解放传媒有限公司和上海艾普广告有限公司两家公司在向PPG催要欠款165万元无果，发出律师函后仍然没有收到任何反馈的情况下，在上海媒体刊登大篇幅"债务催收公告"，向PPG索要广告欠款，引发社

---

[1]来源：搜狐IT，《连载：十亿美金的教训之PPG》，http://it.sohu.com/20131024/n388854396.shtml。

会巨大骚动。而此时,PPG仍然保持沉默。

上游供应商更是不满长期拖欠货款,卓越织造、虎豹制衣公司增大了要求还款的力度。PPG表示由于虎豹制衣质量存在瑕疵,拒绝支付400多万货款。PPG的表现引起了供货商的抵制,7家供货商联合起来,同时要求PPG现款现货,避免货款拖欠风险。

3. 高管流失

PPG其他高管人员因对创始人李亮的管理风格不满,对PPG逐渐失去信心,团队成员陆续出走。PPG首席运营官黎勇首先辞职,随后,运营副总裁黄朗阳、CFO王彦丰、CMO赵奕松相继离职。不仅如此,普通员工队伍也人心不稳,离职潮涌现。此时的李亮仍然不觉得危机已经逼近,依旧信誓旦旦地宣称:"PPG最核心的竞争力,可能是我"[①]。

4. 管理落后,风险失控

就在PPG被官司和竞争对手搞得焦头烂额之际,更大的危机正悄然逼近,PPG的商品质量问题开始爆发。PPG陆续接到消费者投诉,反映衬衫尺寸不准、甲醛味道严重、服装严重缩水和褪色,订单延期发货等。产品品质低不仅导致用户满意度低,口碑差,还导致PPG"重复购买率"和"推荐购买率"双低。

服装质量问题不仅引发了消费者的抱怨,各大论坛上对PPG的质疑和埋怨声不绝于耳。一些用户更是投诉到消费者保护协会。上海市消费者保护委员会的数据显示[②],2009年上半年,针对PPG的质量投诉就有18起。

产品质量问题的出现,暴露出PPG管理运营中的问题:一是产品质量监控体系不完善,质量检测、抽检环节缺失;二是没有危机处理机制,在消费者投诉质量问题初期,公司没人重视,致使大面积质量危机爆发,直到一发不可收拾;三是供应商关系管理不善,拖欠供应商账款,引发供应商不满;四是客户关系管理滞后,没有专门的渠道和部门倾听消费者的意见并及时改进。

四、PPG的教训和启示

PPG的发展历程颇具戏剧性,可谓大起大落,仅用一年多的时间,就从零开始战胜老牌传统企业,成为男装衬衫市场的第一,也同时成为媒体追捧的明星企业;随后,企业业

---

①来源:《PPG管理团队分崩离析:传李亮卷款2000万美元潜逃》,http://www.smelzh.gov.cn/qyxw/show.php? itemid=5382。

②来源:《PPG已接近现实意义"破产"局面》,http://www.cqfuzhuang.com/article/2010-01-06/214140.shtml。

绩和美誉度一路下滑,四年后以倒闭而告终。PPG的陨落,不仅给合作伙伴和投资人留下太多烂尾账,也给电子商务从业者上了生动的一课,留下诸多教训,值得深刻反思。

1. 盲目自大,缺乏发展战略

从PPG在各个领域的频繁失控判断,PPG并没有根据市场和环境情况,制定一个长远的、可行的、有步骤的企业发展战略。首先,公司没有明确的定位和战略目标,没有可行的实施方案,导致公司无序发展,直至危机频发,而又没有任何应急预案;其次,缺乏产品整体规划。PPG产品线条单一,导致客户客单价低,回头率和重复购买率低。而衬衫季节性强,造成生产和营销资源的季节性浪费。虽然PPG亡羊补牢扩充了领带、牛仔裤和女士服装,但是已经为时过晚。最后,决策随意强,缺乏决策的连贯性和科学性。例如,2008年,以"轻公司"模式为旗帜的PPG突然决定筹资建设8000平方米的厂房,引起业界的普遍质疑,风险投资商拒绝再次投资。PPG决定自筹资金建设厂房后,为了回笼资金,PPG大规模促销库存产品,更是引起广泛不安,合作伙伴认为是资金链断裂,消费者认为促销的是残次品。促销不但没达到应有的效果,反倒遭遇舆论危机。

"我根本就不认为我们有竞争对手""能够打败PPG的就是PPG。"从李亮释放的豪言,不难看出企业决策者目空一切的自大。没有对市场和环境的敬畏,自然不会按照市场规律运作,也一定会遭到市场的惩罚。

2. 忽视用户,缺少线上沟通渠道

在PPG的发展过程中,PPG一直认为猛砸广告是制胜的法宝,因此将更多精力放在融资和广告投放上。PPG忽略了市场的决定性作用和用户至上的原则,没有投入精力研究市场的需求,消费者的体验以及用户满意度。导致最后质量问题爆发,重复购买率和品牌美誉度极低,法院拍卖品牌时竟然无人问津。重复购买率低的一个最大弊端就是获取新客户成本过高,只能靠大规模广告和营销宣传,从而导致继续加大广告投入,形成高成本支出的恶性循环。

PPG也没有建立顺畅的消费者沟通渠道。PPG建立了员工人数众多的呼叫中心,而呼叫中的作用仅仅是推销产品,完成销售业绩,并没有承担与消费者沟通的任务。同样,PPG也没有充分利用互联网发挥沟通和桥梁作用。PPG建设了官网,但是,网站没有设计用户评价和意见反馈功能,更没有用户论坛。消费者即使有意见和建议,也没有反馈渠道,有的质量问题只好直接投诉到消费者保护协会。

3. 管理不善

纵观PPG的发展历程，明显感觉到整个公司缺少科学管理，甚至是没有科学的管理。无序管理导致各种资源使用效率低下，造成浪费。生产要素不能有机发挥应有的作用，致使PPG错失先机，过早夭折。

资金管理不善，导致资金链断裂。PPG发展初期，获得了大量风险投资，然而这些资金大多数砸到各种媒体的广告上。广告推动的短期繁荣并不持久，广告只带来了不可持续的品牌知名度和销售量。广告一旦停止，销售量立刻下降。广告没有带来粉丝、品牌美誉度、口碑传播、重复购买率和用户满意度。不仅如此，广告成本没有得到科学控制，还助推公司快速滑入资金黑洞。

战略管理不善，对市场进程把握失调。PPG在短时间的爆发式成长，超出了李亮的想象，管理能力不能适应复杂的市场环境，导致后续产品质量和客户服务无法跟上市场扩张的速度，给企业发展带来严重危机。PPG的高调和较低的进入门槛，招致竞争对手蜂拥而至。内忧外患加剧矛盾激化，推动企业走向衰败。

供应链管理不善，导致墙倒众人推。PPG是采用"轻公司"运作模式，因此原材料供应、生产和配送环节都需要合作伙伴的共同参与，形成一个快速反应的柔性制造体系。PPG和合作伙伴形成的是共生、共赢的紧密关系。然而，PPG并没有在思想上重视合作伙伴的重要性，行动上也没有建立一个长久、稳定的合作关系。粗放管理导致合作伙伴"催款"和"讨账"现象频现报端。

品牌管理不善，导致丑名远扬。PPG注重广告宣传，但是宣传内容并没有包含品牌文化和内涵。PPG也没有从根基上打造品牌价值，而是一味追逐短期销售量指标，设计低价策略或者盲目降价促销，消费者缺乏品牌认同感和归属感。而产品质量下降、物流拖延都降低了消费者的满意度，损坏了品牌形象。即使出现批评性文章，PPG既没有意识到错误，采取改进措施，也没有及时进行危机公关，而是任由批判之声四处蔓延。种种不利因素叠加，导致PPG品牌毫无价值，在法院进行无形资产在拍卖时竟然无人问津。

此外，人力资源管理不善，导致管理团队流失。PPG在团队建设上，没有做到人尽其用，也没有对合理调动员工的积极性，高管人员纷纷离职，团队也分崩离析。最后，市场管理不善，导致忽视竞争对手的力量，竞争对手崛起并最后战胜PPG。

PPG的故事已经谢幕，但是PPG的教训值得电子商务从业者借鉴。

第七章 电子商务应对短期调整
（2010—2012）

在"十一五"收官，"十二五"启动之际，我国电子商务迎来了短时期的休整。2008~2009年的全球金融危机并没伤害发展中的中国电子商务，反倒为中国电子商务带来了发展契机，网络零售异军突起，中小企业国内电子商务转型启动。2010年起，直至2012年，电子商务迎来了短暂的休整。这三年，电子商务交易额稳定增长，电子商务逐步从概念走向了应用；这三年，电子商务逐步改变了一部分普通消费者的购物习惯，推动了消费升级：网络购物市场启动并持续发展，网商群体爆发式增长，网货不断繁荣，网规逐步完善；这三年，电子商务产业从商业模式探索走向了脚踏实地的服务，不仅传统企业借力电子商务实现扩大营销和提高生产效率，还涌现出一大批具有影响力的电子商务服务企业：阿里巴巴、慧聪网、当当网、麦网等等；这三年，电子商务配套产业链逐步完善，物流和支付行业快速发展，有效地缓解了制约我国电子商务发展的"瓶颈"；这三年，云计算、物联网、移动商务、智能商务不断取得突破，技术变革引领未来电子商务发展的方向；这三年，电子商务生态环境逐步改善，政策暖风频吹，规范性法律法规陆续出台，企业和个人对电子商务的认知度、认同感和依赖度逐步提高，网络平台规范逐步完善。

必须清醒地看到，我国电子商务在发展过程中，尚有一些问题需要进一步解决和完善，主要是：基础设施建设仍然拖后腿，交易安全和信用问题依然存在，售后服务依然需要改善，假冒伪劣问题依然突出，电子商务的服务模式仍然需要不断创新，电子商务人才匮乏。

2011年是"十二五"开局之年，电子商务面临更多的机遇和挑战。国家已明确将电子商务列为国家战略性新兴产业的重要组成部分，到2015年，中国电子商务交易额将翻两番。第十一届全国人民代表大会第四次会议上的政府工作报告明确指出："要加快转变经济发展方式和调整经济结构。坚持走中国特色新型工业化道路,推动信息化和工业化深度融合,改造提升制造业,培育发展战略性新兴产业。加快发展服务业,服务业增加值在国内生产总值中的比重提高4个百分点。"在政策不断利好的环境里,电子商务必将不断完善,继续快速成长,更深更广地应用到传统领域,服务于整个网民社会和经济系统。电子商务蓄势待发!

第一节 2010—2012 年度中国电子商务发展综述

2010年电子商务交易额突破4.5万亿元,以18.4%的增速平稳发展。网络购物市场最引人注目,交易额达到5131亿元,年增长105.2%,实现翻番;网络购物交易额占社会商品零售总额的比例也大幅度提上,达到3.3%。这一年,农村电子商务也不乏亮点,"沙集模式"引起了社会的广泛关注,农民通过网店生意,走出了一条以信息化带动了工业化发展的新路。

在政策利好、技术进步、市场需求和社会化投资的多重因素驱动下,2011年电子商务交易额继续高速增长,其中网络购物市场依然火爆,占社会商品零售总额的比例大幅度提高。一批国家级电子商务示范基地启动,传统行业不断尝试电子商务应用,涉农电子商务开始起步。2011年中国电子商务交易额同比增长29.2%,达到5.88万亿元人民币[1],相当于当年国内生产总值的12.5%。主要电子商务上市公司收入同比增长23.1%[2],相比国内生产总值(GDP)9.2%的增速,电子商务依然是中国经济发展中最富活力的领域之一。网上零售市场保持惯性,继续高速增长,网络零售总额为7500亿元人民币,较2010年增长53.7%,高于社会消费品零售总额17.1%的增长速度,占社会商品零售总额的比重达到4.32%。

2012年,电子商务环境进一步完善,电子商务交易额持续高速增长,传统企业加快电子商务转型,网络购物市场依然火爆,跨境电子商务崛起,农产品电子商务成为热点,移动电子商务开始起步,电子商务服务业逐步发展壮大。2012年中国电子商务交易额达

---

[1]来源:商务部网站,《2010–2011年度中国电子商务发展报告》。
[2]来源:冯坡,《投中观点:中国互联网营收高速增长,资本市场依旧冷眼相对》,2012年4月12日。

到 8.02 万亿元人民币①,相当于当年国内生产总值的 15.44%,比上年增长三个百分点。中国电子商务交易额同比增长 31.7%,相比国内生产总值(GDP)7.8%的增速,电子商务依然是中国经济发展中最具潜力的新兴产业之一。网上零售市场高速增长,交易规模超过 1.3 万亿元,相当于当年社会消费品零售总额的 6.28%,增长了一点九个百分点。网上零售市场同比增长 67.5%,增速不仅比上年提高了 13.8 个百分点,远远高于社会消费品零售总额 14.3%的增长速度。

一、电子商务基础设施建设持续发展

电信基础设施建设的持续增长,保障了电子商务的高速发展。全国电话用户总数创出新高,宽带接入继续普及,手机接入快速发展,网站数量增速最快,见图表 1 所示。2010 年,全国光缆线路长度净增 166 万公里,达到 995 万公里②。"村村通电话、乡乡能上网"的"十一五"农村通信发展规划目标全面实现。全国范围内 100%的行政村通电话,100%的乡镇通互联网。3G 建设和业务发展稳步推进,2010 年累计完成电信业务总量30955 亿元,同比增长 20.5%。

二、全国电话用户总数持续创出新高,用户增速平稳

2010 年,全国电话用户净增 9244 万户,总数达到 115339 万户。其中,移动电话用户85900 万户,在电话用户总数中所占的比重达到 74.5%,是固定电话用户的 3 倍左右。2012 年,全国电话用户净增 11895.7 万户③,总数达到 139030.8 万户。全国固定电话用户减少 694.5 万户,达到 27815.3 万户。移动电话用户达到 111215.5 万户,在电话用户总数中所占的比重继续提高,达到 80.0%。3G 用户净增 10438.0 万户,年净增用户首次突破1 亿户,达到 23280.3 万户。移动电话普及率达到 82.6 部/百人,比上年末提高 9.0 部/百人。

---

①来源:商务部,《中国电子商务报告(2012)》,2013 年 5 月。

②来源:工信和信息化部网站,《2010 年全国电信业统计公报》,http://www.miit.gov.cn/n11293472/n11293832/n11294132/n12858447/13578942.html。

③来源:工业和信息化部网站,《2012 年全国电信业统计公报》。

三、宽带接入继续普及，手机接入增速趋缓，笔记本上网方式快速增长

宽带接入继续普及，增速继续趋缓。2010年，宽带网民4.5亿人[①]，覆盖98.3%的网民，较去年有较大幅度提高；全年净增1.04亿宽带用户，增速为30%，增速逐年趋缓。

2011年，宽带接入继续普及，趋近饱和。家庭电脑上网宽带网民规模为3.92亿[②]，占家庭电脑上网网民比例为98.9%，增速逐年趋缓。手机网民持续攀升，接近台式机网民比例。中国手机网民规模达到3.56亿，同比增长17.5%，增长速度开始放缓。手机上网的网民比例上升至69.3%，即将达到台式电脑上网的网民比例（73.4%）。

2012年，基础电信企业的互联网宽带接入用户净增2518.1万户[③]，达到17518.3万户。移动互联网用户净增13004.1万户，达到76436.5万户。行政村通宽带方面，全年新增通宽带行政村1.9万个，行政村通宽带比例从年初的84%提高到87.9%。自然村通电话方面，全年新增1.1万个自然村通电话，全国20户以上自然村通电话比例从年初的94.7%提高到95.2%。

2/3的网民使用手机上网，增速趋缓。手机网民达到3.03亿人，占网民总数的66.2%，手机网民数净增0.69亿人，增速为29.6%，相比去年98.13%的增速，明显趋缓。

笔记本上网方式增长潜力最大。使用笔记本电脑上网的网民占比45.7%，使用率上升了15个百分点，相对于台式机（5个百分点）和手机上网方式（5.4个百分点），增长速度最快，昭示笔记本上网方式发展潜力巨大。

四、互联网基础设施建设稳步发展

根据CNNIC统计数据，中国互联网络IPv4地址数量保持增长，但是受到地址资源所限，增幅明显降低。国际出口带宽保持稳定增长，增速呈现逐年降低趋势。网速方面，全国平均互联网平均连接速度仅为100.9KB/s，远低于全球平均连接速度（230.4KB/s）。CN下注册的域名数和网站数保持呈现负增长，而中国网页数继续保持高速增长，增速达到78.56%，在网站数量降低的同时，网页数量却高速增长，说明没有实际应用价值的网站

---

①来源：CNNIC，《中国互联网络发展状况统计报告》，2011年1月。
②来源：CNNIC，《中国互联网络发展状况统计报告》，2011年1月。
③来源：CNNIC，《中国互联网络发展状况统计报告》，2011年1月。

终究会被逐步淘汰,而正在运营的网站正在加强信息和功能建设。

表 7-1　中国互联网基础设施年度对比

指标	2006年总数	2006年增长率	2007年总数	2007年增长率	2008年总数	2008年增长率	2009年总数	2009年增长率	2010年总数	2010年增长率
CN域名（个）	1,803,393	64.40%	9,001,993	399.20%	13,572,326	100.00%	13,459,133	−0.83%	4,349,524	−67.70%
中国网站数量（个）	843000	21.40%	1503800	78.40%	2878000	9140.00%	3231838	12.29%	1908122	−41.00%
中国网页数量（万个）	4,472,58	86.30%	8,471,08	89.40%	16,086,37	89.90%	3360173	108.88%	6000000	78.56%
大陆IPv4地址（万个）	9802	31.80%	13527	38.00%	18127	34.00%	23245	28.23%	277636864	19.40%
国际出口带宽（Mbps）	256,696	88.60%	368,927	43.70%	640,286.67	73.60%	866367.2	35.30%	1,098,957	26.90%

数据来源:CNNIC

五、中国网络就绪度状况有所提高,但是在国际范围内仍然落后

根据工信部规划,中国将大力发展互联网基础设施。下一阶段,将全面推进IPv6商用部署和下一代互联网新型架构研发。在移动技术方面,中国推动4G技术TD-LTE整体产业链的发展。在物联网方面,也将制定发展规划,积极全面布局。2011年11月,国家发改委公开对中国电信和中国联通"涉嫌价格垄断案"的调查立案后,两家运营商承诺进行整改,尽快提高互联互通效率、降低价格、提升带宽。

根据世界经济论坛发布的《全球信息技术报告2010-2011》的网络就绪度排名,在138个经济体中,中国的排名从去年的第37位进一步提升到第36位,在五年间,中国已经大步前进了23位。中国台湾地区在报告中的排名从去年第11位跃升至今年第6位。同是亚洲发展中国家的印度排名却从去年43名降为48名。排名前五位的经济体分别是瑞典、芬兰、新加坡、瑞士、美国。

我国在国际范畴内,互联网基础设施建设仍然处于落后水平。根据世界经济论坛发布的《2012年全球信息技术报告》的网络就绪度排名,在142个经济体中,中国排名再度

下滑,跌倒第 51 位。根据美国 A kamai 公司发布的报告显示,2011 年第三季度世界平均网速同比提升了 39%,达 2.7Mbps,而中国大陆仅排在第 90 名,平均网速为 1.4Mbps,远低于世界平均水平。

六、网民数量仍保持高速增长,结构更加均衡

1. 网民规模持续增长

2010 年,我国网民规模继续稳步增长,年增幅 19.1%[1],网民总数达到 4.57 亿。互联网普及率攀升至 34.3%,继续超过 28.7%[2]的国际平均水平;但是,相对于北美洲77.4%的平均水平差距甚远,这也说明我国网民增长空间巨大。

2011 年,我国网民规模继续稳步增长,网民规模突破 5 亿,达到 5.13 亿[3]。互联网普及率攀升至达到 38.3%, 远远高于 26.4%[4]的亚洲平均水平和 32.7%的全球平均水平;但是,相对于北美洲 78.6%的平均水平差距甚远,这也说明我国网民增长空间巨大。我国网络购物用户规模达到 1.94 亿人,网络购物使用率提升至 37.8%。与 2010 年相比,网购用户增长 3344 万人,增长率为 20.8%。

2. 网民性别结构和年龄结构差距依然存在

男女网民所占比重的差距进一步加大。2011 年, 我国网民男女性别比例为55.9：44.1,男性群体占比高出女性近十一点六个百分点,二者差距进一步扩大。从年龄结构来看,网民中 30~39 岁人群占比明显提升,而 40~49 岁网民占比呈现下降。

农村网民数净增 1135 万人,达到 1.36 亿人,占整体网民比例为 26.5%。农村网民的增长指标不容乐观,与去年相比,农村网民占全国网民的比重下降达 0.8 个百分点。

3. 网民性别结构差距增大

男女网民所占比重的差距进一步加大。2011 年,我国网民男女性别比例为55.9:44.1,男性群体占比高出女性近 11.8 个百分点。相比之下,这种差距呈现逐年扩大的趋势,见表 7-2 所示。

---

①来源:CNNIC 调查数据。

②来源:http://www.internetworldstats.com/stats.htm。

③来源:CNNIC,《2011 年互联网发展报告》,2012 年 6 月。

④数据来源:http://www.internetworldstats.com/stats.htm。

表7-2　性别互联网比例的差距变化

年份(年)	2008	2009	2010	2011
男性网民与女性网民占总网民比例的差距(个百分点)	5.0	9.4	11.6	11.8

数据来源:CNNIC.

4. 中青年网民比例显著提高

2010年,20~50岁年龄段网民所占比率有大幅度提高,比上一年增加5个百分点,达到65.8%。特别值得一提的是,40~49岁年龄段网民所占比率连续三年增长,达到12.6%。2011年,网民中30-39岁人群占比明显提升,而40~49岁网民占比呈现下降。

5. 农村网民增长缓慢

农村网民数净增0.18亿人,达到1.25亿人,占网民总数的27.3%,,同比增长16.9%。略低于全体网民的平均增速19.1%。2011年,农村网民数净增1135万人,达到1.36亿人,占整体网民比例为26.5%。而且,农村网民的增长指标不容乐观,农村网民占全国网民的比重持续下降,如表7-3所示。

表7-3　农村网民占全体网民的比重

年份(年)	2008	2009	2010	2011
农村网民占全部网民的比重(%)	28.39	27.8	27.3	26.5

数据来源:CNNIC.

三、网络购物人数激增,网络支付受到热捧

1. 网络购物人数激增,网络支付逐渐普及

根据CNNIC报告,网络购物用户规模达到1.61亿,应用网络购物的网民占35.1%,上浮了7个百分点。2010年网络购物用户数年增长48.6%,增幅在18类网络应用中居于首位。尤其是我国团购用户从无到有,在短短不断一年的时间里,用户数量已达到1875万人。

2012 年,网络购物用户继续攀升,规模达到 2.42 亿人,年增长 24.8%,网民使用率提升至 42.9%;团购用户数为 8327 万,年增长 28.8%,使用率提升至 14.8%。

络购物带动了网络支付的快速发展,截至 2010 年 12 月,网上支付用户规模达到 1.37 亿人,使用率为 30%。比上一年增加了 4313 万,年增长率高达 45.9%。

2. 网民规模持续增长,对互联网依赖度增强

网民对互联网的依赖度增强。根据 CNNIC 统计,2012 年中国网民人均每周上网时长达到 20.5 小时,相比 2011 年提高了 1.8 个小时。网络购物用户净增 0.48 亿户,总规模达到 2.42 亿户。

3. 手机上网快速增长,手机商务应用启动

台式机和笔记本上网比例呈现下降趋势,手机上网比例快速增长。70.6% 的网民通过台式电脑上网,相比上年底下降了近三个百分点。通过笔记本电脑上网的网民比例与上年底相比略有降低,为 45.9%。手机上网的比例保持较快增速,从 69.3% 上升至 74.5%。

手机商务应用启动。2012 年,手机网民使用手机进行网络购物的比例比上年增长了 6.6 个百分点,手机团购用户在手机网民中占比较上年底提升 1.7 个百分点,手机在线支付提升 4.6 个百分点,手机网上银行提升 4.7 个百分点。

4. 网络购物发展潜力巨大

网络应用的商务功能增长显著。在 18 类网络应用中,网络购物、网上银行、网上支付的使用率虽然都处于相对较低水平,但三者的增速都领先于其他应,达到 40% 以上。而网络娱乐和网络信息类应用在较高使用率的情况下,增速却相对缓慢。可见,网络购物和网络商务应用前景广阔。

从网购交易额来看,根据商务部数据,2010 年社会消费品零售总额 15.45 万亿元,而 B2C 数据只有 1,040 亿元,占比只有 0.7%,而韩国这一数字在 2009 年为 12%[①],相比之下,差距还很大,显示我国网络购物市场仍然处在初级发展阶段,并且发展前景巨大。

5. 网络购物存在区域性鸿沟

截至 2009 年底,全国网商发展指数为 30.30[②]。排名第一的广东省网商发展指数

[①] 来源:《韩国电子商务之旅——拜访韩国 TOP B2C/C2C》,http://soft.chinabyte.com/368/9003368.shtml。
[②] 来源:阿里研究中心、中国社科院信息化研究中心,《2010 年网商发展指数研究报告》,2010 年 9 月。

值为70.91,与排名末尾的西藏(17.51)、广西(17.48)、新疆(17.39)地区差距悬殊,表明网络购物市场在区域间发展极其不平衡。这种区域性鸿沟,一方面说明经济发展水平和公众消费水平有明显的区域差异性,另一方面也昭示电子商务发展水平有明显的差异性。

四、电子商务交易额稳步增长

1. 电子商务交易总额继续稳步增长,年度交易额创出新高

2010年中国电子商务交易额达到4.5万亿元[①],同比增长18.42%,高于当年国内生产总值(GDP)8%左右的增速。2011年中国电子商务交易额达到5.88万亿元人民币[②],同比增长29.2%,相当于当年国内生产总值的12.5%。主要电子商务上市公司收入同比增长23.1%[③],也远高于国内生产总值(GDP)9.2%的增速。2012年中国电子商务交易额达到8.02万亿元人民币[④],相当于当年国内生产总值的15.44%,比上年增长三个百分点。中国电子商务交易额同比增长31.7%,相比国内生产总值(GDP)7.8%的增速,电子商务依然是中国经济发展中最具潜力的新兴产业之一,如表7-4所示。

表7-4 电子商务年度交易额

时间(年)	交易额(万亿)	增长率
2004	0.93	
2005	1.3	39.80%
2006	1.55	19.23%
2007	2.17	40.00%
2008	3.19	47.00%
2009	3.8	19.12%
2010	4.5	18.42%
2011	5.88	29.2%
2012	8.02	15.44%

①来源:商务部国际电子商务中心。
②来源:商务部网站,《2010-2011年度中国电子商务发展报告》。
③来源:冯坡,《投中观点:中国互联网营收高速增长——资本市场依旧冷眼相对》,2012年4月12日。
④来源:商务部,《中国电子商务报告(2012)》,2013年5月。

网上零售市场爆发式发展,发展空间仍然巨大。2010 年网商零售额交易规模达5131 亿元①,同比增长 105.24%,较 2009 年翻了一番,远远高于社会消费品零售总额18.3% 的增长速度。网购交易额占社会零售总额的比重达到 3.32%,比 2009 年提高了 1.3 个 百分点。2011 年,网络零售总额继续攀升,达到 7500 亿元人民币,较 2010 年增长 53.7%,也远高于社会消费品零售总额 17.1% 的增长速度,占社会商品零售总额的比 重达到4.32%。2012 年,网上零售市场突破万亿元交易大关,实现交易额 1.3 万亿元, 相当于当年社会消费品零售总额的 6.28%,增长了 1.9 个百分点。网上零售市场同比 增长67.5%,增速不仅比上年提高了 13.8 个百分点,还远远高于社会消费品零售总额 14.3%的增长速度,如表 7-5 所示。

表 7-5　中国网络购物交易额

时间(年)	网络零售市场交易额(万亿)	年增长率	占社会商品零售总额的比例
2008	0.13		1.2%
2009	0.25	93.7%	2%
2010	0.51	105.24%	3.32%
2011	0.75	53.7%	4.32%
2012	1.3	67.5%	6.28%

2. 传统领域不断普及深化电子商务应用

电子商务近年一直保持高速发展,并且逐步渗透到传统产业,应用领域不断拓展,应 用模式不断创新。电子商务与传统领域正在有机结合,逐步探索出一条高效融合之路。电 子商务继续向传统产业渗透,不仅增加信息透明度、拓展了销售渠道,而且有了更多的应 用扩展,已经开始在整合运营流程,提升企业管理运营效率上发挥作用,助力传统产业升 级。大型企业逐步深化电子商务应用,网上购销的比例接近 40%,并且部分企业正向网 上购销与供应链管理向协同的方向发展。

①来源:中国电子商务研究中心,2010 年度中国电子商务市场数据监测报告,2011 年 1 月 18 日。
②来源:《2011 年中小企业互联网应用状况报告》。

随着市场竞争的加剧,很多中小企业面临着生存和发展壮大的困境,而电子商务为它们打开对外沟通拓展市场的一扇门,截至 2011 年底,我国中小企业开展电子商务的比例已经超过 40%。中小企业电子商务交易额达到 3.21 万亿元,同比增长 26.9%。在2011年,有 31.6%[1]的中小企业有过在线销售活动,32.9%有过在线采购活动。在过去一年有营销推广的中小企业中,选择互联网渠道的比例最高[2],达到 26.7%,高于电视、报纸和杂志等渠道。在应用网络营销的中小企业中,利用电子商务平台进行推广的比例最高,达到67.8%。

随着消费者购物习惯的逐步改变,消费者从逛传统商店转向网络购物。网购商品从最初的图书、数码产品、股票向服装、日用品、家电扩张,而最近食品、汽车网购逐步兴起。消费习惯的改变,也驱动这些领域的传统企业的电子商务转型。

与此同时,农村地区的信息化基础设施建设稳步推进,全国各地涌现出多种电子商务创新模式。

跨境电子商务成为年度新热点。2012 年,跨境电子商务交易额增速为 25%[3],远远高于外贸增速。此外,金融、保险、零售等领域的企业也纷纷涉水电子商务,在淘宝开店或者自建平台。

3. 农村电子商务处于起步期

我国农村电子商务发展时间并不长,近年国家对解决"三农"问题日益重视,不断加大资源投入力度,我国农村电子商务在以下方面取得了程度不同的进展[4]。首先,农村电子商务的能力建设取得明显进展。政府、企业和其他各类主体以及用户在信息网络设施、信息终端普及、信息资源开发、信息技术手段和应用系统建设、信息队伍建设等方面,持续不断地投入资源,明显改善了农村的信息化能力。其次,涉农信息服务成绩显著。包括农产品供求和价格信息、市场预警、农业生产资料市场信息和监管信息等在内的、与农村电子商务密切相关的信息服务,在政府的大力倡导和支持下率先发展起来。第三,涉农电子商务的在线交易有实质推进。在先行启动大宗农产品期货和现货的电子交易的基础

---

①来源:《2011 年中小企业互联网应用状况报告》。
②来源:《中国中小企业网络营销调查报告》,2011 年 10 月。
③来源:《中国中小企业网络营销调查报告》,2011 年 10 月。
④来源:中国社科院信息化研究中心等联合课题组,《经济社会转型中的农村电子商务研究报告》,2012 年 3 月。

上,近年,越来越多的涉农经营主体开始利用各种电子商务平台和渠道开展小宗交易活动,包括一些农民在线直接销售或促销当地的农副产品或在线采购所需的生产资料和生活资料。第四,越来越多的农民在社会化的电子商务平台上开店创业,直接变身为网商。到 2011 年 9 月,乡、镇两级在淘宝网和天猫（原淘宝商城）平台开店的农村网商约有 50 万户,并吸引着更多农民投身到农村电子商务中来。但是,越来越多的草根网商将触角伸向农产品电子商务领域,并探索出一些有益经验。截至 2012 年底,以淘宝网（含天猫）经营农产品类目的网店数为 26.06 万个,涉及农产品商品数量 1 千万个,全年农产品交易额约200 亿元。

当前,草根农产品电子商务交易的特点是[1]以营养品、土特产为主,海鲜类产品快速增长,产品定位上走中、高端路线。从交易模式看,主要有中介模式、直销模式、订单模式;网络渠道选择上,主要有:在电子商务平台上开店、自建网站、与团购网站合作;网络营销的特点上,主要特点是:主打健康牌、积极塑造品牌形象、赋予产品功能性和文化内涵、着力解决农产品标准化的问题。

受到标准化程度低和不适合仓储配送的制约,农产品电子商务的发展明显滞后于其他领域。根据阿里研究中心发布的《农产品电子商务白皮书》,相比年销售额超过万亿的淘宝交易额,农产品电子商务占比不足 2%。

【拓展阅读】电子商务进入"消退"阶段了吗?

最近,微信朋友圈广泛流传一篇文章,题目是"电商高热景象,将在未来一两年内消退"。文中认为近年电子商务呈现出"畸形发展,病态繁荣的局面"。深读该文,字里行间并没有给出得出上述结理论的判断依据。

难道我国电子商务发展真的到了"高热""病态繁荣",该"消退"的阶段吗?笔者认为,根据产业生命周期理论,电子商务产业发展恰恰是处在成长初期;各种数据和事实表明,电子商务发展的春天才刚刚开启,未来即将迎来快速发展期。

1.产业生命周期理论证明电子商务正处在成长初期

产业生命周期是指一个产业从新生、发展到消亡的全过程。通常,一个产业的生命周

---

[1]叶秀敏:《草根农产品电子商务发展分析》,信息化建设,2013 年 5 月。

期可分为引入期、成长期、成熟期、衰退期。在产业发展的不同阶段,产业通常表现出不同的特征。在产业发展的引入期,竞争进入壁垒低,竞争主体少,需求低,产业微利或者无利润;在成长期,市场进人壁垒降低,大量企业主体涌入,产品和服务呈现多样化、差别化,需求快速增长,产业利润提升;在成熟期,竞争格局稳定,产品和服务相对成熟,市场需求减缓,利润降低;在衰退期,市场主体企业数量减少,需求锐减,销售下降,利润降低。处于相应阶段的产业分别又可以称为幼稚产业、朝阳产业、成熟产业和夕阳产业。

产业生命周期曲线不是一成不变的,一旦产业内发生重大创新,产业就会进行调整并升级,焕发出新的生机,从而进入新的市场周期,最终呈现波浪式上升发展。所以,延长产业生命周期最佳的策略就是持续不断的创新。

近十年,中国电子商务高速增长,在很多方面都取得了显著的成绩,表现在:电子商务认识不断提升,电子商务环境逐渐优化,电子商务交易额高速增长,电子商务服务商规模稳步壮大,电子商务模式创新此起彼伏,网络零售交易额屡创新高,尤其是2013年涉农电子商务和跨境电商市场都取得突破性进展。但是,尽管如此,我国电子商务依然处在发展初期,发展水平依然相对落后,一些领域依然存在制约性问题。

2.数据和事实表明电子商务的春天刚刚开始

我国电子商务发展仍处于产业成长初期,电子商务生态建设相对滞后,与传统领域相比,或者与发达国家相比,我国电子商务发展水平都比较低。

3.与发达国家相比依然落后

与发达国家的互联网经济发展水平相比,我国仍然比较落后。根据世界经济论坛公布的2013年度网络就绪度指数报告,在全球被调查的144个主要经济体中,芬兰排名第一,总成绩为5.98分。中国大陆仅仅位居第58位,分数为4.03分,排名比2012年还后退了7位,被发达国家远远甩在后面。

网购零售水平落后于发达国家。虽然网络零售领域近年爆发式增长,但是相比发达国家,我国仍处在落后水平。2012年我国网络零售交易规模占社会消费品零售总额的6.28%,而韩国网络购物占比为10.3%,英国占比为12%,美国占比约15%。

4.与传统经济相比,总体规模还很弱小

2012年中国电子商务交易额相当于当年国内生产总值的15.44%,而网络零售交易规模只相当于当年社会消费品零售总额的6.28%,还有较大增长空间。

在传统企业应用方面,企业领导人对电子商务重视不足,企业的销售、采购环节还尚未大面积普及应用电子商务,除了个别大型企业,绝大多数企业的电子商务应用还仅仅局限于信息发布和信息查询阶段。企业自建网站常常是静态信息网页,没有发挥电子商务应用的作用;电子商务中介平台提供的服务,还不能真正满足中小企业的实际需求。

在网络零售方面,我国网民的网购率水平还较低;网上交易额和社会零售商品总额的比例也处在低位;网购商品种类还不平衡,主要集中于服装、图书、电子等几大类产品;网购规则还不健全,诚信体系和监管系统正在建设中;网购投诉总量依然高涨,假冒伪劣问题仍然突出。

数字鸿沟依然存在。从区域发展来看,中部和西部的互联网应用水平落后于东部等发达地区;农村地区的互联网应用水平也落后于城市地区;中小企业的互联网应用能力落后于大型企业。

5.健康的电子商务生态尚未建成

我国电子商务环境建设仍然在一些方面相对滞后,阻碍了电子商务的发展,包括:物流发展水平仍然滞后;复合型高端人才供需失衡;诚信环境建设落后;信息安全问题依然突出;行业规范和服务标准亟待建立;各地扶持政策还不明确。

我国电子商务基础设施建设依然落后,尤其是宽带建设问题较多,体现在:一是宽带用户数与人口总数的比率较低;二是宽带服务质量低,出现"宽带不宽"现象,中国大陆的平均网速为 2.8Mbps,低于全球 3.3Mbps 的平均水平,比韩国网速低 4.75 倍;三是宽带费用相对人均可支配收入水平的比例较高;四是我国宽带发展区域严重不平衡,东部的宽带市场远比中西部发达。

电子商务服务企业管理和创新能力还需进一步提高。电子商务服务领域同质化竞争严重;企业缺少长远规划,商业模式还不清晰,盈利能力不强;企业缺少核心竞争力,"烧钱现象"或者"价格战"依然严重;企业内部管理尚不规范,缺少风险控制和规章制度的保障;企业售后服务滞后,影响用户体验;企业研发投入不足,缺少高端人才,导致创新能力较弱。

6.技术进步推动产业周期延伸

电子商务产业包括两块内容,一是电子商务产业本身的创新型业务,如阿里巴巴和京东中介平台服务;二是传统产业的电子商务应用,如建设和运营企业网站,应用第三方电子商务平台服务,创新网络产品和服务等。

从电子商务创新领域讲,随着大数据、云计算、移动互联网的应用,电子商务领域将迎来创新高潮,推动电子商务产业逐波升级,推动产业快速成长。例如,微信与电子商务相结合,来自熟人圈内的稳定关系和流量将催生电子商务的爆发。再如,O2O模式经有效消费者的购物体验,尤其是促进餐饮、食品、农产品的电子商务零售。

未来,电子商务将加快向传统领域的渗透。传统产业在应用电子商务的同时,也推动创新业务的产生。当前,电子商务与传统领域的结合还不够,未来有比较大的发展空间,如互联网与金融领域的结合,形成网络金融,既是传统金融的网络化,同时又推出全新的产品和服务——网络金融,如P2P网贷模式、余额宝等,开拓了金融服务新领域。电子商务将与更多的传统业务相结合,推动更多领域的转型升级。

在新形势下,机遇与风险并存。清晰认识电子商务产业的发展阶段,有助于政府部门制定有效的产业政策,进行科学宏观调控;清晰判断电子商务所处的发展阶段,也有助于企业科学制定发展战略,加速创新,延长企业生命周期。

4. 移动商务处于快速启动阶段

互联网和智能手机的普及,推动了手机上网人群的快速增长。移动互联网具有个性化、便捷性和移动化的优势,利用手机终端可以便捷地搜索信息、在线选择及购买商品和在线支付。2011年,中国移动商务市场仍然处于快速启动期,并呈现爆发式增长,3G进入规模化发展阶段,3G用户达到11873万户[1],移动支付用户规模达到1.9亿[2],手机购物市场预计达到102.7亿元。中国移动支付交易规模总额达到481.4亿元,同比增长149.4%。虽然移动电子商务较快增长,但是相比整个中国电子商务市场规模,仍有较大提升空间。国内互联网公司、电信、传统企业等纷纷采取行动,布局移动互联网。

随着移动互联网应用的渗透以及产业链企业的密集布局,移动电子商务继续快速发展。据中国电子商务研究中心监测数据显示,截止到2012年12月,移动电子商务用户规模约达25050万人,同比增长67%;中国移动电子商务市场交易规模达到965亿元,同比增135%;移动支付业务交易规模达1511亿元295,同比增长89.2%。根据工信部发布

---

[1] 来源:工业和信息化部网站,http://www.miit.gov.cn/n11293472/n11293832/n11294132/n12858447/14405125.html。
[2] 来源:艾瑞咨询,《中2011年国移动支付行业研究报告。

的《电子商务"十二五"展规划》要求,将大力推进移动商务的发展。在政策不断利好的环境下,移动电子商务即将迎来爆发期。

5. 电子商务服务市场在创新中发展

中国电子商务服务市场快速发展,在不断竞争和创新中,为传统领域服务,形成生机勃勃、具有中国特色的电子商务服务市场。为传统中小企业提供信息和交易服务的中介平台,为卖家和消费者提供网络零售平台,推动中国整个电子商务市场的快速发展。

2010年,我国电子商务B2B服务市场营收达到95.5亿[1],同比增长35%。电子商务B2B服务企业通过服务模式和营销创新,不断开拓市场,服务于中小企业。电子商务B2C市场经过十二年的蓄势,终于迎来爆发式增长。B2C市场规模全年达到1040亿[2],主要B2C服务企业销售额的年增长率都超过100%,企业发展各具特色,迎来上市热潮。C2C市场稳步增长,交易额约为4651亿元[3],网店店主规模超过百万,网上服务业逐步兴起。移动电子商务应用启动,尽管规模较小,但是受到产业链企业的重视,纷纷布局其中。

2011年,电子商务服务业不断细化,更多专业服务上加入电子商务服务大军中。在淘宝平台,网商服务商达到4.3万家[4],是2010年的11倍,并且继续保持快速增长的趋势。专业化服务受到网商的欢迎,仅淘宝商圈,已累计超过156万位卖家付费购买专项服务。专业化分工和服务的多样化,将推动电子商务纵深发展,促进电子商务生态更加健康。

2012年,电子商务服务业高速成长,营收规模达到2463亿元[1],增长72%。其中,电子商务交易服务业收入为688亿元,同比增长56%;电子商务支撑服务业收入为1174亿元,同比增长113%;电子商务衍生服务业收入为601亿元,同比增长150%;电子商务相关的物流网络服务业收入656亿元,同比增长76%。在网络零售服务领域,淘宝开放平台上聚集的第三方服务商达到49万家,依托淘宝平台的衍生服务营收规模约152亿元。

---

[1]来源:艾瑞咨询:2012年中国移动支付交易规模达1511.4亿,2013年1月。
[2]来源:中国电子商务研究中心,《2010年度中国电子商务市场数据监测报告》。
[3]来源:易观智库,2010年中国服装B2C增长强劲 淘宝商城爆发,2011年2月11日。
[4]来源:阿里研究中心,《2011年中国电子商务服务业报告》。

五、投资热情高涨,B2C和团购受到资本追捧

1. 投资热潮聚焦电子商务

2010年,电子商务持续保持高速增长,尤其是B2C和团购领域出现井喷行情,成为风险投资的追逐热点,吸引了大量风险投资的关注,投资次数和投资金额双双快速增长。中国创投市场行业投资共涉及20个行业,其中,互联网行业披露案例111起[2],处在领先位置。融资金额方面,互联网行业融资总额最高,达18.31亿美元,占年度创投总额的32%。在2010年融资最大的10起创投案例中,有6起出自互联网行业,其中4家为电子商务公司,见以下表所示。电子商务进入"不差钱"阶段。

表7-6　四家电子商务企业投资情况

时间(年)	网络零售市场交易额(万亿)	年增长率	占社会商品零售总额的比例
2008	0.13		1.2%
2009	0.25	93.7%	2%
2010	0.51	105.24%	3.32%
2011	0.75	53.7%	4.32%
2012	1.3	67.5%	6.28%

数据来源:ChinaVenture.

电子商务投资领域也呈现多元化趋势。被投资的电子商务企业涉及行业广泛,不仅有服装、3C、团购等热门领域,还包括消费品、珠宝、化妆品、家居建材等细分领域,这表明电子商务市场将在各细分领域全面开花。

继2010年爆发式增长的惯性,2011年电子商务投资规模呈现前高后低走势,投资市场逐步趋于理性。全年电子商务行业(含B2B、网络购物、在线旅游预订、电商服务、电商导购及搜索)披露案例116起[3]、投资总额53.53亿美元,其中较大的两笔是阿里巴巴集团出售员工股融资16亿美元、京东商城C轮融资15亿美元。然而,随着一些购物网站的倒闭和中国概念股的遇冷,从2011年下半年开始,中国电子商务投资热潮开始降温,投资市场逐步趋于理性。

---

①来源:阿里研究中心,《2012年中国电子商务服务业报告》。

②来源:ChinaVenture网,《2010年中国创业投资规模创历史新高:电子商务集体烧钱》,2011年1月14日。

③来源:冯坡,《电商投资寒冬延续:服务与入口等领域仍待挖掘》,2012年3月21日,ChinaVenture网站。

2012年,电子商务投资趋于谨慎,导购类门户和O2O模式受到关注。中国互联网公司赴美上市遇阻,资本退出风险加大,导致互联网行业投资热情降低。受此影响,电子商务行业投资案例数和投资规模减少。电子商务行业披露投资案例54起[1],投资总额31.79亿美元,分别比上一年降低53.45%和40.61%。电子商务行业竞争加剧,流量之争成为关键,入口和导购类门户网站受到资本持续的关注,蘑菇街、美丽说、返还网、聚淘网等相继获得新一轮融资。另外,以本地生活服务类为主的O2O模式网站成为年度投资热点,大众点评网、街库网、到喜啦、途家网等完成新一轮融资。

2. 麦考林、当当网先后上市,引发B2C企业上市超预期

麦考林和当当网先后赴美上市。由于中国电子商务的概念受到青睐,上市当天,麦考林收盘价达到17.26美元[2],比发行价高出57.36%,总市值达到10亿美元,市盈率更是高达157倍;当当也受到投资者追捧,开盘价报24.5美元,比发行价上涨53.1%。当当和麦考林的上市,引发了B2C企业的上市热潮,更推高了投资者对电子商务的期望。京东、凡客、乐淘、走秀、好乐买、红孩子、我买网等纷纷被看作是下一轮上市的预备队。

3. 网店也受到投资关注

受网购市场火爆的带动,一些网店由于经营有方,快速发展,也受到风险投资的青睐。深圳的一家专门经营女装的网店,由于靓丽的业绩,一笔就拿到了800万元[3]的投资,用于商品品牌的包装和传播及服装的品质保证。投资者将目光转移到网店上,说明网店发展空间巨大。

4. 收购成为扩张的重要方式之一

电子商务行业在资本的支持下,跑马圈地,一方面横向蚕食市场,另一方面向产业链纵深方向发展。除了依靠自身能力快速成长外,并购也是企业扩张的主要方式。仅2010年前9个月,中国大陆地区互联网行业并购的案例就有36起[4],并购总额达3.93亿美元,相比2009年全年分别增长28.6%和35.9%。其中,阿里巴巴接连收购两家美国公司最引人注目。

---

① 来源:冯坡:《2012年互联网投资规模骤减:退出瓶颈仍待突破》,ChinaVenture网站,2013年1月15。
② 来源:中国经营报,资本魔鬼使麦考林骤遭冷遇:曝电子商务短板,2010年12月13日。
③ 陈丰敏:淘宝女装店拿到800万风投 VC嗅到网购商机,钱江晚报,2010年8月24日。
④ 冯坡:《境外上市网络巨头并购活跃 跨行业整合收购成常态》2010年9月30日。

六、电子商务成为就业创业的重要渠道

电子商务的发展,带动了大量劳动力的就业和创业。据统计数据显示[②],截至 2010 年 6 月底,国内规模以上电子商务网站总量已达 2.07 万家,中国个人网店已达1200 万家。电子商务服务企业直接从业人员超过 130 万人,间接带动就业逾 1000 万人。

北京是电子商务发展的主要区域之一,集中了一批电子商务龙头企业,电子商务已成为当地重要的就业创业渠道。在北京举办的电子商务"新经济新时代"论坛上公开的数据显示[③],2010 年前 7 个月,北京当地企业电子商务交易总额近 2000 亿元,同比增速近 20%。北京现在网上创业、就业的人群,其中月收入超过 1000 元的就有 10 万人,由此衍生出的包装、配送、客服等就业链上的人员超过 300 万。

【拓展阅读】互联网驱动新经济快速发展

互联网提高了整个社会信息的生产、传播和使用效率,加快了全球化进程,推动经济结构调整,提高劳动生产率,推动技术创新,提升国际竞争力,加速经济发展和社会进步。

1. 互联网经济持续高速增长

互联网经济是指基于互联网,提供相关产品或服务,并且带动相关产业和整个经济社会共同发展的一种新型经济形态。互联网经济是新经济的核心,也是互联网在全球范围内普及、应用而必然产生的结果。

互联网经济持续高速增长。互联网经济呈现出有效益、有市场、有前景、可持续发展,有带动性的特点,成为当今最有发展潜力的经济增长点之一。根据艾瑞咨询最新统计的数据显示,2012 年,中国网络经济市场规模(互联网公司营收规模)达 3850.5 亿元,同比增长 54.1%。相比国内生产总值(GDP)7.8%的增速,互联网经济依然是中国经济发展中最具潜力的新兴产业之一。

互联网公司从无到有,快速成长。目前,中国拥有网站总数达到 250 余万家。有43 家商业性的互联网公司在海内外上市,上市公司市场价值总和已经达到 8000 亿人民

---

②来源:中国电子商务研究中心,《2010(上)中国电子商务市场数据监测报告》。
③张艳:《北京电子商务就业超 10 万人:间接就业 300 万人》,京华时报,2010 年 08 月 13 日。

币以上。其中,腾讯和百度的市值最高,分别位列 2013 年全球 IT 公司市值排行榜的 14 和 22 名。

电子商务经济成为第一大网络经济细分领域。受"8.15 电商价格大战"与"双十一"等促销活动刺激,2012 年电子商务经济市场增量为 626.3 亿元,达到 1628.2 亿元,同比增长 62.5%,占互联网经济规模总量的 42.3%,位列第一,网络广告位列第二,市场规模达到 753.1 亿元,同比增长 46.8%。

移动网络经济趋势看好。2012 年,各类移动网络经济总和占互联网经济的比重是 14.3%,较 2011 年增长了 3.1 个百分点,占比呈现持续扩大趋势。未来移动购物市场、移动搜索、移动游戏市场都具有巨大发展潜力。

2. 促进互联网相关产业稳步成长

支撑互联网经济高速发展的三个相关产业是电信业、电子信息制造业、软件业。2012 年,以上三个产业都呈现稳定发展之势。邮电业务总量 1.5 万亿元,比上年增长 13.0%。其中,邮政业务总量 0.2 万亿元,增长 26.7%;电信业务总量 1.3 万亿元,增长 11.1%。电子信息制造业销售产值 8.5 万亿元,比上年增长 12.6%。软件产业共实现软件业务收入 2.5 万亿元,比上年增长 28.5%。

3. 拉动实体经济,推动传统产业变革

互联网经济不仅自成产业,互联网还渗透到传统产业,驱动传统经济转型和升级,引领经济增长和复苏。仅 2010 年,信息化对 GDP 的贡献达到 3.2 个百分点[1]。

电子商务交易额稳定高速增长,传统企业加速转型。2012 年中国电子商务年度交易达到 8.02 万亿元人民币[2],同比增长 31.7%。传统企业应对市场冲击,加大电子商务转型力度。服装、家居、家电、数码、户外产品、建材等等都成为网络零售的主要领域。跨境电子商务成为 2012 年度新热点,增速为 25%[3],远远高于外贸增速。此外,金融、保险、零售等领域的企业也纷纷涉水电子商务,在淘宝开店或者自建平台。

电子商务服务业走向成长阶段。近年互联网与传统领域互相渗透,电子商务发展中产生的新需求还带动相关产业创新发展,催生电子商务服务业的产生。2012 年,电子商

---

[1]杨培芳:《中国经济向何处去——基于信息经济学的分析》。
[2]来源:商务部,《中国电子商务报告(2012)》,2013 年 5 月。
[3]来源:商务部,《中国电子商务报告(2012)》,2013 年 5 月。

务服务业高速成长,营收规模达到2463亿元①,同比增长72%。其中,电子商务交易服务业收入为688亿元,同比增长56%;电子商务支撑服务业收入为1174亿元,同比增长113%;电子商务衍生服务业收入为601亿元,同比增长150%;电子商务相关的物流网络服务业收入656亿元,同比增长76%。

农产品电子商务处于起步期,草根农产品电子商务蓬勃兴起。受到标准化程度低和不适合仓储配送的制约,农产品电子商务的发展明显滞后于其他领域。根据阿里研究中心发布的《农产品电子商务白皮书》,相比年销售额超过万亿的淘宝交易额,农产品电子商务占比不足2%。但是,越来越多的草根网商将触角伸向农产品电子商务领域,截至2012年底,以淘宝网(含天猫)营农产品类目的网店数为26.06万个,涉及农产品商品数量1千万个,全年农产品交易额约200亿元。

4. 扩大内需,引领消费升级

网上零售扩大内需增长空间。在"稳增长"的大背景下,内需成为推动经济可持续发展的最重要动力。电子商务不仅便捷消费,还促进新增消费,助力拉动内需。根据麦肯锡发布的关于中国网络零售报告显示,在中国网络零售消费,61%属于转移消费,其他39%是互联网激发的新的消费需求,是创造出来的消费,电子商务有效拉动了内需。2012年,网上零售交易规模超过1.3万亿元,同比增长67.5%,远远高于社会消费品零售总额14.3%的增度。

电子商务的个性化定制模式(C2B)促进消费升级。C2B模式也叫集采预售模式,该模式让消费者主动参与产品设计、生产和定价,然后汇总消费者的需求,组织生产。C2B模式既满足消费者的个性化需求,也提升了生产企业运营效率、增厚利润、降低成本。天猫提供的数据显示,仅仅2012年"双11节"一天,采取C2B模式的东北有机大米卖出14万千克,新疆阿克苏有机苹果2.5万千克,家具建材卖出58万件,数码家电类10万件,整车卖出2100辆。

5. 促进创业就业,缓解就业压力

互联网开放平台日益成为创业就业新的增长点。网络创业就业具有门槛低、灵活性、

---

①来源:阿里研究中心,《2012年中国电子商务服务业报告》。

公平性、收益快的优势,尤其是网络开店可以足不出户地在家经营,变革了创业就业方式。根据人力资源和社会保障部发布的"网络创业促进就业研究报告",截至2012年我国网络创业就业已累计制造岗位超过1000万个,有力缓解了近几年的就业压力,提高了创业者收入和幸福感。

6. 渗透到人们生活的方方面面,促进信息消费

互联网也已经成为我们日常生活中一个重要的组成部分。基于互联网的信息获取、商务交易、交流沟通、网络娱乐已经渗透到人们的工作、学习和生活之中。互联网的广泛和深入应用,将促进信息消费爆发式增长。根据中国互联网络信息中心数据,截至2013年6月底,我国网民规模达到5.91亿,互联网普及率为44.1%。按照国务院《关于促进信息消费扩大内需的若干意见》的规划,到2015年,我国信息消费规模超过3.2万亿元,年均增长20%以上。

7. 在社会公共服务领域的作用日益显著

互联网在我国城市建设、教育、医疗、交通、政府日常管理、社会保障体系等领域的应用也逐步广泛深入。公共服务手段的网络化,创新了社会服务管理模式,使公共部门能够低成本、高效地组织资源服务于社会,提高公共服务的满意度。

第二节　电子商务服务市场发展情况

中国电子商务服务市场通过不断创新服务,推动中国整个电子商务的快速发展。新型服务平台不断涌现,为电子商务的持续发展注入了生机,正在成为日益活跃的电子商务服务业的主要形态。电子商务服务业的快速发展,不仅推动了传统中小企业的市场拓展,还带动了物流配送、电子支付等相关服务业的发展。

一、B2B 服务市场

根据电子商务研究中心监测的数据,2010年中国电子商务B2B电子商务交易额达到3.8万亿。金融危机后,国家加大了对中小企业应用电子商务的扶持力度,物流支付等交易环境持续改善,电子商务服务商乘势扩大营销规模,在推动B2B电子商务快速发展

的同时,B2B 服务市场也取得了可喜的成绩。2010 年,我国电子商务 B2B 服务市场营收达到 95.5 亿[1],同比增长 35%。我国主要 B2B 服务市场份额前五位的分别是阿里巴巴 63.5%,环球资源 5.3%,中国制造网 3.4%,网盛生意宝 2.9%,慧聪网 2.5%。B2B 服务企业持续增加,达到 9200 家,同比增长 21.3%。在良好的市场环境里,B2B 服务市场呈现如下发展特征。

1. 电子商务平台服务企业继续保持高速增长

主要 B2B 服务企业都呈现出收入稳定增长态势。根据阿里巴巴年报显示,2010 年,企业的总收入为 55.6 亿元人民币,同比上升 43.4%;企业净利 14.7 亿元,同比上升 45.1%。根据环球资源网 2010 年第三季季度财报,净收入达 3940 万美元,较上年同期上升 29%。慧聪的年报显示,公司全年总收入 3.91 亿元人民币,较上一年增长 23.1%。

2011 年,我国电子商务 B2B 服务市场稳速增长,在电子商务平台注册的中小企业用户规模达到 1600 万家,营收达到 130 亿[2],增速为 36%。B2B 电子商务服务企业规模同比增长 14%,达 10500 家。相比主要 B2C 平台服务企业的持续亏损,B2B 企业年度营收表现亮丽,不仅盈利,而且营收规模持续增加。2011 年,阿里巴巴营收额居首,达到人民币 64.2 亿元,增速 15.5%,但是相比 2010 年 43.4%明显降低。慧聪网营收 4.94 亿元、网盛生意宝营收 1.44 亿元、焦点科技营收 4.26 亿元。其中,焦点科技的营收增长率最高,达到 28%。B2B 市场份额格局未变,阿里巴巴、环球资源网、慧聪网分别以 48.6%、10.3%、3.6%占据前三甲,但阿里巴巴领先地位明显下降,市场份额比上一年下降十五个百分点。

2012 年,宏观经济环境仍然不容乐观:劳动力成本上升、竞争加剧、缺少资金、外贸低迷,中小企业发展仍然困难重重。受此影响,B2B 平台的交易规模增速放缓,2012 年中小企业 B2B 电子商务交易规模达 4.3 万亿[3],同比增长 26.5%,企业营收规模为 167.1 亿,同比增长 27.6%。B2B 电子商务服务企业达 10950 家[4],同比增长 7%,增速同样趋缓。在市场格局方面,市场集中度有所下降,阿里巴巴市场份额占 40.7%,与去年相比减少 8 个百分点;环球资源(8.7%)、我的钢铁网(5.6%)、慧聪网

---

①来源:中国电子商务研究中心,《2010 年度中国电子商务市场数据监测报告》。
②来源:中国电子商务研究中心,《2011 年度中国电子商务市场数据监测报告》。
③来源:艾瑞咨询,《2012 年中小企业 B2B 营收达 167 亿,市场集中度下降》,2013 年 1 月 28 日。
④来源:中国电子商务研究中心,《2012(上)中国 B2B 电子商务市场数据监测报告》,该数据截止日期是 2012 年 6 月。

(3.3%)分别排名第二至四位。

2. 企业不断创新

在竞争不断升级的市场环境中,为了满足中小企业多样化的需求,B2B 服务市场加快了创新速度。对于企业创新,马云更是提出了"创新不是为对手竞争,而是跟明天竞争"[①]的观点。

(1)战略创新。

适时调整战略,适应市场变化。2012 年阿里巴巴集团频繁动作,调整内部战略以适应不利的竞争局面。1 月,淘宝商城宣布更改中文名为天猫,加强其平台的定位;2 月,阿里巴巴集团提出 B2B 公司私有化战略,6 月正式退市;7 月, 阿里巴巴集团组织结构改革,六大子公司变身七大事业群,组成集团 CBBS(消费者、渠道商、制造商、电子商务服务提供商)大市场。

(2)服务模式创新。

传统的 B2B 服务模式是以会员制服务为主, 成为 B2B 服务平台的会员企业可以享受发布信息和搜索信息的服务。然而会员制服务模式很难满足企业获得订单、增加销售的需求。在此情况下,B2B 服务商面临着从信息服务商向交易服务商转型的压力。随着以推动外贸交易为主要服务的敦煌网的成功,交易服务模式逐步得到认可。按服务收费、按流量收费、按成交额收费,成为服务商可采用的盈利模式。交易服务模式的主流化,解决了困扰多年的 B2B 服务企业盈利模式单一、用户黏性不强的难题。交易服务模式虽然还不成熟,但是它能让中小企业体验到实实在在的服务,能够切实帮助中小企业实现价值。

2011 年,欧债危机加剧,在中小企业生存困难之际,平台企业不得不继续尝试创新。一是推出新服务,如阿里巴巴、金银岛、网盛生意宝等推出在线融资服务,既可以满足中小企业的资金需求,又可以成为新的业务增长点。二是拓展社会化网络营销渠道,平台企业利用微博,SNS 网站等近年较热的社会化网络营销工具,拓展市场。以敦煌网为例,其已经将广告投放重点转向脸谱(Facebook)和推特(Twitter)等社会化媒体。三是切入移动领域。随着移动用户的迅速增加,移动电子商务发展开始起步,众多电子商务企业布局其

---

①来源:马云:创新不是要打败对手而是与明天竞争,http://finance.jrj.com.cn/biz/2011/04/2011129780636.shtml。

中,移动支付、移动搜索、移动旺铺等成为热门。以阿里巴巴集团为例,不仅要推出阿里云智能手机,还将 B2B、B2C、C2C、支付宝等业务模式移植到手机。

(3)产品和服务创新。

金融危机后,中国的外贸型中小企业受到严重打击。为了帮助中小企业扩大营销,尽快走出困境,电子商务服务企业纷纷推出有针对性的新产品和服务。2010 年 4 月,阿里巴巴推出了在线外贸小额交易平台"全球速卖通"。随后,为了推动速卖通的深入应用,阿里巴巴还完善了速卖通的服务链:在物流改善方面,与 UPS 合作;在支付方面,与万事达卡、维萨(VISA)、贝宝(PayPal)建立合作关系。

中小企业对资金的需求不断增长,看好贷款市场的发展,阿里巴巴集团联合多家企业合作成立针对淘宝网商的小额贷款公司——浙江阿里巴巴小额贷款股份有限公司,并获得了我国首张电子商务领域的小额贷款公司营业执照。贷款服务不仅拓展了阿里巴巴服务的产业链条,增加了用户黏性,还新增了盈利空间。

平台企业努力提高电子商务营销效率。随着海量信息时代的到来,电子商务平台信息纷繁复杂,企业很难高效地找到有针对性的有价值信息,与此同时,卖家的推广信息更是被淹没在信息的汪洋大海中。因此平台企业采取了以下几项措施,提高网络营销精准度:一是专业化,将行业细分,并主推重点行业,如慧聪主攻五金、建材、礼品、服装纺织、家居用品五个消费品行业。二是实行实名制,提高信息的真实性和企业进入门槛,如阿里巴巴正式宣布推行实名制。

(4)深化和扩张增值服务。

电子商务服务市场竞争激烈,搜索巨头百度也加大对中小企业的营销力度,电子商务企业挖掘新用户的难度越来越大。于是,基于现有用户,挖掘和深化服务成为一种有效的竞争手段。一方面从服务要效益,另一方面进一步增强用户体验,提高用户黏性。阿里巴巴将 2010 年定为"客户服务年"[1],并且将焦点重新放于为客户创造价值上,向中小企业提供网络营销、管理软件、融资贷款、外贸实务等一系列增值服务。受付费会员及增值服务收入增长的带动,2010 年上半年阿里巴巴总营收较上一年同期增长 49%,并且增值服务的利润率高于来自会员费的利润率,其中贡献较大的两项服务分别是 2010 年新推

---

[1]来源:阿里巴巴网站,阿里巴巴 2010 年年报。

出的"网销宝"和"黄金展位"。

电子商务服务企业普遍推出的增值服务之一是网络融资业务。中小企业"融资难"一直是制约中小企业发展的主要障碍。2010年6月,B2B三大巨头网盛生意宝、阿里巴巴和敦煌网相继推出面向中小企业的网络贷款服务:"贷款通""网络联保"和"e保通"。网络贷款服务,不仅缓解了中小企业融资难题,增加用户黏性,而且利润率高,为电子商务企业探索出一条新的盈利模式。

(5)线上+线下双管齐下。

电子商务在我国还处在成长初期,电子商务的核心是商务,很多领域还离不开传统商务。因此,针对传统企业的服务,线上和线下服务互相结合是非常有效的策略。2010年11月,阿里巴巴收购一达通公司,借助一达通公司在传统外贸领域的优势,从通关、运输、保险等多个环节,切实帮助中小企业实现外贸业务,实现线上业务和线下业务的有机结合。另一个案例是盖世汽车网,该网站保持高速增长的经验之一就是多种服务模式同时出击。除了互联网,盖世网同时借助会展、行业专刊多种推广模式。不仅如此,盖世网还与资源丰富的全球100家汽车行业协会建立了良好的合作关系。第三个案例是慧聪网,慧聪网的商业模式也囊括了线上和线下服务,该公司2010年的年报显示,线上服务收入只占43%,而其他大部分收入则来自于黄页、研究及展览等传统服务项目。

3. 在市场上做文章

(1)注重细分市场。

B2B服务商中,既有覆盖各个行业的综合性服务平台,也有专注于某一领域的垂直服务平台。垂直性平台能提供更专业、更精细、更有针对性的服务,也能吸引众多传统企业用户。以专注与汽车行业的盖世汽车网为例,该网站交易额已经连续两年保持100%[1]以上的增长,即将突破百亿元的交易规模。该网站稳定的买家资源超过3万家,注册的卖家会员也超过了20万户。买家既覆盖整车企业,也包括总成件制造商,其中不乏福特等国际知名企业。

敦煌网成立几年来,一直专注于小额外贸市场,网站不仅提供信息服务,还实现在线交易。受益于专注和执着,该网站已经率先实现盈利[2],并且顺利拿到第三轮融资。

---

[1]来源:易观网,《专业B2B获得最好生存的方式探究》,http://www.eguan.cn/cache/1247/96464.html。

[2]徐洁云、王树彤:《B2B外贸市场3年后将达100亿美元》,《每日经济新闻》,2010年3月17日。

(2)继续拓展国外市场。

国内市场竞争激烈,导致电子商务服务商纷纷将触角延伸至海外,寻找更大的市场空间和利润增长点。2010年二季度,阿里巴巴接连收购了两家美国电子商务公司Vendio及Auctiva。阿里巴巴的收购可谓一举两得,不仅成功进入美国电子商务服务市场,还为国内中小企业开拓了潜在美国买家市场,完善了阿里巴巴平台服务的产品产业链条。网络购物软件提供商ShopEx也积极寻求与eBay、PayPal两大服务商合作,借助二者在国际市场的影响力,拓展海外市场。2010年1月,阿里巴巴与韩国非盈利性政府机构KOTRA(大韩贸易投资振兴公社)战略合作,共同推进专门针对中国和韩国中小企业进出口贸易的电子商务市场。

(3)多领域合作。

拓展服务种类,增强竞争力。2012年8月,网盛生意宝投资建设"B2B互联网支付平台",以此贯通交易和支付服务链,增强核心竞争力。网盛生意宝还在推出权威数据:大宗商品供需指数(BCI)和三地原油监测系统,以此树立行业权威地位。针对信用瓶颈问题,阿里巴巴与深圳一达通公司合作推出数据认证服务。认证后的企业,交易记录、海关和税务数据将自动生成,有助于帮助海外买家充分了解国内供应商的信用和资质情况。

阿里巴巴与重庆将在多个方面展开合作,阿里巴巴不仅将国际电子商务服务中心落户重庆,还在电子商务在线交易担保、电子商务结算、云计算、电子商务全球股权投资、电子商务教育培训等多个方面展开合作。阿里巴巴与联通携手打造3G电子商务平台,双方将在基础通信服务领域、互联网及3G无线互联网增值业务领域全面开展深度合作。双方在网络、应用平台以及客户服务上实现资源互补,尝试打造无线互联网的商品交易和生活服务平台。

4. 开拓多种营销手段

(1)SNS+电子商务。

口碑传播是有效的营销方式之一,SNS的口碑营销成为近年最火的营销手段之一。Facebook模式的成功,更说明SNS是积聚网站人气和用户数的有效手段。2009年,生意宝推出"生意人脉圈",帮助网站用户拓展人脉关系。同样,敦煌网利用Facebook平台,采取赢取大奖等活动,要求买家将敦煌网推荐给自己周围的商人朋友,取得了满意的效果。

（2）数据挖掘受到重视。

经过多年运营，电子商务服务商都积累了海量用户数据和交易数据。这些数据都是非常宝贵的财富，针对这些数据的挖掘和分析，会有效指导企业营销行为和政府制定政策。数据资源的充分利用，一定会成为企业的核心竞争力和未来的增值点。在数据挖掘方面，阿里巴巴走在了前面。2010 年 9 月，阿里巴巴发布了网商发展指数；2011 年 1 月，阿里巴巴披露中国各地区内贸电子商务景气指数。

（3）布局移动端。

移动互联网的迅猛发展，B2B 平台服务企业纷纷涉足手机端。2012 年 10 月，敦煌网推出首款外贸交易移动管理平台，有效解决了跨境交易中的及时沟通和时差障碍问题。网盛生意宝也发布移动客户端软件"期货通"，帮助投资者随时随地掌握期货行情。

5. 转型

B2B 原有的商业模式是粗放型的跑马圈地，简单的会员制服务，不能满足用户增加订单的需求，因此中小企业的续费意愿逐步降低。尽管出现个别服务平台倒闭的现象，但是更多的 B2B 平台服务企业表现得更加成熟，它们积极探索新的出路，通过转型来应对不利环境。

信息平台向交易平台转型。打通生产企业和小卖家的供货渠道。阿里巴巴 B2B 平台对接淘宝资源，针对网店卖家的货源需求，在 1688 网站实现商品批发、备货的全流程服务，商品既可以 1 件起批，也可以实现多品种的混批交易。在整个阿里巴巴大平台上，B2B 和 B2C 实现价值链的无缝对接，同时满足了淘宝卖家和生产企业的需求。

外贸向内贸转型。由于欧债危机，外贸型中小企业遭遇寒冬，相关的外贸型 B2B 平台公司也受牵连，增长放缓，个别企业开始裁员。在外贸不景气的环境下，环球资源也从外贸向内贸+外贸的双市场转型，一方面拓展外贸市场，另一方面帮助中国外贸工厂在国内找到买家。

信息商向服务商转型。2012 年 3 月，曾获得深圳市政府 1 亿元的扶持资金的深圳商机网，放弃 B2B 服务商定位，转型为电子商务解决方案商。

【拓展阅读】阿里巴巴宣布退市

2007 年 11 月 6 日，阿里巴巴在联交所上市，开盘价 30 港元，融资 116 亿港元，创下中国互联网公司融资规模之最。然而,不到五年时间,2012 年 6 月,阿里巴巴在香港联交所发布公告宣布其退市申请获得批准,集团提出以每股 13.5 港元的价格回购上市公司约 26% 的股份。与此同时,阿里巴巴将启动其 B2B 公司私有化计划,以期实现阿里巴巴集团的整体上市。

阿里巴巴退市的原因在于即将对 B2B 公司进行战略转型,从发展会员向提升用户服务转移。转型可能造成公司收入放缓。阿里巴巴集团董事局主席马云表示,"将阿里巴巴私有化,可让我们免于承受拥有上市子公司所需面临的压力,能够制定对客户最有利的长远规划。私有化要约也可为我们的股东提供一次具吸引力的变现机会,而不必较长时间等待公司完成转型。

不仅如此,阿里巴巴还期望整合旗下子公司业务,形成共赢的商业生态。阿里巴巴旗下已经囊括七块业务,分别是 B2B、淘宝网、天猫、一淘网、支付宝、阿里云、阿里移动七家公司。未来,阿里巴巴将整合七块业务,形成合力和核心竞争力,包括打通淘宝买家到 B2B 生产厂家的链条,打通阿里金融、云计算和各子平台的数据等。在所有业务整合完毕后,阿里巴巴将实现集团的整体上市。

阿里巴巴实现整体上市,将融合阿里巴巴完整的商业生态,获得较高的市场认可和估值。而阿里巴巴 B2B 在港交所上市期间,一方面遭遇 2008 年的全球金融危机,整个资本市场持续走软,另一方面,B2B 业务由于商业模式制约,股价长期徘徊在发行价之下,甚至一度跌破 4 港元,没有达到通过资本市场融资的目的。

互联网专家方兴东认为,阿里巴巴私有化还有一个重要原因,就是收回公司的控制权:"集团越做越大,但核心掌控权却不在自己手里,马云近两年来的一系列战略布局中,夺回控股权都是核心。"2010 年 10 月,雅虎在阿里巴巴集团董事会的投票权从此前的 35% 增加至 39%,而马云等管理层的投票权降至 31.7%,雅虎成为阿里巴巴集团第一大股东。

6. B2B 服务市场存在的问题

B2B 服务市场高速发展的同时,仍然暴露出一些尚待解决的问题,如诚信、行业分布不均等问题。

(1)诚信问题。

2011 年 3 月,阿里巴巴 B2B 公司在公告中披露,公司委托专门的调查小组,对客户欺诈事件进行了独立调查，查实 2009、2010 年两年间分别有 1219 家和 1107 家"中国供应商"客户涉嫌欺诈。虽然上述账户已经被全部关闭，并已提交司法机关参与调查。但是，这一事件值得整个行业进行深刻反省，如果不能有效规范电子商务领域的诚信和安全问题，电子商务将受到严重伤害，无法持续健康发展。

2011 年 4 月，慧聪网域名被阿里巴巴旗下公司万网封停，涉嫌不正当竞争，随后慧聪宣布针对万网发起诉讼。

（2）电子商务服务企业的行业分布不均匀。

根据 2010 年数据，电子商务服务企业所处的行业分布仍然十分不平衡，前十大行业的集中度达到 67.25%[①]。其中，纺织服装、数码家电、钢铁机械分别以 12.2%、10.3% 和 7.25% 分列前三名，其余行业依次为建筑建材、农林畜牧、五金工具、化工医药、包装印刷、食品糖酒、礼品饰品。如何让各行业都充分获得应用电子商务带来的益处，成为电子商务下一发展阶段的挑战。

二、B2C 服务市场

2010 年，B2C 市场规模全年达到 1040 亿[②]，仅淘宝商城销售额约为 300 亿元，比上一年增长 200%；京东商城销售额突破 100 亿元，比去年增长 150%；凡客诚品销售额突破 20 亿元，年增长 230%，全年销售服装 3000 万件；麦包包的销售额逼近 4 亿；乐淘网的全年销售额约 1 亿元，每日订单数量峰值已经过万。在热销产品中，服装、3C 产品依然是网购的最热门商品。B2C 突破的主要原因在于：网购渗透率增长、网购习惯逐步形成、网民开始重视信用和品牌；C2C 向 B2C 模式转型；内需拉动、消费能力增强；外贸企业着眼于内销；产业链逐步完善和电子商务环境继续趋暖。

随后两年，B2C 依然保持高速增长。2011 年，B2C 市场规模全年达到 1876 亿，比上一年增长 80.40%。2012 年，B2C 市场规模全年达到 3862 亿，比一年增长 105.79%。

1. B2C 迎来大发展的一年

（1）B2C 平台数量暴增，淘宝商城异军突起。

B2C 平台数量快速增长。根据 CNZZ 数据，B2C 网站数量从 2010 年初的 1.01 万家，

---

①来源：中国电子商务研究中心。

②来源：易观智库，《2010 年中国服装 B2C 增长强劲：淘宝商城爆发》，2011 年 2 月 11 日。

增长到 12 月的 1.18 万家,增长率达到 20.45%,超过电子商务网站的整体增速。

B2C 市场最显眼的明星当属淘宝商城。凭借阿里巴巴整个集团的资源优势,2010 年淘宝商城异军突起,快速占据 28.5%[1] 的 B2C 市场份额,名列第一。由于淘宝商城的崛起,虽然京东商城、卓越亚马逊和当当网也都保持高速增长态势,但是,市场份额却都受到严重挤压,分别为 11.0%、3.0% 和 2.4%。2011 年,天猫继续攻城略地,凭借流量优势占先,交易额达到了 1000 亿元,市场份额达到 53.3%,占据市场半壁江山;京东商城年同样高速增长,增速达到 200%,交易额为 309.6 亿元。2012 年,天猫继续以 52.1% 的市场份额夺冠,其次是京东商城(22.3%)、苏宁易购(3.6%)。

(2)竞争激烈,大牌企业联合进驻 B2C 市场。

B2C 的高速成长,吸引了其他领域大佬的目光,纷纷伸出触角,抢占地盘。百度联手日本最大电子商务公司乐天成立合资 B2C 网站乐酷天;除了淘宝商城外,2010 年底,阿里巴巴还联合淘宝在淘宝网推出新网购平台"无名良品"商城;腾讯将"QQ 会员官方店"升级为 QQ 商城;中国邮政与 TOM 集团资源互补,联合推出邮乐网;支付宝也宣布和澳大利亚在线支付公司 Paymate 合作建立中文购物平台"海外宝"。

(3)团购市场爆发。

团购的特色是以诱人的低价大规模销售,满足本地居民的生活需要。2010 年 1 月 16 日,国内首家团购网站"满座"上线,揭开了中国团购市场爆发的序幕。数据显示,截至 2010 年底,国内团购网站数量有 2612 家[2],团购销售额达到 25 亿元[3]。以淘宝奔驰 Smart 团购为例,3 小时 24 分钟就卖了 205 辆。然而,团购市场热火朝天的背后,也隐藏着诸多问题,如行业内企业低水平重复竞争现象严重,暴露出欺诈等诚信问题,产品和服务质量无法保证、监管滞后等。

2011 年,团购市场达到巅峰,推动传统生活服务行业电子商务转型。易观数据显示,中国团购市场交易规模达到 237 亿元,全年参与团购的商户数量达 108 万家,团购推动了本地化生活服务类企业对电子商务的认识和应用。

2012 年,团购市场出现调整。由于盲目上马竞争,团购企业数量爆发,团购市场开始

---

① 来源:易观智库,《010 年第 4 季度网上零售市场季度监测》。

② 来源:中国广播网,《腾讯或加入千团混战:阿里表示不屑对手》,2011 年 2 月 9 日,http://www.eguan.cn/cache/1247/96964.html。

③ 韩煜尘:《团购行业:"组团"洗牌搅局者》,网友世界,2011 年 2 月 12 日。

整合,呈现优胜劣汰之势。团购市场(含聚划算)成交规模达到了 348.85 亿元[1],同比增长 61%,增速略低于网购整体水平。经过优胜劣汰,团购市场回归理性,截至2012年底,全国团购网站累计 2695 家;市场份额比较分散,美团网居首(13%),其次是高朋网(7%)、拉手网(6%)。

(4)O2O 模式成为热点。

O2O(即 Online To Offline,线上线下有机融合)模式。O2O 模式突破了网络的虚拟性,通过真实的体验,增加了买卖双方的交流和互动。团购就是最典型的 O2O 模式之一,在网上购买,在实体店进行消费。O2O 模式的另一种应用就是先体验,后消费。以酒美网为例,通过线下举办品酒会体验,推动用户线上下单。2012 年 8 月,支付宝与上品折扣共同推出实体店购买,移动支付的服务,开启了 O2O 模式的新篇章。

(5)网购奢侈品崛起,市场竞争加速淘汰。

消费者收入的增加,带动了中国消奢侈品市场需求的迅速攀升。多家权威咨询机构都预测,未来中国将占据全球奢侈品市场的首位。唯品会、魅力惠、佳品网、聚尚网、呼哈网、走秀网、我爱奢侈品、Ystyle 等应运而生。奢侈品网站也受到风险投资的关注,2010 年唯品会、尚品网、唯友佳品都先后获得风险投资的支持。目前,奢侈品网站主要经营手表、箱包、服装等品牌高档消费品。

奢侈品市场的快速增长,发了 B2C 奢侈品热潮。艾瑞数据显示,中国内地奢侈品网购交易规模达 107.3 亿元,实现 68.8% 的年增长。淘宝网发布的报告显示,2011 年海外代购奢侈品成交 150 亿元,年增速达 100%,涉及的主要商品包括服饰、箱包、珠宝、手表、化妆品。

当前,奢侈品网购的市场存在的问题有:一是无货源渠道,一些奢侈品 B2C 的电商,均以卖库存和国际二三线时尚百货为主。二是市场竞争形势严峻,一些网站出现欠薪倒闭现象。三是出于信任危机,顾客对网购的奢侈品持怀疑态度。

(6)B2C 迎来投资和上市热潮。

2010 年,B2C 的火爆,受到风险投资的特别青睐。2010 年电子商务的最大亮点是当当和麦考林相继成为国内第一批 B2C 上市企业,两家企业通过上市募集资金,用于满足

---

[1]来源:中国电子商务研究中心,《2012 年度中国网络团购市场数据监测报告》。

产品品类扩张、平台和物流体系建设的需求。麦考林和当当的上市,增强了业界对网络零售业的发展信心,推动了 B2C 投资热潮。数据显示,截至 2010 年底,中国电子商务共获超过 10 亿美元[1]的投融资。其中,京东商城获得沃尔玛在内的 5 家公司投资,总额达到 5 亿美元;乐淘获得 2 亿元人民币融资;好乐买获得至少 6000 万美元的融资;唯品会接收 2000 万美元投资,凡客诚品完成 1 亿美元[2]的第五轮融资等。

(7)传统企业进军 B2C。

零售企业进军 B2C。京东商城的出现,给苏宁、国美等传统家电零售企业带来震撼和威胁:京东商城连续几年保持 100% 以上的增长速度, 远远超过传统家电零售企业 20~30% 的增长率;国美电器库存周转率为 50 天,京东商城仅为 11 天[3]。于是,传统零售企业苏宁、国美、沃尔玛、银泰百货、家乐福等纷纷涉足 B2C 领域。2010 年 1 月,苏宁电器旗下电子商务平台苏宁易购网正式上线。2010 年 11 月,国美以 4800 万元价格控股家电 B2C 网站库巴网(原世纪电器网)。银泰网上线不到半年,日订单峰值过万单,平均约 2000 单[4],客单价达到 400 元。

传统生产企业进军 B2C。传统品牌企业也纷纷在网上开店。2010 年 7 月,eBay 中国宣布同李宁公司达成合作,李宁产品将通过 eBay 平台销往海外。2010 年 8 月,富士康旗下的 B2C 电子商务平台飞虎乐购正式上线,该平台主营 3C 产品,另外还包括部分百货类商品。据悉,特步的 QQ 商城旗舰店目前销售每月 600 万元。

2. B2C 发展特色

在网购环境良好、资金充裕的条件下,B2C 平台企业频繁出招,形成多样化的发展特色。

a. 新模式层出不穷。

网络销售模式被不断创新,团购、限时抢购、秒杀和代购模式既吸引了众多网民的注意力,也扩大了网站的营销力和销售额。据统计,2010 年全年有超过 500 万人次参加了淘宝聚划算团购。唯品会和聚尚网是限时抢购模式,唯品会活跃用户数超过百万,重复购买率达到 29.12%。秒杀销售模式受到众多商家的青睐,通过个别商品的秒杀活动,带来

---

[1]肖昕:《中国 B2C 吸金 10 亿美元之后:电商与风投博弈升温》,《南方都市报》2011 年 1 月 21 日。

[2]孙瑜:《电子商务 B2C:吹出多少泡沫》,英才网,2011 年 2 月 12 日。

[3]郭白岩:《京东商城:自建物流提升库存周转率》,《中国经营报》2010 年 3 月 1 日。

[4]来源:龚文祥微博:http://t.sina.com.cn/30dao50。

了意想不到的人气,促进了其他商品的销售。国内的电子商务网站先后推出自己的代购项目,淘宝网的"全球扫货"、易趣网的"美国直送"、拍拍网的"海外代购",代购商品主要囊括化妆品、奶粉等。

b. 市场细分。

B2C 的细分策略,包括从产品的细分和用户的细分。淘宝商城启动独立域名后,在原"电器城"和"名鞋馆"基础上,增设"运动馆"、"家装馆"、"美容馆"等行业垂直频道。再如,麦包包专注于箱包的生产和销售,尚客茶品只做茶叶生意,等等。一批目标对象精细化定位的网站也相继映入眼帘,如针对日益火爆的"她经济",面向中高端女性的网站就有梦芭莎、米拉商城、乐蜂网、呼哈网等。

c. 百货化。

百货化是提高利润和销售额、增强抗风险能力的有效途径。虽然百货化趋势已经延续了几年,但是在 2010 年,这种变化更加明显。京东商城、亚马逊中国、当当网、苏宁易购等综合商城纷纷拓充网站商品品类。当当图书占比越来越低,通过百货化扩张,已经拥有 150 万种商品,当当计划将六大类百货商品发展到占据行业市场份额的 2%;京东商城为了摆脱 3C 产品发展空间的束缚,增加用户黏性和利润空间,也宣布将发展重点放在拓展百货类商品上,特别是以降价图书作为吸引用户的手段。

2011 年,B2C 企业提高横向扩张速度。京东商城新进入图书、医药、奢侈品等领域;当当网拓展了数字书刊共赢模式;苏宁易购也从主营家电数码向图书、百货拓展;红孩子启用新的品牌"缤购"经营除母婴外的百货业务;此外,房地产、医药、鲜活农产品也走进网络销售渠道。

d. 开放。

开放平台是 2010 年电子商务企业达成的共识。通过搭建开放平台,提供基础设施服务,吸引商户入驻,从而增加销售额和盈利空间。凡客诚品新推出购物网站"V+",作为共享平台,销售一些国内外知名的商品品牌。京东商城也走开放平台战略,其他品牌直销频道已经上线,招商活动已经启动。目前,京东商城上的联营商品数量已达到数万种,覆盖家居、鞋帽服饰、钟表首饰、化妆、图书等品类。

e. 注重特色。

除了增长较快的服装、3C 及图书类网站,一些特色交易网站也不断涌现,并且成绩靓丽。经营创意百货的趣玩网,2010 年销售额同比增长 500%[①];千腾网号称网聚全球特产,于 2010 年 11 月上线运营;悠都网提供个性礼品定制;酒仙网专营酒类商品;乐淘网采取"实库代销"商业模式,减少资金投入,避免了资金链断裂风险。

f. 强强联合。

面对淘宝和天猫这样强大的对手,为了占领一席之地,其他网络零售企业纷纷采取强强联合的策略。2012 年 9 月,苏宁电器收购母婴用品电子商务网站红孩子,以此扩张产品线;10 月,沃尔玛完全增加投资,实现控股 1 号店;11 月,eBay 走秀网合作,为中国用户提供高质量的美国商品;12 月,国美电器网上商城和库巴网进行整合,实现后台统一管理和资源共享。

g. 线上+线下。

为了增强消费者体验,同时拓展销售渠道和盈利模式,一些网站还开辟了线下推广渠道。例如,麦考林除了拓展网络渠道、目录销售外,还邀请 400 余家实体加盟店,分布于一、二、三线城市。再如,凡客诚品与苏宁电器联手进行推广,双方会员可以互相享受对方的购物优惠。麦包包除了做足网络渠道,还开设线下专卖店,与传统代理商合作。

h. 移动购物市场。

移动电子商务更有实效性和地域性,有助于精准营销和个性化推荐,因此电子商务平台企业纷纷布局。根据中国电子商务研究中心的统计数字,2010 年中国移动电子商务实物交易规模达到 26 亿元,同比增长 370%。看好移动购物的发展方向,网站们纷纷抢滩移动商务市场。继淘宝、京东、当当等网站发布手机版网上商城后,麦考林也发布应用程序,顾客可以在手机、iPod touch 和 iPad 上就可以实现网络购物,功能包括商品搜索、浏览、购买等功能。2011 年 2 月,东商城 iPhone 客户端上线;同月,凡客宣称全面支持手机购物;5 月,麦考林继苹果客户端后再推安卓客户端。移动电子商务已初见成效,据悉,凡客诚品每天来自手机平台的成交量在 1.5 万单左右;当当网每天来自移动客户端的下单量已经超过 7000 单;淘宝移动电商 2011 年上半年收入为 45 亿元。

i. 价格战仍然是主要促销手段。

价格仍然是吸引网民购物的主要驱动力之一,也是抵御竞争的有效手段。其

---

①来源:《北京商报》,《电子商务模式之争拐点初显 C2C 现疲软之势》,2011 年 1 月 6 日。

中,价格战最激烈的当数卓越、当当和京东商城三家。2010 年 12 月 15 日,卓越宣布将对旗下数十万种畅销书在全网络最低价的基础上再降 20%,并免运费。12 月 18 日,当当网宣布将斥资 4000 万元进行促销降价活动。当天下午,京东商城宣告对展开总金额 8000 万元的大促销。随后,卓越亚马逊随后再次加入,宣布斥资 1 亿元让利用户。

淘宝商城在光棍节发动的五折促销活动,该活动引起巨大轰动:超过 2100 万人次购买,共完成交易 300 多万笔,当日成交额达 9.36 亿元。京东商城在 12 周年店庆活动中,也成绩斐然:13 个小时内接到 15 万个订单,日销售额超过 1 亿元。

2012 年,价格战演绎的愈发激烈。4 月开始,苏宁易购、京东、天猫、库巴等电商巨头、发起"史上最大规模"的电商价格战,天猫宣布投入 2 亿元支持平台内商家进行价格战,而苏宁易购和京东商城也宣城投入 5 亿元"迎战",随后新蛋网宣布投入 3 亿参战。8 月,京东、苏宁、国美三家开展了更加激烈的价格战,随即遭到发改委价监局的介入调查。从时间节点看,"双十一"无疑是一年中最大的价格战,在 2012 年的活动中,天猫发放了近一亿元的红包,加大了宣传力度,淘宝和天猫当天总销售额达到 191 亿元,其中单日完成销量 100 万以上的共有 2580 家店铺。

3. 进行大规模投入

网购市场高速成长,竞争愈发激烈。在风险投资的支持下,为了争夺一席之地,商家不惜在人力、物流、促销等方面进行大手笔投入。

(1)在人力方面进行投入。

为了满足 B2C 企业快速扩张的需要,平台企业纷纷组建庞大的运营团队。比如刚上线一年的苏宁易购,2011 年将组建总人数六千的电子商务团队,专攻网购市场,而此前运营团队才两三百人。京东商城将重点提升物流和客户服务方面的服务,在 2010 年年底宣布计划招聘 3000 人[①],公司员工总数将超过 5000 人。麦包包公司快速扩张,员工数在一年的时间内从两三百人发展到近千人。

(2)自建物流体系。

B2C 企业的物流模式大致包括自建物流体系、应用第三方物流或者二者的综合。但是,在第三方物流体系下,高价格、参差不齐的服务质量常常制约电子商务平台企业的发

---

①来源:《大洋网-信息时报》,《京东商城计划招聘 3000 人 明年员工总数过 5000》, 2009 年 12 月 23 日。

展。为了增强消费者体验,突破物流瓶颈,部分 B2C 企业布局物流仓储环节。由于建设物流建设专业性极强、耗资巨大,因此物流与仓储水平已经成为衡量 B2C 实力的重要指标。京东商城近两年将所融资金的 70% 用于仓储物流建设,在北京等 5 个城市完成了一级物流中心的布局,目前其三级物流体系已经覆盖全国 50 个城市。卓越亚马逊在全国已有 9 个库房,通过自己的物流配送出去的货品已经占到总量 60%~70%。乐淘网宣布,将分别在北京、上海、广州、沈阳、武汉等地建立仓储基地。麦考林上市后,将斥资 1 亿建物流 IT 平台。不仅如此,淘宝实施大物流计划,已在上海、深圳建立了 2 个淘宝大仓。

(3)大规模投入广告和促销。

随着 B2C 网站数量增加,竞争的加剧,除了降价促销,投放网络广告也是增加网民关注的有效手段。随着需求的增长,网络广告价格也水涨船高,无形中加大了平台服务企业的营销成本。据悉,门户网站的广告价格过去一年涨了 40%[1],导航网站的价格过涨了四倍,搜索引擎的价格也涨了一倍,网购平台获得一个购买用户的成本已经涨到 80 元左右。除了网络广告,B2C 网站还在传统媒体投入大量资金。梦芭莎在央视黄金时段投入广告;京东商城投资央视 5 套世界杯栏目广告;凡客诚品邀请韩寒、王珞丹为形象代言人。

4. B2C 存在的问题

(1)规模较小,仍然处在成长初期。

虽然 2010 年爆发式增长,但是我国 B2C 规模仍然较小,交易额也处在较低水平。整个 B2C 领域基本处于成长期的起步阶段。

同社会商品零售总额相比,网络零售总额比例仍然较低。根据商务部数据,2010 年社会消费品零售总额 15.45 万亿元,而 B2C 数据只有 1,040 亿元,占比只有 0.7%。

同传统零售企业比较,网络销售额占全部销售额的比例比较低。在家电行业,根据有关统计,2009 年中国家电市场总量约 11760 亿元[2]。国美电器 2010 上半年销售收入 248.73 亿元,苏宁电器 2010 年销售收入 755 亿元,而京东商城的全部销售额仅仅为 100 亿元,占家电销售市场的份额不到 1%,占苏宁电器销售额的比例不足七分之一。再以服

---

①来源:《IT 经理世界》,《电子商务新拐点:以不变应万变——供应链管理制胜》,2011 月 1 日 17。

②丛健、许意强:《家电网购明年洗牌 谁会倒在黎明前》,《中国企业报》2010 年 9 月 17 日。

装市场为例,2009 年国内服装市场销售额为 13000 亿元[1],而服装网络零售额占服装零售总额比例不到 3%。再如,创维与淘宝网、拍拍网、京东商城等线上渠道合作,销量也仅仅占整体的 4%[2]左右。

与国外大佬比,国内 B2C 平台企业也相当弱小。从销售品种来看,亚马逊销售超过 3000 万种商品,京东商城商品不过 10 万种。沃尔玛 2010 年全球交易额 4000 亿美元,中国 B2C 年度总交易额才达到 1040 亿元人民币,差距悬殊。

另外,网络商城的盈利能力还相对较低,京东的毛利率不高于 10%[3],而国美和苏宁的毛利率却都在 17%左右。

(2)低水平恶性竞争,尚需挖掘盈利能力。

B2C 平台企业同质化竞争严重。据统计,目前国内家电类网上商城已超过 1000 家,而这些网站在商品品类、商业模式上雷同,没有形成差异化竞争。这种情况下,为了跑马圈地,打败竞争对手,在风险投资的支持下,B2C 企业不断进行降价和促销。凡客诚品称,"虽然每天的销售额近 600 万,但凡客诚品一直在亏损,亏损数字达到上亿元[4]。"短时期看,消费者享受到了低价的实惠,企业获得了市场份额;但是从长远看,低水平恶性竞争对产业和企业的发展、甚至是对消费者的利益都没有好处。

(3)公司治理需更加规范,倒闭现象依然存在。

麦考林上市后的首份季度财报发布后,让投资者大失所望。股价不仅因此受到重创,还遭遇美国当地的五起集体诉讼[5],被指控报告虚假和过度包装。麦考林的遭遇,暴露出我国企业治理水平还需提高,盈利能力有待改善;另外,麦考林在对国外相关法律、法规不了解的情况下,急于海外上市,暴露出企业被过度包装的问题。

B2C 企业倒闭现象依然发生。面临激烈竞争,一些网站由于商业模式模糊,缺少资金和人才,不得不选择破产倒闭,如化妆品领域的米粒商城和妆点网。

(4)物流、支付环境有待完善。

物流依然是制约电子商务发展的最大问题。虽然一些网站自建物流体系,但目前的

---

①贺骏:《"衣""网"情深 电子商务全力撬动服装业》,《证券日报》2010 年 8 月 4 日。
②丛健:《京东商城与彩电企业缘何上演"封杀"戏》,《中国企业报》2010 年 11 月 4 日。
③来源:《江苏商报》,《刘强东:京东要踩刹车 希望放缓订单增长量》,2011 年 2 月 16 日。
④来源:《中华工商时报,电子商务亏钱"赛跑"》,2010 年 8 月 19 日。
⑤来源:《证券日报》,《麦考林遭遇美国集体诉讼危机——国内企业值得警惕思考的》,2010 月 12 月 31 日。

物流发展水平仍然不能满足网购市场快速发展的需要。淘宝商城在"光棍节"促销活动中，单日成交9.36亿元[1]，然而却遭遇物流爆仓，四家银行的网银系统也出现宕机现象。目前物流快递存在的问题有：一是目前有能力覆盖全国、且提供代收货款业务的快递公司奇缺；二是能覆盖乡村市场的快递公司更是凤毛麟角；三是一些物流企业的服务意识和服务水平滞后，降低用户满意度。

（5）传统企业还没真正进入B2C，网络销售冲击传统销售渠道。

虽然一些传统企业正在尝试进入网络销售渠道，但是大部分传统企业仍处在观望之中，传统企业的电子商务应用水平有广阔的提升空间。在美国，前10名的B2C企业除了亚马逊，有一半都是传统零售企业，而中国排名靠前的B2C，没有一家出身于传统零售行业。虽然苏宁等传统零售企业开始动作，但是鉴于服务模式模糊和人才短缺问题，还处于尝试初期。

网络销售引发传统渠道窜货投诉。很多传统企业都面向全国性大市场，各地渠道和价格也各有差异。而网络零售价格透明，并且在全国范围内统一定价，导致窜货现象出现，影响各地渠道商的利益。创维彩电的一些分公司就曾向总部投诉北京、上海等地分公司[2]，认为他们对京东商城的供货价过低，严重扰乱了当地市场正常的价格秩序。一些品牌企业也在探索解决窜货行为，如开发专门针对网购市场的细分品牌，或者只在网络销售过季的库存商品。

（6）出现垄断和不正当竞争行为。

B2C领域的平台服务企业的市场占有率还都没有达到垄断规模。但是，在某些细分领域，一些市场份额较高的企业，为了排挤竞争对手，不惜使用不当竞争手段。例如，当当为了阻碍京东商城进入图书网购市场，不惜大打价格战；当当还向出版社发函，要求出版社在当当与京东之间进行"二选一"[3]，显示出明显的垄断行为。

【拓展阅读】"价格战"烽烟再起

"价格战"爆发

2014年8月14日，刘强东连发两条微博，声称京东大型家电三年内零毛利，所有大

---

①来源：《IT经理世界》，《B2C匆匆走过12年：2011迎来引爆点》，2011年2月11日。

②丛健：《京东商城与彩电企业缘何上演"封杀"戏，中国企业报》2010年11月4日。

③侯继勇：《当当京东价格战背后的躁动：二选一再现江湖》，《世纪经济报道》2010年12月17日。

家电保证比国美苏宁连锁店便宜10%以上，将派员进驻苏宁、国美店面。随后苏宁和国美纷纷加入电商价格大战，苏宁易购承诺包括家电在内的所有产品价格必然低于京东，若任何网友发现苏宁易购价格高于京东，苏宁方都会即时调价，并给予已购买者两倍差价赔付。国美同样表示不回避任何形式的价格战，商品价格将比京东商城低5%，并且保持线上、线下一个价。

（1）价格战仅仅是营销活动。

2012年8月15日，根据一淘网数据，6大电商的大家电商品11.7万余件中，仅有5000多件商品价格有所下降，占比约4.2%。可见，价格战只是一场营销活动。通过营销吸引眼球、打压竞争对手，提升企业市场地位，增加销售额。价格战经过炒作，引起了消费者的广泛关注。网易有道的数据显示，苏宁易购的流量涨幅达到706%；国美流量涨幅达到463%；京东涨幅达到132%。

（2）价格战引来欺诈质疑。

一些消费者反映，降价后的商品价格并不真正便宜。一淘网的数据更是发现，在价格战的前夜，京东提高了一些大家电产品的售价，随后再进行降价活动。以松下一款55英寸LED液晶电视为例，该商品在2012年8月13日、14日售价均为12999元，到15日零点，价格提高到20999元，随后在白天宣布降价9500元，降至11499元。而以14日价格计算，实际降价1500元。此外，一些热销商品虽然显示大幅度降价，但是却处于无货状态，引起消费者强烈不满。一些失望和质疑声音悄然而起，价格战俨然成为一场营销骗局。

（3）发改委介入价格战欺诈调查。

收到欺诈投诉后，发改委价监局介入电商"价格战"迷局，展开深入调查价格欺诈行为。调查结果认为，价格战过程中，有电商的促销宣传行为涉嫌虚构原价、欺诈消费者的情况发生。调查认为，三大电商在"价格战"中存在三种问题：一是虚构原价，二是未履行零毛利承诺，三是表明有货，实无货及重合商品少等。

接到发改委调查意见后，京东公开发表了声明，因未履行承诺向消费者致歉，并表示将进行认真反思整改。

（4）价格战值得反思。

价格战吸引了眼球，促进了销售。但是，价格战之后，留给业界诸多思考。首先，对于电子商务平台企业，诚信经营是企业长久发展之本。其次，价格战为传统零售业指明了转型方向,电子商务一定是未来的发展方向,但是转型道路充满诸多挑战。最后,电子商务和传统零售业竞争规则有显著差异,给监管者带来诸多挑战,电子商务市场治理也应与时俱进创新。

三、C2C 市场

相比电子商务 B2C 市场的火爆,2010 年 C2C 市场显得不温不火,但是依然保持高速增长。随着 B2C 服务商的平台化和 C2C 主要服务商向 B2C 扩张,B2C 模式和 C2C 模式的界限越来越模糊。一些研究机构已经开始不区分 B2C 和 C2C 模式,而是将二者统称为网络购物市场。为了保持报告的连续性,此处仍将 C2C 市场作为单独研究对象,揭示其市场发展现状。

1. C2C 市场保持高速增长

(1)交易额爆发,淘宝一网独大。

从交易额来看,根据估算,2010 年,C2C 市场交易额约为 4651 亿元(含淘宝商城)。其中,淘宝网依然一网独大,淘宝的网上交易额已达到人民币 4000 亿元左右,年增长翻倍,占据 86.0%[1]的市场份额,并且比去年增长 3.51 个百分点,呈现出强者恒强之势。拍拍网市场份额居第二,占有 10.6%的市场份额;其次是 eBay 易趣,市场份额为 3.4%。2011年,淘宝市场份额已经占到九成以上;拍拍网次之,占比为 9.0%。2012 年淘宝市场份额高达 96.4%,拍拍网占 3.4%,易趣网占 0.2%。

(2)交易趋于活跃。

网民网络购物习惯逐步形成,网络购物趋于活跃。根据统计[2],2010 年淘宝网用户人均成交笔数比 2009 年增长了 35%,仅仅在光棍节的促销中,淘宝网单日交易额达到峰值 19.5 亿元,高于同月北京市平均每天零售总额 18.91 亿元。

(3)店主数量超过百万。

店主规模继续增长,数量已经超过百万级别。根据淘宝就业指数[3]数据推算,截止到 2010 年 4 月底,在淘宝开店的店主数量达到 106 万人。C2C 平台为店主提供了一个免费开店的平台,帮助店主轻松解决了自我创业和就业难题,并且开网店还带动了其他人员

---

①来源:艾瑞咨询,《2010 年中国网络购物年度数据发布》。
②廖庆升:《电子商务交易额增长迅速——开放平台成新竞争焦点》,《通信信息报》2011 年 1 月 12 日。
③来源:淘宝网,《淘宝网创造 106 万直接就业岗位 下一个目标:1000 万》。

的就业。可见,C2C模式是对社会的巨大贡献。以淘宝为生的店主中,按照收入水平分布,以1000~2000元/月为主,占比39.3%,22.0%的人月收入在2000~3000元之间,7.4%的店主收入在5000元以上。

(4)网购用户快速增长,手机购物应用启动。

从网购人数来看,根据CNNIC报告,应用网络购物的网民渗透率达到35.1%,达到1.61亿人,比2009年增长了48.6%,增速远远超过了当年网民的增长速度,也是全年用户增长最快的互联网应用。2011年,网络购物用户规模继续稳步增长,达到1.94亿人,网络购物使用率提升至37.8%,年度增长3344万人,增长率为20.8%。2012年,网络购物用户规模达到2.42亿人,年增长24.8%,网民使用率提升至42.9%;团购用户数为8327万,年增长28.8%,使用率提升至14.8%。

相比2011年,手机网民使用手机进行网络购物的比例增长了6.6个百分点,手机团购用户在手机网民中占比较上年底提升1.7个百分点,手机在线支付提升4.6个百分点,手机网上银行提升4.7个百分点。

(5)网购商品多样化。

网购商品呈现多样化趋势,网民最常网购的商品从服装、数码等类别快速扩展到其他领域。根据淘宝数据显示,2010年,淘宝网平均每分钟售出4.8万件[2]商品,其中包括864件衣服,36部手机、880件化妆品、85本书、53包纸尿裤、13件灯具。其中,家装、家饰类商品的成交额年增长了120%。

(6)B2C和C2C融合趋势增强。

为了增加盈利能力,规避假货和信用问题,C2C平台服务商纷纷拓展B2C市场;而B2C服务商为了增加市场空间、扩张产品,陆续向其他品牌企业提供平台服务。B2C和C2C融合趋势增强。淘宝紧锣密鼓开通淘宝商城后,又马不停蹄地布局数码城、名鞋馆、美容馆、网上超市。当当、京东商城也转型为开放性平台,为品牌企业提供销售平台。从本质上说,淘宝、当当、京东商城都是B2B2C模式,虽然淘宝依然保留一部分B2C2C模式,但是,淘宝两种模式中间的B和C的差别已经越来越小了。

2. 整合资源,多渠道开拓市场

C2C模式在中国取得了重大发展,以淘宝网为首的平台服务企业虽然快速成长,但

---

① 廖庆升:《电子商务交易额增长迅速——开放平台成新竞争焦点》,《通信信息报》2011年1月12日.

是市场竞争压力仍然巨大。一方面平台服务企业还没有探索出成熟的商业模式；另一方面就是国内外主要互联网巨头都不同程度地涉足 C2C 市场，市场威胁较大；最后就是 C2C 平台上出现大量欺诈和假冒伪劣行为，引起社会广泛关注。在内忧外患的市场空间中，平台服务企业不得不整合企业的各种资源，多渠道开拓市场。

（1）深入挖掘现有广告收入模式。

广告仍然是 C2C 模式的主要收入来源。数据显示，2010 年淘宝总收入 50 亿[①]左右，而广告收入大致占 80%左右。随着网店竞争的激烈，平台服务商也拓展了多种多样的广告形式，来满足网店店主推广宣传的需要，同时也提升自己的盈利空间。如淘宝的直通车、超级卖霸、旺铺、淘客等。另外，平台服务企业也在努力拓展其他盈利模式，如淘宝的图片空间、消费者保障计划等增值服务项目也备受网商追捧。

（2）拓展产品线。

淘宝看好智能手机普及和深化应用趋势，开拓了以数字资源交易为主的网络平台。2010 年 6 月，淘宝旗下华数淘宝推出淘花网。淘花网集合了音乐、视频、软件等数字化产品，补充淘宝网产品线。如淘花网获得《哈利波特与死亡圣器（上）》的网络付费点播授权，无疑会提升销售额。

（3）拓展国际市场。

平台服务商利用内部资源，尝试拓展国际市场，增强盈利能力和国际竞争力。2010 年 6 月，淘宝网的"淘日本"与雅虎日本的"中国商城"同步上线。这样，中日网民可以轻松购买跨国商品，尤其是利好中国的"哈日族"，他们只要轻点鼠标，就可以买到心仪的日本产品。

（4）促销。

为了提升影响力和促进销售，淘宝借助光棍节之际，联合百余家知名品牌进行全场五折大促销。促销活动吸引了网民的购物热情，取得了非同凡响的效果。淘宝官方宣布的成绩是在 16 个小时内，有 2 个品牌的销售额超过千万，有 58 个品牌的销售额超过百万。淘宝也创造了单日成交 9.36 亿元的最高值。

（5）利用其他领域优势，助推电子商务。

1）搜索+电子商务。

随着网购市场的启动，消费者在海量商品信息里寻找到中意的商品是件非常困

[①]雷建平：《淘宝 2010 年广告收入 40 亿——商城卖家作用显著》，《腾讯科技》2011 年 1 月 17 日。

难的事。电子商务和搜索引擎相结合,可以帮助消费者精准定位自己的需求。百度旗下C2C平台有啊网,深度整合搜索引擎,推出有啊生活平台。该平台基于网民的日常生活,如婚嫁、母婴等领域,不仅提供类似黄页的信息服务,而且可以根据网站提供的400电话直接与商家通话咨询。无独有偶,2010年8月,阿里巴巴集团与搜狗战略合作,同样布局搜索购物市场。

2)SNS+电子商务。

SNS(网络社区)对电子商务的意义可谓重大,一方面可以增加用户的黏性,另一方面,购买者的评价会深度影响其他潜在用户的态度和购买决策。拍拍网高管称[1],腾讯将加大与旗下SNS与拍拍网和QQ商城的融合,利用SNS优势,推动商城的发展。据悉,拍拍网未来发展战略就是"电子商务+SNS"。淘宝也通过阿里旺旺架起了买家和卖家沟通的桥梁。阿里旺旺的崛起,在一定程度上导致QQ等即时通讯企业的市场份额下降。

3)手机+电子商务。

手机上网成为增长最快的上网方式,手机网购也呈现出良好的发展势头。数据显示[2],2010年11月美国移动设备购物产生消费额,占美国全部在线销售总额的大约5%。在我国,手机购物也崭露头角,2010年中国移动电子商务实物交易规模达到26亿元[3],同比增长370%。手机淘宝成交额达18亿元[4],每天有超过1000万人登陆手机淘宝,单日最高访问用户数达1700万,单日交易峰值达3700万元。

4)电视+电子商务。

电视仍然是中国人的主要信息媒体,因此也成为电子商务平台服务商拓展渠道的主攻方向之一。通过电视,可以将购物覆盖那些非上网人群。淘宝网联合华数集团,推出"华数电视淘宝商城",涵盖老百姓日常所需的家具日用、服装、数码等12大类商品。杭州作为首批试点城市,观众通过电视就可以在淘宝商城进行购物。

5)信用卡+电子商务。

支付是网络购物的重要一环,它的安全性和便捷性将影响消费者的体验,因此整合支付环节是增强电子商务企业核心竞争力的关键。2010年1月,淘宝联合支付宝与中国

---

①来源:谷慧、拍拍网刘春宁,《未来战略电子商务加SNS》,网易科技,2010年7月5日。
②来源:新华网,《兴起移动购物——每月卖出4辆法拉利》,2010年12月20日。
③来源:中国电子商务研究中心。
④来源:阿里研究中心,《阿里简讯》,2011年3月。

银行合作,推出"中银淘宝信用卡"①。该卡直接和用户的支付宝账户绑定,直接用于网络购物,另外,该卡最吸引人的地方是持卡人将自动成为淘宝网钻石卡会员,享受淘宝购物至少8.8折的优惠。

6)线上+线下。

为了覆盖更多的非上网人群,让更多的普通人参与网络购物,淘宝利用线上优势,向线下延伸,扩大了销售渠道。淘宝授权副食店、超市、连锁店等社区店、校园店成为淘宝网官方指定代购店,为消费者提供网购、充值缴费等电子商务服务。

3. 电子商务生态系统逐步完善

2010年,C2C平台服务商继续延续开放、共享的商业策略,积极建设和完善商业生态系统。同时,政府有关部门也出台规范,推动网络购物市场的健康发展。

(1)网商服务业兴起。

伴随网络购物的火爆,网上开店渐成趋势,网商群体规模超过百万,相应也酝酿出一个专门针对网商的服务领域——网商服务业。网商服务业专门为网店提供各种各样的服务,涵盖运营、客服、营销、仓储、培训等等多项业务。网商服务业虽然刚刚起步,但是已经显示出强大的生命力。据悉,在淘宝网平台上,通过淘宝网认证的网商服务商达到220家②。

(2)建设物流体系。

第三方物流能力和服务质量仍然是制约网购发展的瓶颈问题。困扰于第三方物流模式不能满足网购市场的需求,2010年6月,淘宝启动大物流计划。一方面,淘宝拓展物流伙伴,在北京、上海等一线城市建立多个物流中心;另一方面,淘宝平台将通过API接口全面开放,使得物流服务商、淘宝卖家和外部商家以及各类电子商务网站均能借助物流宝平台打通订单交易信息、物流信息和商家自身ERP系统信息。卖家通过这套系统可以大大减少物流成本、提高物流效率。

(3)继续开放平台,拓展生态。

淘宝力推"大淘宝战略",继续开放平台,拓展电子商务生态圈。据淘宝网公布的数据显示,截至2010年底,淘宝开放平台上已拥有11万注册开发伙伴,已经产生出3.6万个

---

① 赵明:《淘宝网购有高折扣——支付宝中行推信用卡》,《中国经济时报》,2010年1月22日。
② 来源:通信世界网,《淘宝开放年 携合作伙伴打造"千人千面"的淘宝》,2011年2月24日。

线上应用,上一个应用最多有 22 万淘宝用户同时在使用,每天淘宝 API 调用数达到 7 亿次;而 2010 年第三方应用收入已达到 1650 万元。

(4)C2C 网络购物环境逐步规范。

信用和售后服务依然是 C2C 存在的主要问题,随着社会各界的努力,网络购物环境逐步规范。

为了促进网络商品交易及有关服务行业的健康发展,2010 年 6 月 1 日国家工商局颁布《网络商品交易及有关服务行为管理暂行办法》。该办法对网络商品经营行为进行了明确规范。根据这一办法,网店经营者必须提交营业执照或者真实姓名。违反这一办法有关规定的,最高可被处以 1 万元以上 3 万元以下的罚款。

以淘宝网为代表的平台服务商加大了针对消费者的保障服务。淘宝修改了搜索规则,规避卖家作弊行为,同时加大售后服务力度。2010 年初,淘宝宣布实行全网购物保障制度,消费者在淘宝任一店铺购物如遇实物描述不符、质量问题等与卖家产生纠纷,淘宝均可动用消费者保障基金先行赔付。2010 全年最终成功维权金额 1.69 亿[1],金额保障比率为 89.14%。

四、移动商务

3G 和智能手机的普及,推动了手机上网人群快速增长。利用手机终端可以便捷地搜索信息、在线选择及购买商品和在线支付。移动电子商务的应用市场已经启动,产业链企业纷纷布局,抢占市场。

1. 移动电子商务应用启动,但是规模较小

移动电子商务交易市场开始启动。2010 年,移动电子商务实物交易规模达到 26 亿元[2],同比增长 370%。虽然增速较快,但是相比整个移动互联网服务市场规模 342 亿元[3],差距较大,有很多提升空间。

用户规模快速增长。2010 年我国手机网民达到 3.03 亿人,占网民总数的66.2%。仅2010 年上半年,移动商务用户规模就达到 5531.5 万人。手机银行也快速普及,根据毕马

---

[1]来源:雅虎科技,《淘宝网消费者年维权成功金额达 1.69 亿》,2011 年 2 月 18 日。
[2]来源:中国电子商务研究中心。
[3]来源:易观国际,《2004-2013 年中国国内移动互联网市场规模》。

威发布的调查数据,有77%的中国受访者使用手机进行银行交易,较上次调查增加两倍多。同时有44%的中国受访者使用手机进行零售交易,较上次调查增加接近三倍。另据艾瑞数据,2010年中国手机支付市场规模将达到28.45亿元,手机支付用户总数将突破1.5亿户。

从手机版应用软件下载情况,也可以透视移动互联网的发展趋势。2009年,从eBay上下载iPhone版应用软件超过1000万次[1],交易金额达到6亿美元,公司预计2010年通过该软件进行的交易量可达15亿至20亿美元。支付宝的数据显示,无线官方网站已经有500万次[2]的客户端下载量,而苹果商店(Appstore)与安卓市场(Android Market)的下载量也超过100万次。

一些研究机构也认为移动电子商务商机无限,纷纷给出各种预测。艾瑞咨询预计2012年我国移动电子商务用户将接近2.5亿,易观国际预测2013年中国移动支付市场规模将达到235.1亿元。

2. ICT企业纷纷布局移动电子商务

看好移动电子商务高速成长的前景,产业链企业在战略上重视,同时积极调度资源,抢占移动商务市场先机。

(1)运营商调整战略。

中国电信固网语音业务收入逐渐萎缩,占比已降至29%,而非语音业务保持两位数以上增长,移动、有线宽带、增值及综合信息业务收入占比目前已提高至56.8%[3]。在市场快速变化的情况下,中国电信开始调整业务结构,频频在移动商务领域进行布局。中国电信成立支付公司,命名为"天翼电子商务有限公司",其业务主要涵盖了移动支付、固网支付及积分支付等领域。这之前,中国电信还推出移动支付服务,业务名称为"翼支付"。

中国移动看好移动支付市场,高调入股浦发银行,成为第二大股东,尝试电信+银行的强强合作。中国移动与国内货源分销网店服务提供商Hishop合作,将移动手机支付接口整合至Hishop旗下的网店系统产品中,开店网商可以向手机平台申请向客户发行代金券、积分、红包等服务。同时可通过手机支付平台进行充值、提现、消费、支付等账户管理。

---

①张天阔:《eBay全球CEO:电子商务的移动时代已经到来》,《世纪经济报道》,2010年9月26日。

②来源:通信信息报,《手机购物普及带来商机——企业鏖战手机支付》,2010年7月9日。

③来源:中国电信,《王晓初称中国电信非语音收入占比提高至56.8%》,2010年12月29日。

中国联通公司更是马不停蹄地成立了专门的移动支付公司"联通沃易付网络技术有限公司"。新公司业务范围将包括网络支付、移动支付和银行卡收单。新公司已经向有关部门申请支付牌照。2011年2月,中国联通与阿里巴巴集团在北京签署了战略合作协议,正式宣布双方在基础通信、云计算、电子商务、手机支付、终端销售与渠道合作等领域展开深度合作。

(2)金融机构布局移动支付。

银联自2008年开通手机支付以来,已在航空机票、彩票、保险、缴费等多个行业领域实现应用,并且在上海、山东、宁波、四川、湖南、深圳、云南开展了业务试点。2010年5月初,银联又联合中国电信、中国联通、各商业银行和众多社会第三方机构成立了移动支付产业联盟,联合推广基于金融账户、采用ISO有关非接触通信的国际标准的智能卡手机支付业务。

2010年6月,交通银行宣布正式进入手机支付市场,并且联合中国联通和中国银联,在上海推出以手机SIM卡实现银行支付功能的太平洋联通联名IC借记卡。持卡人将芯片从卡片上取下,放入联通特制的手机中,可以进行手机通讯,也可在带银联标识的POS终端上实现手机支付功能。

(3)第三方支付平台虎视眈眈。

众多第三方支付平台也都已进入了移动支付领域,其中包括支付宝、易宝支付和财付通等公司。

目前,财付通已经推出手机订购机票和缴纳水电煤费、充Q币Q点等服务,手机支付合作商家超过40万户。阿里巴巴集团将在未来五年内,继续向支付宝投资50亿元人民币,重要投资方向之一就是移动支付领域。目前,基于微软手机(Windows Mobile)、塞班手机、苹果(iPhone)手机、安卓(Android)手机、黑莓(Blackberry)等智能机的手机客户端都已相继面世,其功能包括查询、支付、民生缴费、话费充值、娱乐消费等功能。

为了增强行业自律,规范业内企业行为,推动第三方移动支付的安全性。以支付宝为主的60多家厂商联合成立"无线安全支付产业联盟",这也是国内首个无线支付领域联盟。

(4)互联网企业争先抢夺移动商务蛋糕,无线预订业务相对成熟。

更多移动互联网应用的普及,推动了移动电子商务的发展。电信运营商联合网络服务商推动手机游戏、手机报、手机支付、手机证券等应用,激发了消费者对移动商务应用的需求。尤其是最近两年,微博、手机阅读、SNS 的兴起,更是推动了移动互联网服务的多样性,刺激消费者的加入,也为普及移动电子商务奠定了基础。

国内移动电子商务处于起步期,发展前景可观,国内电子商务企业重点布局该领域。阿里巴巴、百度、淘宝、京东商城、当当网等多家龙头企业纷纷开通了移动服务。另外,其他一些垂直市场网站也涉足移动电子商务,凡客诚品的手机应用已经开通,乐淘网的手机版也到了最后测试期;戴尔直销网站联合银联和广州易联,签订手机支付应用协议,应用于戴尔的直购交易;生活信息服务平台赶集网和 58 同城分别于 2010 年 9 月和 11 月上线手机客户端上线,受到用户广泛欢迎[1]。

在移动商务功能中,无线旅行预订相对成熟。通过手机终端,游客就可以方便的随时随地的订票、订房。携程、艺龙、去哪网先后都推出在推出无线旅行预订业务。携程网还与诺基亚合作,将无线预订酒店功能植入诺基亚手机,方便诺基亚手机用户查询预订。

(5)移动终端发展推动移动互联网发展。

最近几年,智能手机、平板电脑、电子阅读器、车载导航等移动互联网终端设备逐步普及,为移动互联网的发展奠定坚定了终端基础。尤其是 iPhone 手机的上市,掀起了智能手机应用热潮。Strategy Analytics 调查公司的数据显示,2010 年全球智能手机营收达 990 亿美元,iPhone 手机已提前完成了 1000 万台的销售目标。智能手机用户多是高端人群,接受新鲜事物快、消费能力强,更是众多企业追逐的目标。因此,智能手机的应用市场,吸引了更多企业的注意力。

3. 政策规范和标准制定

在市场规范方面,央行为了规范第三方支付行业健康发展,出台了《非金融机构支付服务管理办法》,并且于 2010 年 9 月实施。该办法提高了第三方支付行业进入门槛,并且对企业进行牌照管理。当前,有意进入该行业的企业,已经按要求提供牌照申请。

在移动支付标准方面,政府也在做准备工作。在 2011 年 4 月,在"2011 中国移动支付产业论坛"上,工信部科技司副司长代晓慧表示,工信部将与中国人民银行共同制定统一的移动支付标准,推动移动支付产业的发展。

---

①来源:《移动互联网"生活化"应用强势——赶集网手机客户端两月激活量暴涨百万》,《北京商报》2010 年 11 月 24 日。

4. 移动商务在发展中存在的问题

当前,移动商务功能尚处于起步期,移动互联网应用仍以娱乐性应用为主。根据易观国际的统计数据,在 2010 年中国移动互联网服务收入构成中,无线音乐服务收入占比52.9%,移动游戏占比 10.2%,手机阅读占比 8.8%。手机购物只占比 12.0%。

移动电子商务尚处于起步期,难免还存在其他一些问题。这些问题包括,技术标准不统一、服务种类少、用户体验还需改善。另外,用户的信任及推广普及问题、安全问题、政策及立法完善问题,仍然需要全社会的共同努力。

第三节　电子商务环境建设

近年,在国家宏观政策的积极调控和影响下,物流、金融支付、政策环境、技术和人才等电子商务环境持续改善,为电子商务快速发展提供了非常有益的保障。

一、物流

2010 年,在《物流业调整和振兴规划》利好的推动下,伴随国民经济的平稳较快发展,我国物流业重回快速发展轨道,物流体系不断完善,行业运行日益成熟和规范。物流需求显著增加,运行效率有所提高,物流业增加值快速增长。

1. 物流业快速增长,运行效率有所提高

2010 年全国物流业快速增长,社会物流总额达到 125.4 万亿元[①],同比增长15%,增幅比上年提高 3.7 个百分点。占比最高的是工业品物流,占比达到 90.2%,总额为113.1 万亿元,同比增长 14.6%,增幅比上年提高 0.5 个百分点。增长最快的是进口货物物流,总额达到 9.4 万亿元,同比增长 22.1%,增幅比上年提高 34.9 个百分点。物流运行效率也有所提高,2010 年社会物流总费用与 GDP 的比率为 17.8%,同比下降 0.3个百分点。其中,运输费下降 1.3 个百分点;保管费用同比提高 1.1 个百分点;管理费用同比提高0.2 个百分点。

---

①来源:中国物流与采购联合会,《2010 年物流运行情况分析与 2011 年展望》。

由于燃油价格连续攀升，人力成本大幅度提高，2011年全国社会物流总费用持续增长，达到8.4万亿元[②]，增速为18.5%。社会物流总费用与GDP的比率为17.8%，同比持平，经济运行中的物流成本依然较高。尽管成本增加，但物流需求仍然较快增长，2011年全国物流业增加值为3.2万亿元，增长13.9%，增幅比上年提高0.8个百分点。2011年，全国物流行业的包裹超负荷运转，全年快递业务量36.5亿件，同比增加65%以上。

在经济逐步见底回升的需求拉动下，2012年社会物流总费用缓中有升。全年物流总费用9.4万亿元[③]，同比增长11.4%，增幅比上年回落7.1个百分点。社会物流总费用与GDP的比率为18%，同比提高0.2个百分点，经济运行中的物流成本依然处在高位。根据国家邮政局发布的2012年全国邮政运行情况，全国规模以上快递业务收入首次突破1000亿元，同比增长39.2%。全国规模以上快递服务企业业务量完成56.9亿件，同比增长54.8%。快递行业已经连续5年实现超过27%的增长，其中50%以上的营收来自电子商务。2012年中国十大物流快递企业分别为[④]：EMS（邮政快递）、顺丰速运、申通快递、圆通速运、汇通快运、中通速递、韵达快递、天天快递、宅急送、全峰快递。

2. 基础设施建设稳步增长

交通固定资产投资增速放缓，2010年全国物流业固定资产投资3.07万亿元，同比增长19.4%。逐渐趋向正常年度增长水平。其中，交通运输业投资额为2.3万亿元，同比增长19.2%，占物流业固定资产投资的75.7%；仓储、邮政业投资额为2238亿元，同比增长26.7%，贸易业投资额为5216亿元，同比增长17.2%。

随着物流业固定资产投资的持续较快增长，物流基础设施条件明显改善。截至2010年，全国铁路营业里程达到9.1万公里，其中，高铁运营里程达到8300多公里，居世界第一位。全国公路里程达到398万公里；其中，高速公路里程达到7.4万公里。全国内河通航里程达到12.4万公里，沿海港口深水泊位1774个，通过能力达到55.1亿吨。定期航班机场达到176个。城市轨道交通运行有序，全国开通轨道交通的城市达到12个。

---

①来源：中国物流与采购联合会，《2011年物流运行情况分析》。
②来源：中国物流与采购联合会，《2012年物流运行情况分析》。
③来源：中国国际电子商务研究中心。

3.《农产品冷链物流发展规划》出台

2010年7月,国家发展改革委出台《农产品冷链物流发展规划》。该规划的实施,将推动农产品标准化、改善农产品适应仓储、物流的能力,推动农产品电子商务的进程。该规划提出到2015年,将建成一批运转高效、规模化、现代化的跨区域冷链物流配送中心,培育一批具有较强资源整合能力和国际竞争力的核心企业,冷链物流核心技术将得到广泛推广,并初步建成布局合理、设施装备先进、上下游衔接配套、功能完善、运行管理规范、技术标准体系健全的农产品冷链物流服务体系。

4.物流价格波动上扬

原材料、燃料价格以及人工成本持续上涨,导致全年物流价格波动上扬。其中,中小型公路货运企业运价平均水平同比略有上涨[①],大中型公路货运企业运价平均水平稳中有升。沿海散货运价指数宽幅震荡,同比上升20%。

5.电子商务企业纷纷投资自建物流公司

物流业不能与满足电子商务发展的需要,大型电子商务公司纷纷建设自己的物流公司。如凡客诚品建设如风达快递;红孩子建设鸿品物流;卓越网投资卓越风帆物流;新蛋网有奥硕物流;京东网有圆迈物流。淘宝公司也于近期也宣布建设大物流体系。虽然电子商务公司自建物流体系,可以缓解物流瓶颈,增强用户体验,但是这也为这些年轻的电子商务公司带来了巨大的成本和管理压力。

6.物流快递业发展仍然滞后

电子商务已成为我国物流快递业发展的巨大推动力,尽管物流快递业近年有了一定发展,但是仍然滞后于电子商务的需求,阻碍电子商务的进一步发展。物流快递业存在的问题,体现在以下几个方面:

缺少核心竞争力。2010年年底,受成本抬高的影响,韵达快运、圆通速递、中通速递、汇通快运等国内主要快递公司也相继上调快件价格。据悉,这是快递公司一年内的第三次集体涨价。这也说明,价格仍然是竞争的主要手段,显示出我国快递业企业规模小,缺乏核心竞争力,受环境因素影响较大。

业务能力有待提高。从2010年11月至2011年春节,江浙一带的淘宝商户时常

---

①来源:中国物流与采购联合会,《2010年物流运行情况分析与2011年展望》。

发现快件延误,部分快递公司出现"爆仓"的现象。尤其是春节前后,网购出现井喷,而众多快递企业却停止收货。问题发生的原因有:一是由于网购业快速增长,需求扩张快,物流能力无法满足;二是由于柴油供应紧张,快递成本提高;三是南方部分地区出现雨雪天气,导致交通中断。归根结底,还是由于快递业尚不成熟,企业快速反应能力差,管理滞后。

快递业服务质量需要改善。我国快递业发展时间较短,从业人员素质相对较低,而且缺少行业服务规范和系统的专业培训,因此,快递业的服务质量整体不高。有些快递企业甚至存在漠视消费者利益的行为,如先签字后验货的霸王条款,再如媒体曝光的野蛮堆放客户包裹的"暴力分拣"事件[1]。

二、支付

1. 银行卡发卡量继续稳定增长,人均拥有银行卡 1.81 张

根据中国人民银行发布最新统计数据[2],截至 2010 年末,中国银行卡发卡总量约为 24.15 亿张,同比增长 16.9%。其中信用卡相对于借记卡比例有所提高。中国银行卡发卡总量约为 24.15 亿张,其中,信用卡人均拥有 0.17 张。银行卡消费呈现快速增长态势,全年银行卡渗透率达到 35.1%,发生银行卡业务 257.56 亿笔,同比增长 30.8%;业务金额 246.76 万亿元,同比增长 48.7%。银行卡消费的配套服务建设也有持续改善。截至 2010 年末,银行卡跨行支付系统联网商户 218.3 万户,联网 POS 机具 333.4 万台,ATM 机 27.10 万台,较 2009 年末分别增加 61.65 万户、92.57 万台和 5.61 万台。

2011 年,我国支付体系保持安全平稳运行,全国各支付系统共处理支付业务 155.23 亿笔[3],金额 1991.90 万亿元,同比分别增长 29.3% 和 19.7%。全国使用非现金支付工具办理支付业务 338.30 亿笔,金额 1104.35 万亿元,同比分别增长 22.1% 和 22.0%。银行卡消费业务大幅增长,银行卡渗透率达到 39.9%。新发信用卡数量激增,截至 2011 年底,信用卡累计发卡量已经突破 2.87 亿张,其中去年一年就新增超过 4300 万张,平均增幅在 20% 左右,信用卡成为银行的另一个利润增长点。

---

① 林曦:《快递公司野蛮装卸分拣包裹被罚 6 万 停业整顿 1 月》,《羊城晚报》,2011 年 1 月 31 日。
② 来源:人民银行网站,《2010 年支付体系运行总体情况》。
③ 来源:中华人民共和国网站,http://www.gov.cn/gzdt/2012-04/19/content_2117521.htm。

2012 年,我国支付业务量持续快速增长,社会资金交易日趋活跃,资金交易规模持续扩大。全国共办理非现金支付业务 411.41 亿笔[①],金额 1286.32 万亿元,分别较上年增长 21.6% 和 16.5%,非现金支付业务量呈现较快增长态势,增速有所放缓。

2. 网上银行平稳发展

(1)网上银行交易额依然保持增长趋势,但增速放缓。

从交易额上看,根据易观智库数据报告显示,2010 年年中国网上银行市场全年交易额达到 553.75 万亿元,增长 36.8%;网银注册用户保持稳定快速增长,年底注册用户数超过 3 亿,同比增长 59%。

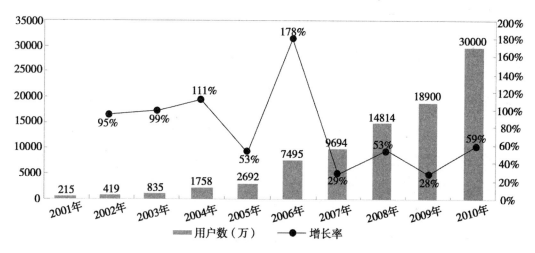

图 7-1 网络银行用户数及增长趋势

2011 年,网上银行发展保持平稳增长之势。从交易额上看,网上银行市场全年交易额达到 780.9 万亿元[②],增长 41%;从注册用户数来看,持续攀升,截至 2012 年 3 月底,网上银行的注册用户数达到 4.56 亿。

2012 年,银行卡发卡量持续增长,全国累计发行银行卡 35.34 亿张,全年银行卡渗透率达到 43.5%, 人均拥有银行卡 2.64 张、信用卡 0.25 张, 较上年同期分别增长 20.0%、19.0%。信用卡累计发卡量占比略有上升。各类银行卡业务继续保持明显增长态势,全国共发生银行卡业务 389.14 亿笔, 较上年增长 22.4%;金额 346.22 万亿元, 较上年增长 6.9%,增速放缓 24.3 个百分点。

---

①来源:央行,《2012 年支付体系运行总体情况》,2013 年 2 月。

②来源:易观数据,http://data.eguan.cn/yiguanshuju_128852.html。

（2）个人网银用户的交易活跃度大幅提升。

数据显示[2]，2010年，在全国城镇人口中，个人网银用户比例为26.9%，比2009年增长了6个百分点；全国个人网银用户中，活跃用户比例达到80.7%，比2009年增长了4个百分点；交易用户平均每月使用次数高达5.6次，高于2009年的4.8次。网民使用网银的主要功能是支付缴费[2]、信用卡还款。

网上银行应用还处在普及阶段，与其他支付方式相比，网上银行用户更加高端，体现在其用户背景多为高学历、高收入的年轻用户。其中，男性略多于女性；年龄集中在19~35岁；收入在1000~5000元之间；超过50%的用户拥有大学本科或更高的教育背景。

2012年，网上银行发展保持平稳增长之势。从交易额上看，网上银行累计交易金额已突破900万亿元[3]；从注册用户数来看，持续攀升，截至2012年三季度，网上银行的注册用户数达到4.89亿。

3. 第三方支付平台快速发展

2010年，中国第三方支付市场继续保持强势增长。在市场激烈竞争的同时，央行出台《非金融支付机构管理办法》，第三方支付行业将被正式纳入国家监管体系。

（1）持续高速发展。

伴随网购市场的火爆，以及第三方支付市场在生活支付和航空订票等领域的广泛应用，2010年第三方网上支付市场继续保持强劲增长势头，预计整体交易规模将达到10105亿元[4]，突破万亿元大关，比2009年增长100.1%。仅支付宝的用户就超过4.7亿[4]，日交易达700万笔。2010年上半年，PayPal在大中华区总交易额超20亿美元[6]，增长了88%，中国成为其世界范围内业务增速最快的市场之一。

2011年，第三方支付行业相关的法律制度环境逐步完善，年内有多条法律法规的相继颁布，支付牌照发行也已经启动。截至2011年底，101家支付企业已相继获得支付业

---

①来源：中国金融认证中心，《2010中国电子银行调查报告》。
②来源：艾瑞咨询。
③黄兆隆：《去年网银交易额突破900万亿 注册用户数近5亿》，《证券时报》2013年02月07日。
④来源：艾瑞咨询，《2010-2011年中国网上支付行业发展报告》。
⑤来源：新浪科技，《支付宝用户数超4.7亿》，2010年10月23日。
⑥来源：彦飞，《PayPal上半年在中国交易额增88% 超20亿美元》，新浪科技，2010年9月10日。

务许可。第三方支付交易规模继续保持高速增长,整体交易规模将达到 22038 亿元[①],同比增长 18.1%。市场格局方面,支付宝以 49.0%的市场份额大幅领先于其他支付企业,财付通和银联在线分列第二、第三位。

2012 年,国内第三方支付业务交易规模 35000 亿[②],同比增长 57%。截至2012 年12 月,我国使用网上支付的用户规模达到 2.3 亿,使用率提升至 37.6%。中国十大第三方支付企业分别为:支付宝、财付通、银联商务、汇付天下、快钱、网银在线、易宝支付、环迅支付、上海银联、通联支付。

(2)市场竞争加剧。

第三方支付牌照即将发放,市场也面临洗牌重构。2010 年国内第三方支付企业多达 300 余家。央行发布《非金融机构支付服务管理办法》后,行业门槛提高,大部分不符合资质的企业将被市场淘汰。而即将获得牌照的规模较大企业,也都蓄势待发。

艾瑞报告显示,凭借淘宝的客户和交易基础,支付宝市场份额仍然保持领先,达到 50.02%,财付通以 20.31%的市场份额居第二位,快钱和汇付天下分别以 6.23%和6.12% 的市场份额位居第三和第四位。

第三方支付市场的快速增长,引来互联网巨头们的垂涎。一方面原有支付平台加大产品研发和市场推广力度,另一方面新平台频繁上线。2010 年 4 月,阿里巴巴集团宣布将陆续向支付宝投入 50 亿元,用于改善用户体验和开发移动支付市场。2011 年 1 月,盛大宣布,第三方电子支付平台盛付通正式上线,为用户提供银行网银、手机固话、银联手机等支付服务。

中国银联凭借"国家队"背景,提出了打造"网上银联"的目标。中国银联拥有资源、和平台优势,建立了网上银行卡交易转接清算平台。该平台提供网上银行卡消费、余额查询、账户验证和汇款等多种服务。

央行超级网银上线运行。"超级网银"的央行第二代支付系统于 2010 年 8 月正式上线,开通实时跨行转账以及跨行账户查询等功能,囊括了 27 家银行。银行通过自身网银与央行系统的互联,实现一站式网上跨银行财务管理。超级网银极大方便用户,增强用户体验;同时也降低第三方支付平台的运营成本。

---

①来源:谢春,《2011 年中国第三方支付交易规模达 22038 亿元》,艾瑞咨询,2012 年 1 月 12 日。

②来源:中国国际电子商务研究中心。

(3)竞争手段异彩纷呈。

a. 行业细分,寻找蓝海。

盛大旗下的支付平台,一上线就定位于"微支付",以区别于其他强劲竞争对手,形成差异化竞争。微支付指支付数额非常小,如几分到几十元的小额支付。由于微支付操作简单,通常只需要输入一次 ID 即可完成,因此用户体验更胜一筹。盛付通上线后,成绩不菲,据悉,其交易频率已达每分钟 5800 笔[①],年均交易笔数达 30 亿笔。

b. 扩张服务范畴。

截至目前,银联积累了数百万的签约商户和 4 亿的持卡用户资源,为了充分利用传统银联海量客户资源,获得更多利润空间,号称第三方支付行业"国家队"的中国银联,在 2010 年 9 月开通"银联在线商城",正式进入网络购物行业。另外,为了充分利用其延伸全球 98 个[②]国家和地区的跨境支付清算通道,银联正与国外有关机构洽谈合作,向国内银联持卡人提供网上跨境支付业务。该业务的实施,将充分发挥银联的资源优势,提升银联在第三方网上支付市场的核心竞争力。

c. 通过积分进行促销。

为了吸引更多的用户,增加用户黏性和推动网络支付交易,支付宝推出积分宝服务,并启用积分宝独立域名。用户可不仅可以使用积分宝兑换不同公司的积分,还可以使用积分宝在淘宝网上抵现金购物。

d. 强强合作。

为了更快渗透到传统领域,占领市场,第三方支付平台频繁与其他领域的企业强强合作。2010 年 3 月,易宝支付和中国人民人寿保险股份有限公司合作,开通"网上投保"渠道,在线即可支付完成保险费用。8 月,环迅支付与中航信共同宣布,合作推广针对机票分销领域的"德付通"平台。11 月,汇付天下宣布与博时、易方达、南方等 10 余家基金管理公司合作,提供基金网上销售的支付平台"天天盈"产品。12 月,平安保险、阳光保险等 30 家险企与快钱合作,打造资金集中管理系统。财付通与国航、南航和东航、海航等达成了全面而深入的网上支付渠道合作,用户使用财付通就可以直接在航空公司的网站上订机票,彻底颠覆了传统机票代理模式。

---

①来源:《每日经济新闻》,《第三方支付发牌悬念未解 互联网巨头争相卡位布局》,2011 年 1 月 26 日。
②来源:《证券日报》,《中国银联进入"苏宁时代" 角力"网银江湖"》,2011 年 1 月 4 日。

(4)第三方支付平台的发展趋势。

a. 发展速度更快。

目前,第三方网上支付市场尚处于起步期,新应用将逐步推出,网络支付环境将极大改善,用户规模将不断扩大,用户体验和服务将逐步提升。在此环境下,第三方支付行业必将迎来爆发式发展。

b. 移动化。

在我国,随着手机上网用户渗透率的提高、智能终端的普及以及手机实名制的实施,小额的手机支付将越来越可行、便捷。移动支付不仅可以补充电子商务环节,还将满足消费者日常生活中的支付需求。产业链企业正加紧布局移动支付市场,移动支付一定会迎来广阔的发展空间。

2011 年,移动支付市场增长强劲,根据艾瑞咨询数据,中国移动支付市场交易规模达 481.4 亿元,同比增长 149.4%。看好移动支付市场前景,运营商、第三方支付企业纷纷布局。

2012 年,移动支付商业生态逐步形成,智能终端快速普及,移动支付环境逐步完善,产业链各方紧密布局,移动支付虽然仍然处在起步期,但发展势头迅猛。中国第三方支付行业移动支付业务交易规模达 1511.4 亿元[①],同比增长 89.2%。

c. 开放。

腾讯和 360 大战,暴露出自我封闭的发展战略会导致企业发展空间越来越窄,这也为业内企业敲响了警钟。企业管理者们逐步意识到,开放是扩大市场,实现多赢和可持续发展的必然选择。因此,开放逐步成为企业的战略转型方向。

腾讯在不断调整中,陆续确立了开放和分享的战略思想。2010 年 7 月,定位于生活应用平台的财付通发布开放平台战略:任何一家电子商务网站,都可将应用放入 QQ 钱包,供用户使用。第三方软件开发商可申请将自己开发的应用放在这一平台上,与财付通联合运营。

2010 年 11 月,支付宝发起"聚生活"战略,从"缴费服务"向"整合生活资源"战略转型,把支付宝建设成开放平台。平台不仅满足支付需求,还满足于网民的生活服务和应

---

①数据来源:艾瑞咨询。

用,极大地扩张了支付宝的发展空间。

d. 服务种类多样化。

当前,第三方支付平台已经渗透到网络购物、日常生活缴费领域。随着第三方支付平台营销力度的增大及与传统领域的深入合作,网络支付将应用到更广阔的领域,如基金、保险、物流、订票和线下支付等。

(5)第三方支付市场问题频发。

在经历了近几年的爆发式增长后,国内第三方支付市场高速增长,企业数量多达几百家。但是,由于第三方支付市场尚处于起步阶段,行业规范尚未形成,市场漏洞频现,爆发出一些危害安全的问题,导致第三方网商支付平台被一批不法之徒利用,成为网络钓鱼、网络赌博、洗钱套现、网络色情等违法犯罪行动的工具,造成恶劣的社会影响,亟需进行规范。

(6)积极改善支付安全环境。

a. 法律规范。

为了解决市场发展中的问题,推动行业健康发展,一批规范措施陆续出台。2010年6月,央行推出行业规范《非金融支付机构管理办法》。要求第三方网上支付企业按要求申请支付牌照。不符合条件、经营不规范的企业将被淘汰。取得牌照的企业,将被正式纳入国家监管体系。2010年12月初,央行还正式公布了《非金融机构支付服务管理办法实施细则》,对支付机构从事支付业务的最基本规则、申请人资质条件等进行细化。

为推动网络安全和信用体系建设,另外一批规范相继出台。工信部宣布从2010年9月起正式实施电话用户实名登记制度,凡购买预付费手机卡的用户必须提供真实的身份证件,由运营商存入系统留档。实名制以后,用户的个人信息将和公安局身份系统连接。手机实名制增加了用户安全性,有效抑制垃圾短信的泛滥。2010年1月,央行出台《网上银行系统信息安全通用规范(试行)》,在网上银行系统的技术、管理和业务运作三个方面提出了规范。

b. 企业自律。

面对洗钱套现、赌博诈骗等互联网犯罪行为,支付宝、财付通、快钱、易宝、汇付天下等行业领军企业已经纷纷做出实际行动,力争保障数千亿资金的往来安全。支付宝建立了行业最大的数据备份中心用于保证用户支付安全;快钱成立了国内电子支付行业的首个技术研发中心,并且采取了行业内最高的安全标准;易宝则招聘了数十位中高级人才,增强其在产品开发、风险控制以及项目管理等方面的综合竞争能力。

不仅如此,第三方支付企业还联合金融机构的力量,共同打击网络诈骗行为。6月,快钱宣布,已主动向央行以及国内各大商业银行发出联合治理钓鱼网站的申请。8月,支付宝宣布,与招商银行和建设银行等启动风险联防计划,在支付时智能判断订单状态,防止用户陷入网络钓鱼陷阱。

4. 移动支付市场启动

(1)手机支付前景看好。

手机上网的快速普及,手机银行就是其中重要应用之一。由于其手机银行的便捷性,手机银行需求强烈。计世资讯发布的数据显示,2010年手机支付用户有望突破1.5亿,2011年将达到2.5亿户,预计2010年底市场规模将突破35亿元。另一项调查数据显示[1],94%的受访者都听说过手机银行,近四成受访者已开通手机银行,近五成受访者有较强的使用意愿。从用户分布来看,93.5%的手机银行用户的年龄主要集中在18~34岁,说明手机银行尚处于起步阶段,未来用户普及工作将是重点。从手机银行的使用特征来看,虽然查询业务仍居榜首,但是账户管理,手机支付、转账汇款、自助缴费、投资理财等业务呈现出较快的增长态势,发展空间巨大。

(2)手机支付在部分城市进行小规模试点。

手机支付已经在部分城市陆续启动试点工作,试点工作将为全国大范围的普及推广奠定扎实的基础。宁波已经有7000多家商户可以接受手机支付;在长沙,第一批试点的百货、超市、电影院、药店、便利店、快餐店、出租车等都能实现手机支付;武汉即将实现刷手机加油等服务。

(3)产业链企业纷纷布局移动支付市场。

a. 电信企业强势出击移动支付。

电信企业凭借强大优势,通过自建、合作等方式,快速切入手机支付市场,抢占市场

---

①来源:3G 门户网,《2010 年手机银行用户调研报告》,2010 年 7 月 31 日。

先机。

自建平台。中国移动不仅推出了自己的手机支付平台,还开发了近距离手机刷卡业务"手机钱包",直接用手机账号的充值,就能完成支付。自 2009 年下半年以来,"手机钱包"业务已在北京、上海、广东等 12 省市开通。北京联通开通"联通手机一卡通"服务,用户可"刷"手机乘公交地铁。

与金融机构强强合作。借助金融机构现有行业和渠道强大优势,三大电信运营商分别与金融机构强强合作,共同开拓移动支付市场。银联作为首选合作伙伴,三大运营商分别与其签订了战略合作协议。中国联通分别与兴业银行、交通银行、中国银行、广发银行、中国农业银行签署了合作协议。中国移动与浦发银行将在包括现场支付和远程支付在内的手机支付领域开展一系列重要合作,并将联合研发和推广提供多种金融服务功能的手机金融软件和手机支付安全解决方案。

与第三方支付平台合作。中国联通与财付通签署了在线支付协议,合作推出支付平台的客户端服务。中国联通还携手支付宝推出"手机营业厅",提供手机、固话、宽带、小灵通交费充值业务。

与传统行业用户合作。中国电信与中国石化等第三方行业客户合作运营移动支付,充分利用双方的优势,共享客户和渠道资源,减少运营风险。

b. 第三方支付企业布局移动支付。

2010 年 5 月,支付宝今日宣布,已在上海、杭州、重庆、成都、南京等城市开通手机客户端缴费服务。缴费的类型主要有水、电、煤、固定电话及宽带、手机话费缴费,诺基亚、多普达、苹果 iPhone 等品牌智能手机都已支持该项服务。

2010 年 12 月,中国银联与 TCL 通讯在深圳全面开展"银联在线"手机支付业务的合作,市民用 TCL 手机可实现话费充值、转账、信用卡还款、10 元购电影票等日常便利支付。

中国银联和铁道部开发铁路一卡通,这张卡既可以刷卡上车还可以刷卡消费,可实现刷卡购票、检票的一体化快速出行。

(4)移动支付环境逐步完善。

a. 行业启动自律行动。

10 月,支付宝协同手机芯片商、手机制造商、手机应用商等 60 多家厂商共同成立

"安全支付产业联盟",并在手机软件内实现账户支付的模式和分享机制,打通芯片、硬件、应用的移动互联网全产业链。

b. 手机支付标准初步确定。

手机支付标准初步确立,为移动支付领域的突破性发展带来了契机。2010年10月,中国人民银行与三家电信运营商已就"手机支付的标准问题"进行商讨,并最终达成共识——由中国移动牵头,将手机支付标准统一调整为"基于13.56MHz的、符合金融行业标准的技术标准"。

(5)移动支付存在的问题。

当前,支付牌照还没有最终发放;移动支付盈利模式尚不清晰,还没有形成有影响力的系列拳头产品;产业链企业利益博弈还在进行中,合作还处在初步的磨合期;网络钓鱼、木马和欺诈事件已经对支付行业发展产生了较为恶劣的负面影响,支付安全依然留有隐患。

三、信用与安全

1. 信用与安全问题依然严峻

(1)我国商业信用环境整体落后。

我国在发展市场经济的同时,信用体系建设却相对落后,因此经济领域信用缺失,违约、造假、欺诈现象依然存在,导致企业信用成本高昂,商业信用环境整体落后。据商务部统计[①],我国企业每年因信用缺失导致的直接和间接经济损失高达6000亿元。另据统计,我国企业坏账率高达1%至2%,且呈逐年增长势头,而相较之下,成熟市场经济国家企业坏账率通常为0.25%至0.5%;我国每年签订的约40亿份合同中,履约率只有50%;对未来付款缺乏信心,近33.3%的企业预计情况将"永不会改善"。截至2010年11月末,根据国家统计局发布的数据,全国规模以上的工业企业的应收账款总额同比增长22.4%,说明企业应收账款的风险很高。

2011年,信用问题依然是制约我国电子商务快速、健康发展的主要瓶颈之一。在全国开展的打击侵犯知识产权和制售假冒伪劣商品专项行动中,工商部门网上检查网站

---

①来源:《经济参考报》,http://news.sohu.com/20110504/n306766136.shtml。

504728 个[①],删除违法商品信息 38446 个,关闭违法网站 1199 个,责令整改网站6895 个。与此同时,电子商务平台企业完善规则,处罚违规卖家。淘宝网自出资金,与国际知名品牌厂商合作,鉴定侵权商品,处罚 370 家侵权企业。

2012 年,社会的总体信任指标在进一步下降,人际之间的不信任进一步扩大,已经跌破及格线。据中国电子商务投诉与维权公共服务平台监测数据显示,2012 年网络购物投诉占电子商务类投诉55.40%,占据最大的比例,团购紧随其后。据中国电子商务投诉与维权公共服务平台监测数据显示,100~500 元区间的投诉金额占比最大, 网友投诉最多的十大问题是:退款问题、节能补贴、账户被盗、虚假促销、货到迟缓、网络诈骗、退换货难、物流快递、网络售假、支付问题。

(2)居民社会信任度水平较低。

社会信任是非常重要的社会资本,缺失社会信任就会提高交易成本,阻碍电子商务的发展。当前,我国的社会信任水平处于较低位置。根据 2011 年《社会心态蓝皮书》[②],北京、上海、广州市居民总体社会信任度属低度信任水平,仅过及格线。上海的社会总信任得分为 65.7 分,北京社会总信得分最低,为 59.3 分,属"基本不信任"范围。其中,北京市民对商业行业的评价也是最低,得分仅为 52.2 分。医院、房地产、媒体、商业都是信任水平较低的单位和部门。

(3)网购投诉增长。

近年,网络购物市场高速发展,截至 2010 年 6 月底,网商规模超过 7000 万[③]。一些商家重销售、轻售后,甚至是采取制假造假、以次充好、欺诈等手段欺骗消费者,导致消费者在网购过程中遇到各种各样的诚信问题。根据中消协的统计,2010 年上半年, 全国各级消协组织共受理互联网服务方面的投诉 8187 件, 比去年同期增长了74.6%[④],其中很大一部分是网络购物方面的问题。另一个统计数据显示[⑤],2010 年1~10 月份,网络购物的投诉占到电子商务总投诉量的七成以上,达到 3.6 万多宗,投诉焦点是网络购物、在线支付和在线订票三大领域。再据统计, 淘宝全年接到

---

①来源:新浪科技,《公安部:淘宝阿里巴巴售假已大幅减少》,2011 年 12 月 12 日。
②来源:《新京报》,《调查称北京上海广州居民社会信任度仅过及格线》,2011 年 5 月 5 日。
③来源:阿里研究中心,《2010 年网商发展研究报告》。
④吴文治:《京东执行网购首个"先行赔付"》,《北京商报》,2010 年 9 月 9 日。
⑤来源:《中国日报》,《前十个月网络购物投诉 3.6 万宗 淘宝网占三成》,2010 年 12 月 15 日。

1260 万①个咨询投诉电话,申请维权涉及金额 1.9 亿。

中国网购市场的假冒伪劣现象的存在,不仅引起了其他国家的注意,也受到了来自外界的投诉压力。根据日本经济产业省调查显示,中国网络商城销售的商品中有很多是日本企业商品的仿冒品②,日本经产省将要求中国政府采取对策,同时也在呼吁消费者小心上当。

(4)电子支付问题较为集中。

在中国电子商会 315 消费电子投诉网受理的 4 万多宗电子商务投诉中,电子支付问题较为集中,主要表现在不法分子利用支付系统漏洞,发送假冒支付链接,诱骗消费者点击该链接,从而达到骗取钱财的目的。另外,随着网络团购的出现和迅速火爆,网络团购出现虚假折扣、变相涨价等诈骗现象。

(5)违法犯罪现象日益猖獗。

电子商务取得突飞猛进的发展,但是电子商务从起步之日算起,到今天也仅仅十余年的发展时间。电子商务日新月异的变化,也给监管工作带来困难。近年,电子商务违法犯罪活动日益猖獗。其一是假冒伪劣案件逐渐增多,此类案件的共同点是以超低价格为诱饵,吸引消费者购买假冒名牌商品,而部分领域又出现跨地域、组织化分工、专业化协作的发展趋势③。其二是交易安全问题危害严重,据中国电子商务研究中心日前发布的信息显示,2010 年,我国互联网新增病毒 750 万个,新增钓鱼网站 175 万个,钓鱼网站的受害网民高达 4411 万人次,损失超过 200 亿元。

2. 社会各界积极营造有序的电子商务环境

随着电子商务的普及发展及消费者观念的进步,消费者对健康安全的网络购物环境的需求越来越迫切,企业从事电子商务也希望将诚信作为前提条件。面临不断突出的信用问题,2010 年,社会各界通过各种举措,努力建设电子商务诚信环境。

(1)部委联合打击网络购物市场违法犯罪行为。

2011 年初,针对网络购物领域假冒伪劣上泛滥的现象,商务部、工商总局联合查处一批侵犯知识产权和制售假冒伪劣商品重点案件。专项行动组查封了一批网店,收缴涉

---

① 来源:雅虎科技,《淘宝网消费者年维权成功金额达 1.69 亿》,2011 年 2 月 18 日。

② 来源:《环球时报》,《日本将要求中国解决网络商城仿冒品泛滥问题》,2010 年 7 月 10 日。

③ 来源:中央政府门户网站,《两部门查处一批电子商务和网络购物领域重点案件》,2011 年 4 月 6 日。

嫌侵权的大量商品。据悉,国务院有关部门将突出重点,继续打击网络购物领域的违法犯罪,为消费者营造健康的购物环境。

2011年4月,商务部、工信部等九部门,联合下发了《关于进一步推进网络购物领域打击侵犯知识产权和制售假冒伪劣商品行动的通知》,要求进一步严厉打击网络购物领域侵权假冒行为,加大网上巡查力度,查办一批重点案件。

2012年3月,工信部发布《电子商务"十二五"发展规划》提出,要探索建立网上和网下交易活动的合同履约信用记录,促进在线信用服务的发展。针对改善信用状况,平台商也积极维护自身形象。

(2)行业和企业采取自律行动。

2010年,电子商务行业加大了诚信环境建设,频繁推出各种诚信建设活动。

a. 行业管理部门及相关组织牵头的行业自律行为。

联合发布诚信联盟倡议书。由工业和信息化部指导的首届电子商务安全高层研讨会12月在北京召开。会议在探讨电子商务行业存在的问题同时,向电子商务业界发出了建立网上交易诚信联盟的倡议书,旨在号召业内企业共同创建诚信交易的网购环境。

颁发信用认证证书。2010年10月,中国国际电子商务中心推出《电子商务信用认证规则》,并为29家首批通过认证的网站颁发证书。另外,为了更好地帮消费者维护权益,中国国际电子商务中心还发布了《网络购物信用投诉指南》,开通了4006400312的投诉电话,方便消费者进行投诉。

实施"可信网站"验证。2010年10月,由广东省经信委会等单位共同指导的全国首个省级"可信网站示范工程"启动,在广东省范围内普及推广"可信网站"。"可信网站"验证通过对域名注册信息、网站信息和企业工商或事业单位组织机构信息进行严格交互审核来验证网站真实信息,并利用先进的木马扫描技术帮助网站了解自身安全情况。申请"可信网站"验证的企事业单位,还可享受政府的资金补贴。随后,湖北省、山东省、河北省等省也启动"可信网站示范工程"。

中国315电子商务诚信平台启动。2010年8月,"中国315电子商务诚信平台"启动仪式暨"中国电子商务交易保障联盟"倡议活动举行。平台建立的目标是"开放、分享、公信、评估、净化",提出了建设健康的电子商务诚信环境。

深圳市电子商务诚信联盟成立。2010年9月,深圳市电子商务诚信联盟成立。该盟拟将建立实施电子商务信用监督、失信惩戒制度。联盟首批成员由22家电子商务企业牵头,包括产业链众多企业加盟。

b. 业内龙头企业率先营造诚信环境。

淘宝修改搜索规则。困扰淘宝网发展的症结之一就是网商的诚信问题:假冒伪劣产品屡禁不绝,炒信用等作弊行为屡禁不止。网商的无序竞争严重降低了消费者体验,威胁了企业的生存和可持续发展。淘宝打击网商不良行为的一个重要举措就是调整搜索规则,将消费者的评价和销售量作为搜索排名的主要权重之一。

阿里巴巴推广诚信认证服务。阿里巴巴联合必维国际检验集团、天祥集团两家企业,作为第三方深度认证的合作伙伴,为其平台供应商会员中提供诚信认证服务。通过诚信认证,可以在一定程度上增加中小企业会员外贸合作的机会。

京东商城设立先行赔付保证金。2010年9月,京东商城出资500万元,与中国消费者协会共同设立了"先行赔付保证金",当消费者在京东商城购物发生纠纷且无法达成一致时,可向全国46个主要消协组织申请调解及先行赔付。此举有利于维护消费者利益,打击假冒欺诈行为,提升行业诚信。

当当联合产业链企业发布诚信宣言。2010年8月,当当网联合微软等上千家供应商及商务印书馆等出版机构联合发布了《网上零售联合诚信宣言》,承诺秉承"诚信、安全、责任"的基本原则,积极为顾客提供优质的产品和服务。该宣言提出不卖假货,杜绝网购欺诈,为客户提供放心、安全的网购环境。

2012年5月,阿里巴巴集团发表一封名为《坚持透明诚信,捍卫大家的淘宝》的公开信,披露此前淘宝小二和网商贪腐问题调查进展,淘宝还建立了一套监督机制,包括成立廉政部,公开了投诉邮箱。

（3）推出保障性保险服务。

对于网络购物者来说,最担心的就是商品不合适需要退货了。一方面退货流程麻烦,另一方面需要买家自己承担运费。针对这一现象,保险企业发现商机,保险公司推出一款退货运费险,保费在1元以下,最高保额10元,用于支付用户退货的运费。

四、技术

技术的发展会给电子商务的应用带来根本性变革,技术创新将对未来电子商务的发展产生关键性影响。2010年,给人们带来期望的新技术主要有:智能化电子商务、4G、印刷电子、基于地理位置的服务。

1. 智能化电子商务[①]

智能化电子商务是指利用数据仓库、数据挖掘技术对客户数据进行系统储存和管理,并通过各种数据统计分析工具对客户数据进行分析,提供各种分析报告,如客户价值评价、客户满意度评价、服务质量评价、营销效果评价、未来市场需求等,为企业的各种经营活动提供决策信息。智能化电子商务能够实现企业内部管理及企业间商务流程的有效协同,为广大中小企业提供全程、全方位、一站式的电子商务综合服务。

2. 4G

4G是第四代移动通信及其技术的简称[②],是集3G与WLAN于一体并能够传输高质量视频图像以及图像传输质量与高清晰度电视不相上下的技术产品。4G网络最典型的特征是网络速度大幅提高,能够以高达100Mbps的速度下载,并能够满足几乎所有用户对于无线互联网服务的要求。4G可以在DSL和有线电视调制解调器没有覆盖的地方部署,然后再扩展到整个地区。在全球范围内,4G将在2011年迎来部署高潮。4G网络还将提高一国的国际竞争力。美国的4G战略蓝图,立足于开放和互操作性原则,推动美国互联网、无线网络等实现重组和改造,以保持世界上最强的竞争力。

3. 印刷电子

能快速印刷出多个导体/绝缘体或半导体层以形成电路的技术,可望催生比目前采用传统生产方式成本更低的芯片。通常印刷半导体意味着使用性能与硅大不相同的有机材料,甚至所生产之组件尺寸也能超越硅材料的极限。此外还有许多应用获益于低价、软性基板的性能,例如RFID标签。

[①]张冬青:《战略性新兴产业:"十二五"期间电子商务的发展趋势》,《中国社会科学报》第173期。
[②]来源:百度百科。

4. 基于地理位置的服务(LBS,Location Based Service)[①]

LBS(Location Based Service,基于地理位置的服务)中文名为"切客"。随着近年SNS的崛起,3G 的出现和智能手机的普及,切客逐渐应用,并走向社区化和手机化。据艾媒市场咨询预计,到 2013 年,中国 LBS 应用市场总体规模将突破 70 亿元。新浪和腾讯最近正在大手笔布局 LBS 产品。每到一个地方,用户透过手机实现"签到"服务,告知好友自己的地理位置。比如在去餐馆、酒吧、商场和其他公共场所时,用手机告知自己的好友,甚至可以用手机拍下图片上传到网站上与网友分享。而用户的分享通常会获得商家或者切客网站价格折扣以及其他奖励,以鼓励切客们频繁进行"签到"。

五、行业标准

虽然电子商务实现跨越式发展,但是我国电子商务标准体系建设仍处在起步阶段,还无法满足实践的需要。标准建设的滞后,阻碍了电子商务的跨越式发展。虽然早在2007 年,我国就成立了国家电子商务标准化总体组负责电子商务标准体系的建设工作,但是由于电子商务发展日新月异,标准建设一直落后于实践发展。商务部发布的《2012年电子商务工作要点》指出,要加强电子商务标准体系建设,有针对性地研究制订一批标准规范。

1. 个人信用档案规范和个人信用评价指标体系

为加快电子商务信用体系建设,规范电子商务信用档案信息项及信用评价服务,2010 年 9 月,中国标研院联合中国电子商务协会等机构,共同完成了《基于电子商务活动的交易主体个人信用档案规范》《基于电子商务活动的交易主体个人信用评价指标体系及表示规范》国家标准的起草工作,并公开向社会征求意见[②]。其中,电子商务个人信用档案的基本内容包括 6 项:身份识别信息、基础信息、信用行为信息、网上交易信息、评价信息、提示信息。

2. 第三方团购认证评级标准出台

团购的爆发式发展,导致团购市场出现了品质良莠不齐、售后无法保障等诸多问题。中国国际电子商务中推出《电子商务信用认证规则》,首批 29 家团购网站通过认证,其中

---

①来源:http://labs.chinamobile.com/news/47520_p5。

②来源:中国电子商务协会网站,http://www.ec.org.cn/。

获得初始信用等级为优良的有 17 家。认证结果由信用等级和信用额度两部分组成,其中信用等级分为优秀、良好、合格、不良、损失 5 个等级。信用额度是反映团购网站偿付能力的主要指标,由团购网站的资产状况和信用分值确定。然而,该认证的权威性和高收费却引起了一些业内人士的质疑[①]。

3. 移动支付标准即将出台

随着手机渗透率的日益提高,手机上网和智能手机的发展,移动支付发展前景越来越美好,但移动支付行业缺乏统一标准,制约产业的腾飞。在各方利益博弈下,支付标准一直摇摆于中国移动的 2.4GHz 标准与银联的 13.6MHz 标准。在"2011 中国移动支付产业论坛"上,工信部有关领导表示[②],工信部将与中国人民银行共同制定统一的移动支付标准。

此外,2011 年 11 月,商务部拟定的《商贸流通标准化管理办法》征求意见稿出台,商贸流通标准分为强制性标准和推荐性标准,涉及保护人身、财产安全等多个领域。2011 年 10 月,由中国电子商务协会数字服务中心启动《诚信网站认证服务行业标准》(征求意见稿)。

六、政策法规

1. 政府继续大力扶持电子商务

电子商务作为战略型新兴产业的重要组成部分,虽然发展了十余年,但尚处于成长的起步期。电子商务不仅在政策上继续受到国家的鼓励和扶持;在实践层面,政府也通过加大试点力度和实践经验总结,推动电子商务应用的不断普及和深化。

(1)发展战略型新兴产业为电子商务带来契机。

面临新的经济形势,我国政府着力经济转型,大力发展战略新兴产业。第十一届全国人民代表大会第四次会议上的政府工作报告明确指出:"要加快转变经济发展方式和调整经济结构。坚持走中国特色新型工业化道路,推动信息化和工业化深度融合,改造提升制造业,培育发展战略性新兴产业。加快发展服务业,服务业增加值在国内生产总值中的比重提高 4 个百分点。"2010 年 10 月,国务院发布《国务院关于加快培育和发展战略性

---

①来源:《IT 时代周刊》,《团购认证惊现高门槛 国际电子商务中心涉嫌敛财》,2010 年 12 月 1 日。
②梁敏、李雁争:《移动支付标准初定:银联胜出,中国移动出局》,《上海证券报》,2011 年 4 月 15 日。

新兴产业的决定》（国发〔2010〕32 号），明确提出战略性新兴产业是以重大技术突破和重大发展需求为基础，对经济社会全局和长远发展具有重大引领带动作用，知识技术密集、物质资源消耗少、成长潜力大、综合效益好的产业。而电子商务作为战略性新兴产业的重要组成部分，也作为利用现代信息技术发展起来的现代服务业，电子商务将受到越来越多的重视，必将推动其更快发展。

（2）推出《电子商务"十二五"发展规划》。

2012 年 3 月，工信部发布《电子商务"十二五"发展规划》，提出大力发展电子商务，"十二五"期间电子商务交易额将翻两番突破 18 万亿元。其中，企业间电子商务交易规模超过 15 万亿元。企业网上采购和网上销售占采购和销售总额的比重分别超过 50%和 20%。

（3）商务部陆续出台一批扶持政策。

为了加大电子商务等现代流通方式和新型流通模式推广应用力度，通过示范带动促进电子商务规范健康发展，商务部决定在全国范围内开展电子商务示范工作。2010 年 11 月，商务部发布《关于开展电子商务示范工作的通知》，明确表示将加大电子商务等现代流通方式和新型流通模式推广的应用力度，并通过筛选电子商务骨干企业引导行业发展。当前电子商务发展还处于发展起步阶段，行业整体应用水平较低，开展电子商务示范工作，发挥典型企业的示范引导作用，有利于促进电子商务持续健康规范发展。

2012 年 4 月，商务部印发《2012 年电子商务工作要点》，要求加强电子商务中长期发展规划与业务指导工作、积极推进电子商务建章立制工作、加强电子商务标准体系建设、加快电子商务统计监测体系建设、开展电子商务信用评价体系建设。5 月，商务部发布《关于确认首批国家电子商务示范基地的通知》，公布首批 34 家国家电子商务示范基地名单。6 月，为增强我国电子商务平台的对外贸易功能，提高我国企业利用电子商务开展对外贸易的能力和水平，商务部发布《关于利用电子商务平台开展对外贸易的若干意见》。

（4）商务部组织外贸企业交流电子商务应用经验。

为了树立典型，推动电子商务在外贸企业中的普及和应用，2010 年 11 月，商务部组织"部分省市外贸企业电子商务应用经验交流会"[①]。会上，主管部门和外贸企业代表介绍

---

①来源：商务部信息化司，2010 年 11 月 16 日。

交流了应用电子商务开拓国际市场的经验与做法。商务部副部长蒋耀平肯定了电子商务在我国经济发展中的重要地位,提出要加大电子商务应用力度,利用信息化手段推动商贸流通体系发展。

(5)工信部等五部委推出《农业农村信息化行动计划(2010~2012年)》。

为充分发挥信息化在加快推进社会主义新农村建设、现代农业建设和推动城乡统筹发展中的重要作用,2010年9月,工业和信息化部、农业部等五部委联合制定了《农业农村信息化行动计划(2010~2012年)》。该计划要求,要着力完善农业农村信息基础设施,促使广大农民平等参与现代化进程,着力推进农业生产经营的信息化,促进现代农业产业体系的健全发展。计划提出,到2012年,电子商务交易额占农产品零售额的比例稳步提升;农村综合信息服务站成为培养新型农民的重要渠道。

(6)积极推动基础设施建设。

2010年3月,工信部等七部委联合印发了《关于推进光纤宽带网络建设的意见》,提出要推进光纤宽带网络建设。该意见明确提出,电信运营商要以光纤尽量靠近用户为原则,加快光纤宽带接入网络部署。并提出2011年城市用户及农村用户的宽带接入能力将分别实现8M及2M。

(7)工信部发布《电子商务"十二五"发展规划》。

2012年3月,工信部发布《电子商务"十二五"发展规划》,规划的目标是电子商务交易额翻两番,突破18万亿元。2011年9月,商务部起草了《"十二五"电子商务发展指导意见》(征求意见稿),旨在更好发挥电子商务的推动与引领作用,加快商务领域结构调整。2011年3月,发改委等八部委联合发布《关于开展国家电子商务示范城市创建工作的指导意见》,到"十二五"末,建成一批国家级电子商务示范基地。2012年2月,商务部印发《"十二五"时期促进零售业发展的指导意见》,要求"十二五"期间将稳步推进无店铺销售,鼓励更多零售企业发展电子商务线上业务。

此外,一些行业出台鼓励电子商务发展政策。2012年2月,新闻出版总署发布《关于加快出版传媒集团改革发展的指导意见》明确指出,支持出版传媒集团与大型电子商务企业进行资源整合,构建线上流通和线下流通相结合的现代化出版物流通体系。2012年3月,国家邮政局和商务部近日联合发布《关于促进快递服务与网络零售协同发展的指导意见》,提出通过七项政策措施,特别提到要促进网络零售健康发展。

地方政府也陆续出台电子商务扶持政策。在电子商务示范基地方面,安徽省、南宁市、沈阳市、天津市等积极落实电子商务示范基地创建工作;在资金扶持方面,南宁市计划每年划拨1亿元作为电子商务专项资金,东莞市财政局花费4768万元资金资助中小企业应用电子商务;在鼓励政策方面,河北省将扶持100家电子商务骨干企业,浙江省《关于进一步加快电子商务发展的若干意见》要求加大电子商务扶持力度。

【拓展阅读】《电子商务"十二五"发展规划》发布

工业和信息化部于2012年3月27日发布《电子商务"十二五"发展规划》(以下简称"《规划》")

《规划》提出"十二五"时期发展电子商务需遵循的基本原则:一是坚持企业主体和政府推动相结合的原则;二是坚持虚实结合和统筹兼顾的发展原则;三是坚持着力创新和注重实效相结合的原则;四是坚持规范发展和保障安全相结合的原则。

《规划》提出电子商务"十二五"的发展总体目标:到2015年,电子商务进一步普及深化,对国民经济和社会发展的贡献显著提高。电子商务在现代服务业中的比重明显上升。电子商务制度体系基本健全,初步形成安全可信、规范有序的网络商务环境。具体目标数字为,到2015年,电子商务交易额翻两番,突破18万亿元。其中,企业间电子商务交易规模超过15万亿元。企业网上采购和网上销售占采购和销售总额的比重分别超过50%和20%。大型企业的网络化供应链协同能力基本建立,部分行业龙头企业的全球化商务协同能力初步形成。经常性应用电子商务的中小企业达到中小企业总数的60%以上。网络零售交易额突破3万亿元,占社会消费品零售总额的比例超过9%。

《规划》认为发展电子商务具有重要的时代意义:加快发展电子商务,不仅能够帮助企业降低成本、提高效率、拓展市场、创新经营模式,更重要的是,电子商务能够加快供应链变革和优化,促进高效灵活的产业链协作关系形成,提高资源的流转效率,提升产业的组织化程度,促进产业结构的调整和经济发展方式的转变,增强在全球范围内配置资源的能力。同时,面对我国生产和服务资源零散分布和消费水平参差不齐的基本国情,发展电子商务对于组织零散资源,形成有效生产与服务能力,满足多层次、多样化的消费需求具有现实的意义。

《规划》明确了"十二五"时期电子商务发展主要任务,主要是三项,一是全面推动电子商务的深化与普及应用;二是发展壮大电子商务服务业,重点在于推动电子商务服务业产业化发展;三是加快完善电子商务制度环境。

为了保障顺利实施,《规划》提出了十个方面的政策措施:一是加强组织保障;二是建立健全电子商务诚信发展环境;三是提高电子商务的公共服务和市场监管水平;四是加大对电子商务违法行为的打击力度;五是完善权益保护机制;六是加强电子商务标准规范和法律法规建设;七是完善多元化的电子商务投融资机制;八是加强电子商务统计监测工作;九是加快电子商务人才培养;十是加强国际合作。

2. 行业监管和规范政策陆续出台,规范网络商品交易市场

在电子商务经过十余年的快速发展过程中,也逐步暴露出一些发展中的问题,其中之一就是市场监管政策法规相对滞后的问题。2010 年,在国家各主管部门的大力推动下,一系列重磅电子商务监管政策轮番出台,执法部门也加大了对网络购物领域的监管力度。政府部门对网购市场加强监管,一方面将有力地保证电子商务的持续健康发展;但是另一方面,过于严厉的规范,也可能制约处在起步期的电子商务行业的发展势头。

(1)国家工商行政管理总局规范网络交易行为。

为了改善网络交易环境,规范交易行为,推动网络购物发展,维护消费者利益,国家工商总局出台《网络商品交易及有关服务行为管理暂行办法(以下简称《办法》)》,2010年 7 月 1 日起实施。《办法》是我国第一部规范网络商品交易及有关服务行为的行政规章。《办法》共涉及四类对象:工商行政管理部门、网络商品经营者、网络服务经营者、消费者;个人在网上开店应实名注册,具备条件的还应该办理工商登记注册;网络服务经营者应当建立检查监控制度。

2012 年 3 月,国家工商行政管理总局出台《关于加强网络团购经营活动管理的意见》,以规范网络团购市场经营秩序,维护网络消费者和经营者的合法权益。

(2)国家商务部出台系列监管办法。

2010 年 6 月,国家商务部颁发了《关于促进网络购物健康发展的指导意见》,对网络购物市场主体、农村网购市场、配套服务体系、消费者权益等方面提出了政策上的支持,并提出保护网购消费者合法权益,要求实施网络商品经营(服务)企业工商登记制度,利用网络平台从事经营活动的个人实名注册。2011 年 12 月,商务部出台《关于"十二五"电

子商务信用体系建设的指导意见》,推动电子商务信用体系和信用环境建设。2011年底,商务部下发《关于做好元旦春节期间网络零售有关工作的通知》,要求各地对交易平台等重点领域进行检查。2011年11月,商务部近日拟定《商贸流通标准化管理办法》,并向社会公开征求意见。

(3)部委联合打击网络违法行为。

2010年12月底,商务部等九部委联合宣布,从2010年12月至2011年3月在全国范围内开展打击网络购物领域侵犯知识产权和制售假冒伪劣商品行动,重点是查处一批网络购物领域侵犯知识产权和制售假冒伪劣商品的案件,曝光一批违法违规企业;增强网络购物企业诚信守法意识,提高消费者识假辨假能力,形成自觉抵制假冒伪劣商品、重视知识产权保护的社会氛围。随后,商务部等九部门联合下发《关于印发打击侵犯知识产权和制售假冒伪劣商品专项行动网络购物领域实施方案的通知》。据统计,截至2011年3月底,共查获网络购物领域侵犯知识产权和制售假冒伪劣商品案件496起,涉案金额7亿多元,抓捕犯罪嫌疑人355名,关闭违法网站410个。

2012年2月,国家发改委等八部委联合发布《关于促进电子商务健康快速发展有关工作的通知》,提出推进电子发票试点、启动在线信息服务平台试点建设等事项。

(4)第三方支付市场设置门槛限制。

为促进支付服务市场健康发展,规范非金融机构支付服务行为,防范支付风险,保护有关主体的合法权益,2010年6月,中国人民银行制定并公布了《非金融机构支付服务管理办法》,对申请支付牌照的企业设定了门槛限制,办法规定未经中国人民银行批准,任何非金融机构和个人不得从事或变相从事支付业务;非金融机构提供支付服务,应当依据本办法规定取得《支付业务许可证》,成为支付机构;对申请支付牌照的企业设定了门槛限制,如从业年限、盈利水平等,并对相关权责,如沉淀资金的安置等事宜做出明确规定。随后为了推动办法的落实,2010年12月,中国人民银行发布《非金融机构支付服务管理办法实施细则》。

(5)"手机实名制"逐步实施。

工业和信息化部决定从2010年9月1日起正式实施手机实名制,消费者去营业厅购买手机卡,必须持身份证才能办理。手机实名制的实施,有助于解决垃圾短信和诈骗等违法行为,为手机实名制为移动商务的发展,营造了信用和安全运营环境。

（6）进口税起征点降低。

海关总署发布《关于调整进出境个人邮递物品管理措施有关事宜》，规定自2010年9月1日起，个人邮递进境的物品只有应征税额在人民币50元（含50元）以下的才能免于征税，否则将依法征收进口税。而在政策调整之前，对邮寄物品征税税额的起点为500元。海关总署出台该政策的目的旨在打击走私行为，规范国内代购市场。

（7）规范出版物网络发行销售。

2010年8月，新闻出版总署下发《关于促进出版物网络发行健康发展的通知（征求意见稿）》。该通知要求2010年9月30日之前，从事网络出版物发行的企业必须事先取得《出版物经营许可证》和《音像制品经营许可证》。逾期未办理《出版物经营许可证》而仍通过网络发行出版物的，新闻出版行政部门将依法取缔，并关闭违法网站。有数据显示，目前中国传统出版市场上有近50%[1]的新书通过网络渠道销往市场。该规定对当当等大型网络购物商城影响不大，受冲击较大的是小型网上书店。

（8）积极维护互联网网络安全。

成立网络安全应急专家组。为应对日益复杂的非传统网络安全问题，2010年8月，工业和信息化部互联网网络安全应急专家组在京成立。来自政府部门、研究机构、电信企业和安全厂商的专家组委员出席了成立仪式。专家组将为互联网网络安全应急管理工作提供技术咨询和决策支撑。

2011年2月，工信部发布《个人信息保护指南》意见稿，对个人信息主体的权利、信息管理者使用个人信息的要求等多方面做出了规定。该指南的出台，有助于推动个人信息保护政策和措施的逐步完善。

七、人才培养

近年，电子商务爆发式增长，传统企业逐步切入电子商务领域，B2C的火爆和团购的兴起，都对电子商务人才产生了迫切需求。虽然全国范围近千所高校开始了电子商务专业，但是电子商务人才结构性缺口仍然无法填平，合适人才的供给跟不上行业发展的需求。人才成为制约电子商务发展的主要瓶颈。纵观2010年的电子商务人才发展状况，呈

---

[1] 陈杰：《网络出版物未取资质将关站——淘宝网成重灾区》，《北京商报》，2010年9月20日。

现如下特点:

1. 人才需求迫切

传统企业触网,通过自建 B2C 平台、并购、合资、在第三方平台上建旗舰店等形式开展电子商务服务,希望能够抢占未来发展的制高点。可是,不管通过哪种电子商务应用方式,都离不开对复合型电子商务人才的需求,既要了解传统行业,又要能熟练掌握电子商务应用技能。当前,电子商务企业对人才的需求达到了如饥似渴的程度。据业内人士透露,在岗的中高级电子商务运营人才,时常都会接到猎头公司的挖人电话。

团购网站的兴起和火热,推动了电子商务人才的需求。据职酷网近日数据统计显示,与网络团购有关的需求职位约达到 2200 个[①],而在中华英才网搜索"团购"职位关键词,可得到近 1100 条相关招聘信息。这些信息大部分是来自各地的新兴团购网站或已有网站的团购频道。团购网站招聘的主要岗位是销售及招商、营销策划及运营,三类职位占到需求的 90%以上。团购网站对人才的要求主要是素质全面,既要了解团购运营,又要充分了解传统市场以及商家运营和渠道管理。

2011 年,人才结构性缺口仍然存在。根据中国电子商务研究中心监测数据显示,截至 2011 年 6 月,电子商务服务企业直接从业人员超过 180 万人。武汉的统计结果显示,2011 年前 9 个月, 共 11569 家[②]企业在纳杰人才网发布互联网/电子商务相关岗位 163486 个,较去年同期相比增长 28%。以快递为例,2011 年 9 月,IT 企业对于物流/仓储的人才需求相较上年 8 月增长 123%[③]。

2012 年,电子商务人才缺口更加明显。除了总量缺口外,仍旧呈现出结构性高端人才短缺的特征。报告显示[④],我国目前电子商务企业直接从业人数将近有 214 万人,招聘电子商务人才压力大的企业仍占 40.91%;处于招聘常态化,每月都有招聘需求的企业占 27.27%。电商运营、技术性人才(IT、美工),推广销售人才、供应链管理人才需求量较大。

此外,值得注意的是,在竞争激烈的环境下,网店主成为高危行业。淘宝店主由于长期在有压力的工作环境熬夜工作,2012 年中出现多起猝死事件。由网友投票选出的"中

---

①许海玉:《团购热潮引发 3 类人才需求:要求素质更加全面》,《新京报》,2011 年 2 月 14 日。

②翟莹、董苗苗:《湖北高校每年电子商务专业毕业生超过 3 万人》,《长江商报》,2011 年 11 月 1 日。

③来源:《电子商务带动物流产业人才缺口明显》,http://www.jmnews.com.cn。

④来源:中国电子商务研究中心,《2012 中国电子商务人才状况报告》,2012 年 7 月。

国新十大高危职业"排行中,淘宝店主榜上有名,这也为业界敲响了警钟。淘宝网发布的网购从业者生态环境报告显示,47.9%的网店客服工作时间超过 12 小时,47.3%的客服需要同时接待 3~5 个买家,报告还显示几乎所有客服都表示曾遭遇过买家谩骂。职业病方面,超过 60%的店主有时或经常头晕头痛,80%店主有时或经常肩颈酸痛。

2. 教育部积极推动电子商务人才培养

虽然我国有 400 多所本科院校和 600 多所高职院校开设了电子商务专业,但是,供需矛盾仍然突出。为了探索电子商务人才问题,2011 年 12 月,由教育部指导的首届中国电子商务职业教育与行业对接大会于召开,旨在促进人才培养与人才需求的对接,企业与教育机构的对接。

在大力发展战略新兴产业的背景下,教育部办公厅发布《关于战略性新兴产业相关专业申报和审批工作的通知》。该通知的下发,将加大互联网、电子商务等新兴产业人才培养力度。有关高校可从本科教育入手,积极申报与战略性新兴产业发展人才需求相关的新专业,加速教学内容、课程体系、教学方法和管理体制与运行机制的改革和创新,积极培养战略性新兴产业相关专业的人才,满足国家战略性新兴产业发展对高素质人才的迫切需求。

3. 行业协会探索解决人才供需失衡问题

电子商务人才缺口的同时,电子商务专业大批毕业生却找不到工作或者转行。针对学校培训内容与企业实际需求脱节的情况,电商企业也在采取相应对策。2012 年 4 月,"中国电子商务应用人才培训工程"正式启动。该活动是中国电子商务协会联合部分省市电子商务协会,国内知名电子商务服务企业专业培训机构开展的电子商务应用人才培训并进行相关行业认证。

4. 电子商务服务商启动人才储备计划

我国电子商务行业迅速发展,人才供给不能满足需要。为此,一些电子商务服务商未雨绸缪,纷纷启动人才储备计划,尤其是应届毕业生已经成为储备人才的主要来源。据悉[①],2011 年凡客诚品预计将招聘 600~1000 名应届毕业生,以技术开发、物流管理、内容编辑、服务设计人才为主。淘宝网也将从应届毕业生中选拔约 1000 名技术类员

①夏振彬:《电子商务企业青睐 2011 年应届毕业生》,《中国青年报》,2010 年 11 月 27 日。

工。卓越亚马逊也首次在校园招聘中设有零售类岗位。

5. 阿里巴巴推电子商务营销师证书

为了帮助企业提升外贸人员在外贸技巧及电子商务应用方面的综合能力,进一步帮助小企业解决电子商务平台的应用难题,缓解中小企业在电子商务人才方面的需求,阿里巴巴在全国范围内推行电子商务(外贸)网络营销师证书。经过培训,考试通过的学员都可以拿到资格证书。同时,淘宝为了提高网店店主的经营能力,联合教育部推出"网店运营专才"培训项目,考核培训结束后将颁发国家教育部"网店运营专才"岗位证书,并将得到淘宝的就业推荐。

第四节　电子商务应用情况

一、农村电子商务应用取得突破

"十一五"以来,我国农业农村电子商务快速发展,农村信息基础设施建设及一步完善,农业电子商务应用普及,农业电子商务模式不断创新。草根农民在电子商务应用中,不断涌现出好的典型和模式。农村电子商务在解决三农问题,发展农村经济,提高农民收入和自身素质取得了显著成效。

1. 农业信息基础设施建设进一步完善

"村村通电话、乡乡能上网"的"十一五"农村通信发展规划目标全面实现。全国范围内 100%[①]的行政村通电话,100%的乡镇通互联网(其中98%的乡镇通宽带),94%的20户以上自然村通电话,全国近一半乡镇建成乡镇信息服务站和县、乡、村三级信息服务体系。此外,已有 19 个省份实现所有自然村通电话,75%的行政村基本具备互联网接入能力。

"信息下乡"进展明显,建成"农信通""信息田园""金农通"等全国性农村综合信息服务平台,涉农互联网站接近 2 万个。建成乡镇信息服务站 20229 个、行政村信息服务点

---

① 来源:工信部网站,《2010 年全国电信业统计公报》。

117281 个,网上建成乡镇涉农信息库 14137 个、村信息栏目 135478 个。

2. 农民自发探索出多种电子商务应用模式①

近年,农民自发利用市场化的电子商务平台,不要国家投入一分钱,信息化应用的效果非常显著,形成具有特色的自下而上式农村电子商务。目前,自下而上的农村电子商务至少存在五种比较典型的模式,即:

(1)堰下村模式。这种模式出现在江苏沭阳颜集镇,农民自发在淘宝网上开店销售花木,网销规模占到总销售的 1/3 以上。这一模式的主要特点是针对当地的农副产品面向大市场开展网络营销,在原有生产结构改变不大的情况下,电子商务发挥了作为辅助销售手段的重要作用。

(2)东高庄模式。这种模式出现在河北省邢台市清河,东高庄村 75% 的农户自发从事羊绒纱线与制品的网络销售,年网上销售额超过 100 万元的有 20 多家,其中最大的年网上销售额超过 1000 万元。这一模式的主要特点是先工业化后电子商务,当地农村的工业发展到了一定的程度后,再来利用网络销售发挥助推作用。

(3)青岩刘模式。这种模式出现在浙江义乌,凭借比邻义乌小商品市场及货运市场的便利,一个 1000 多人的小村子引来 7000~8000 外地人前来落户开办网店,销售小商品。这一模式的主要特点是充分发挥当地独特的区位优势,开展电子商务。

(4)沙集模式。这种模式出现在江苏睢宁,发源于东风村,农民自发在淘宝网上开店销售家具获得成功,网销细胞裂变式复制,拉动了加工制造、配件、原材料、物流快递等,形成年网上销售 3 亿以上的新的产业群。这一模式的主要特点是以信息化带动农村的工业化和产业化,电子商务在"两化融合"中明显发挥了引领作用。

(5)柳城模式。广西柳城蜜桔畅销,归功于当地农民对网络的应用②。当地建立的"市场+'IT 农民'团队+农户"的供销模式。村民邬新春为全屯有电脑的农户建了一个 QQ 群,这个 QQ 群成为了各种信息的中转站,群里每个成员成了科技的指导员、天气的预报员、减灾防灾的发布员、价格的信息员。各种信息从网上获取,有效指导农民的产销。

3. 各地陆续建设特色农产品电子商务交易平台

"特色湖南"网上平台上线。湖南省农业厅开展"湖南特色农产品上网工程",中农传

---

① 汪向东:《衡量我国农村电子商务成败的根本标准》,《中国信息界》,2011 年 4 月 13 日。
② 李斌、胡院彬:《广西柳城"IT 农民"网上卖蜜桔 畅销全国》,新华网,2010 年 11 月 2 日。

媒与淘宝网、阿里巴巴合作，打造"特色湖南"网上平台，实现农产品产销无缝对接。短短4个月，平台实现销售400多万元[1]，"童胖子"酱板鸭、毛氏红烧肉、"辣妹子"辣椒酱等33个品牌100多个产品受到网友热捧。把不易保存和运输的农副产品，进行深加工，既提升了产品的附加价值，又适合网上交易和仓储配送，借助电子商务巨头平台的人气，可以快速开拓农副产品的销售渠道。

新疆特色林果商务平台启动。目前，新疆已成为我国北方重要的林果产业基地，2010年11月，新疆特色林果电子商务平台采用"政府推进、企业主导、市场化运作"的模式上线应用。该平台力争打造一个覆盖林果种植、收购、仓储、物流、加工及销售完整产业链的电子商务平台。

北川农产品电子商务平台开通。2010年10月，北川维斯特商品交易所电子交易平台正式开盘。北川维斯特商品交易所是山东寿光蔬菜产业集团援建的重大灾后重建项目和"数字北川"重点工程。"北川维斯特商品交易所的建成，将有效缓解北川乃至绵阳等地区果蔬销售难的问题。"其中，订单交易首批交易品种包括花椒、核桃、黑木耳、板栗四个品种。

【拓展阅读】草根农产品电子商务发展的特点分析

"买难卖难"一直是制约农业发展的核心问题，而导致这一问题长期无法根治的主要原因是农产品生产和销售信息不对称、流通渠道过长等。而应用电子商务，恰恰有助于促进信息透明、缩短销售渠道。然而，由于不容易标准化和不适合仓储配送的制约，农产品电子商务明显滞后于其他领域的电子商务发展进程。如今，伴随着电子商务零售业的蓬勃兴起、电子商务模式日益成熟，越来越多的草根网商将触角伸向农产品电子商务领域，并探索出一些有益经验。自下而上的草根农产品电子商务逐步兴起，呈现出星星之火之势。

根据《农产品电子商务白皮书》[2]统计，截至2012年底，以淘宝网（含天猫）营农产品类目的网店数为26.06万个，涉及农产品商品数量1千万个，全年农产品交易额约200亿元。农产品电子商务仍处在摸索阶段，相比年销售额超过万亿的淘宝交易额，农产品电子商务占比不足2%。当前，农产品交易额呈现如下特征。

---

[1]来源：比特网，《农业电子商务展湖南特色》，http://smb.chinabyte.com/391/11820891.shtml。
[2]来源：阿里研究中心，《农产品电子商务白皮书》，2012年。

一、产品特点

1. 以营养品、土特产为主,海鲜类产品快速增长

在现有农产品电子商务交易中,以适宜配送的、标准化比较高的农产品为主,尤其以营养品、土特产品居多。百姓日常消耗量较大的新鲜蔬菜、水果、肉类和水产占比较低。以淘宝网为例,2012年交易额排名前三位的农产品类目分别是:传统滋补营养品(包括蜂蜜和蜂产品、燕窝、灵芝、冬虫夏草等)、粮油米面(包括干货、调味品)、茶叶,交易额分别为61.41亿元、34.53亿元和34.16亿元。从单品来看,2012年茶叶是淘宝网销量最大的农产品,日销售额达到722万,其次是枣类、牛肉干和坚果类产品。

虽然生鲜类产品目前交易额处在低位,但是从增长趋势来看,相比其他类目增长速度最快,2012年同比增幅达到42.06%。在生鲜产品类目中,海鲜类异军突起,大闸蟹销售尤其火爆。根据团800数据显示,该网站2012年中秋节销售额达到8104万元,仅月饼和大闸蟹的销售额就达到了6153万元[1],占比超过了四分之三。

2. 走中、高端路线,增加盈利空间

在产品定位上,既有面向普通消费者的中低价位产品,也有为了增加产品附加价值,定位在礼品的中高端产品。中闽弘泰网店以销售铁观音茶叶为主,在品牌形成一定知名度后,推出浓香型铁观音250G礼盒装,售价为599元,而同样重量的普通包装却只有87元,并且是买一送一。再如天天果园网站的"深情厚意"水果礼篮售价为580元,水果全部采用高品质的进口鲜果和国产精品。

二、主要模式

1. 中介模式[2]

随着电子商务的发展,农村地区涌现出一批涉农电子商务代理人,也被称为经纪人。这些代理人在淘宝等综合性电子商务平台上开设网店,经销收购来的农产品。销量较大的代理人甚至组织农户成立专业合作社,为网店提供货源。代理人一方面精心打造网店品牌,通过服务扩大市场,另一方面又组织、指导农民围其提供优质货源,从而带动相关农产品的生产和销售。赵海伶是四川省青川县返乡大学生村官。她走进大山,挨家挨户向农户收购蜂蜜、竹荪、木耳等土特产,然后通过在淘宝上的网店出售。由于货真价实,物美

---

①刘宇:《中秋节礼品销售最后冲刺 月饼大闸蟹团购促销多》,《今晚报》2012年9月27日。
②叶秀敏:《三种模式惠"草根"——当前农村电子商务发展探析》,《信息化建设》2011年11月。

价廉,赵海伶的网店积累了不少来自全国各地的客户,销量直线上升。2010年网店销售额超过100万元,同年9月,她还被全球网商大会评为"年度十佳网商"。

2. 直销模式

直销模式是农户或者农民合作社借助电子商务平台,将农产品直接销售给最终消费者。直销模式减少了中间环节,降低了成本,减少了中间环节以假掺真谋取暴利的可能性。直销过程中,农户还能直接对接消费者,了解市场和需求信息。直销模式中,比较有代表性的农民网商是王家四兄弟。四兄弟原本是福建省安溪县西坪镇南岩村的普通茶农,2009年5月,四兄弟经营的中闽弘泰旗舰店在淘宝商城开业。传统茶叶销售,要经过批发商的多次流通,才能到达零售店里,消费者购买价格因此高出了很多。中闽弘泰通过网络销售,实现让铁观音从茶园直达消费者的茶杯。依托优质的货源和低廉的价格,仅仅两年多时间,网店客户群就超过20万。为了保证货源,四兄弟还组织当地茶农成立了"中闽弘泰茶叶专业合作社"。合作社实行"五个统一"管理:统一农资配送供应,统一防治指导,统一生产经营标准,统一学习交流培训,统一其他生产环节把关。2012年,网店销售额达到5000万元,被评委"阿里巴巴全球十佳网商"。

3. 订单模式

订单模式也被称作预售模式,是指在农产品成熟之前,就开展网上销售,接受订单和货款。农户根据订单安排生产,一旦成熟期到,则按照订单配送产品。订单模式能够降低生产的不确定性风险,减少库存,稳定收入。2012年大闸蟹网络销售取得巨大成功,一个重要原因就是采用了网络订单模式。在6月,阳澄湖大闸蟹蟹苗才刚刚进入生长期,网络团购营销大战就已经热火朝天。9月底,大闸蟹正式上市,提前团购的消费者在第一时间收到了物美价廉,货真价实的产品。

三、网络渠道的特点

1. 在电子商务平台上开店

很多涉农网商选择在第三方电子商务平台上开店,销售农产品。在第三方服务平台开店,既可以降低网站建设和运营成本,还可以借助第三方平台的流量实现销售。据统计[①], 在淘宝上经营农产品类目的网商数为26万个, 涉及农产品商品数量1004

---

①来源:阿里研究中心,《农产品电子商务白皮书》,2012年。

万个。而在阿里巴巴B2B平台,经营农业类目的诚信通账号有1.7万个。最近,第三方电子商务平台纷纷看好农产品网销,投入更多的资源,频频布局其中。淘宝网重新组建了特色中国项目,希望用土特产撬动用户对农产品的蓬勃需求;2012年初,淘宝网还成立了新农业发展部,并推出生态农业频道。1号店近日表示,将进军生鲜领域,并将在4座城市建分仓。无独有偶,京东商城团购频道也单独推出生鲜蔬果类目。360同样在探索"农户到消费者"销售方式,360团购导航启动"特供计划"[1],先后推出"特供大闸蟹""特供年货""龙井新茶"活动。

2. 自建网站

实力较强的农产品网商,除了在第三方服务平台开店,也通常建设自己的网站。自建网站的好处是有助于树立品牌形象、网站功能更加丰富、网络营销手段更加灵活多样。缺点是网络建设、运营和推广成本高。

案例:农享网

从农村走出来的徐亚锋,大学毕业后立志为服务于三农,定位于乡村公益和安全食品的电子商务平台。徐亚峰首先建设面向全国农村的供求信息交流平台——农享网,致力于解决农产品的信息不对称问题,并且已经获得一期风险投资。除了建设农享网以外,他还在淘宝开店,网店尽管营业不到半年,但是已经达到一皇冠。

3. 与团购网站合作

团购网站定位于本地生活化服务,以高折扣的价格,采用限时销售的方式,将日常消耗品和餐饮娱乐活动呈现消费者。而农产品恰恰是消费者日常购买最频繁的商品,适合团购模式。在各类团购网站,农副产品也常常是商家主打商品。在针对北京市场的百度团购搜索页面,近期团购的粮油蔬果项目就有370款[2],粮油分类里既有大米、也有杂粮;水果中有苹果、西瓜、芒果、柠檬、赣南橙等;土特产里有木耳、银耳、蜂蜜、大枣、桂圆等;蔬菜中有莲藕、山药、红薯,还有有机蔬菜购物卡。

四、网络营销的特点

1. 主打健康牌

随着消费者食品安全意识的提高,消费者在选择食品时首先考虑的是商家的诚信状

---

[1]来源:eNet硅谷动力,《360团购探索特供农产品O2O模式》,2013年3月20日。
[2]数据时间点:2013年3月21日。

况、产品的质量。为了应对消费者的需求变化,一些涉农网商从源头上把控农产品的品质,不远千里,到原产地亲自考察农户种植情况,甄选优品,高价收购,和农户形成稳定的供货关系。在网络营销时,网商主推原生态概念,主打原产地品牌、有机产品认证和地理标志保护认证,甚至是进口产品。

案例:天天果园网

天天果园网主营国内精品水果和进口鲜果,目标客户定位于注重生活品质和健康的人群,消费区域主要集中于上海市。天天果园网精选高端国产水果,有新疆香梨、海南木瓜等。此外,经销的进口水果也多达几十种,例如每盒20个装的美国西洋梨售价228元,每盒16支装的智利青苹果96元。天天果园在货源上进行把控,与美国、智利、新西兰的水果专家或水果协会达成了合作意向,保障水果供应和品质。

2. 塑造品牌形象

在农产品标准体系和社会诚信体系建设不完善的今天,让消费者对农产品产生信任,一个重要途径就是塑造品牌形象。树立良好的品牌形象,有助于让消费者对品牌的信任传导到商品,最终诱发购买行为。"我买网"在网站首页明显位置,同时打出"中粮"和"我买网"双重品牌标志,并标出"中粮集团旗下食品购物网站",借助中粮集团品牌,突出"我买网"是值得信赖的。另外,"我买网"也只与有实力的品牌企业合作,如在猪肉类目,共有67个查询结果,但只涉及五个猪肉品牌:荷美尔、家佳康、彼特博、鹏程顺鑫、卓磊。另一个案例是淘宝遂昌馆,该馆在网页明显位置标识"淘宝首个线下网商安全保障试点县",让消费者产生信任;在初春时节,遂昌馆全新策划推出"龙谷丽人"茶,主打原生态、高山、纯天然特色。

3. 赋予产品功能性和文化内涵

随着经济水平和人们饮食观念的更新,食品早已不单是满足人们的生理需要。简单的吃饱穿暖已经不够,食品有时还被赋予文化和情感因素。"农人网"是一家具有人文气息的农产品电子商务网站。网站在销售农产品的同时,融入了农人小传、访农手记等人文元素,让用户在购物的同时能了解到每份农产品背后的种植者及其故事。通过这种富有人文气息的展示,将农产品与农户有机地结合在一起,赋予农产品新的内涵和要素,最终让品牌形象更加丰满。有意思的是,遂昌特产黄米果还为网购用户带去了对家乡的眷恋和童年的回忆,有的网购用户给网店主留言写道:"产品有家乡的味道""能回味起童年"。

4. 着力解决农产品标准化的问题

农产品标准化程度低是制约我国农产品电子商务发展的一个关键要素。为克服困难,涉农网商和电子商务企业进行了各种各样的有益尝试。

淘宝遂昌馆从四方面控制农产品质量:一是供应商选择上,严把资质关,并实行可追溯台账制度和质量保证金制度;二是网店协会公共服务平台建立产品进馆检测机制,并不定期地与政府质监部门联合对入馆产品进行二次抽测;三是从物流环节把控产品质量关,与物流企业建立24小时"限时达"和"保鲜达"合作;四是建立完善的售后服务体系,承诺预先赔付和退货零运费服务,此外网销协会还开通旺旺、400客服及消协96315服务电话,第一时间对客户的投诉进行反应。

中粮集团推出高于国标的7C体系,制定出"从田间到餐桌"的产品全产业链过程的七大环节标准作业流程,以稻花香大米管理体系为例,7C体系包括了选种、种植、采收、储运、加工、包装、服务各个环节。

农享网经过探索,也找到一条对供应商产品尽量进行检验的有效途径,一是亲临产地,筛选供应商;二是给供应商较高的收购价格,让农户安心注重生产,提升产品品质;三是签订严格供销协议,对假冒伪劣产品进行严厉惩罚,一旦出现质量问题永不合作。

海南惠农网在展现惠农供应商信息时,把供应商营业执照、税务证、荣誉证书、注册商标、产地认定证书、农产品质量安全检测证、全国无公害农产品内检员证书全部用照片的形式呈现出来,让合作者或者消费者对供应商的情况有了基本了解,初步达到放心、安心的效果。

360特供的西湖龙井茶还创新式的提供了质量追溯方式,通过二维码来记录整个流通过程。让每一包茶叶都清清楚楚查到来自哪个茶园,种植茶农是谁,炒茶师傅是谁等。

小结:与由政府主导的、至上而下的农产品电子商务不同,草根农产品电子商务才刚刚起步。至今为止,草根农产品电子商务还没有成熟的商业模式。虽然在全国范围内涌现出一些成功经验,但是农产品电子商务仍然面临着鲜活标准体系和溯源机制不完善、冷链物流基础设施不健全、人才缺乏等一系列问题。为了推动草根农产品电子商务的发展，建议政府部一方面重视发展农产品电子商务放的战略作用，另一方面要采取积极措施，帮助草根农产品网商解决发展中面临的突出困难。

尽管草根农产品电子商务还处在起步期的尝试阶段，但在社会各方的共同努力下，星星之火一定可以燎原。

4. 多种因素制约我国农村电子商务的发展

目前，制约我国农村电子商务发展的主要问题有：农村网络基础设施建设相对薄弱，宽带化进程相对缓慢；农民收入偏低，电脑和网费开销对于大部分农民家庭上属于奢侈消费；农民文化素质偏低，对电子商务的价值还缺乏深刻认识；不了解如何应用网络和计算机；缺少能够真正满足农民生产生活需要的涉农网络应用服务和服务模式；人才、物流和支付等支撑体系建设还不完善，阻碍农村电子商务的发展；鲜活农产品本身不适合长时间仓储运输，影响大范围的电子商务应用；我国农产品在标准化、品牌化还相对落后，不利于网上交易。

【拓展阅读】案例：沙集模式

一、"沙集现象"

"沙集现象"是指沙集农民网商自发式产生、裂变式成长、包容性发展的现象。沙集所属的睢宁县是江苏省的贫困县，沙集农民过去主要靠务农和外出打工获得收入。前些年，当地农村最主要的非农产业是污染严重的废旧塑料回收加工业。2006年开始，三位青年农民自发在家中上网开店销售拼装家具获得成功，很快引起身边乡亲纷纷仿效，使网销快速发展起来。目前，网销带动了制造、生产、物流、原材料、配件及通信等相关产业的发展，农民不用进城就可以实现创业就业、脱贫致富。整个行业每年以超倍速增长，网上销售2008年是4000万，2009年为1亿，2010年超过3亿元。产品销往全国各地，并已开始出口。

沙集现已拥有农民网商1000多人，开办网店近2000家。网销带动起180多家加工企业，工厂规模在短短三年内实现了三级跳，从最初家庭成员在农家小院创业，发展到开始雇用工人在几百平方米的场地生产，到现在有的已有1500平方米、

2000平米的大厂房,雇工达到几十人,设备投资达几百万元的规模。产品也在不断创新,2010年一年全镇申请注册商标50多个,同时还购买了100多个外地的商标使用权。

网销带动物流快递业迅速发展,最初全镇只有邮政EMS一家,发展到目前16家。2010年,网销带来的物流快递费达到了3000万元以上。网销生产还带动发展出6家板材加工厂,2家五金配件销售店和1家网络服务商。

在促进就业方面,以东风村为例,全村4800多人,原来外出打工者有1500人,现在基本全返乡,人手还不够用,用工缺口在1000人左右,要靠外来打工者填补。外来打工者中有人来自城市、甚至是大学生。当地一个大工的月工资目前可达6000元。

二、"沙集模式"

调研组透过"沙集现象"总结了"沙集模式"的内涵。"沙集模式"的核心要素是"农户+网络+公司":农户自发地使用市场化的电子商务交易平台变身为网商,直接对接市场;网销细胞裂变式复制扩张,带动制造及其他配套产业发展,各种市场元素不断跟进,塑造出以公司为主体、多物种并存共生的新商业生态;这个新生态又促进了农户网商的进一步创新乃至农民本身的全面发展。"农户+网络+公司"相互作用、滚动发展,形成信息网络时代农民的创业致富新路。

"沙集模式"中的三大要素,都具有自身的特殊性。这里的农户,不再是与大市场相隔离、只能依靠别人提供的信息、或靠惯性被动盲目生产的弱势小生产者,而是在自己家中就可以主动掌握信息,自主经营按需生产的平等的市场主体;这里的网络,不是由政府主导、国家投资、官办机构管理、农户却不太买账的信息网络平台,而是以淘宝为代表的市场化的网络交易平台,农户从事网销既不要国家财政投入一分钱,自身应用成本又低、且实效显著;这里的公司,不再是外加在农村经济之上、控制农户生产经常与农争利的传统公司,而更多是土生土长的、农户变身而来的新公司,由这种新公司为基础吸引其他市场元素跟进,形成了一个为农户网商服务共生多赢的新生态。

"沙集模式"三大要素间存在逻辑关系。由农户到网络,体现了"沙集模式"是农户自发、主动应用既有公共电子商务平台的特点。这是一种来自草根的、自下而上的信息化应用,区别于常见的由政府主导、自上而下的电子商务推广模式;由网络到公司,体现了"沙集模式"由网销带动加工制造,以信息化带动工业化和农村产业化的典型路径特征,区别于常见的"先工业化、再信息化"的发展方式;由公司到农户,体现了"沙集模式"以公司为基础、以市场化的新生态服务并促进农民网商进一步成长的关系,区别于以前公司凌驾于农户之上的不平等关系。

三、"沙集模式"的启示

1. 探索出一条有效解决"三农"问题的新路

"沙集模式"的经济社会影响意义深远,它为在信息网络时代解决"三农"问题,提供了一个新的方向。在过去"公司+农户"结构下,农户往往是被公司牵着鼻子走的弱势群体。公司控制农户,与农户争利的一个重要原因就是信息不对称,市场信息大部分掌握在公司的手里。"沙集模式"带来了结构性的变化:它在"公司+农户"的基础上加了"网络"要素。农户在自己家中,通过市场化的公共电子商务平台,可以直接去对接市场,无需经由第三方中介,解决农民信息弱势的信息不对称问题,一下子找到了一个新的突破口,以最直接的方式从根本上得到解决。农民在家中就可以开网店创业致富,实现充分就业,还需要从城里招工补充人手不足,给城镇化的政策选择以新的启发。农民工返乡创业,不仅解决了农村"空巢"问题,而且改善了农村社会结构和民风,提升了农民的幸福感,使社会更安定和谐。

2. 为转变发展方式提供了一条可借鉴的途径

"沙集模式"直接改变了当地的产业结构。东风村在网销业之前,是名副其实的"破烂村",废旧塑料回收加工是当地的支柱产业。看到网销市场的发展前景,越来越多的废旧塑料经营者不断向网销转型。从2009年开始,东风村的网销产业已经超过了塑料产业,目前这一由市场牵引带来的结构转型还在继续。而这种变化恰好与十七届五中全会提出的"调结构、转方式"的要求相符合。

3. 为推动我国信息化建设提供了新视角

信息化带动工业化,"两化融合",是国家战略的重要内容。党的十七届五中全会又提出深化"两化融合"的要求。在农村信息化方面,国家已花了很大力量来推动,但依然困难很多、成效不理想。究其原因,就是自上而下的信息化和农民自身草根的、或自下而上的需求错位。"沙集模式"中,农民自己利用市场化网络平台直接和市场去对接,结果是拿到了鲜活、有价值的信息和订单,组织货源实现交易。不用国家财政投入,农户自身以较低的信息化成本就解决了问题。信息化的应用和效益,一下子就显露出来。信息化以此显示出带动工业化和农村产业化的作用。

4. 对发展地方经济,提供了一条新的思路

这些年,发展地方经济,特别是发展县域经济,从全国来看,一个重要的思路是通过招商引资,特别是希望通过引进重大项目拉动地方经济,加快发展。现在招商引资困难重重,需要付出巨大代价。地方政府之间的恶性竞争导致这个代价不断加码。而且,外来的项目"难养熟",来的难,走的易,一有风吹草动,或别的地方给的条件更优越,可以拍拍屁股就走。"沙集模式"对公共资源的索取很少,为地方经济社会发展的贡献很大。特别可贵的还有它的内生性。农民网商的根在这个地方,有了风吹草动、市场有变化,他会和本地父老乡亲一起去抵御风险。

5. 对促进"包容性增长"提供了借鉴

在沙集,年近古稀的老人、文化不高的农妇及残疾人也融入了网商创业之中。这表明,只要激发了农民的内在积极性,电子商务和他们的利益挂了钩,人人都可以包容在"两化融合"的过程中。农民用一个手指戳键盘的"一指禅",也同样能够有机会从包容性增长中获得实惠。"沙集模式"为纠正长期以来电子商务不适合农村的偏见,提供了一个非常有说服力的现实例证。

【拓展阅读】中闽弘泰的案例

王大伟的儿子王思仪是福建省安溪县西坪镇的一个90后,初中毕业后就辍学在家,每天沉迷于网络游戏。偶然的机会帮助家里卖茶叶,销售效果出乎预料的好,于是,王思仪决定在淘宝网上开店。

2009年5月,中闽弘泰淘宝商城旗舰店正式开业。经过他们的用心经营,当年营业额就达到了250万,2010年的营业额是2000万,2011年的营业额将会突破3000万。仅仅两年多的时间,中闽弘泰已经成长为淘宝网茶叶类目的领先品牌。2011年,在阿里巴巴每年一度的全球网商评选中,中闽弘泰当选唯一的当年"最佳农村网商"。

随着业务量的不断扩大,从最初的家庭式作业,如今已经拥有100多名员工。其中,专门挑拣茶梗的工人(来自村民)有80多人,包装、发货和客服50多人。普通工

人月薪是 1500~2000 元,这样不用出村打工,就解决了生计问题,而且农忙时他们还可以就近照顾自己的田地。客服则是从外地招来的大学生,月薪可达 3000 元。

为了保证货源,提供高品质的茶叶,中闽弘泰还走农民合作社的道路,组织周边茶农加入合作社,实现生产、加工和销售的"五个统一"管理:统一农资配送供应,统一防治指导,统一生产经营标准,统一学习交流培训,统一其他生产环节把关,保证提供优质铁观音。

随着生意的红火,王思仪正在考虑申请厂房建设用地,扩大生产规模,并在全国范围内建设销售和客户服务渠道。

二、传统领域不断普及深化电子商务应用

近年,传统产业逐步意识到电子商务对企业发展的战略意义,普及应用电子商务的速度加快。从几年前的"被电子商务",到当今的主动向电子商务转型。越来越多的传统企业重视并布局电子商务,并且逐步成为中国电子商务的推动者。

1. 传统领域不断普及和深化电子商务应用

(1)钢铁行业。

近年来,我国钢铁行业产能过剩,行业竞争激烈,钢企利润出现大幅滑坡。而电子商务的应用,提高了钢铁企业产业链的协同能力,降低运营成本。

宝钢集团整合电子商务平台,电子商务交易额保持高速增长。2010 年,以宝钢在线为基础的营销电子商务平台整合全面启动,完成了宝钢在线升级、现货中心等项目建设,电子商务服务正全面覆盖宝钢钢材产品销售和宝钢物料采购的各个环节。宝钢电子商务全年交易额达 1842 亿元[①],比上年增长 43%。其中,钢材网上期货交易额 848 亿元,同比增长 44%;钢材现货交易金额 44.5 亿元,同比 200%;网上采购 178.5 亿元,同比增长92%。

武钢的电子商务应用也走在钢铁企业的前列,全面推进以协议销售为主、以网上竞价销售为辅等现货销售新模式。2010 年 9 月,瞄准武汉钢铁贸易 1200 亿元的大"蛋糕"的银安通钢铁在线正式上线开通钢铁交易。

---

①来源:陈姗姗,《传统宝钢 2010 年电子商务交易额达 1842 亿元》,一财网,2011 年 2 月 14 日。

除了钢铁企业,第三方电子交易平台"东方钢铁在线"在钢铁电子商务领域也成效显著。目前该平台的活跃客户数量已经超过 5000 家①,截至 2010 年 11 月,"东方钢铁在线"累计成交订单 12109 个,成交量达 91 万吨,成交金额达 36 亿元,其中竞价交易32 亿元,挂牌交易 4 亿元。②

(2)塑料行业。

电子商务热潮,也覆盖了塑料行业。尤其在金融危机的冲击下,塑料网上市场依然红火,电子商务为塑料行业找到了新的发展方向。有代表性的是浙江塑料城网上交易市场,提供中塑仓单、中塑现货两种电子商务交易模式。该市场的成交额连续 4 年占余姚中国塑料城总交易量的 50%以上③。2010 年 1 至 10 月,网上市场累计成交塑料 300 多万吨,成交额超过 320 亿元。

广东塑料交易所网站先后推出 PVC、PP、PE、ABS 和 PS、烧碱等六个交易品种,成功吸引国内外交易客户 2 万余家,各类信息使用客户 20 万余家。2009 年,广东塑料交易所网站还获"广州市金融系统首届电子商务网站推优示范优秀设计示范网站"称号。

(3)保险业。

保险业是电子商务应用的后起之秀,但是成绩不俗。2010 年,泰康人寿保险股份有限公司的泰康在线已经拥有会员 5 万多人,网上直销收入较 2009 年增长近 6 倍。虽然泰康在线的收入规模占总体的比例还比较低,但发展潜力巨大。人保财险电子商务中心运营一年来,已经有了 70 多万名客户,值得自豪的是,客户对销售专员的满意度为99.7%、客户对送单的满意度为 99.3%。2010 年 3 月份,中国人民人寿保险公司还与第三方支付平台易宝支付合作,开通"网上投保"。

(4)航空业。

航空公司在网上开店,将机票销售的代理模式逐步向直销模式过渡。传统航空公司的机票销售是代理制,代理公司瓜分很大一块利润。电子商务的出现,使得航空公司能够直接在网上销售机票,既方便了乘客,又降低了成本。通过应用网络直销,春秋航空降低69%[①]的营销成本,年年持续盈利。2009 年春秋航空的机票价格和同行业相比低36%。目前春秋航空来自于 B2C 的销售额占总收入的比例高达 80%,还蝉联中国航空公司客座率第一名。

中国航信作为航空旅游行业领先的信息技术及商务服务提供商,也与第三方支付厂商环迅支付共同达成战略合作,推广机票在线直销业务。

(5)3C。

京东商城的家电销售连续几年翻倍增长,传统家电渠道商和家电生产企业备受鼓舞,同时也产生危机感。于是,他们陆续介入电子商务领域。2010 年 2 月,苏宁电器旗下电子商务平台苏宁易购网正式上线,目标是成为中国最大的 3C 家电 B2C 网站;11 月,国美以 4800 万元价格正式收购家电 B2C 网站库巴网 80%股份,进军电子商务。

传统 3C 生产企业也高调布局电子商务。2010 年 1 月,全球智能手机品牌宏达电子(HTC)的中国官方网上商城正式上线,向用户提供从购机、软件应用到售后等全系列服务。8 月,富士康旗下 B2C 平台飞虎乐购正式上线,主营 3C 产品。华为公司布了平台数字购物中心,已经拥有 8 万款应用,以及大量的音乐、视频和电子图书等。

(6)百货和超市。

当京东商城和当当网分别向百货类商品扩张的时候,传统百货业也不甘示弱。王府井百货、银泰百货、西单商场、中友百货和当代商城等知名商企均已开通自己的网络商城。虽然一些网络商城吸引了一些人气,但是网购业务与实体店相比,比例仍然较低。2009 年,王府井百货完成销售额 134 亿元,而其网购业务的销售收入为 4326 万元,可以说是微不足道。虽然传统百货企业占据了货源和资金优势,但是缺乏人才、缺乏有效的发展模式,仍然制约百货业电子商务的快速发展。

传统超市也集体向互联网转型。据中国连锁经营协会最新统计数据,在 2009 年中国连锁百强中,共有 31 家[②]企业开展了网络零售业务,如家乐福、沃尔玛、欧尚、美廉美等企业开通了网上超市业务。目前,美廉美网上超市已经有 1 万多种商品。国际零售业巨头沃尔玛在中国的首个网上商场——深圳山姆会员网上商店于 2010 年 10 月上线,网上销售的产品品种达到 4000 余种。不仅是传统超市,一些生产企业也进军网络购物。中粮集团

---

①孙彤、秦丽等:《电子商务对传统企业:不是颠覆,而是解放》,《商业价值》2011 年 1 月 10 日。
②吴文治:《超市自办线上渠道抗衡网商:重点考虑配送成本》,《北京商报》2010 年 11 月 15 日。

下属的我买网不仅仅是中粮集团的一个销售渠道,还要做中国最大的食品 B2C 网站,其已经上线 8000 种商品;并且销售额增长迅猛,2010 年底日均销售额达到年初的 10 倍。

(7)服装。

近年,随着麦网、凡客诚品服装销售网站的红火,网上销售服装成为潮流。尤其是最近一年,奢侈品牌网上折扣店兴起,聚尚网、唯品会的限时抢购模式吸引了众多时尚男女的青睐,许多高档品牌服装刚一上线,就被抢购一空。传统服装企业迫于消费者习惯的改变和网络打假的需求,纷纷抢滩电子商务。绫致服饰、阿迪达斯、李宁、优衣库、百丽等品牌相继入驻淘宝商城,耐克更是成为奢侈品网站的宠儿。为了满足网上和网下用户的不同需求,有些品牌专门针对网民推出网络品牌。2010 年 8 月,爱慕集团专为互联网市场推出的新品牌"心爱"在其官网和淘宝旗舰店销售,该品牌与传统高端定位相区别,采取中低端定位,价位仅是爱慕集团旗下主力品牌"爱慕"的 1/2~1/3。鞋业品牌百丽更是全面打通互联销售渠道:淘宝旗舰店、自建平台、亚马逊等综合性平台,百丽还吸纳几百家的信用比较好的淘宝卖家作为分销组织。

(8)金融业。

互联网成为金融企业服务创新的驱动力。在证券市场,股票交易已经快速普及到互联网渠道, 并且成为证券公司服务和盈利的主要模式。例如在网上买卖股票,从 2003 年到 2010 年,海通国际证券集团网上业务比例由 7% 上升为 65%,成为其主要的收入来源。

基金的电子商务直销渠道快速发展, 将在一定程度上改变银行垄断代销渠道的格局。截至 2010 年 11 月,博时、易方达、南方、华安、华宝兴业、国泰、银华、鹏华、银河、海富通等 11 家基金分别与第三方支付公司汇付天下合作, 开通在线基金产品的申购。据预测,在 2010 年底前,各基金公司的电子商务直销份额将在原来基础上提高 3 个百分点[①]。

互联网平台成为用户投资理财的主要渠道,为证券业提供新的商业和服务模式。例如,海通国际的电子商务平台实现了全球范围内的 40 多种期货产品、全球各种股票、黄金的投资管理功能,用户只要登录其网站,就可以对全部投资进行综合性管理,方便用户。

---

① 来源:谢潞锦,《第一财经日报》,2010 年 7 月 5 日。

近年,各家银行的网络银行业务快速发展。农行的电子商务支付年交易额已达数千亿元,为2000余家企业提供完善的在线收付款服务及增值服务。招商银行更是推出团购服务,以此增加用户黏性,带动刷卡行为。

（9）餐饮业。

据国家统计局统计,2009年,中国餐饮业营业额突破1万亿元大关,连续16年增长率保持在10%以上。目前,全国餐饮企业网店目前已经超过400万家[1],但是,电子商务在餐饮业还没有大规模普及应用,发展比较快的领域是网络订餐,尤其是工作午餐最为红火。用户只要提前在网上选择自己喜爱的菜肴,午餐时间,快递员就会准时送达,极大地方便了用户就餐。另外,有些适合仓储配送的食品网络销售也比较理想。如全聚德的烤鸭通过网络销售已经占到10%左右。

另外,值得一提的是,为了有助于建立食品安全可追溯体系,餐饮业率先启动电子商务采购平台。2010年11月,为贯彻落实商务部《全国餐饮业发展规划纲要（2009~2013）》和《进一步做好餐饮企业有关工作的通知》,商务部流通产业促进中心联合有关单位共同推出餐饮企业电子商务采购平台。

（10）家具、建材、五金。

家居用品是老百姓日常生活的必须品,有着广阔的市场空间。2010年,简单、实用、价廉的简易板式家具在淘宝销售异常火爆,江苏省睢宁县沙集镇甚至出现了专门从事网销简易家具的淘宝村。统计数据显示,目前淘宝网上有14万个家居店[2],3700万种产品,品种涵盖装潢五金、家装饰品和家具产品,今年8月份交易额达12.8亿元,平均每天销售额达4200多万元,仅2010年1~8月,淘宝网上的家居消费额增长了7倍。

传统家具企业也兴起网络商场+实体店面的销售模式,并取得不凡的业绩。曲美家具在为期45天的"曲亿团"网络销售活动里,共销售13510套产品,销售额达到1亿元[3]。科宝博洛尼有一支60人规模的专业网络营销团队,每年网络销售额高达4亿元。

五金建材领域,也有应用电子商务的急先锋。南方建材称,公司与另外两家公司合作,建立钢铁贸易电子商务平台,打造面向终端市场的网上钢材超市模式。2010年10

---

①来源:《证券日报》,餐饮类上市公司电子商务方面并无突破》,2010年11月17日。

②吴厚斌:《家居行业之争从实体转向网络》,《北京商报》,2010年11月4日。

③来源:派代网,《传统企业做电子商务切忌急于求成》,2010年12月22日。

月,全国五金机电行业全程电子商务平台"全球生资网"正式启动。通过该网站进行产品采购,将大大减少采购商的采购成本、物流成本以及部分企业金融服务成本。"全球生资网"受到用户欢迎,上线不久,注册会员已达4万家。

(11)医药行业。

近年,中药材涨价已对国内中药产业产生了巨大的冲击,而中药材领域缺少电子交易平台。南京医药公司把准机会,把建设中药材电子交易平台作为其未来发展的重点。同仁堂为了提升自己核心竞争力,在上马ERP、CRM管理信息系统的同时,也已经开始布局网上零售。

医药综合性平台建设也取得进展。2010年11月,B2B医药电子商务平台商康网在长沙开通,该平台不仅为药品零售商和厂家之间提供直接交易信息,还提供交易担保、融资、24小时物流送货上门等服务。

(12)汽车业。

我国汽车市场近年发展迅猛,成为世界汽车销量增速最快的国家之一,2010年中国产销目标确定为1500万辆。而互联网逐步成为消费者了解汽车信息的主要渠道,电子商务也逐步渗透到汽车企业,即将引起汽车销售方式的变革。在淘宝网组织的"奔驰Smart"团购活动总,仅仅3个多小时,205辆[1]奔驰smart就被抢购一空。上海大众斯柯达品牌推出"斯柯达e购中心",采用网上实时3D数字技术,向消费者展示任意一款斯柯达车型。东风日产在国内试探性推出网上预订业务,消费者在网上就可以预订东风日产新车MARCH玛驰。吉利集团已与阿里巴巴集团签署战略合作协议,进入淘宝网,消费者可以在线预订吉利的帝豪和熊猫车型,并且网络订购有较大折扣。

(13)老字号企业。

老字号企业在电子商务大潮中,也不甘示弱,张小泉、全聚德、五芳斋、西泠印社等一批老字号企业纷纷触网[2]。五芳斋在端午节期间的网络销售额突破了200万元。2010年4月,张小泉剪刀进驻淘宝商城,成为品牌宣传和网络打假的窗口。11月,北京故宫博物院在淘宝网上开店,销售有故宫特色的T恤衫、雨伞、钱包、杯垫等商品,满足那些逛了故宫但无暇购买纪念品的游客。

---

①来源:《每日商报网购汽车:是促销噱头还是营销蓝海》,2010年9月20日。

②黄锴:《"被"电子商务——老字号品牌的互联网新生》,《南都周刊》,2010年11月12。

2. 传统产业触网还处在初级阶段

尽管传统企业纷纷触网,热火朝天开通网络商城,但是网络销售额相比传统销售渠道仍然非常渺小。以绫致服装和百丽鞋业为例,截至2010年8月底,绫致服装在淘宝商城的交易额就超过1亿元。但这个数字还不及绫致服装同期整体销售额的1%;百丽鞋业也广开网络销售渠道,但是网络年销售额仅仅1亿元,与百丽集团年销售额200亿元相比,相差悬殊。

3. 传统企业触网的驱动因素

传统企业介入电子商务渠道的驱动因素主要有以下几点:一是网民消费习惯逐步改变,网民趋向于网络购物,适应消费者的这种需求,传统企业的电子商务转型成为必然趋势;二是网络购物平台假货泛滥,影响正规渠道的销售,开设网络正品旗舰店一方面可以方便打假,另一方面可以正告消费者正品的销售渠道;三是电子商务平台近几年高速发展,例如凡客诚品、京东商城连续几年以翻倍的速度增长,引起了传统企业的危机感,于是,出于维护市场份额的需要,传统企业抢占电子商务市场。

4. 传统企业应用电子商务的方式

传统企业根据自身资源和发展战略,采取多种方式介入电子商务领域。目前主要方式有外包、自建平台、在综合性电子商务平台上开店。

外包:传统企业将电子商务业务全部或部分外包给第三方公司。传统企业由于缺少人才和运营经验,在进入电子商务领域的初期,常常把建站、运营、仓储、物流、数据挖掘、客服和售后等电子商务环节外包,最大程度地降低风险。如手机企业HTC将网站建设和运营全部外包给兴长信达公司。最近两年,电子商务服务业产生并逐步发展壮大,如五洲在线、兴长信达等都有很高的知名度。随着电子商务服务企业的发展壮大,行业分工也越来越细,如四海商舟服务是专门为外贸企业提供外包服务的专业公司,九儿设计是专门为网店提供营销服务的专业公司。

自建平台:实力较强的传统企业,如果坚定电子商务发展战略,通常会招兵买马,自建电子商务平台。自建电子商务需要具备较强的资金实力、商业运营能力、仓储能力和价值链管理能力。例如,银泰集团投资1亿元打造独立的"银泰网",该网自建团队和平台,同时借助银泰集团能力,打造仓储和物流能力。

合作建平台:传统企业与开发能力较强的软件企业合作搭建电子商务平台,然后独立运作。如百丽集团 2008 年和上海商派(shopex)合作建立网站,避免早期投资电子商务时的技术盲区。再如七匹狼与 IBM 合作开发电子商务云平台,该平台还为七匹狼提供包括零售、购买订单管理应用等服务应用。

在综合性平台上开店:传统企业直接在淘宝、京东商城等综合性服务平台上开店销售产品。根据统计,淘宝商城和淘宝网的入驻商户,每月增长速度都在 30%[1]以上,其中三分之一的商户是经营实体店业务的传统企业。借助综合性平台开店,避免了大量资源投入,减少了电子商务平台的建设风险;凭借综合性平台的流量和人气,可以减少大量营销成本。

5. 传统产业介入电子商务的瓶颈

虽然传统企业对互联网的飞速发展非常认同,也有不少企业尝试使用,但是与投入相比,大部分企业没有达到预期效果。究其原因,其一是因为电子商务环境尚不成熟;其二是目前缺少成熟的电子商务成功模式和经验供传统企业参考,多数企业的仍处在摸索或观望阶段;其三是传统企业应用电子商务过程中面临大量实际困难:缺少商业模式和人才,公司内部运作流程整合难度大,销售渠道冲突,窜货现象时常发生,物流能力无法保障等。

第五节　电子商务区域发展情况

电子商务有助于推动传统企业产业升级,优化资源配置,也日渐成为国民经济和社会信息化的重要组成部分。2010 年,各地电子商务蓬勃发展,电子商务建设环境逐步完善,各地政府给予电子商务更多的重视,逐步推出越来越多的政策支持,鼓励电子商务的发展。同时,为了促进市场的良性发展,一批规范性政策也开始陆续出台。

一、各地电子商务交易额稳定增长

近年来,全国各地大力发展电子商务,陆续取得显著成效,电子商务交易额逐年提高。

---

①来源:《畅享博客给力盘点 2010 年度传统企业电子商务九大热点》,2011 年 1 月 27 日。

2010 年 1~7 月份，北京呈现出本地电子商务应用与第三方电子商务服务平台同步快速增长的发展态势。本地企业电子商务交易总额约为 2100 亿元[1]，同比增长近20%，其中 B2B 交易额近 1900 亿元，占比超过 90%，IT 制造业、批发零售业、钢铁、石化等行业是应用主流。一大批电子商务服务企业快速成长，第三方平台电子商务交易额约1000 亿元，同比增长 30%，服务全国的能力持续增强。

2010 上半年，上海市电子商务交易额实现 2000 亿元[2]，同比增长 53.1%；其中94.6%是 B2B 交易；电子商务交易额占全市商品销售总额的比重从 2002 年的 2.8%上升至2009 年的 10.4%。GDP 的贡献率也从 2002 年的 4.4%大幅攀升至 2009 年的22.3%。

2010 年，深圳电子商务发展迅速，电子商务交易额为 2100 亿元；30%[3]以上的企业开展电子商务，其中大中型企业开展电子商务比例达 85%以上，全市电子商务企业约3700 家。

2010 年上半年，成都市电子商务平台企业交易额为 407.9 亿元。其中，B2B 平台产生的交易额占 96.11%，达 392 亿元；B2C 平台产生的交易额占 3.89%，达 15 亿元。成都市约 15%[4]的企业拥有自己的企业网站，数量大约为 34000 个，约 15%的企业已经应用网络进行产品或服务营销，在线采购和在线交易比例不断提高。

二、各地陆续建设一批具有特色的专业电子商务平台

随着电子商务应用的深入，除了推动综合性平台建设，各地还针对当地优势资源，建设有特色的行业电子商务市场。如四川省将打造全国最大中药材电子商务平台，2010 年该平台交易规模超过 15 万吨、75 亿元。兰州市也成立了一家“全国中药材电子商务中心”，建立全国中药材综合电子商务门户性网站。“广东文化产业电子商务公共服务平台”也已上线，该平台不仅提供文化资源的信息和交易服务，还为政府提供文化资源的管理服务。全国其他地方也陆续建设一批特色电子商务市场，如北京新发地农产品电子交易中心、福建区域性煤炭电子交易市场、具有地方特色的“湖南平台”、四川省建设的中国西

---

①来源：北京市经济和信息化委员会，2010 年 11 月 22 日。
②来源：王斌，《上海电子商务未来五年重点发展七大领域》，一财网，2010 年 12 月 16 日。
③来源：《2010 年成都市电子商务发展研究报告》。
④来源：《深圳新闻网电子商务交易额达 2100 亿元》，2011 年 2 月 25 日。

部国际农产品网上博览会、上海的全国农产品大流通平台、云南格奈有色金属网络交易平台,黑龙江省的国际电子商务应用平台、大连国际电子商务应用平台、南京钢铁电子商务交易平台、山东省家居电子商务平台等等。

三、各地采取实际措施,扶持电子商务发展

电子商务作为新兴商贸流通方式,在我国经济社会中扮演了重要角色。电子商务对传统制造业和流通业的拉动和提升,正在成为经济转型升级的重要方向。各地也积极出台各种扶持政策,从资金、示范园区建设、重点项目、企业培训等方面推动电子商务的广泛应用。

从政策制定上,积极推进电子商务应用,上海制定《上海市电子商务"十二五"发展专项规划》,积极推进中小企业应用电子商务平台,开展"双推试点"活动;深圳市推出了电子商务平台鼓励政策,通过搭建第三方诚信平台的方式引导电子商务快速发展;成都市下发《成都市2010年度电子商务发展专项资金实施意见》,支持引进国内行业排名前三电子商务平台企业;贵州省打造千家"数字企业";江苏省力推中小企业信息化工程和"百千万"促进计划;山东省启动中小企业全程电子商务平台。

从城市定位上,广州市划在5年内基本建立"网络商都"经济发展模式,使电子商务交易额达到8000亿元;深圳,通过建设"电子商务示范城市",探索电子商务转型;海南的信息智能岛规划出炉;四川启动"2010网购网销工程";长春打造东北最具实力的电子商务城市。

从资金补助上,各地加大投入,资助电子商务的广泛应用。重庆市四个国家信息化试点工程获投资补助;福建省安排1740多万专项资金扶持电子商务;杭州市继续下达了三批中小企业加入第三方电子商务平台,开展电子商务应用资助项目共4875项[1],累计财政资助资金1000多万元;上海市商委拟联合上海市发改委设立一电子商务投资基金,基金规模达10亿元人民币。

在园区建设上,浙北地区首个电子商务园区正式开园;全球最大电子支付提供商PayPal落户重庆;国内最大电子商务中心将落户四川成都;华东地区电子商务产学研孵

---

①郭峰:《杭州市:2010年电子商务应用资助超1000万元》,《杭州日报》,2010年7月29日。

化基地落户苏州园区;杭州建成全国首个电子商务产业园"示范基地";银川市也成立电子商务创业孵化园。

在试点示范工程上,新疆确定 100 家信息化试点企业;上海市评选出 12 家2010年"电子商务示范企业"和"示范园区,最为标杆,向全市推广电子商务应用。

在培训上,青岛市举办十余场中小企业电子商务工程培训;青海省举办中小企业信息化系列培训,向中小企业宣讲电子商务理念和应用常识。

四、各地加大监管力度

针对日益突出的网络安全问题和网络假冒伪劣产品,各地政府开始重视,并加大监管力度,陆续出台监管措施,推动行业建立自律组织,保障电子商务健康发展和消费者权益。浙江省经信委会同多部门联合下发《关于加强浙江省电子商务信息安全保障工作的实施方案》[1];北京海淀工商局与京东商城合作推出"消费争议快速解决绿色通道",已经有 42 家企业成为"绿色通道"的成员单位;重庆市强化电子商务监管服务,建立全国首个电子商务认证中心;浙江省诞生全国首个省级网商自律组织;北京电子商务平台企业签署了网络零售行业诚信服务公约,并设置"电子商务专管员",规范网络交易行为。

第六节　问题和障碍

2010~2012 年,中国电子商务高速增长,在很多方面都取得了显著的成绩,尤其是在B2C 和农村电子商务市场都取得突破性进展。但是,一些领域依然存在问题,阻碍中国电子商务的健康发展。

一、我国电子商务发展仍处在成长的初级阶段

近十年,我国电子商务快速发展,在技术设施建设、普及和应用方面都取得可喜的成

---

①来源:《浙江省经济和信息化委员会网站》,2011 年 1 月 18 日。

绩。但是,我们必须清醒的意识到,我国电子商务发展仍处于成长期的起步阶段,与传统领域相比,或者与发达国家相比,我国电子商务发展水平都比较低。

与发达国家的电子商务发展情况相比,我们还比较落后。根据英国经济学人信息部(EIU)公布的 2010 年度全球数字经济排行榜,瑞典排名第一,总成绩为 8.49 分。在全球被调查的 70 个主要经济体中,中国大陆仅仅位居第 56 位,分数仅为 4.28 分。与发达国家和地区相比,差距悬殊。

我国宽带近年快速发展,宽带用户数已经是全球第一,但与发达国家相比,我国宽带建设仍然落后:一是宽带用户数与人口总数的比率较低;二是宽带服务质量低,出现"宽带不宽"现象,我国互联网网速平均水平仅排在全球第 71 位,比韩国网速低 11.5 倍[①];三是宽带费用相对人均可支配收入水平的比例较高;四是我国宽带发展区域严重不平衡,东部的宽带市场远比中西部发达。

在网络零售方面,我国网民的网购率水平还较低;网上交易额和社会零售商品总额的比例也处在低位;网购商品种类还比较少,主要集中于服装、图书等几大类产品;网购规则还不健全,诚信体系和监管系统正在建设中;网购投诉总量依然高涨,假冒伪劣问题仍然突出。

在传统企业应用方面,企业信息化水平也有待提高,企业领导人对电子商务重视不足,企业的销售、采购和管理环境中还尚未大面积普及应用电子商务,除了个别大型企业,绝大多数企业的电子商务应用还仅仅局限于信息发布和信息查询阶段。企业自建网站常常是静态信息网页,没有发挥电子商务应用的作用;电子商务中介平台提供的服务,还不能真正满足中小企业的实际需求。传统企业的电子商务转型中,还面临人才、渠道和流程整合等一系列困难。

电子商务服务企业管理和创新能力还需进一步提高。电子商务行业同质化竞争严重;企业缺少长远规划,商业模式还不清晰,盈利能力不强;企业缺少核心竞争力,"烧钱现象"依然严重;企业内部管理尚不规范,缺少风险控制和规章制度的保障;企业售后服务滞后,影响用户体验;企业研发投入不足,缺少高端人才,导致创新能力较弱。

---

①来源:《全球国家网速排名:韩国居首中国仅排第 71 位》,http://tech.qq.com/a/20090907/000038.htm。

数字鸿沟依然存在。从区域发展来看，不管是基础设施建设还是应用水平，中部和西部都远远落后于东部等发达地区；农村地区的电子商务应用水平也落后于城市地区；中小企业的网站建设和应用能力落后于大型企业。

二、电子商务环境建设仍然滞后

近年，我国电子商务高速发展，电子商务在社会经济活动中发挥越来越重要的作用，电子商务环境逐步改善。但是，我国电子商务环境建设仍然在一些方面相对滞后，阻碍了电子商务的发展。

电子商务法律法规还待完善。电子商务的运营涉及商业流程的方方面面，任何一个环节的漏洞都可能会引起交易双方不必要的纠纷和经济损失，但是相关行业规范和法律法规却相对匮乏，导致电子商务诚信和安全问题高居不下。2010年，尽管有关部委相继出台《网络商品交易及有关服务行为管理暂行办法》和《关于促进网络购物健康发展的指导意见》，但是其他一些环节仍然需要相应的法律法规规范，如电子合同合法性问题、数字化签名和电子商务认证问题、知识产权问题、电子取证及其责任认定问题等等。

复合型电子商务人才依然匮乏。不管是传统企业还是电子商务企业都面临着人才不足，尤其是中小企业需要大量有实践经验的电子商务人才。目前，我国的电子商务人才呈现较大的供需矛盾，尽管每年有大批电子商务学生毕业，但企业更需要有一定综合素质、行业背景和实践经验的复合型人才。电子商务复合型人才的匮乏，制约了电子商务的快速扩张。

物流快递业的发展不能满足电子商务的实际需求。物流业无论在服务规模、服务水平、模式创新、内部管理方面都落后于电子商务的发展，离现代物流发展的目标相差更远。目前，绝大多数快递公司的业务范围只局限于大中城市，而小城市和农村地区却很少顾及；物流企业更是常常受油价、人员工资、节假日等外界因素的影响，造成货物大量积压。为了提高用户满意度，提高快速反应能力，迫使部分电子商务服务企业不得不自建物流，弥补物流短板，耗费了电子商务企业大量的精力和财力。

网上支付服务尚需完善和深化，目前存在的问题主要是服务模式少，服务功能同质化，用户操作繁琐，支付安全尚存隐患，系统建设、管理制度、突发事件预防等等尚没有形成完善、可靠的安全体系。

诚信问题成为当前阻碍电子商务发展的重要瓶颈。电子商务是虚拟交易,买卖双方不见面,因此电子商务的发展更需要比传统交易更优良的信用环境。然而,当前我国诚信环境建设比较落后,企业坏账率仍然高居不下,违约、造假、欺诈现象频发发生,企业经营风险和成本高昂。显然。这些弊端都制约了信用状况的改善,严重影响了电子商务行业的发展。

安全问题仍然是制约电子商务发展的头号障碍。目前,电子商务安全问题频繁发生,针对电子商务的犯罪活动还缺乏有效的法律和技术防范手段。犯罪分子利用网站和个人电脑漏洞,以黑客和病毒形式进行攻击,泄露用户个人信息、盗取账号,非法交易获利。网络犯罪不仅造成企业和网民的财产损失,还降低了他们对电子商务的信任。

【拓展阅读】淘宝员工腐败行为被曝光

2011~2012两年,多篇新闻报道了曝光淘宝员工的腐败行为。这些行为包括从后台刷信誉、删差评、违规参加促销活动、获取竞争对手商业信息、参股代理公司进行权力寻租等。涉案人员不仅包括淘宝小二,还包括公司的中层干部,个体涉案金额最高达到上千万元。

2011年12月,阿里公告显示,聚划算商品团小二朝宗在工作期间,违反聚划算活动规则,仍利用公司赋予的工作职权,安排包括其关联人士在内的多家店铺频繁参加聚划算活动,并由此获取不正当利益。朝宗被辞退,并按照法院判决赔偿淘宝300万元。在另一起案例中,淘宝网客户满意中心主管寒松联合淘宝店主崔凯,利用自己及掌握的公司他人CRM账号删除差评,共获利12余万元。

淘宝平台2011年交易额高达6000亿元,是网络零售领域的巨无霸。淘宝入驻商家共有800万,在商品同质化严重的情况下,商家之间的竞争日趋激烈,谁拥有了流量和美誉度,谁就掌握的市场和交易额。在交易过程中,"淘宝小二"们掌握了巨大的权利,如果滥用任何一项权利,就足以影响商家的生意,造成此消彼长。这些权利包括:监督管理、组织促销、发布广告、处理投诉等。由于电子商务还是新鲜业态,在快速发展中,淘宝还没有建立对这些权利的监督约束机制,导致电子商务平台工作人员可以利用手中的权力,肆无忌惮地从中牟利。

　　淘宝员工的腐败行为助长了"刷信用""职业差评师"等黑色产业链的繁荣,破坏了平台的公平交易体系。

　　淘宝员工的腐败行为曝光,也说明我国一些高科技企业在发展中,缺少监督管理体系对权力进行制衡,也缺少对职工的廉洁教育和道德约束、缺少对员工的法制知识普及和培训,即使发现问题,也没有采取具有威慑力的法律处罚。

　　淘宝随即表示,公司已经成立了廉政部,公开了投诉邮箱,一方面要严格打击职务腐败行为,另一方面将完善工作流程、制度和监管机制。

第八章　电子商务全面爆发
（2013年至今）

2013年以来,在政策频繁利好的驱动下,我国电子商务进入快速成长期,电子商务交易额持续高速增长,传统企业加速与互联网融合,网络购物市场持续火爆,跨境电子商务破冰,O2O模式方便了百姓日常生活,社群电子商务异军突起,农村和县域电子商务成为热点,电子商务园区建设进入高潮,电子商务发展环境不断优化,电子商务在经济社会发挥越来越重要的作用,电子商务迎来发展的黄金期。

第一节　电子商务发展情况综述

一、电子商务年度交易额连续突破10万亿和20万亿大关

2013年中国电子商务交易额达到10.72万亿元人民币[1], 首次突破10万亿元大关。电子商务交易额相当于当年国内生产总值的18.85%,比上年增长3.4个百分点。电子商务交易额同比增长29.9%,相比国内生产总值(GDP)7.7%的增速,电子商务依然是中国经济发展中最具潜力的新兴产业之一。网上零售市场高速增长,交易规模为1.85万亿元,相当于当年社会消费品零售总额的7.89%,增长一点六个百分点。网上零售市场同比增长42.3%,远高于社会消费品零售总额13.1%的增速。

2014年中国电子商务交易额达到13万亿元人民币[2], 相当于当年国内生产总值的20.43%, 比上年增长1.6百分点。电子商务交易额同比增长25%, 相比国内生产总值

---

[1]来源:商务部,《中国电子商务报告(2013)》,2014年5月。
[2]来源:商务部,《中国电子商务报告(2014)》,2015年5月。

(GDP)7.4%的增速,电子商务依然是中国经济发展中最具潜力的新兴产业之一。网上零售市场增长强劲,交易规模为2.8万亿元,相当于当年社会消费品零售总额的10.69%,比上年增长2.8个百分点。网上零售市场保持快速增长势头,同比增长49.7%,是社会消费品零售总额增速的4倍。

仅仅时隔两年,2015年中国电子商务交易额就突破20亿元大关,达到20.8万亿元人民币[1],相当于当年国内生产总值的30.73%,比上年增长10.3个百分点。电子商务交易额同比增长27%,相比国内生产总值(GDP)6.9%的增速,电子商务已经成为中国经济增长的新动力。网上零售市场增长强劲,交易规模为3.88万亿元,相当于当年社会消费品零售总额的12.89%,比上年增长2.2个百分点。网上零售市场保持快速增长势头,同比增长33.3%,是社会消费品零售总额增速的3倍。

二、传统领域加快电子商务转型,整体应用水平尚待提升

2013年,大数据、云计算、移动互联网等新兴技术掀起热潮,也为传统企业的转型升级提供了契机。在余额宝等理财产品的推动下,互联网在金融领域掀起狂澜,互联网金融成为年内最大热点。O2O商业模式逐渐明朗,为传统零售业转型指明了方向。万达、太平洋百货、茂业百货、林泰百货都在探索线上线下融合的O2O之路;建材领域的红星美凯龙、居然之家也纷纷布局O2O。纺织服装电子商务发展领先,2013年交易额达到2.38万亿元[2],占全国电子商务交易总额的近1/4,其中纺织服装B2B电子商务交易额为1.89万亿元,占比为79%,零售总额合计为4900亿元。农产品电子商务引起关注,2013年阿里平台上经营农产品的卖家数量为39.40万个[3],农产品包裹数达到1.26亿件,增长106.16%。

企业电子商务应用整体水平尚待提升。虽然涌现出海尔、苏宁等向互联网加快转型的突出案例,但是中国企业电子商务总体水平出现某些令人关注的退步现象。调查显示,中国企业在线销售的比例为23.5%[4],同比降低了1.8个百分点;在线采购的比例26.8%,

---

[1]来源:《中国电子商务报告(2015)》,2016年6月。
[2]来源:中国纺织工业联合会信息统计部,《2013—2014年中国纺织服装电子商务发展报告》。
[3]来源:阿里研究中心,《农产品电子商务白皮书(2013)》,2014年4月。
[4]来源:CNNIC,《中国互联网络发展状况统计报告(第33、31次)》。

基本与上一年持平;利用互联网开展营销推广活动的企业比例为20.9%,同比下降了2.1个百分点。不同行业的电子商务应用普及率差距较大,其中制造业、批发零售业电子商务应用化较为普遍,房地产、建筑业、服务业等领域电子商务应用水平较低。

2014年,在国家经济转型的背景下,传统企业积极探索电子商务转型路径。传统企业更加紧迫地认识到技术变革和市场需求的变化,从观望状态转变为逐步探索电子商务转型路径。传统企业一方面把互联网作为企业宣传、渠道扩展的平台,另一方面积极尝试企业生产方式、组织方式、价值链合作的彻底转型。数据显示,截至2014年12月,全国使用计算机办公的企业比例为90.4%[①],使用互联网办公的比例为78.7%。上网企业中,利用互联网开展发送和接收电子邮件、网上银行、与政府机构互动的比例分别为83.0%、75.9%和70.6%,开展在线销售的企业比例为24.7%,开展在线采购的比例为22.8%,开展互联网营销的企业比例为24.2%。

电子商务转型较快的三个领域是:传统商业、本地服务业、面向消费者的制造业。上海老牌企业光明集团推出生鲜电商品牌光明都市菜园,目前覆盖了3000多个农副食品商品;青岛红领集团利用电子商务和大数据改造传统生产流程和组织方式,实现了西服的个性化订制,推动了企业转型升级;动批网是北京市传统商业企业转型的典型案例,传统商业通过提前构思O2O模式,建设线上线下的互动,提高了用户体验,扩展了市场边界。

2015年,在"互联网+"行动计划的推动下,电子商务加速向传统产业的各个领域渗透,线上线下加快融合。截至2015年12月,全国工业企业计算机使用比例为94.5%[②],使用互联网办公的比例为89.0%,都比上一年有大幅度提升。上网企业中,利用互联网开展发送和接收电子邮件、网上银行、与政府机构互动的比例分别为89.0%、83.0%和79.3%。企业在线销售和采购的比例都有大幅度提高,其中,开展在线销售的企业比例为32.6%,比上年提升7.9个百分点;开展在线采购的比例为31.5%,比上一年提高8.7个百分点;开展互联网营销的企业比例为33.8%,比上一年提高了9.6个百分点。不仅如此,企业还提高了信息化系统的建设速度,在上网企业中,40.7%部署了信息化系统。

---

①来源:CNNIC,《2014年下半年中国企业互联网应用状况调查报告》,2015年3月。
②来源:CNNIC,《第37次中国互联网络发展状况统计报告》,2016年1月。

钢铁行业率先启动电子商务转型。钢铁行业目前面临产能过剩、产品结构不合理、环保压力、资金链风险等诸多挑战。钢铁电子商务在一定程度上解决了信息不透明、中间环节过多等问题,从而能够有效提高资金周转速度,加快物流效率,减少库存,可以降低交易成本。截至2015年12月,全国钢铁类电子商务交易平台已经有300家,占大宗电商市场份额的27.6%。除了第三方综合性电商服务平台,宝钢、首钢等钢铁巨头都建设了自己的钢铁交易平台。2015年,找钢网总交易额突破750亿元,鑫益联全年交易额达到330亿元。

煤炭行业,神华、中煤等龙头煤炭企业都推出电子商务平台。石油行业,光汇石油宣布能源金融电子商务平台光汇云油上线,中石化推出满足生产建设物资需求的平台易派客。地产领域,绿地集团与蚁城科技合作跨境B2B业务,通过互联网打通采购和销售链条。建材领域,亚泰集团投资吉林亚泰建材电子商务有限公司,未来将实现线上和线下同步销售。会展领域,广交会布局在线平台,在线采购商已经达到20万名,借助广交会品牌优势,打造永不落幕的广交会。制造行业,海尔投资建设的国际贸易综合服务平台海贸云商和小商品跨境电子商务平台分别上线,台湾鸿海公司推出B2B商贸平台,打造精密机械工业品的一站式采购平台。商贸流通领域,全国供销社推出"供销E家"电子商务平台,不仅提供交易功能,还增加了农村电子商务综合服务功能。纺织领域,富安娜家纺收购了浙江执御,布局跨境电商平台。教育领域,新东方发布B2B平台"新东方教育云",向学校等提供多媒体学习库。

一些地方也打造特色电子商务发展模式。威海、宁波、深圳、天津、重庆等城市着力建设跨境贸易电子商务产业示范园。另一些地方则借助地方产品优势,打造电子商务优势产业平台。如新疆依托煤炭资源优势,建设开通了煤炭现货交易的电子商务平台;江永康发力专业化的五金线上市场,与传统市场的优势相对接。

【拓展阅读】余额宝搅动网络金融

一、余额宝改变传统金融

2013年6月,阿里巴巴推出的余额宝,用户可以将手中暂时不用的钱转入余额宝,不收取任何手续费,而且还可以获得比银行活期存款利息相比更高的收益。相对于传统理财产品,余额宝具有很多优势:操作简便、低门槛、零手续费、可随取随用,收益还比银行存款高。此外,余额宝还可直接用于购物、转账、缴费还款等消费支付。余额宝的横空出世,一方面满足了普通用户日益增长的理财需求;另一方面,通过群众的口碑传播,普及了理财理念。

余额宝吸引了海量的小额投资者和无数碎片化的资金,而形成了巨大的资金规模。余额宝推出后,仅仅用了18天,余额宝发展了250万用户,累计转入资金超66亿元。余额宝资金从0积累到2500亿元仅仅用了200多天,从2500亿元到4000亿元,只用了大约30天。

2013年,其他互联网巨头也效仿推出类似于余额宝的互联网金融产品。网易推出现金宝;京东推出小金库,腾讯推出理财通,苏宁云商推出零钱宝,百度推出百度宝。此外,还有一批互联网P2P理财平台作为行业新秀争相涌现。有数据显示,截至2013年底,平台数量或超过800家。

二、传统金融业绝地反击

余额宝的快速发展搅动了金融市场,动了传统金融市场的奶酪,给传统金融业带来压力。2013年10月的金融统计数据报告则显示,当月储户存款流失严重,减少8967亿元。银行存款流失的背后,是互联网金融的兴起。中国平安集团董事长马明哲更提出了"不变即死"的观点。余额宝吸走了大量散户的银行存款,银行资金降低,影响企业贷款规模,无形中推高了融资成本,也挤压了银行利润,打破了原有的金融市场秩序。马云更是高调喊话:"如果银行不改变,我们就改变银行"①。

余额宝等互联网金融产品的出现,倒逼银行业创新。为了生存和发展,银行不得不创新。各大银行也纷纷推出类余额宝产品,平安银行网络理财产品"平安盈"强势上线,交通银行推出"货币基金实时提现"业务,东方财富推活期宝,工商银行浙江分行推出"天天益",中国银行推出活期宝、兴业银行推出掌柜钱包。

各种网络金融产品的出现,搅动了网络金融大市场,推动了传统金融创新,提升服务质量和市场化程度。

2013年,被称作"互联网金融元年"。

---

① 来源:马云在2008年"第七届中国企业领袖年会"演讲。

【拓展阅读】C2B模式成为供给侧改革的新抓手

在2016年年初召开的国务院常务会议上，李克强总理号召传统企业向C2B模式转型，他说："所谓的'C2B'，就是消费者提出要求，制造者据此设计消费品、装备品。这是一场真正的革命！一个企业不再是单个封闭的企业了，它通过互联网和市场紧密衔接，和消费者随时灵活沟通。这是大势所趋啊！"①总理简单的几句话，高度概括了C2B模式的概念、特征、意义和发展趋势。C2B模式是以消费者为导向的电子商务商业模式，当前国内外主要有定制、预售和反向购买三种类型。C2B模式还处在发展初期，存在认识水平低，需求预测难，信息化能力滞后等问题。建议积极宣传、推广C2B模式及典型案例，推动传统企业转型。

C2B（Consumer to Business，即消费者到企业）是电子商务的一种商业模式，它是以消费者为核心，以市场需求来驱动产品设计和生产加工的商业模式。

C2B模式下，生产企业通过互联网平台直接对接消费者，减少了传统商业中间冗长的价值链环节。企业围绕消费者的订单，直接设计、采购、生产、满足需求，最终创造价值。企业由于实现精准营销、按需生产，因此降低成本、实现零库存、提高了交易效率。消费者同样受益于C2B模式，因为在此模式下，消费者真正成为市场的主导，个性化和多样化需求获得了满研究足。最终，C2B模式为企业和消费者带来了双赢。

一、C2B模式产生的背景

自改革开放以来，国内外的经济环境发生了巨变，尤其是互联网时代的到来，更是改变了传统的商业生态。

1. 工业大生产导致库存积压，倒逼传统企业变革

随着工业化进程加快和市场开放，机器大规模生产逐步导致供过于求，商品市场由"卖方市场"进入"买方市场"，消费者成为市场的主导。企业为了推销商品，不得不增加销售渠道，建设批发、零售等多个链条，无形中又增加了企业的成本。传统生产的盲目性，导致产品大量积压。为了去库存，企业不得不降价销售，导致利润降低，甚至是负债倒闭。传统领域的供给侧改革迫在眉睫。

2. 生活水平提高，消费者需求呈现多样化和个性化的发展趋势

随着社会进步和收入增长，人们生活水平显著提高，人们从关注温饱问题转向追求

①来源：新华网，《看李克强如何布局"中国制造2025"》，2016年01月31日。

生活品质,差异化、品牌化、即时化,甚至是高端化成为发展趋势。个性化需求驱动市场的多样化,整个大市场被切分成更细小的市场,呈现碎片化状态。市场碎片化无疑增加了企业运营的难度,工业时代的大规模批量生产已经不再适应市场的需求。企业必须与消费者构建全方位的互动沟通体系,以消费者的个性化需求为导向,进行快速反应。

3. 信息技术快速发展,使得满足个性化需求和大规模生产成为可能

近年,互联网、物联网、云计算、大数据、移动互联网等快速发展,给企业信息化应用带来新的机会和根本性变革。互联网让全球的主体互相连接,企业和消费者直接对接,信息更加透明、互动更加频繁、交易的效率更高、成本更低。物联网技术能够轻松感知物体和机器的变化,随时、随地掌控设备的运行。云计算和大数据技术可以快速、低成本处理大量纷繁复杂的数据,剥丝抽茧地提供有价值的信息。移动互联网拓展信息的沟通渠道,方便与消费者即时互动。这些技术创新,推动了生产的变革,加速了经济的转型,为满足消费者个性化、多样化需求提供了更多可能性。

4. 资源整合加速,专业化分工与价值链合作日益紧密

要满足用户个性化和即时化的需求,传统大规模生产方式已经不能满足市场和竞争需要,小批量、多品种的生产模式成为发展趋势。在企业资源有限的情况下,如果要快速响应用户的需求,必须联合外部资源,形成紧密的价值链合作伙伴关系,分割任务,让专业的企业承担专业的任务,实现整个价值链资源的有效整合和联动,从而做到柔性制造,形成为完成特定目标任务的动态型虚拟组织。目前,这种全球范围内的分工合作已经成为发展趋势,即使苹果等国际巨头企业也纷纷在全球范围内采取价值链合作方式。

二、C2B 模式的主要类型和发展状况

C2B 是商业模式发展的大势所趋。虽然这个概念才引入几年,市场还是处在培育阶段,但是在各领域的探索却像星星之火,不断涌现出典型案例。根据当前的实践情况,国内外 C2B 模式的探索主要有定制、预售和反向购买三种。

1. 定制

现代人的消费观念更加关注个性化和品质,喜欢张扬和独特性。因此对个性化的产品和服务需求越来越强烈,C2B 模式恰巧能够满足了这种需要。在淘宝搜索框页面输入"个性化定制"关键词,竟然显示出 100 页的结果,产品包括 T 恤衫、杯子、台历、钥匙

链、工艺品,甚至还有鞋子,而且竟然还出现了大量支持3D打印的创意产品。

个性化定制又可以分为两种类型,一种是完全个性化定制,另一种是模块化定制。

a. 个性化定制。

个性化定制是指从产品创意、原材料选择、规格型号和生产工艺等需求完全来自于消费者。生产者通过电子商务平台与消费者沟通,确定需求。消费者在电子商务平台上下单、支付。个性化定制能够最大限度地满足消费者的需求。

个性化定制模式能够完全按照消费者的喜好设计和生产,产品具有独特性。个性化定制不仅能够彰显消费者飞扬的个性,而且消费者动手参与产品的设计过程,能体验到与众不同的动手、动脑乐趣。

在淘宝网,搜索到这样一家个性化定制鞋店,如下图所示。在这家网店,没有一双成品鞋在售,所有销售都来自于消费者的主动需求。消费者提供自己想要鞋子的图样、面料选择,再附上自己脚的各维尺寸,就会有专业设计师确认需求。一旦订单形成,工艺师就会按照消费者的需求进行制作。不久,消费者就会收到一双独一无二的专属鞋子。

b. 模块化定制。

个性化定制虽然受到消费者的欢迎,但是由于完全是个性化生产,企业很难扩大产能,制约企业发展壮大。目前,C2B模式比较流行的另一种模式是模块化定制。模块化定制的原理是企业把一个完整的产品,按照关键属性分解成若干模块,每个模块给消费者若干选择项,消费者可以在电子商务平台上进行有限的选择,完成产品定制。企业在生产端,汇聚消费者海量的个性化需求,拆解成不同模块,相同模块分别进行大规模生产,然后再进行组装。

个性化定制企业因小而美,发展目标是传统的百年老店;模块化定制是现代化大规模生产与个性化定制的完美结合,有助于企业做大做强。

案例:青岛红领

受传统大工业生产思维制约,我国服装产业的高库存现象非常突出。2012年第三季度,22家在A股上市的服装公司存货总量就达到惊人的382亿元[①]。高库存令企业现金

---

①来源:人民网,《全国服装库存够国人穿三年?22家上市公司存货382亿》,2012年11月29日。

流不堪负重,经营风险日益增大。成立于1995年的青岛红领公司,是专业的西服生产企业。传统西装通常有两种生产模式,一是个性化定制模式,这种模式通常需要三到六个月才能收到成衣,由于工序复杂,产量低,因此价格高昂,企业也很难发展壮大。二是工厂大规模生产模式,这种模式生产的西服往往不能满足用户个性化的需要,导致库存积压。

在遭遇库存积压风险之后,青岛红领毅然选择的电子商务转型之路。青岛红领集团利用电子商务平台,整合服装版型和尺寸数据库,实现个性化需求与大规模生产相结合,完成了企业价值链再造。消费者首先进入红领定制APP,消费者可以选择喜欢的服装款式、布料、袖型、领型和尺寸等信息,就能够定制出一款适合自己的个性化服装。而在生产过程,互联网庞大的消费群所带来海量的个性化订单,必然有很大程度上是相同的领子、袖子等零部件,生产线可以针对相同部件进行统一裁剪和加工,通过批量生产而降低成本。转型之后,从消费者个性化下单到交付只需要7个工作日,产量达到每天1500套,生产成本仅为非定制西装的1.1倍。2014年,销售收入约20亿元,增长速度达到200%,个性化定制产能达100万套/年,创造了服装业的增长奇迹。

青岛红领为传统服装企业转型发展做出了榜样,树立了标杆。

2. 预售

预售是指在产品还没正式进入市场前,就利用电子商务平台进行销售。电子商务平台直接对接了全国的大市场,而预售有助于产品宣传,在短时间内快速聚集单个分散的消费者需求订单。生产者在电子商务平台上获取了预售订单和定金,按需组织生产,既可以规避库存风险,又可以降低生产成本。

近年,天猫平台在"双十一"购物节来临之前都开展大规模的预售活动。对于预售的商品,消费者可以先付定金,然后于"双十一"当日付尾款,商家随后发货。预售模式下,商家有时间按照订单量充分备货,扩大销售。消费者同样获得优惠,买到心仪商品。预售模式卖家和消费者的热烈欢迎,2015年"双十一"当天,天猫的总成交金额就达到912.17亿元。

预售模式在农产品的销售实践中效果尤其突出。"买难卖难"一直是制约农业发展的核心问题,而导致这一问题长期无法根治的两个主要原因是农产品生产和销售的信息不对称和流通渠道过长。预售模式可以减少农民的营销成本,降低库存和仓促费用,获得流动资金,集中物流发货还可以提高效率。虽然离交货期还有两个月,但是,山东老李家樱桃园一个品种的樱桃已经在网上成交了241个订单,预售了上千斤。

3. 反向购买

通常情况,电子商务平台上的购买信息是由卖家主动发起的,买家选择性购买。随着电子商务模式的多元化发展,反向购买模式出现。反向购买模式是由买家主动发起购买信息,卖家根据自身情况选择是否签约。从订单信息流动方向看,反向购买模式是真正的C2B模式。

当前,反向购买模式还不成熟,主要涉及三个方向的实践:反向定价、反向团购和反向设计。

a. 反向定价。

反向出价是消费者提出自己的需求,然后设定愿意花钱购买的价格,最后电子商务平台再与商家议价,形成订单。Priceline网站是一家提供旅行商务服务的网站,在预定酒店服务中,向消费者提供反向定价服务。消费者可以在网站填写出行日期和目的地,选择偏好的酒店类型,然后填写预订价格。网站随后与酒店匹配订单,一旦有满足要求的酒店愿意出价,则订单成交,网站从消费者的信用卡中划转预定保证金。

b. 反向团购。

反向团购是由消费者主动发起的团购。消费者在网站发起团购,然后聚集同样需求的消费者一起参加,形成批量购买,以此增加议价能力。平台系统将团购信息通知所有相关卖家,让他们来参与竞价。在竞价的过程中,每个商家都不知道其他商家出多少钱。最后会有若干个商家胜出,消费者可以从这几家中任意选一家购买。反向团购主要适合单品价格高、议价空间大的商品,比如在车友论坛团购汽车,在业主论坛团购建材等。

Buckete网站提供方向团购服务。在网站上,发起人提出购买意向,有同样需求的消费者在有效期内可以选择加入。有效期结束,发起人打包为一个批量"购买意愿",与供货商协商,获得理想价格。据悉,Buckete网站已经通过反向团购方式出售100多台钢琴,每台钢琴的价格比在专卖店购买便宜 40% 左右。

c. 反向设计。

反向设计是指由消费者决定产品的设计。现代营销理念就是根据消费者的需求确定设计、生产、销售、定价和服务环节。尤其是产品设计环节，越来越多的消费者的需求被融入到产品中。获得消费者的需求成为企业营销的关键。互联网时代，C2B 模式成为企业获得消费者需求的最有效途径。

案例：七格格 TOP 潮店

"七格格 TOP 潮店"是成长较快的淘品牌女装旗舰店。2011 年被评为"中国女装最佳投资企业"，目前已有两家国际知名 VC 注资。每次要上新款的时候，七格格首先会将新款设计图上传到店铺上。比如计划上市 80 款新装，设计部门就会上传 200 多款图样，让网友们投票评选，并在 QQ 群中讨论，最终选出大家普遍喜欢的款式进行修改，然后再上传到网站，反复几个回合，最后上架、生产。看好七格格超强的在线运营能力，2015 年初，拉夏贝尔公司以 2 亿元的价格收购收购七格格，占股 54.05%。

三、C2B 模式在发展中存在的问题

随着传统行业产能过剩情况日益严重，以及消费者个性化诉求的逐步增长，电子商务 C2B 模式一定会成为未来的发展方向。然而，C2B 模式仍然处在探索的初级阶段，典型成功案例还不多，在推广和应用中还存在诸多亟待解决的问题和挑战。

1. 认识误区，制约 C2B 模式发展

目前，C2B 模式从理论到实践层面都处在不断探索中，社会上也存在一些认识误区需要澄清。一是思想上不重视 C2B 模式，没有把消费者及市场需求放在企业发展的核心位置，仍然沿袭"产品导向"或者是"生产导向"。二是在应用模式上存在误区，以为 C2B 模式就是简单地把传统销售渠道搬到互联网上，而没有充分发挥消费者驱动营销的作用。三是企业内部和外部没有随着 C2B 模式进行相应变革和调整，导致运营过程中障碍重重。

2. 获得用户难，需求预测难

实现 C2B 模式的关键点是准确判断消费者的需求，才能根据需求及时组织生产。分解这个难点，又包括三个关键环节：首先，需要和众多的潜在用户建立联系，只有用户规模足够大或者具有代表性，才能减少所获取信息的误差；其次，能够与潜在消费者进行实时互动，获得有价值信息；最后，要具有专业的数据分析和判断能力。

3. 生产成本高，信息化管理能力滞后

C2B追求的小批量、多品种、高品质，因此很难规模化批量生产。个性化生产会带来一系列问题：生产成本高，生产周期长，生产效率低，管理难度大，企业很难做大。即使模块化定制，也需要企业具备较高能力，包括：大数据处理能力、信息化管理能力、价值链的资源协同能力及柔性生产能力。而当前情况下，我国大多数企业还不具备这些能力。

4. 消费者期望高，用户满意度面临挑战

在C2B模式下，消费者在一定程度上参与了产品的设计、生产和流通过程，并且付出了相对较高的购买价格，因此C2B用户对产品质量和服务都有更高的期望。这也对企业生产、营销、服务等环节都提出了更高的要求。一旦不能满足消费者的预期，就会面临较低的用户满意度和大量退换货，同样会造成库存积压。

四、发展C2B电商模式的对策建议

"互联网+"被提升到国家战略，供给侧改革也迫在眉睫。C2B模式是未来的商业模式的发展方向，能够满足消费者个性化的需求，促进企业提升竞争力。借助C2B模式转型是当下传统企业可供选择的路径之一。但是，C2B模式还处在发展初期，针对当前存在的问题，提出如下对策建议。

1. 转变意识，宣传推广C2B模式

传统企业应在战略上澄清认识，破除传统的"生产导向"观念，将消费者需求放在市场营销的核心地位，调整企业在价值链中的角色和定位，主动拥抱C2B，学习典型案例经验，积极探索转型之路。

全社会要积极宣传C2B模式的概念及发展意义，唤起消费者个性化消费意识，培养个性化消费习惯。通过聚合个性化消费热情，点燃C2B的星星之火。

2. 推动传统企业转型

要适应C2B电子商务模式，企业必须组建以消费者订单为导向的能够实现快速反应的价值链协同网络。这就要求企业彻底变革传统的组织架构、生产模式和整个价值链组织方式,从而提高柔性化生产能力和价值网络的协同能力。

鼓励企业根据自身情况,探索可行的 C2B 模式,不管是定制、预售还是反向营销都是未来的发展方向。

3. 借助大型电子商务平台的流量优势,培养企业的用户

中小企业可以基于大型电子商务平台,实施 C2B 模式。大型电子商务平台上聚集着庞大的用户群、提供完善的服务。依托大型电子商务平台,能够低成本与消费者建立良好的互动关系,培育用户和忠实粉丝,快速汇聚消费需求。利用大型电子商务平台作为切入点,可以解决自建平台高投入和低流量的问题。

4. 深入研究 C2B 模式理论,积累典型应用案例

加强 C2B 模式研究,在全国范围内推广典型案例经验。建议进一步深化对 C2B 模式的研究,研究其产生和发展的机理和内在驱动因素及其对经济转型的重要意义。积极寻找典型案例,分析其成功的原因和经验,树立多种模式的应用标杆,在全国范围内进行推广。

三、电子商务投融资热度不减,移动互联网最受关注

2013 年,中国互联网投融资仍然保持颓势,但下降幅度略有缩紧。全年互联网行业 VC/PE 融资规模为 31.31 亿美元[①],环比下降 23%,融资案例数量 228 起,环比下降4%。互联网行业 VC/PE 融资规模最大的交易为安大略教师养老金、老虎基金和王国控股集团三家共同注资京东商城,总计约 7 亿美元。

虽然传统电子商务投融资领域仍处在复苏期,但是移动互联网领域投融资业务却风起云涌。根据投中研究院统计,2013 年移动互联网 VC/PE 融资规模 5.46 亿美元,环比上涨 36%,融资案例数量 115 起,环比上涨 64%。并购市场方面,2013 年移动互联网并购市场宣布交易 28 起,环比上升 17%,披露交易规模 12.24 亿美元,环比上升 171%,呈现出近 3 倍的爆发增长。

2014 年,互联网行业重新受到资本追捧,迎来投融资小高潮,投融资活动再度升温。根据 CVSource 投中数据显示,互联网行业融资案例 584 个,其中披露的金额

---

①来源:投资中国网站(www.ChinaVenture.com)。

为61.13亿美元，同比增长131.74%。在细分领域中，2014年电子商务以获得26.71亿美元VC/PE融资位列互联网细分领域第一。阿里巴巴、京东分别于2014年登陆纽交所和纳斯达克，其中阿里巴巴募集金额250.32亿美元，创全美最大IPO。

移动互联网连续两年成为投融资的亮点。根据投中CVSource统计显示，2014年移动互联网行业VC/PE融资规模为22.7亿美元，环比上升高达220%，融资案例数量308起，环比上升56%，其中A轮融资163起，B轮融资64起。

2015年，电子商务投融资持续高涨，生活类APP和B2B领域成为热点。互联网行业的投融资规模呈现井喷之势，全年投融资规模达到286.14亿美元[1]，同比增长368.04%，融资案例1105例，同比增长89.21%。其中最大的一笔是蚂蚁金服获得投资金额32.26亿美元。在"互联网+"和"双创"的大背景下，细分领域的B2B和本地生活服务类O2O成为亮点。其中，本地生活服务类O2O项目融资案例425个[2]，B2B领域获得投融资的企业数量也超过100家。

互联网行业IPO遇冷。全年共有16家互联网企业实现IPO[3]，其中在国内上市的10家。在国内A股高估值和科技公司上市政策利好的背景下，中国概念股掀起私有化浪潮，据统计，全年发生19例退出股市事件，如世纪佳缘等网站。

互联行业并购依然火热。2015年，互联行业发生并购836例，环比增长54.24%；披露金额共518.69亿美元，环比增长197.38%。最典型的案例有阿里巴巴集团45亿美元收购优酷土豆，京东斥资43亿收购永辉超市。此外，生活服务类平台为了应对竞争，纷纷采取强强合并的战略，如美团和大众点评、携程和去哪儿、滴滴和快的、58网与赶集网等。

【拓展阅读】阿里巴巴集团整体上市及其合伙人制度

1. 阿里巴巴上市历程一波三折

2012年6月，阿里巴巴B2B业务从香港联交所退市。

2013年7月，阿里巴巴集团，向港交所递交以合伙人制度为前提的上市申请，

---

①来源：《2015年度互联网行业投融资报告》，2016年1月。

②来源：腾讯科技，《2015创业融资数据大盘点：O2O仍是最大热门》。

③来源：IT桔子，《2015年中国互联网创业投资热点》，http://it.sohu.com/20160125/n435730824.shtml。

该制度将允许包括马云在内的合伙人在上市后提名半数以上的董事,以保证对公司的控制权。

2013 年 10 月,阿里巴巴集团 CEO 陆兆禧对外表示,放弃在香港上市。

2014 年 3 月,阿里巴巴集团宣布,已经启动该公司的美国上市事宜。

2014 年 5 月,阿里巴巴集团向美国证券交易委员会(SEC)提交了 IPO 招股书,融资规模预计 150 亿美元以上。

2014 年 6 月,阿里巴巴更新了招股说明书,首次公开 27 人"阿里巴巴合伙人"名单。

2014 年 9 月 20 日,阿里巴巴在美国纽约证券交易所挂牌上市。阿里整体上市的资产,是囊括了除支付宝和阿里金融以外的全部公司业务。

2. 阿里上市塑造两个第一

开盘报 92.7 美元,较发行价大涨 36.32%,报收于 93.89 美元,市值 2300 亿美元。阿里成为中国最大的互联网上市公司。马云持股 1.93 亿股,总价值约 181 亿美元,成为中国首富,远超马化腾和王健林。此时的阿里巴巴汇聚了超高的人气和亮丽的经营数据:日均访问淘宝天猫聚划算人数超 1 亿,活跃卖家数 800 万,活跃买家数 2.31 亿,年交易达 110 亿笔,全年 GMV 达 15420 亿。

3. 阿里合伙人制度

根据阿里向美国证监会递交的招股书,阿里合伙人共计 27 名,其中 22 人来自管理团队,4 人来自阿里小微金融服务集团,1 人来自菜鸟网络科技有限公司。阿里合伙人制度并未固定人数,名额将随着成员变动而改变,除马云和蔡崇信为永久合伙人外,其余合伙人的地位与其任职有关,一旦离职则退出合伙人关系。阿里合伙人制度变更需通过董事批注和股东表决两重批准。

合伙人选任制度的优势是通过制度安排,以掌握公司控制权为手段保证核心创始人和管理层的权益并传承他们所代表的企业文化。根据阿里的招股书,上市公司董事会共 9 名成员,阿里合伙人有权提名董事会候选人的简单多数(即 5 人)。阿里合伙人制度,确保阿里合伙人不仅能够控制董事会,而且能够基本控制股东大会的投票结果。合伙人制度,一方面保证公司获得必须的资本支持,又能保证管理团队对公司的控制权。

合伙人每年选举制度既填补了因现任合伙人转股或离职等原因可能造成的职务空

缺,又为推动公司及时应变、业务拓展和长期发展提供了人事更新的基础和渠道;合伙人人数不设上限,打开了员工的职业上升的想象空间,激励员工作热情。

四、跨境电子商务成为新星

跨境电子商务的政策环境的进一步完善。2013年9月, 商务部等八部委联合推出《关于实施支持跨境电子商务零售出口有关政策的意见》,这是商务部第一次正式对跨境电子商务进行明确的政策支持。这一政策的出台,对于发展跨境电子商务、拓展外贸营销网络、转变外贸发展方式具有重要而深远的意义。

随着政策环境的趋暖,跨境电商起步,并成为年内新星领域。2013年6月,以出口婚纱为主的兰亭集市网站上市,引爆了跨境电商的热情。目前,我国从事跨境电商的公司约20万家[1]。从交易额来看,进口和出口电商规模发展不均衡,2013年中国跨境在线零售进出口总规模接近五百亿美元, 大约占中国外贸进出口总额的1.5%左右;跨境在线零售进口达351.9亿美元,是出口电商三倍还要多,在国内拥有1.8亿消费者。未来,随着跨境电商环境的继续优化,跨境电商服务模式的创新,必将迎来跨境电商的快速发展。

2014年,跨境电子商务政策环境进一步完善,跨境电商扶持政策和规范文件陆续出台。第二批跨境电商试点城市启动,试点城市积极探索跨境电商进口试点业务,上海、重庆、广州等各试点城市的跨境电商平台陆续上线。海关总署开发了适用于全国的统一版跨境电子商务出口通关管理系统。据统计,2014年中国跨境电商交易规模约4.2万亿元人民币[2],同比增长33.3%,其中出口占比约85.4%。

在跨境电商进口方面,截至2014年年底,上海、重庆等试点城市共验放包裹411万余件[3],价值约10.1亿元。在B2C领域,进口额仍然大于出口额,进口商品主要聚焦在母婴产品、化妆品、服装、食品、生鲜等领域。我国进行跨境网络购物用户还有增长潜力,在网购用户中占比15.3%[4]。在跨境电商出口方面,出口贸易市场主要集中在新兴国家,比

---

[1]来源:义乌凤林(新浪微博),2013年中国跨境电商十件大事。

[2]来源:新浪科技,《中国2016年跨境电商进出口额预计达6.5万亿元》,2015年5月29日。

[3]刘素宏:《海关总署:我国跨境电商试点额超30亿》,《新京报》,2015年01月28日。

[4]来源:艾瑞咨询,《中国跨境网络购物用户研究报告》,2015年。

如拉美、非洲、东南亚等地。2014年中国通过"跨境网络零售"方式销售到俄罗斯的产品预计将会超过34亿美元①。上海、重庆、杭州等16个城市累计验放出口清单3823.5万份,出口到181个国家和地区,价值约20.4亿元。

随着整个社会对跨境电商的关注度不断提高,跨境电商也进入投融资高峰期。2014年前十个月,阿里巴巴、敦煌网等跨境电商企业先后共获得103笔投资②。

2015年,在外贸进出口出现双降的不利局面下,跨境电子商务却逆势快速增长。中国跨境电商交易规模为5.4万亿③,同比增长28.6%。其中,出口电商占比83.2%,进口电商占比16.8%;B2B跨境电商占比88.5%,B2C跨境电商交易占比11.5%。

海外网满足了消费者多样化的需求,用户规模和消费金额双双增长。2015年海外网购用户规模为4091万④,较2014年增加2356万人,年增长率135.8%;海外网购在网购用户中的渗透率由4.8%提升到9.9%。2015年网购用户中海外网购人群人均消费金额为5630元,较2014年增加682元,年度增幅13.8%;人均消费次数为8.6次,较2014年提升0.6次。2015年,化妆品及美容产品成为网购用户海外网购的第一大商品品类,所占比例为53.4%,其次是奶粉/婴幼儿用品、服饰(包括衣服、包)、保健品仍为海外网购的热门品类,所占比例分别为47.6%、37.8%和34.8%。

跨境电商的平台和企业数快速增长,跨境电子商务成为传统流通和制造业转型升级的重要途径。截至2015年8月,中国电子商务跨境电子商务平台企业达到5000家⑤,开展跨境电子商务的贸易企业达到20万家。以义乌为例,目前,跨境小商品电子商务每月成交10万单,2015年的出口包裹突破1000万个,出口国家增长到127个国家。原百圆裤业更名跨境通后,跨境业务高速增长,2015年上半年报显示,公司营业收入同比增长506%⑥,股东利润增长566%,而原服装主营业务却下降41.32%。2015年10月,中移动、中信、信托国际等六家公司出资4.8亿美元,投资建设跨境电子商务公司。

---

①来源:彭福林,《2014年中国六大城市跨境电商政策试点大盘点》,前瞻网,2014年12月29日。
②来源:腾泰翼运营大数据中心,《2015年中国跨境电商行业研究分析报告》。
③来源:中国电子商务研究中心,《2015年度中国电子商务市场数据监测报告》,2016年5月。
④来源:《2015年中国网络购物市场研究报告》。
⑤来源:电子商务研究中心,http://www.100ec.cn/detail--6274488.html。
⑥来源:电子商务研究中心,http://www.100ec.cn/detail--6275527.html。

　　海外仓建设步伐加快,提升跨境电子商务服务品质。海外仓让跨境电子商务在海外市场提供本土化服务成为可能,并成为跨境电子商务发展的驱动力,解决原有的物流周期长、成本高和用户体验差的瓶颈问题。2015年6月,敦煌网启动西班牙、葡萄牙、意大利等6国的海外仓服务。

　　一批跨境电子商务行业协会和联盟陆续成立,帮助企业有效对接资源,加强行业自律,如跨境电商进口联盟,杭州跨境电商协会等。

　　跨境电子商务处于起步阶段,利好政策不断推出。2015年6月,国务院通过了《关于促进跨境电子商务健康快速发展的指导意见》,旨在解决制约跨境电子商务发展的问题,营造有利于跨境电商发展的环境,明确从海关、之间、税收、外汇、支付和信用等六个方面支持跨境电子商务发展。截至2015年底,国务院已经批复了天津等十二个城市作为全国跨境电子商务的试点城市。全国多地也密集出台鼓励和扶持跨境电子商务的政策,如广东、四川、重庆、吉林、山东等多省份都陆续出台跨境电子商务发展规划,借助一带一路东风,实现跨越式发展。

五、O2O模式驱动传统零售业和服务业转型

　　O2O模式推动线上和线下的资源整合,进行专业化分工和互动,为用户提供更好的体验。业界针对O2O概念进行了广泛的讨论,对其发展前景寄予了很高期望,一致认为O2O正在引领全社会的商业变革。

　　传统产业借助O2O契机,进行互联网转型。酒店、机票、教育、医院、餐饮、零售等都在探索O2O发展路径。银泰商业与支付宝钱包达成战略合作,推进手机支付等合作。苏宁易购整合线上和线下资源,实行了线上线下同价的策略。互联网巨头纷纷整合资源,试水O2O。阿里入股高德地图,拓展线下店铺资源,加速线上线下的融合进程。微信5.0版本推出微信支付,与易迅、当当、优酷、蘑菇街、大众点评等建立合作,推出扫码支付、APP内支付和公众号支付三种服务模式,并将腾讯地图与微信全面打通开放。

六、农产品电子商务环境不断优化,农产品电子商务起步

　　政策层面上,商务部发布《关于加快推进鲜活农产品流通创新的指导意见》,国务院印发《关于全面深化农村改革加快推进现代化的若干意见》分别要求推进农产品电子商

务发展进程;汪洋副总理也指示要"把握农产品电商制高点"。从冷链配送支撑体系来看，顺丰优选、中粮我买网、京东等逐步探索冷链配送技术，购置仓储和配送设备，冷链配送能力显著增强。从电子商务服务主体看，2013年阿里平台经营农产品的买家数量显著增长，达到39.4万个[1]。从电子商务服务平台的支持力度上，针对各地特色农副产品的销售，淘宝网陆续与各地政府展开合作，开设特色中国地方馆。

2013年阿里平台上的农产品销售额同比增长112%[2]，其中，淘宝生鲜相关类目销售额增速高到195%，农产品的包裹数量增长106%。跨境农产品电子商务破冰，2013年在阿里巴巴平台上农产品出境交易同比增长81%，农产品入境交易同比增长61%。

2014年中央一号文件再次提出"加强农产品电子商务平台建设"。政府高度重视，积极推动涉农电子商务发展。2014年全年，商务部先后组织两次网上农产品购销对接会，商务部还开通了全国农产品商务信息公共服务平台。

农产品电子商务交易额高速增长。2014年，农产品电子商务交易额预计突破800亿元，仅阿里平台完成的农产品交易额达到483亿元[3]，增速连续4年超过100%，成为最耀眼的产品大类。生鲜产品电子商务异军突起，预计2014年将达到260亿元，增长100%。农产品网商数量同样快速增长，截止到2014年底，仅仅在淘宝销售农产品的卖家就有76万家，增速为98%。农产品电子商务也受到资本青睐，本来生活、美味七七、京东、我买网、宅急送、阿里巴巴、收货宝、青年菜君等先后获得投资。

2015年，农产品电子商务市场在探索中持续成长。在阿里平台上，全年共完成农产品销售695.50亿元[4]，经营农产品的卖家数量超过90万个。在农产品中，零食、坚果、水产品、蔬果分别是销量较大的子类。农产品电子商务仍然存在诸多障碍，需要在创新中摸索解决办法，包括服务体系的建设，品控和溯源体系的建设，冷链物流体系的建设，金融服务体系的建设，合作社和价值链体系的建设等。

七、农村和县域电子商务引爆

自2014年7月以来，商务部会同财政部推出《关于开展电子商务进农村综合示范的

---

[1]来源:阿里研究中心，《2013年农产品电子商务白皮书》。
[2]来源:阿里研究中心，《2013年农产品电子商务白皮书》。
[3]来源:阿里研究中心，《2014农产品电子商务发展白皮书》。
[4]来源:阿里研究中心，《阿里农产品电子商务白皮书(2015)》，2016年4月。

通知》,加大资金扶持力度,相继在河北、河南、湖北等 8 省 56 县和广大中西部 200 县,开展农村电子商务综合示范工作。在政策利好的推动下,县域电子商务被瞬间引爆。根据阿里研究院数据,在 2014 年中国"电商百佳县"中,义乌名列榜首,浙江的"电商百佳县"数量最多,达 41 个。2014 年 7 月,"首届县域经济与电商峰会"在杭州召开,180 个县市的领导到会,成为县域经济发展的的一个里程碑。

平台服务商抢占农村市场。2014 年 10 月,阿里巴巴集团正式出台"千县万村"计划;年底,京东也宣布实施"星火试点,千县燎原"计划,1 号店、苏宁等电商平台和电商转型企业,赶街、世纪之村和乐村淘等地方电商服务商也纷纷制定和实施电子商务进农村战略。根据阿里研究院数据,淘宝村从 2013 年的 20 个激增至 2014 年 212 个。淘宝村呈现出多种发展模式,为农村电商的发展树立了一个标杆。注册地在农村的淘宝网店 7 万家,带动直接就业 28 万人。

2015 年,涉农电子商务政策利好不断。9 月,商务部等 19 部门联合印发《关于加快发展农村电子商务的意见》,要求加快农村电子商务发展。11 月,国务院发布《关于积极发挥新消费引领作用加快培育形成新攻击新动力的指导意见》,支持各类社会资本参与涉农电子商务平台建设,促进线上线下电子商务交易。

电子商务村级服务站点布局基本完成。阿里巴巴、京东、苏宁等电商平台企业在农村地区建立电商服务站,招募农村合作人或者推广员从事电子商务服务。农村网络消费潜力得到极大释放,2015 年农村网购市场规模达 3530 亿元[①],同比增长 94.3%,农村地区网购用户占比达到 22.4%。

2015 年,县域电子商务更是风起云涌,成为平台服务商争夺的主战场。伴随政策利好及电子商务向三线、四线城市乃至农村地区的渗透,我国县域电子商务进入发展的黄金期,呈现出五大特点:政府支持力度大、平台企业强势布局、发展速度快、新典型不断涌现、草根热情高。2015 年,在阿里巴巴零售平台上年,县域发出和收到的包裹总量超过 70 亿件[②],网店销售额超过 1 亿元的县域超过 350 个,其中位于中西部的超过 120 个。2015 年农产品电商销售额增长贡献最大的五个县依次为:浙江海宁、福建安溪、江苏沭阳、陕西武功和福建武夷山。

---

① 来源:电子商务研究中心(100EC.CN)监测数据。

② 来源:阿里研究院,《2015 年中国县域电子商务报告》,2016 年 5 月。

【拓展阅读】涉农电子商务的主要形态及对农村社会转型的意义

农村问题一直是全社会普遍关注的焦点,而信息化等新兴领域的发展,为解决农村问题提供了有效的途径。为此,党的十八大报告提出"促进工业化、信息化、城镇化、农业现代化同步发展",2014年的中央一号文件要求,要"启动农村流通设施和农产品批发市场信息化提升工程,加强农产品电子商务平台建设"、"加快农村互联网基础设施建设,推进信息进村入户"。与宏观政策相呼应,近几年,自发出现的涉农电子商务逐步呈现星星之火燎原之势。涉农电子商务所涉及的三种形态:农村电子商务、农产品电子商务、农民电子商务都涌现出一些典型案例,值得总结学习和推广。

一、涉农电子商务发展的主要形态

涉农电子商务发展体现为三种形态:农产品电子商务、农民电子商务和农村电子商务。

1. 农产品电子商务

"买难卖难"一直是制约农业发展的核心问题,而导致这一问题长期无法根治的两个主要原因是农产品生产和销售信息不对称、流通渠道过长。而电子商务恰恰有助于促进信息透明、缩短销售渠道。根据《农产品电子商务白皮书》[1]统计,截止2012年底,在淘宝网(含天猫)上经营农产品的网店有26.06万个,涉及农产品商品数量1千万个,全年农产品交易额达到200亿元。

当前,农产品电子商务交易呈现以下四个特征:一是受不易标准化和不适合仓储配送等一系列因素的制约,农产品电子商务的发展进程明显滞后于其他领域。二是以营养品、土特产为主,海鲜类农产品增速较快;百姓日常消耗量较大的新鲜蔬菜、水果、肉类和水产占比较低。三是在产品定位上,既有面向普通消费者、用来吸引流量的中低价位产品,也有为了增加产品附加价值,定位在礼品的中高端产品。四是农产品网销的主要模式有三种:中介模式、直销模式和订单模式;在农产品电子商务发展初期,以中介模式为主。

2. 农民电子商务

农民电子商务是指以农民为主体开展的电子商务活动。长期以后,增加农民收入,提高农民生活水平以及解决"农民工"所带来的社会问题一直是困扰社会的难点。电子商务进入门槛相对较低,很容易成为农民快速创业致富的帮手。虽然农民电子商务刚刚起步,

---

[1]来源:阿里研究中心,《2012年农产品电子商务白皮书》。

但是,一些典型案例带给整个社会深刻的启示。比较突出的案例有"沙集模式"、"世纪之村模式"。

江苏省睢宁县沙集镇的村民,通过自发式开设网店,自产自销板式拼装家具,在短时间内,在当地形成包括加工、物流、原材料、电子商务服务等聚集的产业链条。三年中,沙集镇有1000多户农民创业。2012年,沙集镇家具网销超过8亿元,申请家具注册商标达到50多个,同时还购买了100多个外地的商标使用权。通过家具网销业,沙集镇农民不仅脱贫致富,还实现了农村经济和社会的快速转型。

另一个活生生的案例是王小帮创业的故事。王小帮曾作为农民工,在北京打工6年。然而打工日子并没有让他在城市站稳脚跟。返乡之后,他在网上注册了一个淘宝店铺,销售红枣、核桃、五谷杂粮等家乡的土特产。在其勤勉、诚实的经营下,店铺目前已经达到四皇冠,每天交易有130笔,一个月的成交金额有40多万。王小帮表示,开网店让他尝到了网络销售带来的无穷乐趣,更重要的是,让他找到了更好的、完全可以养家糊口的新型的赚钱方式。

3. 农村电子商务

农村女电子商务是指发生在农村地区的电子商务活动。近年,随着电子商务的快速发展,电子商务已经从一线城市普及到二、三线城市,又逐步渗透到农村地区。根据阿里研究中心报告,中国县域电子商务正处在快速崛起阶段,呈现出鲜明的地域特色,如义乌的贸易引领型,永康的制造引领型,睢宁的网商驱动型等等。县域地区的网购同样快速增长,2013年县域网购消费额增速甚至比城市快13.6个百分点。

比较典型的农村电子商务案例有义乌的青岩刘村和泉州的兰田村。凭借价廉物美小商品的得天独厚优势,近2万家网商聚集在青岩刘村,销售塑料制品、收纳创意产品等家居日用品,义乌青岩刘村成为闻名全国的"淘宝第一村"。2012年,青岩刘村的网络销售额突破20亿,五皇冠店铺就有8家,村里的房屋租金也被网商不断推升,村民收入也水涨船高。

兰田模式是基于福建省泉州市"世纪之村"电子商务综合平台的运作模式。该平台融合电子商务和电子村务管理于一体。目前,已在泉州市2463个行政村(社区)全面上线使用,发展农家店2247家,每月成交金额达1.83亿元。在兰田模式中,电子商务交易主体包括平台企业、村镇信息员、销售商、采购商,各家主体都从电子商务过程中受益。村民足不出户,就可以购买到心仪的家电产品,也可以利用电子商务平台销售自家的农副产品。

二、涉农电子商务发展的社会意义

网络时代,草根创新迸发出的一种强大的生命力,通过电子商务,不仅提高收入,也为农村社会转型提供了机遇。涉农电子商务发展代表一种先进生产力的发展方向,显示了中国农民的伟大创造精神,具有鲜明的时代特征和划时代的重要意义。涉农电子商务的意义体现在以下几个方面。

1. 探索出一条有效解决"三农"问题的新路

涉农电子商务的经济社会影响意义深远,它为在信息网络时代解决"三农"问题,提供了一个新的方向。在电子商务环境下,农户在自己家中,通过市场化的公共电子商务平台,可以直接去对接市场。解决农民信息弱势的信息不对称问题,一下子找到产品销售的突破口,并且,供需双方无需经由第三方中介,这是以最直接的方式从根本上解决信息不对称问题。由于减少中间环节,产品定价更低,买卖双方互相受益。农民通过在家中就可以创业致富,农业生产方式发生了翻天地覆的改变,农民实现了充分就业,有的农民网商甚至还需要从城里招工补充人手不足。农户收入增长、生活改善、家庭幸福、社会安定和谐。

2. 为转变发展方式提供了一条可借鉴的途径

党的十八大报告指出,解决好农业农村农民问题是全党工作重中之重,要推动农村加快转变经济发展方式,让广大农民平等参与现代化进程、共同分享现代化成果。而涉农电子商务恰恰有助于推动农村经济的转型。以"沙集模式"为例,东风村在网销业之前,是名副其实的"破烂村",废旧塑料回收加工是当地的支柱产业。但是废旧塑料产业在增加农民收入的同时也带来了非常严重的环境污染问题,而且塑料颗粒的价格随着国际行情的变化非常不稳定,经营风险极大。看到家具网销市场的发展前景,废旧塑料企业源源不断地转型。从去年开始,东风村的网销产业已经超过了塑料产业,而且一些企业还在不断的转型。而这种变化恰巧和调结构、转方式的要求相符合。

3. 为推动我国信息化建设提供了新视角

信息化带动工业化、"两化融合"是国家战略的重要内容。党的十七届五中全会又提出深化"两化融合"的要求。在农村信息化方面,国家花了很大力量来推动,但依然困难很多、成效不大。究其原因,就是自上而下的信息化服务不能真正满足农民的需求。而涉农电子商务是农民自己直接和市场去对接,直接和买家商谈。农民直接从市场拿到了鲜活、有价值的信息,并且实现了交易,农民还根据市场信息,调整了种养殖结构,生产适应市场需求的产品。涉农电子商务不仅拓展了销售,还能伴随着创新,催生全新的业务模式,推动整个农村经济的发展。

4. 对发展地方经济,提供了一条新的思路

近些年,在发展地方经济的过程中,地方政府比较重要的一条途径就是通过招商引资,特别是希望通过引进重大项目拉动地方经济,加快发展。现在招商引资困难重重,需要付出巨大代价。而且,地方政府之间的恶性竞争导致这个代价不断加码。而且,外来的项目"难养熟",来的难,走的易,一有风吹草动,或别的地方给的条件更优越,可以拍拍屁股就走。再回来看看涉农电子商务。涉农电子商务对公共资源的索取很少,为地方经济社会发展的贡献很大。特别可贵的还有它的内生性。农民网商的根在这个地方,父老乡亲在这个地方,有了风吹草动、市场有变化,他会和本地父老乡亲一起去抵御风险。

5. 对促进我国"包容性增长"提供了借鉴

包容的目标,特别是由于党的十七届五中全会提出"包容性增长"而令人关注。它包含着缩小贫富差距、增强社会的公平正义、转变经济增长方式等要求,在政策取向上是要让更多的人享受发展成果,让弱势群体得到保护,在经济增长过程中保持平衡等。涉农电子商务表明,只要激发了农民的内在积极性,电子商务和他们的利益挂了钩,人人都可以包容在"两化融合"的过程中。农民虽然不会熟练操作电脑,用一个手指戳键盘的"一指禅",也同样能够有机会从包容性增长中获得实惠。涉农电子商务中需对鲜活的案例,为纠正长期以来电子商务不适合农村的偏见,提供了一个非常有说服力的现实例证。

三、发展涉农电子商务的政策建议

涉农电子商务在我国才刚刚起步,还没有成熟的模式。虽然全国各地涌现出一些成功经验,但是仍然面临着标准体系不完善、物流基础设施不健全、人才缺乏等一系列问题。为了推动涉农电子商务的发展,提出如下政策建议:

一是把推进农产品电子商务放在重要战略地位,政府部门应坚定不移地扶持涉农电子商务发展,制定可行的涉农电子商务发展战略规划,探索可行的具有地方特色的电子商务发展路径,培育电子商务运营主体,积极主动和电子商务平台进行对接和合作,通过改革与转型破除未来电子商务发展的体制机制障碍。

二是进一步发挥市场化电子商务服务商的作用，鼓励广大农民、农产品的供应者、经销商利用市场化的电子商务平台开展经营活动，不拘一格地大力发展农民网店。积极改善涉农电子商务所需的公共基础设施，有效降低涉农网商的经营成本，提高政府的公共服务能力。

三是继续完善国家和地方农产品标准和质量认证体系建设，提高基层农产品质量安全检测能力，加大优质农产品品牌建设，完善农产品质量安全风险应急体系和农产品质量安全执法监管体系建设，加大执法检查力度，建立突发事件应急机制。

四是积极探索建立和完善地方政府与市场主体共赢合作的良性机制，协力推动涉农电子商务的发展。鼓励第三方电子商务平台增加对农产品和地方特色产品的支持和营销力度，降低服务门槛。地方政府、电子商务协会和平台等机构，要加大对农产品网店主和潜在网商的培训，同时采取有效的人才政策，鼓励更多的人才从事农产品电子商务实践。

五是进一步跟踪调研涉农电子商务发展情况，总结成功经验，并在全国范围内宣传推广。加强各种涉农电子商务的模式研究，梳理其产生和发展的机理和内在驱动因素，分析其成功的原因和可推广的经验，总结其对地方社会综合发展的影响意义和典型示范作用。在此基础上，在全国范围内，推广成功经验，树立电子商务应用标杆，促进地方社会发展与电子商务的有机结合。

【拓展阅读】遂昌模式及对发展农产品电子商务的启示

我国涉农电子商务发展刚刚处于起步阶段，全国各地不断探索，涌现出各种各样的创新模式，如以"农户+公司+网络"为特点的沙集模式、以依据商品集散优势进行网络营销的义乌模式，以返乡大学生为带头人的青川模式，等等。最近，我国第一个县级农产品特色交易馆——遂昌馆在淘宝网上线，遂昌模式成为各界关注的热点。

一、什么是遂昌模式

遂昌模式是多方主体通力合作，特别是地方政府与第三方电子商务平台联手，以协会为界面，整合地方优势资源，将地方特色产品成功整体对接全国大市场的典型模式。

遂昌位于浙江省西部，是一个"九山半水半分田"的典型的山区县。遂昌拥有茶叶、毛竹、山地生态蔬菜三大主导产业，此外旅游资源丰富，建成国家4A级旅游景区4个。然而，由于交通不便、产品品牌知名度低等原因，这些优势资源并没有为当地带来相应的经济效益和社会效益。如何借助这些得天独厚的优势，带动全县快速腾飞，一直是困扰当地政府的难题。

2010年3月，由遂昌县工商局、县团委、县经贸局、碧岩竹炭、等几家单位联合发起创立了"遂昌网店协会"。协会成立以后，经过调研和不断摸索，逐步建立起一个地域性的公共服务平台，为本地网商从事农产品网络交易无偿提供十项服务：培训及咨询、网销产品的开发和质量把关、仓储配送服务、推广服务、产品图片和文案设计服务、促进网商融资及与物流合作等。

经过三年的发展，遂昌网店协会已经拥有网商会员1300多家，网货供应商118多家，近10家包括物流、快递、银行等在内的第三方服务商会员。2012年，协会会员销售总额达1.5亿元。在阿里巴巴全球十佳网商大会上，遂昌县还获年度"最佳网商城镇奖"。

2013年1月8日，以销售遂昌农特产品、旅游产品为主的全国第一家淘宝县级特色馆正式运营。遂昌馆上线仅仅一个半月，累计销售额达到1100多万元。开馆当天，实现交易27000单，营业额250万元，其中销售竹笋5吨。目前，遂昌馆共有1500多家网店销售与旅游有关的产品，全县已有超过90%的旅游企业入驻馆内，昌神龙谷、千佛山两家景区的门票销售量均较之前上升超过30%。初战告捷，遂昌网销协会提出了更宏伟的愿景：通过电子商务，力争将遂昌打造成中国第一高品质生态农产品供应基地。

二、遂昌模式的特点

遂昌模式给涉农电子商务带来新气象，总结遂昌模式的特点和成功经验，有以下几点。

1. 电子商务协会和龙头企业的带动作用

遂昌网店协会作为一个非营利组织，充分发挥了公共服务的作用，并且针对不同主体的需求，提供有针对性的服务。在成立之初，协会充分调研了国内电子商务发展状况和当地特色产品网店经营状况；在此基础上，协会提出建设公共服务平台，免费为当地网商提供急需的十项服务。针对网商，协会提供开店和运营培训、组织货源并对产品质量进行筛查、制作精美的产品图片和文案及店铺装修服务、提供仓储和发货服务；针对待业青年，联合县团委，开展十余次开店培训活动，旨在吸引他们通过网络创业解决就业难题；针对供应商，提供新品类培育和产品开发服务，质量检测和监控服务，产品销售服务，提供与淘宝平台的对接服务；针对银行和物流服务商，提供对接网商的桥梁和信用保障服务。以物流服务为例，遂昌地处山区小县，一些不在县城居住的网商们面临物流不便的难题。协会出面与多家快递公司洽谈，拿到最优惠的会员价格。此外，协会还整合资源，为会员提供代发货服务。

2. 发挥当地丰富的原生态特色产品的优势

遂昌拥有的良好生态环境、独特的气候条件和丰富的原生态农产品资源，成为拓展网络销售的基础。遂昌境内千米以上山峰有700多座，森林覆盖率达82.3%，平均负氧离子高出世界清新空气标准6倍以上。遂昌的土鸡、土猪、原生态茶叶、原生态水稻、竹笋、光唇鱼(石斑鱼)和鳙鱼、山油茶等远近闻名。遂昌的红薯肉质滑嫩，口感香甜，因为种植在无污染的高山上，被誉为"离天最近的红薯"。

不仅具有资源优势，遂昌农产品还注重品牌建设和品质保障。遂昌建设了十个原生态农产品生产基地。拥有"中国菊米之乡"、"中国竹炭之乡"和"中国龙谷丽人名茶之乡"的国字号品牌十几个。全县有获得"国家有机食品、绿色食品、无公害农产品"三品认证的企业27家，涉及31个产品。

3. 注重品质保障，提供放心产品

为确保消费者权益，遂昌馆对入馆产品和企业严把关。遂昌县政府要求，每一家入驻遂昌馆的企业都需通过当地相关部门和淘宝网的两次质监认证，审查通过的企业将得到免费的入驻培训。遂昌网销协会也从四方面控制产品质量：一是供应商选择上，严把资质关，并实行可追溯台账制度和质量保证金制度；二是网店协会公共服务平台建立产品进馆检测机制，并不定期地与政府质监部门联合对入馆产品进行二次抽测；三是从物流环节把控产品质量关，与物流企业建立24小时"限时达"和"保鲜达"合作；四是建立完善的售后服务体系，承诺预先赔付和退货零运费服务，此外网销协会还开通旺旺、400客服及消协96315服务电话，第一时间对客户的投诉进行反应。完善的质量监控体系，保证了食品安全和产品品质，淘宝遂昌馆开馆至今，还无一例投诉事件。

4. 与第三方电子商务平台形成良性互动

为了促进网络销售，遂昌在打造产品优势的同时，还由县政府出面，与淘宝网形成战略合作，在淘宝首页建设遂昌特色产品网销馆，由网店协会的公共服务平台负责运营。依托淘宝网的巨大流量，遂昌馆的开业及随后的促销活动，为遂昌网商带来了源源不断的客流，网销量节节攀升。遂昌馆的尝试性探索，也为淘宝网开拓县域涉农电子商务服务模式，平台与地方政府合作建设电子商务诚信体系，提供了有益的借鉴。双方合作，实现了多赢。

5.积极整合服务商资源

服务商是电子商务运营不可或缺的重要主体,遂昌网店协会积极探索与银行、物流商的合作。遂昌网店协会与圆通,韵达,EMS,天天,工商银行,农业银行,中国电信等服务商共同搭建公共服务平台,为网商提供优质服务。为协助解决会员在经营中资金问题,协会与中国工商银行,中国农业银行多次探索网商融资形式与产品,工商银行为协会授信贷款1000万元。在物流快递层面,为近一步降低会员经营成本,本着双赢互惠的原则,协会与包括"四通一达"在内,以及天天、EMS等服务商签有相关的战略合作协议。

6.政府大力支持

遂昌电子商务的快速发展,与当地政府"不越位"、"不缺位"的扶持理念和做法有很大关系。虽然网销属于网商的市场行为,但是市场的力量并不是万能的,场地、资金、产品质检等问题,靠网商自己的能力是解决不了的,还需要政府的支持和引导。首先,遂昌县委、县政府在战略上非常重视地方土特产品的网络营销,成立由县委书记挂帅的专门领导小组;为了建设地方特色产品的原生态品牌,县里通过了《关于加快发展原生态精品农业的决定》,制定并通过了《遂昌原生态农产品地方标准规范》,编制《遂昌县原生态精品农业技术指导手册》,给予每个原生态农产品生产基地3万元的资金扶持。其次,全县各级部门总动员,从根本上保障了淘宝遂昌馆的建设,推动了遂昌农副产品的网络销售。在遂昌馆建设过程中,政府专门腾出一处场地作为入馆商品的仓储基地,并提供改造和装修经费支持;县团委积极组织大学生、城市和农村待业青年、下岗工人参加网店协会组织的技能培训活动;质监局联合卫生和工商部门成立农副产品质量监督组,协助抽检、接受消费者的投诉。

三、遂昌模式的示范意义

遂昌模式初步摸索出一条地方特色农产品的电子商务之路,为发展地方经济,促进就业带来诸多启示。

1.促进了当地下岗职工和待业青年就业

遂昌特色农产品电子商务的快速发展,促进了中小企业的发展,扩大了就业。截止到2012年底,遂昌网店数已经超过2000余家,按每个网点提供3个就业机会计算,共解决6000余人就业。这对仅有6万人的遂昌县城人口来讲,比例非常高。电子商务的低进入门槛和低创业成本,为大学毕业生、农村青年、下岗工人等群体提供了良好的创业契机。

此外,网店生意还带动了更多的间接就业,包括推动物流快递等电子商务服务业的发展,促进当地旅游业和农副产品深加工产业的发展。

2. 实现了电子商务平台与地方优势产业的整体对接

我国地大物博,各地都盛产具有地方特色的产品。电子商务大规模开展之前,由于销售渠道闭塞、中间环节多,这些宝贵的特色产品很难形成全国范围内的供需对接。而遂昌县政府和淘宝网共同探索了一条有价值的电子商务推广途径。淘宝遂昌馆的开业,将遂昌特色原生态产品充分展示和源源不断地提供给全国网民,解决了农产品生产者与大市场的对接难题。目前,淘宝网已经推出四个省级特色馆和一个县级馆。未来,随着这种网络平台+地方特色服务模式的逐步成熟,相信会有更多的地方特色产品直推向全国、全世界的大市场。

3. 突破了农副产品网络销售质量保障和信用管理的瓶颈

传统观念认为,农副产品因为标准化程度低、不适合长时间仓储配送,产品质量不易监控,因此农产品不适合网上销售。在这一观念下,长期以来,我国农产品的电子商务发展滞后,而信息不透明也一直导致"买难"和"卖难"问题长期存在。遂昌的实践证明,只要思想上重视,多方主体联合发力,创新农产品流通体系,想法设法通过多种途径严把质量关,不断提高服务质量,农副产品一样能在网上热销。

4. 探索解决本地分散网商间无序竞争的问题

电子商务在我国还处在发展的初期,商业模式和竞争规范仍处在不断完善之中。在网商发展比较密集的地区,常常出现恶意压低价格、产品以次充好的恶性竞争事件,制约区域有竞争力的电子商务产业集群的形成。遂昌网店协会为了避免无序竞争,调动会员企业的积极性,把会员企业按照经销领域分成若干小组,每个小组经营不同的产品大类。而且,每类商品都规定了市场最低限价,违规低价销售者将被驱逐出网店协会。最后,部分产品采纳经过公共平台统一供货的模式,保证了产品的质量。网商会员有序、公平竞争,推动了遂昌原生态高端品牌形象的形成。

5. 提升了地方经济发展质量

近年,我国在 GDP 指标的指挥下,地方经济发展过度依赖招商引资,以至于资源过度消耗、环境严重污染,造成经济的不可持续发展。而遂昌模式在保护自然环境的同时,充分利用生态资源,完全依靠深度挖掘地方特色产品,走高品质的原生态产品和深加工之路，通过电子商务在全国范围内，打造地方特色精品品牌，增加产品的销量和附加价值，从而带动整个地方经济的持续发展。不难相信，随着电子商务的深入应用和人们对食品安全的关注，遂昌高品质生态农产品+电子商务模式将得到更大发展。

四、遂昌模式发展中面临的问题

遂昌馆两个月来的运营实践，标志着遂昌模式取得了初步成功。但是遂昌模式在发展中，依旧面临着一些障碍和问题。

一是农产品质量管理体系不健全。我国农产品种类众多，地域差异大，产前、产中、产后的情况复杂，而我国农产品质量认证体系建设和质量管理的实际发展水平，不能满足这种复杂性的需要。遂昌馆在运营中发现，一些农产品检验标准还不完善，甚至是没有标准，不利于大规模生产和专业化的市场流通，也不利于品牌建设，更不利于让更多的用户提高对产品的认知度和满意度。

二是网店协会的职能定位和服务模式还需在实践中进一步探索。现阶段，网店协会在遂昌模式的运作中发挥了突出的积极作用。未来，作为公益性组织的协会，是否适合长期直接从事组织货源、网销、代发货等经营性业务，即如何平衡公益性和经营性之间的关系，兼顾公平和效率，值得观察和思考。

三是缺乏人才，尤其是高端复合型人才。遂昌是县级城市，在浙江省范围内，经济相对落后，人才大多流向上海、杭州、温州等经济发展较快的大城市。遂昌特色产品网销业的腾飞急需大量各类人才，尤其是高端复合型人才。如何吸引人才，留住人才成为未来发展的关键因素。

四是遂昌网销业的核心竞争力还需挖掘。目前淘宝遂昌馆主打本地特色农副产品和旅游，而遂昌的矿产资源也非常丰富。如何将这些宝贵的资源进行有机整合，打造遂昌网销业的整体品牌、特色和核心竞争力，需要下一步深入研究。

五、政策建议

遂昌模式充分调动了政府、第三方电子商务服务平台、网商、网店协会、供应商、电子商务服务商等各类主体的积极性，实现取长补短，资源共享，成功地将地方特色产品推向全国大市场。在农产品电子商务发展的摸索阶段，遂昌模式具有指导意义，带给我们诸多借鉴，特提出如下政策建议：

一是把推进农产品电子商务放在重要战略地位。十八大明确指出要坚持走中国特色新型工业化、信息化、城镇化、农业现代化道路,推动城镇化和农业现代化相互协调。从遂昌模式不难发现,农产品电子商务大有可为,不仅有助于发展地方经济,还有助于解决就业和创业问题。政府应坚定不移地支持农产品电子商务发展,制定可行的农产品电子商务发展战略规划,探索可行的地方土特产品电子商务发展路径,培育电子商务运营主体,积极主动和电子商务平台进行对接和合作,通过改革与转型破除未来电子商务发展的体制机制障碍。

二是进一步发挥市场化电子商务平台的作用。发展农产品电子商务,政府不应该、也不可能包打天下,鉴于多年农业信息化正反两方面的经验,未来应更加重视促进自下而上式农产品电子商务的发展。特别要鼓励广大农产品的供应者、经销者利用市场化的电子商务平台开展经营活动,不拘一格地大力发展农民网店,积极改善农产品电子商务所需的公共基础设施,有效降低农产品网商的经营成本,改进政府对他们的公共服务。

三是继续完善国家和地方农产品标准和质量认证体系建设。首先,完善农产品标准和质量安全检测体系,加快各地农产品质量安全检测中心建设,提高基层农产品质量安全检测能力。其次,完善农产品质量安全认证体系,增加产品覆盖面,加大优质农产品品牌建设。最后,完善农产品质量安全风险应急体系和农产品质量安全执法监管体系建设,加大执法检查力度,建立突发事件应急机制。

四是积极探索建立和完善地方政府与市场主体共赢合作的良性机制,协力推动地方农产品电子商务的发展。其中,特别要以食品安全、网上诚信建设、产品质量可追溯体系等为重点,加强地方政府与电子商务平台间的合作。要鼓励第三方电子商务平台增加对农产品和地方特色产品的支持和营销力度,降低服务门槛,参与农产品质检和认证服务,提高客户服务质量,建立农产品安全应急处理机制。地方政府、电子商务协会和平台等机构,要加大对农产品网店主和潜在网商的培训,同时采取有效的人才政策,鼓励更多的人才从事农产品电子商务实践。

五是进一步跟踪调研遂昌模式,总结农产品电子商务的成功经验,并在全国范围内宣传推广。加强遂昌模式的研究,梳理其产生和发展的机理和内在驱动因素,分析其成功的原因和可推广的经验,总结其对地方社会综合发展的影响意义和典型示范作用。在此基础上,在全国范围内,推广遂昌模式的成功经验,树立电子商务应用标杆,促进地方社会发展与电子商务的有机结合。

【拓展阅读】金华市电子商务跨越式发展的案例

近年来,以大数据、云计算、物联网、移动互联网、电子商务为代表的互联网经济持续高速增长,成为中国经济发展中最具潜力的新兴产业之一。面对互联网经济的崛起和消费习惯的改变,基于互联网的转型升级成为大势所趋。浙江省金华市不断探索有地方特色的电子商务发展之路,取得了令人瞩目的成绩,推动全市经济实现跨越式发展。

一、金华市电子商务发展成绩瞩目

1. 排名靠前

在互联网经济领域,根据阿里研究院2014年的电子商务百佳城市排行榜,金华市从2013年的第六名跃居至第三名,仅次于深圳、广州,超过了杭州、北京、上海等一线城市,成为中小城市赶超一线城市的一个奇迹。

此外,金华市还先后荣获了首批"国家电子商务示范基地""中国电子商务创业示范城市""首批智慧城市试点城市""首批国家信息消费试点城市"等称号。

2014年,在阿里巴巴"百佳县排名"评选中,金华市所辖有6个县(市)入选,其中义乌排名全国第一,永康排名全国第三。

2. 总量大

金华市电子商务发展总量大。浙江省是国内电子商务市场最大、发展最快的省份之一。2014年,金华市实现电子商务交易额达到2356亿元,实现网络零售额942.56[①]亿元。而金华市网络零售额占浙江省的比重超过1/6,如表8-1所示。

表8-1　金华市与浙江省的网络零售额比较

	网络零售额
金华市	942.56亿元
浙江省	5641.57亿元
占比(%)	16.7%

3. 增长速度快

近年,金华市电子商务一直保持高速增长之势。2014年,金华市实现电子商务交易额增长40.9%,远远高于全国25%的平均水平;实现网络零售额同比增长79.6%,远超全国49.7%的平均水平。

---

①来源:浙江省商务厅,《浙江省电子商务行业组织发展报告(2014年)》。

4. 行业网站发达

金华市已经拥有中国行业电子商务网站百强9家，中国商业网站百强的4家。视频网站9158.com已经成功赴港上市。此外，5173.com、呱呱视频、中国食品网、中国包装网、中国收藏网、中国服装人才网、中国服装网、中国化妆品网、中国安防产品网、中国饰品网、中国五金网等均为国内知名行业网站。

5. 内外和跨境电商同步发展

在阿里公布的数据中，金华市的内贸网商密度列全国第一位，外贸网商密度排全国第二位。2014年金华市新增网络经济市场主体1.5万家，同比增长260%。通过网络经济创业带动的直接就业规模达到50万人左右，呈"井喷"之势。

6. 横向比较优势明显

金华市在浙江省的主要地级市中，电子商务发展水平也处于领先地位。以网络零售额指标为例，金华市2014年网络零售额远远超过了同省的嘉兴、温州、宁波等地市。

金华市的网络零售额不仅高于省内其他地市，在全国也处在领先地位，2014年的网络零售额也高于上海、南京、广州、重庆市等一二线城市。

7. 典型突出

金华市自发涌现出一批有代表性的电子商务发展典型。义乌市青岩刘村，原本只是一个1500人的小村子，人均年收入不到1万元钱。但五六年间就成为"中国网店第一村"，人均收入达到了五六万元。网销商品也从单一小商品，向服装、工艺品、五金等多元化领域发展。快递、摄影、网络推广、仓储外包等电子商务服务业也快速发展，仅日发单过万的快递公司就超过10家。目前，青岩刘村目前从事电商行业人口超过15000人，年成交额达20亿元。青岩刘村还孵化出"孔明灯大王"刘鹏飞等一大批草根创业者。2014年11月，李克强总理亲赴青岩刘村调研网商发展状况。

二、金华市发展电子商务的成功经验

1. 政府高度重视电子商务发展

从2001年开始，金华历任市委、市政府领导都十分重视网络经济的发展，先后成立了金华市信息服务业工作领导小组、信息化工作领导小组、智慧城市建设试点工作领导小组、电子商务工作领导小组、国家电子商务示范基地创建工作领导小组、网络经济发展工作领导小组等机构。不仅从城市规划、招商层面大力支持网络经济企业落户金华，同时大力推进网络经济园区建设,设置孵化器、加速器,从办公用房、土地、税收、投融资、人才等方面给予网络经济企业政策扶持,对新办的网络经济企业实行"三年零房租",实施"十年税收优惠"等政策,鼓励国内外成长性好的互联网企业前来设立全国性或区域性总部,吸引国内外战略投资、风险投资、私募股权投资等机构入驻。支持网络经济企业快速做大做强。

(1)战略上高度重视。

在战略层面,金华市政府在《金华市区网络经济空间布局与发展规划(2013-2020年)》中表示,市政府将全面推进网络经济产业的发展提速、比重提高、水平提升,把网络经济作为转型升级、赶超发展的切入点和突破口,作为推进经济转型升级和城市转型升级的"双轮驱动",将网络经济作为"一号产业"来抓。

金华市发展网络经济的目标是,在5~10年内,网络经济的发展达到省内领先、国内一流的水平,打造全国网商集聚中心、中国软件名城,建成全国的网络经济强市。

(2)组织上完善保证体系。

组织层面,金华市政府成立了由市委主要领导任组长的金华市网络经济发展领导小组,该小组定期协调解决金华市网络经济发展中的重大问题。同时,充分发挥市网络经济局的职能,强化对网络经济工作的统筹和协调,加强对网络经济企业的服务。

此外,金华还建立了由科研院校专家教授、行业领军人物、优秀企业家等组成的网络经济发展专家库,发挥其在规划编制、政策制定、项目论证等方面的"思想库"、"智囊团"作用。

(3)行动上推出有针对性的扶持政策。

金华市为了推动电子商务高速发展,在十个方面陆续出台了扶持政策。一是做活存量,大力拓展网络经济发展空间。二是做强增量,扶持现有企业加速发展。三是做精招商,迅速壮大网络经济规模。四是做特产业,提升网络经济创新能力。五是做新模式,引导企业通过网络平台创新营销模式。六是做深融合,加强现代物流服务配套。七是做实基础,加快信息基础设施提速。八是做全配套,完善网络经济公共服务。九是做优服务,提升金融服务环境。十是做好保障,规范网络经济发展。

2. 具有人文和地理优势

金华市位于浙江省中部,为省辖地级市,东邻台州,南毗丽水,西连衢州,北接绍兴、杭州,区位交通条件优越,是浙江省中西部中心城市和省域重要的交通信息枢纽,是我国沿海地区通往西南内陆腹地的交通要冲,是国家级陆路交通主枢纽和现代物流枢纽,良好的区位交通优势是网络经济发展的重要依托。随着金华高铁的即将通车,未来通过杭长高铁、杭广高铁、金温高铁,从金华将可以到达昆明、成都、广州、厦门、合肥、济南、商丘、南通等城市。

从区域经济地理来看,金华正处于长三角经济圈和海西经济区的交汇处,"两区交汇"的金华面临广阔的区域合作空间,长三角的产业优势及海西经济区在海峡两岸之间的经济技术合作与区域协作优势将是金华网络经济发展的重要着力点。

(1)包容开放的人文环境。

金华山川秀美,是国家历史名城、中国优秀旅游城市、国家卫生城市、省级园林城市和省绿化模范城市,人居环境优良,连续数年荣获中国十佳宜居城市殊荣。金华的气候宜人、城区干净无污染、交通不拥堵,此外,金华的普通话普及率高,亲商意识强,金华人开放、包容、低调和不排外的性格,都为网络经济的发展、网络经济人才落户金华提供了很好的人文环境支撑。

3. 重视人才,筑巢引凤

(1)重视人才培养,集聚人才优势。

金华是国家级的历史文化名城,素有"小邹鲁"之称,人杰地灵、文化底蕴深厚。金华拥有浙江师范大学、金华职业技术学院、上海财经大学浙江学院等8所高等院校,其中,金华职业技术学院在经济管理学院开设电子商务专业,同时还专门成立了网络经济学院,为金华提供网络经济服务和人才支撑。金华人才和教育资源位居浙江省前列,满足了网络经济企业对应用型人才的需求,培育和储备了一大批电子商务应用型人才和技术工人。

(2)营造环境,降低生活成本。

金华网络经济企业的快速、高利润发展与金华的成生活本优势关系密切。与北京、上海、广州、杭州等大城市比,金华不仅生活成本低,而且商务成本也很低,房租价格仅为上海、北京等大城市的1/5,员工工资成本仅为1/2,同时,金华市网络经济企业的带宽服务与杭州、北京等城市的级别相同,却比杭州同类企业节省30%成本,比北京同类企业节省一半成本。金华的5173.com、9158.com等互联网企业正是将公司的研发中心放在一线城市,将运营总部留在金华,利用金华低廉的商务成本优势取得了持续高利润的增长。

4. 具有传统产业优势，商业氛围浓厚

在传统市场方面，金华是名副其实的市场大市。全市有"全国百强市场"5家，亿元以上重点市场64家；义乌中国小商品城、永康中国科技五金城、东阳中国木雕城等传统专业市场发达；改革开放以来，金华市形成了"市场群+产业群+城市群"的发展模式，金华市区的汽车及零配件、义乌的小商品、永康的五金、东阳的木雕、兰溪的纺织、浦江的水晶等产业各具特色，互促互进。市场优势和产业支撑非常有利于网商的集聚。相关数据显示，全国75%的日用百货类网货直接或间接来自金华市场或企业。

从网络经济市场来看，金华市区网络经济产业规模和竞争力居浙江省前列，仅次于杭州，并以年均超过30%的速度增长，成为发展最快的高新技术产业。金华市扶持培育了一批知名度高、影响力大的优势网络企业。全市电子商务不同业态互动良性发展，B2B、C2C、B2C等领域涌现出一大批专业化电子商务企业，互联网产业经营规模和竞争力已位居全国前列。

5. 积极投资基础设施建设

（1）信息基础设施领先。

金华拥有2条国家一级、10条国家二级光缆干线；建有浙中第一个双线接入的国家A类互联网数据中心，是浙江省第二大信息传输交换枢纽；总投资7亿元的省级云计算中心项目也落地金华，项目可提供6万台服务器的业务能力，互联网出口带宽预计超过5000G，出口能力超过一般省会城市标准，可满足客户云资源、云应用、云服务等全方位需求。

（2）物流畅通便捷。

在金华，中国智能骨干网的首个全国样本——菜鸟网络科技有限公司投资的金义电子商务新城落户金义都市新区，未来的菜鸟·电子商务新城主要将分成四个功能区，其中最大的一块便是现代物流中心，各大快递公司和物流运输企业都将在这里布点。

金华开展的跨境贸易电子商务服务试点工作，目前已有中外运敦豪、中国邮政速递、申通、圆通、中通、韵达等快递业巨头在金华设立分拨中心，并有650多条货运物流专线为其提供服务。大量网商和物流企业的入驻，为跨境电子商务企业开展跨境电子物流提供了方便快捷的配送服务，也吸引了周边地区跨境电子商务贸易货物在金华汇总配送，金华已经成为大量零售出口货物的始发地。

6. 激发草根创业热情

金华市具有浓厚的商业氛围,电子商务进入的低门槛激发了草根创业积极性,电子商务创业就业热情空前高涨。金华人的勤奋、向上、开放精神,驱动电子商务创业模式能够快速萌芽、复制和成长。短短几年间,金华市就涌现出无数孜孜不倦的创业者,她们通过互联网革新,整合社会资源,再造商业模式,创造出一个有一个商业奇迹,推动金华网络经济快速发展。截至2013年底,义乌区域网商在各大电子商务平台账号总数超过21万个,其中注册地在义乌的淘宝和天猫网店数量已经超过11万个,甚至超过义乌国际商贸城的7万家商户数量,成为义乌最大的商人群体,也成为义乌草根创业的中坚力量。自内向外迸发的草根创业,让金华电子商务持续焕发活力,更具有勃勃生机。

7. 积极与电子商务平台合作

以阿里巴巴为代表的市场化公共电子商务平台成为新经济的基础设施,在中国特色的电子商务发展过程中,发挥了重要作用。金华市积极探索与电子商务平台的合作,借船出海。2012年12月,金华市政府与阿里巴巴集团今天签署战略合作协议,阿里巴巴集团现代物流新业务总部落户金华。2013年8月,义乌市政府和外贸电商平台敦煌网达成战略合作协议,共同建设"义乌全球网货中心"。2015年6月,金华市再次与阿里巴巴合作,共同建设阿里巴巴金华产业带平台项目,推动金华传统制造业电商换市行动。2015年12月,金华市与京东合作,推动制造业进京东活动。

八、中国移动电子商务市场高速成长

2013年,中国移动电子商务市场高速成长,交易规模达到1570.4亿元[1],较2012年增长了161.5%。移动网购渗透率达到9.1%[2],较上一年增长超过四个百分点。中国移动购物市场中,淘宝和京东份额最高,分别占比76.1%和5.2%。

为了争夺移动购物市场,传统电商加大移动电商的推广力度。在"双十一"电商购物节中,淘宝、京东、苏宁等纷纷推出手机专属优惠活动。"双十一"当天,手机淘宝的单日用户使用次数达到1.27亿次,在支付宝的成交金额达到53.5亿元,相比去年同日增长了457.3%。腾讯数据显示,"双十一"当天,易迅微信卖场下单量突破8万单,占易迅全站订

---

①来源:易观智库。
②来源:艾瑞统计数据。

单总量的 13%。同日,在京东 680 万订单中,移动端订单量占比也达到 15%。

2014 年,智能手机普及速度加快,手机承载更多的商务功能,移动电子商务迎来爆发期。国内大多数电商平台企业都提供了移动端的交易服务,全年移动网购交易规模达 9285 亿元[①],同比增 240%。贝恩公司报告显示,中国的移动电子商务规模已超过美国。移动购物普及率显著提高,中国网上购物者中约有 80%使用移动端消费。

电子商务平台企业加快布局,抢占移动商务终端入口。2014 年,阿里巴巴先后投资陌陌和新浪微博两个社交软件,扩展自己的移动流量入口。根据财报显示,阿里巴巴 2014 财年移动商品成交总额达到 3190 亿元人民币,比上一财年的 810 亿增长了 394%。2014 年淘宝"双十一"无线端交易额占比约为 45%,这一数字是 2013 年的 3 倍。京东则联手腾讯,开通了微信购物、手机 QQ 两个社交购物一级入口。在 2014 年移动购物市场规模份额中,淘宝无线稳居市场第一名,份额高达 85.9%;手机京东和唯品会分别占据第二名和第三名。

九、电子商务园区建设进入高潮

各地积极建设电子商务园区,从而完善配套支撑服务,推动电子商务发展。截止到 2016 年 3 月,全国电子商务园区数量达 1122 家[②],同比增长约 120%,其中,浙江、广东和江苏是全国电商园区最多的省份。电商园区可以分为四种类型:政府导向、资本导向、地产导向和专业服务商导向。

十、社交网络购物崛起

社交网络购物模式兴起,驱动网络零售模式创新。社交网络人群有共同的兴趣爱好和情感关系,有利于产品信息传播,提高信任度和营销精准度。CNNIC 调查数据显示,2015 年社交网购用户规模为 1.45 亿,较 2014 年增加 2330 万人,年增长率 19.1%;2015 年人均年度社交化网购次数为 7.2 次,较 2014 年提升 1.2 次。社交网购在网购用户中的渗透率由 33.8%提升到 35.2%。调查研究显示[③],微博用户中,27.5%会点击商品链接进行

---

①来源:中国电子商务研究中心,《2014 年度中国网络零售市场数据监测报告》。
②来源:阿里研究院、伟雅网商俱乐部,《中国电子商务园区研究报告(2016)》,2016 年 4 月。
③来源:CNNIC,《2015 年中国社交应用用户行为研究报告》,2016 年 4 月。

购买,17.4%会购买站内商品;微信用户中,34.5%会使用微信购物功能,12.1%会购买微店商品。2015年,基于移动社交服务的微商行业总体市场规模为1819.5亿元[①],全国微商从业规模为1257万人。

【拓展阅读】社区电子商务发展状况及特点分析

近年,我国电子商务持续高速增长,在"互联网+"相关政策支持下,传统领域加快了互联网转型升级的步伐,社区电子商务更是取得突飞猛进的发展。社区电子商务是针对具有社区属性的消费者开展的电子商务活动。本文所提到的社区指的是居民实体社区,而不是指网络虚拟社区。

社区电子商务具有坚实的发展基础。首先,伴随着城镇化进程和新农村建设,我国居住社区发展呈现集聚化和规模化趋势。居民的聚集性生活,为电子开展电子商务带来了便利条件。其次,近年移动电子商务、O2O和团购模式都取得了飞速发展,基于线上成交,线下体验的本地生活服务模式培养了用户习惯,为社区电子商务的发展奠定的非常好的基础。最后,随着人均GDP水平的提高,社区商业化是未来商业业态的发展方向。有研究表明,人均GDP超过3000美元,人们的购物习惯将从城市购物中心转向选择各种社区商业,也昭示着社区购物业态将有广阔发展空间。

发展社区电子商务也具有重要的现实意义:一是社区电子商务解决了百姓日常生活的难点,提高生活便捷程度和生活质量;二是社区电子商务挖掘了居民潜在的需求,扩大了内需;三是推动了社区相关服务业的发展,带动了就业;四是创新了电子商务发展模式,一定程度上规避了电子商务发展中的瓶颈问题,推动互联网+社区深入融合,并且有利于发展生鲜产品的电子商务;五是推动传统物业公司转型,提高服务质量,创新服务方式。

一、社区电子商务发展概况

1. 政策利好

政府部门支持社区电子商务的发展,给出了明确的政策导向。2015年4月,商务部发布《2015年电子商务工作要点》的通知,要求"积极促进城市社区电子商务应用,以中心城市(直辖市、计划单列市、省会城市)为重点,探索城市社区商业新模式,应用电子商

[①]来源:于立娟,《2016中国微商行业发展研究报告》,2016年。

务促进便利消费进社区,便民服务进家庭"。

2. 社区电子商务应用百花齐放

社区电子商务发展时间短,但是却呈现出多种多样的发展形式:一是服务方式灵活便捷,网上和网下相结合,根据消费者需求任意选择购买、支付和物流方式。二是服务内容丰富多样,既包括实物商品,又包括送餐服务、家政服务、汽车保养、文化教育、新闻信息等多类型服务。三是平台建设多元化,既有自建平台,也有应用第三方服务平台。四是运营主体多样化,既有互联网企业、物流企业、房地产公司,也有物业公司或者是其他类型的企业。五是实体店既有单独开店,也有利用现有社区的便利店,更有应用物业公司的办公场所。

3. 社区电子商务快速成长

社区电子商务服务应用获得了消费者的认可,呈现快速发展态势。仅2015年1至5月,移动互联网应用中的生活休闲类APP下载量增长37%[①]。根据网易科技统计数据:e袋洗每天的洗衣数量超过1万多件,70%以上通过微信公众号下单。社区001注册用户规模达到80万左右,客单价在300元左右。e家洁已经有全职的阿姨6000多人,每个阿姨服务时间在2~3个小时,客单价达60元左右。饿了么已经覆盖近200个城市,日均订单100万单,均价20~30元。小区无忧用户超过100万,每月配送费收入达10多万元人民币。

4. 企业纷纷布局社区电子商务

社区电子商务具有广阔的发展前景,也吸引了众多企业的关注。传统电商、零售企业、物业公司、物流企业纷纷延伸其产业链,跻身社区电子商务领域。淘宝、京东等电子商务大佬纷纷布局,尝试建设快递自提柜和实体店取货点。顺风作为快递企业也在全国社区开设五百多家实体店铺。房地产企业万科集团也签约百度,将大数据融入万科商业物业经营和管理过程中。拉卡拉电商公司推出"开店宝"终端,社区便利店店主还可以参与利润分成。

5. 广泛建立合作关系

为了增强市场竞争力,社区电子商务企业采取了优势互补,强强合作的战略。比如京东商城与全国15座城市的上万家便利店开展了O2O合作,用户在网上下单后,由距离用户最近的便利店负责配送,最快可在15分钟内送达。再如,深圳市软酷网络科技有限

---

①数据来源:国家统计局。

公司与万科温馨花园合作,为居民提供考拉社区课堂服务,既为社区内老年人提供了具有多媒体功能的休闲场所,也为社区内中小学生提供课后文化教育服务。最近,58同城和赶集合并,进一步扩大市场份额。

6. 受到资本的追捧

社区电子商务正处在发展初期,具有广阔的发展空间,被称为电商领域"下一个风口",因此受到了资本市场的密切关注。E袋洗获得腾讯2000万元投资,E家洁和云家政分别完成400万美金的A轮融资,叮咚小区获得1亿元天使投资。爱鲜蜂、阿姨帮和泰迪洗涤分别获得B轮融资,百姓网拿到1亿美元的D轮融资。

二、社区电子商务发展特点

1. 运营方式以网上和网下相结合为主

社区电子商务的最大特点是网上与网下相结合,充分整合各类主体的资源优势,网上可以查询信息、下订单、支付,网下可以利用实体店铺进行体验,获取服务或者取货。电子商务与实体店充分结合,既充分利用了传统社区便利店的有利条件,解决了电子商务发展中出现的瓶颈问题,又为社区实体店提供了新的商业机会。

2. 商品以日用品和生活服务为主

社区电子商务充分挖掘小区居民的需求,提供有针对性的产品和服务。这些商品主要包括日常需求量大的日用品、食品,还包括家政服务、订餐等日常服务。因为社区电子商务与用户的关系日益紧密,因此重复购买率高,用户粘性大。

3. 价值链合作成为趋势

社区电子商务价值链条比较长,需要多主体的共同参与,整合资源,优势共享,形成了紧密合作的共同体。社区电子商务价值链主体包括平台运营商、实体店运营商、商品或服务供应商,物流企业、用户和其他服务企业。以顺风嘿客为例,其一家承担了多个主体的职能,即是平台运营商,又是实体店运营商,还承担了物流功能。

4. 平台盈利方式以商品销售为主

社区电子商务平台运营的盈利模式还处在探索阶段,还没形成稳定的商业模式。社区电子商务盈利点主要包括自营商品的利润、代销商品的销售提成、会员费、商家增值服务费、物流费分成、广告费等。当前,平台运营商的收入还以商品销售收入为主;未来,社区开放平台的盈利模式将以增值服务为主。

三、社区电子商务的优势

社区电子商务具有非常大的优势。社区电子商务依托现有的社区,利用社区人口的聚集性和现有的商业设施,融入互联网的无时空特点,较传统商业模式和单纯的电子商务,具有更加明显的优势。这些优势包括提高物流和营销效率,有效完成最后一公里物流,解决电子商务的信任和售后服务问题,一定程度上解决假货问题。

1. 更好地满足用户需求,提高营销效率

社区居民群体固定,具有基本相同的地域特征和生活习惯,因此消费需求相似度极高;此外,社区居民购买产品或服务与居民日常生活息息相关,消费需求稳定,有较高的重复购买率和客户忠诚度,是刚需市场。因此,社区实体店能够在充分了解小区居民消费需求的基础上,精准定位,更有针对性地满足社区居民需要,极大提高营销效率,降低营销成本。社区实体店还可以发挥更多作用,比如培养和帮助非上网人群和非网购人群应用电子商务,搜集反应用户需求和建议,便于改善服务等。

2. 解决物流和支付问题

社区电子商务中的消费者高度集中,地理距离近,大大缩短了物流配送的时间,再加上与实体店面结合,批量送货,可以极大降低物流成本。货物既可以直接送达到户,也可以到实体店自提,方便消费者,解决"最后一公里物流"配送问题。此外,支付方式也灵活多样,消费者既可以选择线上支付,也可以选择线下支付,避免网上支付的心理障碍和安全问题。

3. 有助于建立互信机制

社区电子商务虚实结合,通过网络平台,与社区居民建立良好的互动互信关系;利用实体店看得见摸得着的优势,协助解决产品质量和售后服务问题,消除信任危机。社区消费者居住在同一地理位置,互相信任,邻居之间的交流有利于产品宣传和平台凝聚力的增加。

四、主要存在的问题

随着城镇化进程和电子商务的广泛应用,社区电子商务必定有广阔发展空间。然而当前社区电子商务不仅规模较小,还存在商业模式不成熟,缺乏人才等问题。

1. 社区电子商务发展不平衡

社区电子商务处在发展初期,规模还比较小,以移动社区O2O为例,当前用户规模为2.3亿[1],在移动互联网的渗透率为20%,在移动O2O中占比34%。此外,社区电子商

[1]来源:199it网站,《TalkingData:2015年社区O2O移动应用行业研究》。

务发展还存在不平衡问题,目前主要集中在沿海经济较发达地区。仍以移动社区O2O应用为例, 市场主要分布在东南沿海等经济发达省份, 其中广东排名第一, 占比10.6%, TOP10省份占比超过一半。

2. 社区电子商务的价值没有被充分挖掘

由于社区电子商务起步晚,没有成熟的运营经验,一些企业在发展中难免存在一些问题。首先是定位不清晰,资源链条整合能力不强,不利于解决电子商务环节中的问题,没有找到真正满足用户的价值的关键。此外,仍然有一些企业还处在烧钱炒作阶段,没有清晰的盈利模式和稳定的盈利来源,看不到未来成长空间。个别企业仍然盲目扩张自建实体店,成本高举,面临极大风险。例如,不仅顺风嘿店模式引起业内质疑,叮咚小区同样出现战略收缩迹象。

3. 缺乏人才

社区电子商务是跨多领域的商务活动,不仅需要电子商务各个领域的专业人才,也需要懂得实体经营的管理人才。在全国各行各业实施"互联网+"行动计划的热潮中,复合型高端人才匮乏问题日益突出,制约社区电子商务的发展。

十一、电子商务促进创新创业,助力精准扶贫

电子商务快速发展,不仅成为我国经济发展的新引擎核、新动力,还促进创新创业。2015年是互联网创业大爆发的一年。据统计,在国内应用商店上架的App超过400万款[1],大多数是创业者的结晶。电子商务平台企业同样为小微企业、个人提供了创业环境,阿里巴巴平台就提供超过1500万零售创业就业机会,拉动超过3000万间接就业机会。

电子商务赋能,助力精准扶贫。电子商务可以整合贫困地区的优势产品,帮助贫困户直接对接全国大市场,在"买全国"、"卖全国"上大做文章。"沙集模式"、"沐阳经验"等全国各地的实践都表明,电子商务有助于改善"三农"问题,有助于促进我国"包容性增长",尤其是是有助于帮助农村贫困户减贫致富。2015年,在阿里巴巴零售平台上,832个国家贫困县网店实现销售额215.56亿元[2],同比增长80.69%。其中,网店销售额超过1亿元

---

①来源:《App新规为信息服务扎紧"篱笆"》,http://news.xinhuanet.com/tech/2016-06/29/c_129099273.htm。
②来源:阿里研究院,《2015年中国县域电子商务报告》,2016年5月。

的贫困县达34个。2016年京东集团与国务院扶贫办签署战略合作,将选择200个贫困县,共同探索电子商务精准扶贫。苏宁推出的"双百示范工程",计划未来三年在100个贫困县建设100家苏宁易购直营店或服务站,在苏宁易购上线100家"地方特色馆"。

【拓展阅读】县域电商:精准扶贫的新战场

一、县域电子商务引爆

近年,伴随着电子商务向三线、四线城市乃至农村地区的渗透,我国县域电子商务进入发展的黄金期,呈现出五大特点:政府支持力度大、发展速度快、平台企业强势布局、新典型不断涌现、草根热情高。

县域电子商务快速发展的背后,有政府持续不断的重磅利好政策支撑。近一年多来,针对电商扶贫、电商进农村、互联网+农业等领域,我国政府密集出台了多部政策,掀起了县域电子商务发展的高潮。2014年7月,商务部会同财政部推出《关于开展电子商务进农村综合示范的通知》,相继在河北等8省56县和广大中西部200县,给予重金支持,开展农村电子商务综合示范工作。2015年5月,国务院发布《关于大力发展电子商务加快培育经济新动力的意见》,对电子商务在未来十年的发展做了全方位的总体布局。6月,国办发布《关于支持农民工等人员返乡创业的意见》,农民工返乡创业为农村电子商务发展注入了活力。7月,国务院发布《关于积极推进互联网+行动指导意见》,鼓励互联网创新成果与经济社会深度融合。8月,商务部等19部门联合印发《关于加快发展农村电子商务的意见》,高度定位发展农村电子商务的意义。9月,农业部等三部委印发《推进农业电子商务发展行动计划》,强力推进以农产品和农业生产资料为主的农业电子商务发展。11月,国务院发布《关于打赢脱贫攻坚战的决定》,要求实施电商扶贫工程。

在政策利好的推动下,县域电子商务被瞬间引爆。根据阿里研究院数据[1],2014年销售过亿元的淘宝县数量突破300个,县域发出和收到的包裹超过45亿件。县域电子商务显示出广阔的发展前景,2014年县域地区网购同比增速超过城市十八个百分点,全国县域电子商务园区超过100个,淘宝村数量更是达到780个,是2014年的3倍。

平台服务商强势抢占农村市场,点燃县域电子商务发展新引擎。电商巨头纷纷部署

---

[1] 来源:阿里研究院,《2015,县域电商变局》,2015年。

农村市场,阿里巴巴集团出台"千县万村"计划,京东也宣布实施"星火试点,千县燎原"计划,1号店、苏宁、赶街、世纪之村等电商平台也纷纷发出进军农村电子商务的号角。平台服务商不仅在战略上重视,在操作上也各施所长。平台服务商的营销策略大致包括:在平台上建设地方馆,构筑县、镇、村级信息点,帮助地方进行人员培训,采取刷墙等方法进行大规模宣传。平台企业积极营造电子商务配套服务体系,在物流、资金、人才培养建设等方面进行投入。平台企业采取渠道下沉策略,建设县级和村级服务点。截至2015年底,淘宝共建设了1万个农村服务站,为全国598个县的1572名领导干部进行培训;京东建设1200家京东帮服务站,招募了12万名乡村推广员;苏宁也建设了1000家村级服务站。

各地积极探索县域电商发展路径,不断涌现出新模式和新典型。比较有影响力的典型有浙福建省安溪县、江桐庐县、陕西省武功县、吉林省通榆县、江苏省沭阳县等。这些典型县根据各自资源禀赋,发展极具地方特色的电子商务发展模式。以沭阳县为例,该县借助互联网销售特色花木产业,实现全县经济的弯道超车。2014年,沭阳县在淘宝和天猫平台上的销售额达26亿元,同比增长74%;寄出包裹数超过2700万个,同比增长130%,主要是花木产品。电子商务还成为沭阳经济发展的催化剂,拉动经济整体实现跨越式发展。2014年,沭阳上榜中国工业百强县(市),排名第78位;2015年,沭阳更是进入全国百强县,名列第44位。再以浙江省遂昌县为例,该县依托遂网公司和网商协会,构建政府+平台+网商+合作社+信息点+农户+消费者的电子商务生态系统。遂网公司派专人到各个村镇调研特色农产品生产和销售状况,将优质产品进行整合,打造具有地方特色的"耕谷"品牌,营造"妈妈的味道"、"高山原生态"等产品理念,提高产品附加价值。网销协会对全县网商进行培训,提供全方位的网销配套服务。2014年,遂昌县网上销售额突破5.3亿元[1],同比增长73%。遂网公司还创新性提出"赶街模式",在行政村布局信息点,帮助村民进行网购网销,2014年共建设电子商务村级服务网点210个。

农民草根创业积极性被激发,电子商务创业就业热情空前高涨。县域电子商务发展的广阔前景和美好梦想,驱动农民工返乡创业就业。电子商务创业就业有助于提高农民收入,解决农村"空巢"现象,提高农民幸福感。全国各地的电子商务实践表明,电子商务网销业的进入门槛不高,只要激发了农民的内在积极性,有钱可赚,就会爆发出巨大的活

---

[1]来源:《2014年遂昌电子商务发展报告》,http://www.tui18.com/a/201510/0897642.shtml。

力和创新力,人人都可以包容在电子商务的实践中。在"沙集模式"的调研中,我们见证了东风村七十多岁的周维山老人用一个手指戳键盘的"一指禅",同样能开网店,能做生意,能创造价值。根据阿里巴巴数据,注册地在农村地区的卖家有77万家,带动直接就业上百万人。遂昌县从事农村电子商务产业的人员超过6000人[①],网商1500多家,拥有110多家网货供货商。四川省仁寿县拥有电子商务特产店313家,个人网店7.6万家。

二、县域电子商务促进扶贫

"沙集模式""沭阳经验"等全国各地的实践都表明,县域电子商务有助于改善"三农"问题,有助于转变农村经济发展方式,有助于发展地方经济和推动城镇化进程,有助于促进我国"包容性增长",尤其是是有助于帮助农村贫困户减贫致富。习近平主席在"2015减贫与发展高层论坛"上阐述精准扶贫的基本方略,发出了携手消除贫困,实现共同发展的倡议。目前我国还有832个国家级贫困县,12.8万个贫困村,7017万贫困人口,如果按照2020年全面实现贫困人口脱贫的目标,任务重、时间紧,必须创新扶贫思路。而电子商务恰恰有助于实现"精准扶贫",成为贫困户脱贫致富的新抓手。

电子商务赋能,让小农民对接全国大市场。中国社科院信息化研究中心汪向东主任认为[①],农村电子商务精准扶贫的机制在于赋能。贫困地区通常地处偏远、信息不畅,优质农产品也难以畅销并卖出高价。电子商务能够让偏僻的小山村直接对接广域的大市场,扩大了销售范围、缩短了销售渠道,改变了销售方式和销售理念。这些变化有助于大幅度降低营销成本,提升农产品销售数量、稳定需求和价格,解决当地小市场的卖难问题。不仅如此,电子商务的低门槛还有助于农民创新创业,在"买全国"、"卖全国"上大做文章,带动更多的贫困户就业。电子商务扶贫还有助于实现精准扶贫。应用大数据,可以准确甄别贫困人群;分析电商平台数据,可以跟踪和判断扶贫效果。目前,贵州省铜仁市和黑龙江省明水县正在试点大数据平台,支撑电子商务精准扶贫。

电子商务赋能,不仅赋予了贫困户对接全国大市场的能力,还有助于借助政府和社会力量改善贫困地区的基础设施条件,推动本地特色产业整体转型升级,建立市场化的配套服务体系,改变人们传统的观念和思维。

平台企业是电子商务扶贫的主力军。阿里巴巴的数据显示,2014年832个国家级贫

---

①来源:《2014年遂昌电子商务发展报告》,http://www.tui18.com/a/201510/0897642.shtml。

②来源:汪向东,《电商扶贫:是什么,为什么,怎么看,怎么办?》,新浪微博,2014年10月13日。

困县在阿里零售平台上，共有卖家 29.27 万人，完成销售 119.30 亿元[1]，同比增长 57.01%。其中，农产品销售达到 11.80 亿元。苏宁推出的"双百示范工程"，声称未来三年在 100 个贫困县建设 100 家苏宁易购直营店或服务站，在苏宁易购上线 100 家"地方特色馆"。京东在电商扶贫中，采用直接采购模式，帮助贫困线销售当地土特产品。京东还在贫困县建立京东帮服务店 234 家。

政府、平台、市场、公益组织等多方主体合作发力，电子商务精准扶贫在甘肃陇南、江西赣州、四川、吉林和贵州铜仁等地率先实践，取得了可喜的成果，探索出一些宝贵的经验。

甘肃省陇南市地处偏远山区，资源匮乏，贫困发生率 53.21%[2]，居全省第一。2013 年底，陇南市委提出电子商务扶贫的思路，着力解决特色农产品卖难的问题。政府出台系列扶持政策，强化配套支撑，完善基础设施建设，鼓励大学生村官、农村返乡青年开办网店。截至 2015 年 9 月底，陇南市开展电子商务人才培训 41714 人次，网店总数达到 6988 家，实现农产品等网络销售总额 11.62 亿元，带动就业 9844 人。陇南市农民人均纯收入由 2011 年的 2621 元增加到 2014 年的 4023.7 元，贫困人口由 2011 年的 130.46 万人，下降到 2014 年的 63.94 万人。仅仅光是通过开展电商扶贫，贫困人口纯收入人均增加 240 元以上。2015 年 1 月，国务院扶贫办将陇南市列为全国首个电商扶贫试点市。2015 年 10 月，甘肃省陇南市扶贫办获得中国消除贫困奖创新奖。

江苏省睢宁县是苏北贫困县，沙集镇东风村是远近闻名的破烂村，靠回收废旧塑料为主营业务。2006 年起，沙集镇东风村在 3 个青年的带动下，从无到有、自发式兴起了一个家具网销产业，拥有 2000 多家网店，并且形成了包括板材供应、家具加工、IT、物流、包装等在内的完整的家具产业链。沙集网销业在 2014 年实现销售额 26 亿元，其中年销售额超百万元的 325 家，有些企业雇工人多达五六十名。

电子商务不仅促进农民创新创业，还有助于带动更多的贫困户就业，提高收入。刘鹏飞在义乌创业，一跃成为网销孔明灯大王，2011 年曾获得阿里巴巴"年度全球十佳网商"称号。他将生产基地选在了自己的家乡，国家重点扶持的贫困县江西省宁都县。他雇佣了上千农民帮助生产加工，采取计件工资制度，农民在不影响农活的情况下，通过劳动就能增加收入。

---

①来源：阿里研究院，《电商消贫报告 2015——电商赋能，弱鸟高飞》，2015 年。

②杨丽君：《陇南市：精准发力，补齐贫困这块"最短板"》，《陇南日报》，2015 年 5 月 19 日。

电子商务还有助于带动产业链种养殖环节的农民提高收入。新疆喀什市贫困面积大，全市下属的 12 个县市中，有国家扶贫开发工作重点县 8 个。2012 年，四位援疆青年和一名维族青年在喀什创业，利用网店帮助农户把地方土特产品销往全国各地。他们组织农户成立了维吉达尼农民专业合作社，组织农技培训，提高产品品质；他们与农户签署收购合同，并且收购价远远高出市场价。合作社覆盖当地 2000 多个农户，去年销售额达到 1 千万元。

三、电商扶贫避免三种错误思维

电子商务扶贫是在"互联网＋"背景下的扶贫方式的创新性探索。虽然有些成功经验，但是电子商务扶贫还刚刚起步，没有现成的模式可以照搬，各地需要根据实际情况，探索本地特色与电子商务相结合的扶贫方式，以扶贫效果为导向，在探索中提高。电子商务扶贫首先要摒弃三种错误思维。

一是电子商务万能论，以为贫苦户上了网，对接了全国大市场，就能脱贫致富。事实上并非如此，电子商务虽然进入门槛低，但是网店之间竞争激烈，运营具有专业性和复杂性的特点，价值链条长，包括组织货源、网店装修和运营、客户沟通和服务、包装和快递、广告和推广等等。任何一个环节出现问题，都可能导致效果为零。

二是把电商扶贫搞成政绩工程和面子工程。尽管有电商扶贫政策的强力支持，但是以为只要在电商平台上建设个地方馆就万事大吉，或者不切实际地照搬照抄，开个新闻发布会就大功告成。这些做法都不能达到任何扶贫效果。事实上，如果不做调研和学习，不做规划，不培育配套服务支撑体系，不建设适宜的环境，电商扶贫只能流于形式。

三是割裂政府和市场关系。电子商务过程是买卖双方的交易行为，但是电子商务扶贫又离不开政府的支持。政府和市场各方主体都应该明确各自的定位。政府做好规划、支撑、服务和监管工作，既不缺位也不越位。市场活动则由市场主体牵头，进行市场化运作。最终，各方主体各司其职，形成合作、共赢的生态。

四、电子商务扶贫要精准发力

电子商务扶贫应该以效果为导向，根据本地实际情况，踏踏实实帮助贫困户利用电子商务渠道走上致富之路，切实帮助农民提高技能，增加收入，提升生活质量和幸福感。本文提出以下政策建议：

一是做好电商扶贫的总体规划。在大量调研学习的基础上，借助各地成功经验和典型案例,根据本地的实际情况和资源禀赋,本着"务求实效"的原则,制定有针对性的电商扶贫规划,设立电商扶贫专项资金,制订电商扶贫优惠政策,加大电子商务扶贫的投入和扶持力度。

二是带动社会更多力量,重点打造市场化的配套运营服务体系,培育市场主体。包括:引入和鼓励更多的电子商务服务企业入驻;与电子商务平台企业开展形式多样的合作,开店建馆,对接全国大市场;引入物流企业,建设县、乡、村三级物流、仓储和配送体系;借助平台企业,建立村级电子商务服务点;培育社会化的电子商务培训体系。政府、平台、服务商、网商、贫苦户各自分工定位,形成完善的、可持续的、多主体共赢的社会化协作机制。

三是继续改善贫困地区的基础设施,加大对公路、电力、网络进村的建设力度。借助电商扶贫契机,投入专项资金,完善道路建设,保证贫困地区的电力供应和宽带上网,并给与贫困户相应的资费优惠。

四是重视人才培养和培训。采取走出去,请进来的原则,解决人才瓶颈。一方面引入经验丰富的电商运营人才或者机构直接加盟;另一方面,借助第三方培训机构力量,培养本地的电子商务人才。尤其把贫苦户作为重点培训对象,帮他们掌握开店知识和技巧。鼓励大学生村官和农民工返乡创业,带动贫困户共同致富。通过树立成功典型和样板,以点带面,激发贫苦户的创业和就业热情。

五是打造具有本地优势的产品资源。借助电子商务扶贫契机,在全国大市场的带动下,摸清当地的优势产品资源,包装成具有地方特色的知名品牌,在产品质量检测及溯源等方向上提升产品的竞争力,进一步做深做精农产品加工业,推动产业升级。

第二节 基础设施建设情况

一、电子商务基础设施建设持续发展

1. 全国电话用户总数持续攀升,3G 用户增长最快

2013 年,全国电话用户净增 10579 万户[①],总数达到 149609.8 万户,增长7.6%。全国固定电话用户持续大幅度减少,达到 26698.5 万户。相反,移动电话用户达到122911.3 万

---

①来源:工业和信息化部网站,《2013 年全国电信业统计公报》。

户,比上年增长11695.8万户,移动电话在电话用户总数中所占的比重继续提高,达到82.2%。2G用户加速向3G迁移,3G用户净增16880.8万户,突破4亿大关,达到40161.1万户,接近移动用户总数的三分之一。移动电话普及率达到90.8部/百人,比上年末提高8.2部/百人。

2014年,全国电话用户净增3942.6万户[①],总数达到15.36亿户,增长2.6%,比上年回落5个百分点。其中,移动电话用户净增5698万户,总数达12.86亿户,移动电话用户普及率达94.5部/百人,比上年提高3.7部/百人。全国共有10省市的移动电话普及率超过100部/百人。固定电话用户总数2.49亿户,比上年减少1755.5万户,普及率下降至18.3部/百人。

2015年,动电话用户继续攀升,但是增速放缓。全国电话用户净增121.1万户,总数达移到15.37亿户,增长0.1%,比上年回落2.5个百分点。其中,净增1964.5万户,总数达13.06亿户,移动电话用户普及率达95.5部/百人,比上年提高1部/百人。固定电话用户总数2.31亿户,比上年减少1843.4万户,普及率下降至16.9部/百人。

2. 4G移动电话用户发展迅猛,移动互联网流量继续快速增长

2013年, 基础电信企业的互联网宽带接入用户净增1905.6万户[②], 达到18890.9万户。移动互联网用户增速放缓,净增4319.8万户,达到80756.3万户。2013年,移动互联网流量达到132138.1万GB,同比增长71.3%,比上年提高31.3个百分点。月户均移动互联网接入流量达到139.4M,同比增长42%。行政村通宽带方面,全年新增通宽带行政村1.9万个,行政村通宽带比例从年初的88%提高到91%。

2014年,我国智能手机出货量达到3.89亿台[③],占整体手机出货量的86.0%。其中4G用户快速发展,发展速度超过3G用户,总数分别达到0.97亿户[④]和4.85亿户,在移动电话用户中的渗透率达到7.6%和37.7%。2G移动电话用户数继续减少,占移动电话用户的比重由上年的67.3%下降至54.7%。

2014年,在流量资费下降等利好因素推动下,移动互联网接入流量消费达20.62亿G,同比增长62.9%。月户均移动互联网接入流量达到205M,同比增长47.1%。

---

①②来源:工业和信息化部网站,《2014年全国电信业统计公报》。
③来源:中国信息通信研究院,《2014年国内手机市场研究报告》。
④来源:工业和信息化部网站,《2014年全国电信业统计公报》。

2014 年,固定数据及互联网业务收入完成 1524.7 亿元,移动数据及互联网业务收入完成 2707.2 亿元,同比增长 41.8%,对电信收入增长的贡献率突破 100%,占电信业务收入的比重从上年的 17% 提高至 23.5%。

2015 年,移动通信业务实现收入 8307.6 亿元,按可比口径测算与去年持平。移动通信业务收入占电信业务收入的比重达 74.5%,比上年下滑 0.7 个百分点。其中,话音业务收入在移动通信业务收入占比达到 37.97%,比上年下降 12.7 个百分点。2015 年,移动互联网接入流量消费达 41.87 亿 G,同比增长 103%,比上年提高 40.1 个百分点。月户均移动互联网接入流量达到 389.3M,同比增长 89.9%。手机上网流量达到 37.59 亿 G,同比增长 109.9%,在移动互联网总流量中的比重达到 89.8%。固定互联网使用量同期保持较快增长,固定宽带接入时长达 50.03 万亿分钟,同比增长 20.7%。

二、网民数量仍保持高速增长

1. 网民规模持续增长,增速放缓

2013 年,网民规模继续稳步增长,全国网民数净增 0.54 亿人[1],达到 6.18 亿人。互联网普及率攀升至达到 45.8%,高于 40% 的国际平均水平和 32% 的发展中国家水平,但是相对于的国际领先水平差距甚远,低于发达国家 78% 的平均水平。我国网民增长仍有较大空间。

网民对互联网的粘性增强。根据 CNNIC 统计,2013 年中国网民人均每周上网时长达到达 25.0 小时,相比上年增加了 4.5 个小时。网络购物用户净增 0.60 亿户,总规模达到 3.02 亿户。调查显示[2],中国用户网购意愿更强,将可支配收入的 31% 用于网购,远高于 22% 的全球平均水平。

截至 2014 年年底,我国网民规模达 6.49 亿[3],全年新增网民 0.31 亿人。互联网普及率为 47.9%,较 2013 年底提升了 2.1 个百分点。从全球来看,我国互联网渗透率高于 40%[4]的全球平均水平,但是低于发达国家的饱和水平,仍有发展空间。

---

①来源:CNNIC,《2013 年互联网发展报告》,2014 年 1 月。

②来源:199it 网,《全球用户网络购物态度调查报告》,2013 年 11 月 22 日。

③来源:CNNIC,《2014 年互联网发展报告》,2015 年 1 月。

④来源:联合国国际电信联盟(ITU)。

网民上网时长持续增加,互联网黏性不断增强。互联网应用的广度和深度继续提升,推动网民互联网依赖度加强。2014年,中国网民的人均周上网时长达26.1小时[①],较2013年底增加了1.1个小时。

截至2015年12月,我国网民人数继续增长,达到6.88亿,全年共计新增网民3951万人。互联网普及率首次超过总人口的一般,达到50.3%,较2014年底提升了2.4个百分点。2015年,中国网民的人均周上网时长为26.2小时,比2014年略有增长。

2. 移动互联网应用全面爆发

智能手机的普及、资费的下降以及服务的日益丰富,都推动移动互联网应用全面爆发。CNNIC报告显示,网民中使用手机上网的人群规模达到5亿人,比例由2012年底的74.5%提升至2013年12月底的81.0%,稳居上网第一大终端宝座。用户使用手机浏览器的频率显著提高,75.6%用户每天都使用,其中63.3%用户每天使用多次。一半以上的手机浏览器用户,平均每次使用手机浏览器时长10~60分钟。在各种应用中,手机端在线收看或下载视频的用户数为2.47亿,增长率高达83.8%,手机网络游戏用户数为2.15亿,较2012年底增长了7594万,年增长率达到54.5%。微信的活跃用户数达到4亿,嘀嘀打车注册用户数超1亿,每日500万次预订量。

2014年,手机上网人数继续增长,移动互联网应用全面爆发。截至2014年12月,我国手机网民规模达5.57亿,较2013年增加0.57亿人。网民中使用手机上网的人群占比由2013年的81.0%提升至85.8%。手机即时通信使用率为91.2%,较2013年底提升了5.1个百分点。手机网购、手机支付、手机银行等手机商务应用用户年增长分别为63.5%,73.2%和69.2%。

2015年,手机和电视上网渗漏率都有增长。中国网民通过台式电脑和笔记本电脑接入互联网的比例分别为67.6%和38.7%;手机仍然是第一大上网接入设备,手机上网使用率为90.1%,较2014年底提高4.3个百分点;平板电脑上网使用率为31.5%;电视上网使用率为17.9%,比上一年增加2.3个百分点。

[①]来源:CNNIC,《2014年互联网发展报告》,2015年1月。

第三节　电子商务服务市场发展情况

一、B2B

1. 中小企业电子商务稳步增长，电子商务平台服务市场结构稳定

根据艾瑞咨询数据，2013 年电子商务市场细分行业结构中，中小企业 B2B 电子商务市场营收规模达到 210.2 亿元，增长 25.8%，中小企业 B2B 电子商务占比 51.7%，规模以上 B2B 占 26.2%，B2B 电子商务合计占 77.9%。2013 年中国中小企业 B2B 电子商务运营商平台服务营收市场份额中，八家核心企业占比 62.3%。排名前三的分别为阿里巴巴、环球资源和慧聪网，份额分别为 42.3%、6.2%、4.5%。

2014，我国 B2B 电子商务市场交易额达 10 万亿元[①]，同比增长 22%。2014 年中国 B2B 电子商务服务商的营收规模约为 255 亿元，同比增长 24.4%。国内使用第三方电子商务平台的中小企业用户规模（包括同一企业在多平台注册）已经突破 2050 万家。B2B 电子商务平台服务企业达 11200 家，同比下降 6.7%，意味着市场竞争加剧，行业正在经历优胜劣汰。平台服务企业在服务、商业模式、融资等多个方面都有突破表现，传统企业积极探索与电子商务相互融合，全行业迎来了繁荣发展期。在B2B 服务商营收份额排名中，阿里巴巴以 38.9%[②]的市场份额排名居首，市场份额略有下降。

B2B 电子商务行业稳步增长。2015 年，我国 B2B 电子商务市场交易额达 13.9 万亿元[③]，同比增长 39%；B2B 电商服务商营收规模为 220 亿元，同比下降 13.7%。在B2B 服务商营收份额排名中，阿里巴巴以 42% 的市场份额排名居首，比上年提高 3.1 个百分点。B2B 总交易规模的扩大和 B2B 服务市场的萎缩，说明以传统大型企业为龙头的平台和专业市场平台正在崛起。

---

①数据来源：中国电子商务研究中心。
②数据来源：中国电子商务研究中心。
③数据来源：中国电子商务研究中心。

2. 平台服务商在创新中需求发展,盈利模式多样化

为了满足中小企业多样化需求,B2B电子商务运营商突破原有会员制服务模式,积极探索创新。当前,B2B电子商务运营商的主要盈利模式包括会员制、按服务收费、按交易收费等三种形式。如环球塑化网推出"按满意度付费"服务模式,让客户根据需求,自主选择服务项目。

2014年,平台服务商在重视提升信息服务质量的同时,注重培养用户在线交易习惯,尝试真正满足用户增加订单、促进交易、提升效率的需求,如阿里巴巴国际站正式从信息平台转型为交易平台。此外,平台服务企业探索出多种多样的创新途径:其一,创新服务模式,积极拓展细分市场。上海钢联推出的钢材超市的寄售模式,全年营收快速增长,在B2B营收市场份额达到18.5%,较去年上升7.9%。其二,是服务细分化,为用户提供有针对性的专业化服务,如旅游业的旅游圈,家装行业的土巴兔网,食品添加剂行业的包谷网、电子行业的"华强电子网"等。其三,拓展价值链长度,如物流方面,生意宝成立"网盛运泽物流"公司、慧聪网上线物流平台等;金融领域,慧聪与神州数码合资成立小贷公司,阿里正式成立蚂蚁金融服务集团。其四,巨大的市场空间和政策利好推动平台服务商布局跨境电商,阿里收购一达通全部股权;另外,中国和欧盟之间首个跨境B2B电子商务平台"鑫网易商"上线。

3. 完善平台功能,深化服务

B2B电子商务运营商针对用户的需求,不断打造平台功能,提高服务能力。阿里巴巴在外贸领域收购一达通,在内贸领域主打1688。1688提供在线批发交易服务,成为淘宝店主获得货源的重要渠道。在9月份的备货节,1688的单日交易规模就超过41亿[1]。敦煌网推出"全程外贸开放平台"战略,逐步向交易型平台转型。慧聪网推出自有在线支付工具"慧付宝",完善价值链。金银岛、生意宝纷纷上线融资担保业务,满足中小企业的资金需求。

2015年起,"互联网+"行动计划推动B2B市场新进入者大量增加,使得市场竞争更加激烈,平台企业不得不加快创新步伐,并且由原先的粗放型服务转向精细化服务。

为了应对知识产权投诉和山寨产品,改善交易的诚信环境,阿里巴巴采取一系列应对措施。①阿里巴巴采取扶持自主品牌策略,在网上开设"中国质造"栏目,鼓励企业提供优质产品,弘扬自主品牌。②阿里巴巴引入第三方认证机构提供服务,确保不存在空壳公

---

[1]来源:中国电子商务研究中心,《阿里巴巴:从信息平台到在线交易转型》,2013年09月29日。

司及假货。③阿里巴巴启动"千城万企"计划,计划在三年内,在一千个城市,培育100万家电商企业,帮助中小企业实现转型。④阿里巴巴还推出实力产业群项目,与地方政府合作,为地方特色产业群搭建从招商、运营、数据、渠道的全过程服务,帮助中小企业将产品销往全球。

敦煌网也下足功夫,提高服务能力。首先,敦煌网为产品提供翻译页面,提高买家体验,促进商品转化率。其次,为了提高商品的可信度,敦煌网将对平台上的商品设置条形码,通过扫描条形码,了解商品的产地和质量信息。最后,敦煌网提供海外仓服务,帮助中小卖家就近发货,节省物流时间和费用。

其他一些电子商务平台也纷纷整合资源,提高服务水平。慧聪网推出生意宝,商业信息经过人工筛选后,为用户提供有效询盘,提高用户体验和买卖交易成功率。速卖通启动商品质量违规积分制,用以规范商家正确发布商品信息,避免不实信息误导买家。小笨鸟与俄罗斯最大采购电子商务平台合作,互通信息,促进中小企业获得俄罗斯订单机会。

4. 整合资源,打通产业链

2013年是B2B电子商务运营商休养生息的一年,也是整合资源,向服务全方位转型的一年。因为企业用户日常活动不仅仅涉及交易,还包括企业运营的其他诸多环节,因此B2B电子商务运营商服务转型的关键点就是整合资源,打通产业链。生意宝投资1亿元人民币建设了B2B支付平台"生意通",还启用SinoPay.com全球顶级域名。慧聪网投资3.34亿元,建设顺德"慧聪中国家电电子商务产业园——中国·慧聪家电城",打造广东家电国际采购中心。环球资源网与深圳国际机械制造工业展览会达成协议,收购旗下深圳国际机械自动化展览等几个展览展示公司,扩大传统展览展示渠道和客户资源。

2015年,虽然电子商务向垂直领域发展成为趋势,但是商务平台企业并没有放缓向产业链上下游扩张的步伐。以阿里巴巴为例,2015年其动作频频,用以完善阿里巴巴生态布局。阿里巴巴向阿里云投资60亿元,用于业务拓展和技术研发;投资45亿元收购优酷股份,布局数字娱乐产业;开放钉钉服务平台,提供基于统一通讯和工作商务关系的基础服务,打造基于移动互联网的B2B服务平台。此外,环球资源网整合线上资源和传统展会服务,针对优质产品提供个性化的推荐服务。饿了么推出有菜电子商务平台,为餐厅提供新鲜蔬菜和食材的配送服务。

5. 多元化布局,构建商业生态

在电子商务向垂直领域发展,提供精细化服务的同时,电子商务平台企业也向产业链上下游扩张,以此增强竞争能力。以阿里巴巴为例,2015 年其动作频频,用以完善阿里巴巴生态布局。阿里巴巴向阿里云投资 60 亿元,用于业务拓展和技术研发;投资 45 亿元收购优酷股份,布局数字娱乐产业;开放钉钉服务平台,提供基于统一通讯和工作商务关系的基础服务,打造基于移动互联网的 B2B 服务平台。此外,环球资源网整合线上资源和传统展会服务,针对优质产品提供个性化的推荐服务。饿了么推出有菜电子商务平台,为餐厅提供新鲜蔬菜和食材的配送服务。

6. 电子商务领域继续向传统产业渗透

电子商务不断冲击传统产业的同时,传统产业也继续向电子商务领域的渗透。上海钢联电子商务股份有限公司与淮北矿业股份有限公司签订协议,将在上海共建煤炭产品的大宗电子商务交易平台。宝钢集团联合上海宝山区政府所属公司共同打造的钢铁现货交易电子商务平台——“上海钢铁交易中心”。

2014 年,传统企业继续积极探索转型路径,加快与电子商务的深入融合。万达集团、腾讯、百度达成战略合作,宣布共同出资成立万达电子商务公司,开通万达所有广场、酒店、度假地的电商服务,实现对万达消费终端的全面覆盖。五矿集团推出以钢铁产品为突破口的大宗商品电子商务服务平台鑫益联。传统服装企业百圆裤业收购收购跨境出口零售电商深圳环球易购,通过资源整合,打造上市公司线上线下资源联动和内销跨境协同的服装立体零售生态圈。

7. 专业化 B2B 平台崛起,垂直电商时代来临

专业化的行业平台更有利于促成交易,优势更加明显:其分类更加细致合理,标准设计更加科学,服务更加精细化,搜索和交易的效率更高。2015 年,也是资本布局垂直电商的一年。以二手车平台市场为例,车易拍获得 1.1 美元,优信获得 1.7 亿美元,大搜车获得 1.7 亿美元投资。农资 B2B 平台也是重点投资标的,链农获得 3800 万美元的投资,云农场获得 1.6 亿的投资。

一批专业化服务平台上线,专业市场进入成长期。如提供知识产权服务的“超凡网”,对接山农蔬菜基地和北京餐馆的锦绣生鲜平台,提供在线备课服务的高思教育平台,提供电站建设过程中的交易和电量交易的瓦特网,提供农资电子商务服务的“农商 1 号”。

8. 大宗商品电子商务平台受到市场认可

随着工业 4.0 战略和"互联网+"计划的推进,制造业和互联网加快融合。一批大宗商品交易平台涌现并受到资本青睐,找钢网获得 1 亿美元融资,快塑网获得 3 亿元人民币,找塑料网获得 5600 万美元投资。此外,一系列"找"字开头的大宗商品交易平台上线运营,如找耐火材料网、找涂料网、找货网等等。

传统企业巨头纷纷进军大宗商品电子商务市场,钢铁行业的很多大型企业基本都涉足电子商务平台建设,如五矿的电商平台鑫益联、物产中拓的中拓电商和华菱钢铁的华菱电商平台等。电子商务平台企业也陆续抢占大宗商品电子商务市场,阿里巴巴与五矿合作,组建合资公司,共建在线交易平台,并在物流、金融等领域进行合作;慧聪网也入股上海钢联电子商务公司,开拓钢铁市场。

9. 打造信用服务体系

B2B 交易涉及大量资金,安全和信用保障显得尤为重要。建立信用体系成为B2B 电子商务运营商的重要工作之一。1688 在转型之初,着重建立信用体系,一方面与第三方中介机构合作,推行实名认证;另一方面推出类似淘宝的用户评价体系,建立用户口碑打分机制。

二、网络购物市场

1. 网络购物市场保持高速增长

2013 年网络购物继续保持高速增长,全年网络零售交易额超过 1.85 万亿,相当于社会消费品零售总额的 7.8%,增速 42.3%,网络购物用户规模达到 3.02 亿人。其中,在"双十一"网购狂欢节,支付宝交易额突破 350 亿,创造单日成交新高;京东商城当日交易额超过 100 亿元,订单量为 680 万单。网络购物的火爆引起了社会的广泛关注,李克强总理在经济形势座谈会上说,新经济在中国"创造了一个消费时点"。

2014 年,中国网络零售市场交易规模达 2.82 万亿元[①],同比增长 49.7%。中国网络零售市场交易规模占到社会消费品零售总额的 10.6%, 同比增长 32.5%。在 B2C 市场份额排名中,天猫总成交额为 7630 亿元,市场占有率 59.3%,排名第一。京东和苏宁市场占有率分别为 20.2%3.1%,位列第二和第三名。在"双十一"促销中,天猫交易额突破571 亿元,同比增长近 60%,其中移动交易额达到 243 亿元,物流订单 2.78 亿个,覆盖了217 个国家和地区。

---

①来源:中国电子商务研究中心,《2014 年度中国网络零售市场数据监测报告》。

2015 年全国网络零售交易额达到 3.88 万亿元①,同比增长 33.3%,相当于社会消费品零售总额的 12.9%,比上一年提高 2.3 个百分点。网购商品排名前五类的商品分别是服装鞋帽(79.7%)、日用百货(63.2%)、书籍音像制品(51.0%)、电脑/通讯数码产品及配件(44.8%)、家用电器(39.1%)。2015 年,中国网络零售市场的集中度进一步提高。天猫和淘宝的市场份额处于绝对领先地位。在 B2C 领域,天猫占据了 65.2%的市场份额,京东市场份额为 23.2%,苏宁易购占 5.3%,三者市场份额总数达到 93.7%,增长了 5 个百分点。

2. 消费升级推动 B2C 模式复苏

在网络购物市场中,B2C 表现得更加突出。2013 年,B2C 交易规模达 6500 亿元②,在整体网络购物市场交易规模的比重达到 35.1%,较上一年增长五点五个百分点。从增速来看,B2C 增长也更加迅猛,2013 年 B2C 市场增长 68.4%, 远高于 C2C 市场30.9%的增速。更值得一提的是,京东当年实现了 6000 万美元的盈利。2015 年,B2C 模式交易规模增长相对较快,同比增长 53.7%,年交易额为 2.02 万亿元,占比达到 52.06%,显示出人们消费需求从价廉向质优转变。

3. 网络购物人群规模进一步扩大,手机网购人群快速增长

截至 2014 年 12 月,我国网络购物用户规模达到 3.61 亿,增长 19.7%;网络购物用户在网民中的渗透率为 55.7%,比上年提高 7 个百分点。网民已基本养成网络购物习惯,不论在 PC 端还是在移动端,约八成用户平均每月至少网购 1 次③。移动端网购频次逐步上升,每周购买一次的占比 21.9%。从网购商品偏好看,网购用户购买率比较高的商品类别主要是服装、鞋帽、箱包、户外用品,合计占比 67.9%;其次是手机话费充值,占比67.2%。

2015 年,网络购物渗透率进一步提升。我国网络购物用户规模达到 4.13 亿④,增长率为 14.3%,高于 6.1%的网民增速。网络购物市场的交易活跃度增强,全年交易总次数 256 亿次,年度人均交易次数 62 次,每周至少网购一次。与此同时,我国手机网络购物用户规模迅速增长,达到 3.40 亿,增长率为 43.9%,手机购物市场用户规模增速是整体网络购物市场的 3.1 倍。

---

①来源:商务部网站。
②来源:艾瑞咨询,《2013 年中国网络购物交易额达 1.85 万亿元,增速渐趋平稳》,2014 年 1 月。
③来源:艾瑞咨询。
④来源:《2015 年中国网络购物市场研究报告》。

4. 价格战仍然是竞争主要手段

传统零售行业的转型和垂直平台的多元化发展,都加剧网购平台的竞争。价格战依然是吸引眼球,获得市场份额的最有效手段。2013 年,电商市场的价格战持续升温。京东商城推出的"618"大促,同样吸引天猫、苏宁易购、凡客等网站参战。在化妆品行业,乐蜂网举行"桃花节促销",聚美优品马上宣布将周年店庆提前举行。

5. 积极整合产业链资源,加快布局

电商企业通过并购的形式快速完善价值链,强化自身在整个电商生态中的话语权。京东收购网银在线布局网络支付;阿里入股新浪微博控制移动入口,阿里还联合海尔组建菜鸟物流。苏宁更是动作频繁,首先是发布"店商--电商--零售服务商"的"云商"模式,随后推进线上线下同价战略,继而战略投资 PPTV,并举办首届 O2O 购物节,在硅谷成立研究院。京东和苏宁同时推出开放平台,解决自营商品毛利率低的困境。

此外,电子商务服务平台还通过强强合作提升竞争力。随着传统企业的加入,网络零售市场竞争升温。团购市场竞争尤其残酷,全年有 5376 家团购网站关闭。网络零售企业为了获得竞争优势,不得不断通过并购、合作等形式快速完善价值链,增强实力。2014 年,网络零售领域合作事件频繁发生,如京东联姻腾讯,苏宁与七匹狼合作服装网销,阿里联手中国邮政共建电商物流,腾讯联姻 58 同城,唯品会收购乐蜂网,阿里投资银泰百货等。

电商企业还通过拓展产业链条,开拓国际市场,提升服务能力。2014 年,顺丰在全国布局几千家嘿客实体店,唯品会开启全球特卖,苏宁云商上线海外购。京东还跨界拓展 B2B 业务,推出"智采""慧采""云采"三个企业级电商化采购平台,分别针对不同企业规模和类型,提供在线采购和增值服务。

2015 年,网络零售平台企业更是纷纷通过投资并购的方式,构建产业生态,提升竞争力。首先是与传统商业零售企业的合作,形成线上和线下的互动优势,如京东 43 亿入股永辉超市,如阿里巴巴投资苏宁。其次是与社交、生活类平台的合作,打通用户入口,提供一站式服务,如阿里巴巴 45 亿美元现金收购优酷土豆,12.5 亿美元入股饿了么;再如京东与腾讯联手,基于腾讯的社交网络,利用大数据为京东供应商提供精准营销服务。

6. 移动购物前景可期

手机更能满足消费者随时随地购物的需求,移动购物成为未来发展方向。调查显示[①],采用电脑(笔记本)购物的比例为69%,应用智能手机购物比例为53%,采用平板电脑购物的比例为30%。并且,移动购物前景看好,48%[②]的消费者将在未来的12个月里使用移动设备网购。在支付方式上,55%的中国网民曾使用移动支付, 远高于19%的美国水平。

移动购物快速增长,2013年中国移动网购渗透率为9.1%,同比去年增长四个百分点。根据艾瑞统计数据,在移动网购市场份额中,手机淘宝占比76.1%,京东占比5.2%。"双十一"当天,手机淘宝的单日使用次数为1.27亿次,成交金额达到53.5亿元,比去年同日增长了457.3%;同日,在京东680万份订单中,移动端订单量占比15%,是去年的6.4倍。

移动购物成为运营商争夺的主战场。微信在推出的5.0版本中,增加了支付功能,并与易迅网联通,实现微信下单、支付。网易旗下的"易信"和阿里巴巴旗下的"来往"都以"免费流量"吸引用户,抢夺移动购物用户。

7. 微商务兴起,社交网络促进互动营销服务

移动应用的快速增长,推动微商务兴起。微商务是基于微信、微博等用户关系而进行信息分享、传播以及获取的电子商务活动。截止到2015年8月,微博平台的活跃B2C电商账号达有1368个[③],其中标记了专属名片卡的认证卖家占9%。从卖家的经营范围来看,综合电商占到13.86%,垂直电商占到86.14%,服装配饰、时尚生活、食品饮料类的卖家数量分列前三甲。在苏宁推出的周年庆微博营销活动中, 同时在线竞买人数高达80万,活动首日订单量达220万元。

互动媒体的繁荣,推动网络购物服务手段更加丰富,服务内容更加贴近消费者,沟通消费需求并最终转化为消费行为。天猫通过不断调整服务功能,帮助商户在天猫建立品牌站,通过新增品牌互动、导购、消费者大数据分析、用户关系管理及维护等六大新功能,帮助网店与消费者实现多样互动,增加销售能力。为了打通社交营销和口碑传播渠道,外贸电子商务平台兰亭集市收购美国社交电商网站 Ador 公司。

---

①来源:天下网商,《电商行业的四大新趋势》,2014年5月8日。
②来源:199it,《全球用户网络购物态度调查报告》,2013年11月22日。
③来源:新浪微博数据中心,《2014年8月电商网站微博发展报告》,2014年9月。

8. 网购领域迎来投融资高潮

2014年,网购领域的投融资也达到空前规模。京东、大众点评、聚美优品相继实现IPO。其他网购平台同样受到资本关注,挂号网获1亿美元融资、酒仙网融资4.25亿元、窝窝团融资5000万美元、中粮我买网融资1亿美元、赶集网获2亿美元融资。

9. 继续布局农村电子商务,抢占农村市场

电子商务平台继续布局农村电子商务市场,开发农民消费潜力。截至2015年年底,农村淘宝已经覆盖全国20多个省份,村级服务站点超过1万个。苏宁易购计划在5年内建立10000家农村服务站。截至2016年4月,京东已经开设约1400家县级服务中心,拥有约20万名乡村推广员。

10. 拓展生鲜和跨境市场,完善支撑服务体系

电子商务平台企业继续探索生鲜电子商务市场。"京东到家"项目上线,主打生鲜产品O2O服务。天猫生鲜超市将工作重点放在货源和冷链的关键环节,首先,天猫引进国外优质生鲜产品,包括全球70各国家的,10万个生鲜产品;其次,天猫向种植企业推进农产品标准化制度,提高产品品质;最后,天猫与第三方物流企业合作,整合冷链能力,提高配送效率。

平台企业也加紧布局跨境电商市场。京东推出"全球购"平台,开设了法国馆、韩国馆、日本馆、澳洲馆;在出口业务方面,上线了"全球售"业务,首站已进入俄罗斯。天猫国际2015年交易额年增长179%,天猫国际共引进了全球53个国家和地区的5400个海外品牌,仅在双11狂欢节当天,有3000万消费者购买了国际品牌。此外,洋码头、考拉、蜜芽等专业性跨境电子商务平台也加大了宣传和推广力度。

【拓展阅读】网商转型的路径分析

一、网商发展进入2.0时代

近年,我国网上零售市场高速增长。伴随着阿里巴巴的上市,我国电子商务的迅猛发展态势再次引起了海内外的关注。2013年,网络零售交易规模达到1.85万亿元,同比增长42.3%,远高于社会消费品零售总额13.1%的增速。另据CNNIC数据,截至2014年6月,我国网络购物用户规模达到3.32亿,网络购物的网民占比已经超过半数,并且仍在快速增长。

另一方面,网商竞争激烈和成本高居不下,导致网商生存空间变窄。一方面,网络开店的低门槛驱动网商数量爆发式增长,加剧了竞争压力。根据阿里巴巴集团招股书数据,截至2013年年底,淘宝上共有800万活跃商家,共发布了7.96亿件商品,涵盖100个不同的产品类目。再加上传统零售业的互联网转型,网络零售业竞争压力越来越大。如何在互联网产品的汪洋大海中,让目标用户找到自己的商品,已经变得越来越难。另一方面,网店经营成本高涨,不仅网店推广成本水涨船高,人员成本也与日俱增。在竞争和成本双重压力的作用下,网店利润越来越低,有些网店不得不关店停业。去年,网商之中还流传着"二八法则",即20%的网商盈利,80%网商不盈利;今年已经被传为"一九法则"了。

在网络零售刚起步的几年,商品只要物美价廉,就会有不错的销量,可谓是网络零售1.0时代。然而,市场环境已经发生巨变,网络零售进入2.0时代。新阶段,竞争规则也随之改变,传统网商必须寻找突围路径,顺利跨入网络零售新时代。

二、网商转型的路径分析

网商转型的路径呈现多样化趋势,可以初步归纳为六种模式:商业模式转型、产品转型、渠道转型、营销方式转型、市场转型和价值链转型。

1. 商业模式转型

商业模式转型的第一种方式是做电子商务外包服务商。有些网商在积累了一定的网店销售经验后,会与传统企业建立外包合作,作为传统企业的一个网络渠道,代理或者代销商品。网商和传统企业的合作方式也灵活多样,有的买断子品牌,有的只做产品的一个网络代理商。电子商务外包模式能带来双赢,一方面经验丰富的网商帮助传统企业低成本触网,另一方解决了网商的商品供货渠道难题。

商业模式转型的第二种方式是线上线下互动,多产业捆绑。一些地方具有传统产业优势资源,利用这些传统产业优势,带动当地产品的网络销售。浙江遂昌县旅游资源丰富,拥有南尖岩等多个国家4A级风景区。利用旅游项目,遂昌县网商协会吸引了大批外地游客进入电商体验店参观、品尝、选购当地的土特产品。当游客需要再次购买时,就可以进入淘宝遂昌馆网购。通过旅游项目,遂昌成功的推进了当地竹炭、菊米、土猪肉等产品的网上销售。

2. 产品转型

产品转型是大多数网商转型采用的主要模式之一。产品转型主要包括四种方式。

第一种方式多元化发展。在原有网货的基础上，增加产品大类和品牌，以推动销量和流量。以沙集模式为例，沙集网商起家于板式拼装家具，但是，当同质化竞争异常激烈时，一些网商开始另辟蹊径，进军铁艺家具、实木家具。至今，有的沙集网商已经在拓展装饰品、内衣等其他产品大类。

第二种方式是自创品牌。代理模式的弊端是利润低，用户忠诚度低。网店自创品牌，有助于提升产品的质量和品质；也有助于增加产品的价值和利润空间；借助口碑传播，不仅有助于维护老用户，还有助于吸引新用户，打造精品服务。网络品牌也可以差异化定位，既可以做大做强，也可以实施"小而美"战略。2013年，"淘品牌"韩都衣舍、茵曼、裂帛的销量均超过10亿元[1]；而另外一些淘品牌销量虽然不高，但是定位于细分市场，也拥有一批忠诚客户。

第三种方式是定位于细分市场的蓝海。与多元化不同，一些网商为躲避激烈的竞争，寻找还没有开垦的市场空间，从而获得先发优势。这类例子比比皆是，如针对升学难，淘宝上出现了专门从事小升初简历制作、修改服务的网商。这些满足特定用户需求的商品或服务，正在逐步成为市场的新宠。

第四种方式是个性化定制。现代年青人的特点是更加关注自我，喜欢张扬。因此，年青人对个性化的产品和服务需求越来越强烈，个性化定制逐步成为未来的发展方向。电子商务多样化、个性化、一对一的服务特征恰巧满足了这种需求。在电子商务领域，个性化家具定制、个性化服饰品已经形成潮流。以尚品宅配为例，它是一家利用数码化定制概念的家具公司，2012年被阿里巴巴评为"全球十大网商"。

3. 渠道转型

第一种渠道转型是跨平台战略。越来越多的网商，选择跨平台开店战略。京东、苏宁易购、1号店等综合平台的崛起，为网商提供了更多的选择。而且这些平台差异化定位，为网商提供更多的市场机会。一些经营能力强的网店选择入驻更多的电子商务平台，甚至还有一些网商自己建设独立域名的网站，显示网店的实力。

第二种渠道转型是多终端战略。除了互联网，其他媒体也各具特色：移动互联网的爆发增长，电视用户的高粘性，实体店O2O模式的超强体验功效，呼叫中心的高效性都成

---

① 来源：安福资讯，《淘品牌阵营收缩"新三大"疾速扩张》，2014年8月30日。

为网店主营销的主战场。义乌网商王文辉因为与七星购物合作拓展电视直销渠道,产品销量短时间翻倍增长,成功突破了销售瓶颈。

4. 营销方式转型

营销方式上,网商也不仅仅局限于电子商务平台推广,而是采用更加灵活和丰富多样的促销手段。如免费送体验装、随包裹赠送礼品,利用微信、微博等新社交媒体开展推广活动等等。浏览淘宝,很多网店还在商品介绍页面嵌入视频介绍。产品的视频介绍更加形象、生动、立体、可信度更高,对于需要安装或者使用复杂度高的产品,视频介绍无疑不可或缺。

5. 市场空间转型

避免同质化恶性竞争的另一条出路就是拓展新的市场空间,而跨境电商无疑是新亮点。2013年9月,商务部等八部委联合推出《关于实施支持跨境电子商务零售出口有关政策的意见》,这是商务部第一次正式对跨境电子商务进行明确的政策支持。这一政策的出台,对于发展跨境电子商务、拓展外贸营销网络、转变外贸发展方式具有重要而深远的意义。

随着政策环境的趋暖,跨境电商起步。目前,我国从事跨境电商的公司约20万家[1]。从交易额来看,进口和出口电商规模发展不均衡,2013年中国跨境在线零售进出口总规模接近五百亿美元, 大约占中国外贸进出口总额的1.5%左右；跨境在线零售进口达351.9亿美元,是出口电商三倍还要多。未来,随着跨境电商环境的继续优化,跨境电商服务模式的创新,必将迎来跨境电商的快速发展。

6. 价值链转型

拓展价值链。在价值链上,大部分网商只定位于代理或者代销品牌产品。在规模做大以后,有些网店为了降低产品采购成本,自己建设工厂,直接参与生产环节。一方面独立建厂可以降低商品成本,另一方面也可以有助于保证产品品质和供货时间。

组织化或抱团发展。网商不管在开店之初,还是在经营过程中,都会遇到严峻的竞争压力或者各种挑战,进入瓶颈期,由此产生各种各样的需求。而突破网店经营瓶颈最可行办法之一就是抱团取暖。抱团发展的主要有四种形式:网商协会[2]、网商联盟或网商俱乐部、电子商务产业园、网商朋友圈。

---

[1] 来源:义乌凤林(新浪微博),《2013年中国跨境电商十件大事》。
[2] 叶秀敏:《从复杂性理论看网商系统的层次性趋势》,《商业时代》,2013年10月。

第四节 电子商务环境建设情况

一、物流

在经济稳中有增的发展态势下,2013 年社会物流需求规模保持较快增长但增速减缓。2013 年全国社会物流总额 197.8 万亿元[1],同比增长 9.5%,增幅同比回落 0.3 个百分点。社会物流总费用 10.2 万亿元,同比增长 9.3%,增幅较上年同期回落 2.1 个百分点。社会物流总费用与 GDP 的比率为 18.0%,与上年持平,表明我国经济社会运行的物流成本仍然较高。

电子商务高速成长,成为拉动快递业增长的引擎。国家邮政局数据显示,2013 年,全国规模以上快递公司完成业务量达 92 亿件,同比增长 61.7%。快递业务中,超过60%来自网络零售。快递业务收入全年累计完成 2547.8 亿元[2],环比增长达到 28.6%,异地快递业务量占比 72.2%。

2014 年 9 月,国务院发布《物流业发展中长期规划(2014—2020)》(简称"规划")。规划有助于指导物流业健康发展。规划把物流业定位于支撑国民经济发展的基础性、战略性产业,到 2020 年发展的战略目标是基本建立布局合理、技术先进、便捷高效、绿色环保、安全有序的现代物流服务体系。规划是指导中国物流业"新常态"下健康发展的顶层设计蓝图。

在经济探底过程中,物流运行总体趋稳。2014 年社会物流需求规模增速减缓,全年社会物流总额 213.5 万亿元[3],按可比价格计算,同比增长 7.9%,增幅比上年回落1.6 个百分点。物流运行效率有所提升。2014 年社会物流总费用 10.6 万亿元,同比增长6.9%。社会物流总费用与 GDP 的比率为 16.6%,比上年下降 0.3 个百分点。

网络零售继续推高快递业务。根据国家邮政总局数据,2014 年我国快递业务量达

---

①来源:中国物流与采购联合会,《2013 年物流运行情况分析》。
②来源:速途网,《2013 年中国快递行业分析报告》,2014 年 2 月 14 日。
③来源:中国物流与采购联合会,《2014 年物流运行情况分析》,2015 年 2 月。

140 亿件,同比增长 52%,跃居世界第一。农村快递市场出现了"赶街"等创新模式,解决了"最后一公里"难题。但是,农村市场快递包裹量也仅为 20 多亿件,还有广阔的提升空间。随着生鲜农产品电子商务的启动,冷链快递市场的潜力也一触即发。

【拓展阅读】顺丰"嘿客"店低调关闭

一、顺丰背景

顺丰速运于 1993 年 3 月成立于广东顺德,创始人王卫。顺丰是一家主营国际、国内快递业务的快递企业。成立之初,公司业务为顺德与香港之间的即日速递业务,随着客户需求的增加,顺丰的服务网络延伸至中山、番禺、江门和佛山等地。网络零售的发展,推动了顺丰借势快速发展。目前,顺丰速运是中国速递行业中投递速度最快的快递公司之一。截至 2014 年 4 月, 顺丰已拥有 26 万多名员工,1 万多台运输车辆,15 架自有全货机,遍布境内外的 8200 多个营业网点。

二.顺丰 O2O 及"嘿客"发展历程

2011 年 10 月,顺丰与 7-11 便利店在深圳地区开展全新合作,推出收寄件服务。这是顺丰首次尝试 O2O 服务。借助便利店的店面和人员优势,每天 24 小时向市民提供不打烊的寄件和收件服务,既节约了资源,降低了成本,又方便用户,提供了更贴心的服务。

2014 年 5 月,全国 518 家顺丰旗下的"嘿客"面世,门店提供寄取快件、产品展示下单,团购/预售等服务。

2014 年 11 月,"嘿客"O2O 线上平台 sfheike.com 上线。主营生鲜产品和粮油食品,此外,还包含母婴、珠宝、鞋帽、箱包、户外、家电、家居等多个品类商品。

2015 年 5 月,顺丰连锁实体店嘿客正式更名为顺丰家,宣布嘿客 O2O 实验失败。"顺丰嘿客"官网域名 sfheike.com 也已无法访问。顺丰实体店除了商品展示功能外,还增设了更多的体验场所,如数码、电玩产品的互动专区,顾客在顺丰店里甚至可以打游戏。同时,新型顺丰店还推出了商品墙和二维码墙,用户可直接扫描获得产品信息。

三、"嘿客"落幕的原因分析

1.巨大的成本

"嘿客"店面面积一般 30 平米左右,大多位于城市社区临街商铺,统一装修风格,招聘专职员工。按照顺丰官方给出的数字:拥有近 3000 家嘿客门店,大约聘用 1.6 万员工。

按照房屋租金、人员费用、装修、设备购置等几项费用估算,每家嘿客店开业需要投入资金大概在 30 万元左右,顺丰嘿客全部耗资大约 10 亿元。

2.商业模式不清,战略定位不准

"嘿客"定位于 O2O,整合线上和线下的资源,与用户实现良好的互动,提升用户体验。然而在实际运行中,嘿客店并没有给用户提供独特的服务,增加用户的体验,也没有发展到新的用户群体,在店内实现的交易更是微乎其微。巨大的成本投入而却缺少业绩支撑,商业模式无法为继。

3.内部管理落后

"嘿客"属于 O2O 模式,管理上也应该融入互联网因素。但是,顺丰仍沿用传统至上而下的垂直管理模式。在内部管理上、汇报机制、岗位设置、KPI 考核仍沿用过去模式,束缚了员工的积极性和创造性。

二、支付

2013 年我国支付业务量持续稳定增长。全国共办理非现金支付业务 501.58 亿笔[1],金额 1607.56 万亿元,增速保持稳定,同比分别增长 21.92% 和 24.97%。银行卡发卡量也保持平稳增长,截至 2013 年末,全国累计发行银行卡 42.14 亿张,较上年末增长 19.23%,增速放缓 0.57 个百分点。2013 年末,全国人均拥有银行卡 3.11 张,较上年末增长 17.80%,其中,信用卡人均拥有 0.29 张,较上年末增长 16.00%。银行卡交易额增速放缓,全国共发生银行卡业务 475.96 亿笔,同比增长 22.31%,增速放缓 0.09 个百分点,金额 423.36 万亿元,同比增长 22.28%,增速加快 15.38 个百分点。

第三方支付业务规模爆发。截至 2013 年末,我国第三方支付市场规模已达 16 万亿元[2],比上一年增长 357%,具有第三方支付牌照的机构目前已经超过 250 家。

互联网支付业务保持高速增长,移动支付业务引爆,并且向证券、基金、保险等多个行业领域加速渗透。2013 年,支付机构累计发生互联网支付业务 153.38 亿笔[3],金额 9.22 万亿元,同比分别增长 56.06% 和 48.57%;8.92%;移动支付业务 16.74 亿笔,金额 9.64 万

---

[1]来源:央行,《2013 年支付体系运行总体情况》,2014 年 2 月。
[2]来源:中国支付清算协会,《中国支付清算行业运行报告(2014)》2014 年 5 月 28 日。
[3]来源:中国支付清算协会,《中国支付清算行业运行报告(2014)》2014 年 5 月 28 日。

亿元,同比分别增长212.86%和317.56%。新兴支付领域市场高度集中,在互联网支付领域,支付宝、财付通和银联商务三家超过了80%的市场份额;移动支付领域,支付宝、财付通和拉卡拉三家公司占到全国近95%的市场份额。

网上银行发展保持平稳增长之势,新兴网上银行创新加速。从交易额上看,2013年中国银行业网上银行交易总额1066.97万亿元人民币[①],同比增长21.79%;从注册用户数来看,手机银行个人客户达到4.58亿户,同比增加1.64亿户,增长55.50%;企业客户达到11.43万户,同比增长23.04%;手机银行交易总量达49.80亿笔,交易总额12.74万亿元,同比增长248.09%。电视银行个人客户达到383.85万户,同比增加954.24%;电视银行交易总量达34.86万笔,交易总额0.90亿元。新兴微信银行个人客户达到290.94万户,企业客户达到4.46万户,全年交易总量达850.76万笔,交易总额6.65亿元。

2014年我国支付业务量继续稳定增长,社会资金交易规模持续增大。全国共办理非现金支付业务627.52亿笔[②],金额1817.38万亿元,同比分别增长25.11%和13.05%。银行卡发卡量保持快速增长。截至2014年末,全国累计发行银行卡49.36亿张,较上年末增长17.13%,增速放缓2.1个百分点。截至2014年末,全国人均持有银行卡3.64张,较上年末增长17.04%。其中,人均持有信用卡0.34张,较上年末增长17.24%。银行卡交易量继续增长。2014年,全国共发生银行卡交易595.73亿笔,同比增长25.16%,金额449.90万亿元,同比增长6.27%。

2014年,中国网民使用支付方式中占比最高的前三位是第三方互联网支付(62%)[③]、第三方移动支付(49.8%)和网上银行(46.8%)。互联网支付行业平稳运行,2014年,支付机构共处理互联网支付业务215.30亿笔,业务金额17.05万亿元[④],分别比上年增长43.52%和90.29%。市场占有率最高的支付平台分别是支付宝(94%)、银联在线(36.6%)、财付通(36.3%)和快钱(33.1%)。移动支付业务规模爆发式增长,市场主体不断创新服务模式,建立合作共赢的产业链。2014年,共处理移动支付业务153.31亿笔,8.24万亿元,同比分别增长305.9%和592.44%。

---

①来源:中国银行业协会,《2013年度中国银行业服务改进情况报告》,2014年4月。
②来源:央行,《2014年支付体系运行总体情况》,2015年2月。
③来源:艾瑞咨询,《中国电子支付用户报告》,2015年。
④来源:中国支付清算协会,《中国支付清算行业运行报告(2014)》,2014年5月。

互联网金融兴起,网上银行发展保持平稳增长之势。互联网金融服务受到网民欢迎,银行业平均离柜率达到 67.88%[①],网上银行各项业务增长具体数字如表 8-2 所示:

表 8-2　网上银行各项业务增长情况

类别	项目	总数	同比增加
网上银行	个人客户数	9.09 亿户	19.71%
	交易笔数	608.46 亿笔	21.59%
	交易总额	1248.93 万亿元	17.05%
手机银行	个人客户	6.68 亿户	30.49%
	交易笔数	106.89 亿笔	114.63%
	交易总额	31.74 万亿元	149.12%
微信银行	个人客户	3666.81 万户	
	交易总量	2.92 亿笔	
	交易总额	1073.67 亿元	161.45 倍
电商平台	个人客户	7928.56 万户	
	交易总量	22.83 亿笔	
	交易总额达	1.72 万亿元	
电视银行	个人客户	724.13 万户	89.37%
	交易总量	95.01 万笔	172.55%

【拓展阅读】红包大战推动移动支付发展

1. 红包大战

2015 年春节,以微信和支付宝为首的移动应用掀开了春节红包大战。此外 QQ、京东、新浪微博、优酷、陌陌、快的打车、百度、国美等公司也纷纷加入红包促销活动。

2014 年春节除夕夜,微信红包一夜爆红,当晚抢红人数达到 482 万人次,领取到的红包数量超过 2000 万个,平均每分钟领取的红包达到 9412 个。微信支付借助红包成功逆袭支付宝。

2015 年 1 月 26 日,支付宝钱包升级版本上线,其 App 的显著位置出现"亿万红包"广告,让用户充满了期待,由此拉开了红包大战的序幕。

2015 年 2 月 3 日,新浪微博则上线了"让红包飞 2015"粉丝红包功能,百位明星为粉丝发红包,粉丝也可以给明星充红包。

---

①来源:中国银行业协会,《2014 年度中国银行业服务改进情况报告》,2015 年 4 月。

2015 年 2 月 9 日,支付宝、微信、百度纷纷发布春节红包发送额度。

2015 年 2 月 11 日 9 点,微信春节红包正式开启,用户通过微信摇一摇的方式可以抢到总数量为 2500 万个的现金红包,红包大战打响。

2015 年 2 月 11 日上午 10 点,支付宝钱包的第一轮红包开抢。打开支付宝钱包就能看到类似于"打地鼠"的游戏,击中即可获得红包。红包包括现金红包和品牌商的购物红包。

2015 年 2 月 11 日除夕之夜,全国各地的电视观众更是摇晃手机,拼抢红包。

2015 年 2 月 15 日晚上,泰康公司投入现金 2000 万元,在微信平台共投放 1200 万个红包,结果不到一分钟时间,所有红包被一抢而空。

2. 数据看红包大战

据统计,腾讯和阿里两家,春节期间将送出超过 6 亿元的现金红包,附加以各种产品优惠券等形式出现的 64 亿元购物红包。其中,2015 年从 2 月 11 日到 2 月 19 日,支付宝和品牌商户派发 6 亿元的红包,其中现金超过 1.56 亿元,购物消费红包约为 4.3 亿元。根据《中国第三方移动支付市场季度监测报告》,2015 年除夕全天,微信红包总发送量达到 10.1 亿次,绑定个人银行卡 2 亿张,移动支付的市场份额提升至 11.43%。根据快的打车数据,其春节期间将发放总价值超过 10 亿元的红包,包括 1000 万个现金红包和数亿个打车。

3. 红包大战的原因

春节期间是红包发送高峰期,有三方面的原因。其一,网络红包是传统春节的习俗的延续,寄托了人们的美好祝福。其二,网络红包通过社群关系发放,不仅增加了春节期间的欢乐气氛,也成为公关和维系友好关系的一个契机。其三,春节假期,红包接龙游戏带来了欢乐,也成为人们获得零花钱的一种方式。其四,抢红包是网络运营商潜移默化推广移动支付的最佳方式,有专家甚至将 2015 年称为"移动支付的普及年"。

4. 发展移动支付的重要意义

我们看到,购买水电、订电影票、打车、订餐、购物、医院挂号等环节,已经较大范围普及移动支付。移动支付不仅方便百姓生活,未来移动支付必将作为杀手级应用,不仅会创新的新业态和新业务,还引发金融和互联网两个行业的巨大变革和竞争格局的重塑。所以,抢占移动支付的制高点,是企业决胜的关键所在。

三、信用

信用问题依然是阻碍我国电子商务健康发展的主要瓶颈之一。中国消费者协会公布的数据显示,2013 年消协受理网络购物投诉占销售服务投诉量的一半以上, 达到52.4%。此外,网络购物中产生的问题不能顺畅解决。在寻求解决办法的被访者中,仅有35.6%的投诉问题最终得到解决。另一份报告显示[1],2013 年网络购物投诉近 9.7 万起,同比增长 4.0%。而在 2013 年度电子商务领域的各类投诉中,网络购物占 52.38%,网络团购占 27.53%,移动电子商务占 10.09%,物流快递占 2.24%,B2B 网络贸易占 1.39%,第三方支付占 1.07%,其他(如网络传销、网络集资洗钱等)占 5.3%。网购用户投诉最多的十大问题是退款问题、售后服务、网络售假、退换货物、发货迟缓、网络诈骗、质量问题、订单取消、虚假促销、节能补贴。

为了规范征信活动,2013 年 1 月,国务院颁布《征信业管理条例》,推进社会信用体系的建设。同年,中国人民银行发布《征信机构管理办法》进一步加强对征信机构的管理。最高人民法院公布《关于公布实心被执行人名单信息的若干规定》,推进社会信用体系建设。为了规范电子商务环境,国家食品药品监督管理局联合多部门出台《开展打击网上非法售药行为工作方案》。为了规范网商信用,中国中小企业协会网上分会制定了"网商信用评级办法"。

2013 年 7 月,首批 12 名"职业差评师"在杭州以敲诈罪锒铛入狱,成为我国依法治理和优化网上交易环境的标志性事件。

2014 年,信用问题依然严峻。中国消费者协会公布的数据显示,在 2014 年全国消协组织受理的投诉案例中,远程购物投诉量排名第一[2],而远程购物投诉所涉及的20135 件中,网络购物占比高达 92.28%,网络购物投诉的焦点问题是交易对象不明确、个人信息安全、虚假宣传和售后服务质量差。另一份报告同样显示[3],2014 年中国电子商务投诉与维权公共服务平台共收到投诉累计逾 10 万起,较 2013 年同比增长 3.3%。其中,网购投诉最多,占 47.6%,其次是 O2O 投诉,占 24.2%。此外,互联网金融投诉成为新的重要投诉

---

[1]来源:中国电子商务研究中心,《2013 年度中国电子商务用户体验与投诉监测报告》,2014 年 03 月 13 日。
[2]来源:中国消费者协会,《2014 年全国消协组织受理投诉情况分析的报告》。
[3]来源:中国电子商务研究中心,《中国电子商务用户体验与投诉监测报告》,2015 年 3 月。

类别,涉及支付、P2P等方面的投诉占总投诉量的3%。

为了加快建设社会信用体系、营造诚实守信的经济社会环境,2014年6月,国务院院印发了《社会信用体系建设规划纲要(2014~2020年)》。该纲要的出台,对增强社会成员诚信意识,营造优良信用环境,提升国家整体竞争力,促进社会发展和文明进步具有重要意义。

四、安全

安全问题同样威胁我国电子商务的健康发展。2014年,网站漏洞大规模爆发,在被安全检测扫描的164.2万个网站中,存在安全漏洞的网站占37.6%[1]。从行业来看,电子商务类网站存在高危漏洞的比例最高, 达到26%。网站漏洞导致用户大量隐私数据泄露。比较典型的案件有:1月,国内通用顶级域的根服务器忽然出现异常,导致中国众多知名网站出现大面积DNS解析故障,时间持续数小时之久;同月,央视曝光了支付宝找回密码功能存在系统漏洞;3月,乌云漏洞平台发布消息称,携程网用户支付信息出现漏洞;此外,媒体还报道中国快递1400万信息泄露、12306用户数据泄露等安全事故。

我国政府高度重视网络安全治理。2014年2月,中央网络安全和信息化领导小组成立,国家主席习近平亲自担任组长。该领导小组将着眼国家安全和长远发展,统筹协调涉及网络安全和信息化重大问题,研究制定网络安全和信息化发展战略等。2014年8月,国家互联网信息办公室成立,其重要职责就是负责全国互联网信息内容管理工作,并负责监督管理执法。2014年11月,网信办联合、公安部等多八个部门举办首届国家网络安全宣传周活动。

五、新技术

技术的创新给行业带来新的机会和变革。2013年,在电子商务领域,带给人们更多期盼的技术是:大数据、二维码、移动互联网、3D打印技术、软件定义网络等。此外,云计算、物联网、智慧化仍然是热点。2014年,除了大数据、人工智能、移动互联网、3D打印技术依然受到追捧外,在一些细分领域,也有突破。图像识别技术已经商业化,有助于提高

---

①来源:360公司,《2014年中国网站安全告》,2015年1月。

搜索效率;全息显示技术能够记录并再现物体三维图像技术,应用此技术的手机将实现空中交互,不用触摸屏幕就可以操作手机。

六、行业标准

我国电子商务标准体系建设逐步细化、完善。2013 年实施的电子商务行业标准体现的特点是更加落实到电子商务的每一个环节,如信息查询、合同签订、营销运营等。2013年开始实施的标准有《电子商务商品营销运营规范》、《电子合同在线订立流程规范》、《电子提单(无权凭证)使用规范》、《用于贸易融资的电子信息查询规范》等。

为了推动电子商务标准体系建设,商务部确定了《2014 年流通行业标准项目计划》,其中包括跨境电子商务服务规范、移动电子商务服务规范等 120 项。为进一步做好城市配送工作,提高流通效率,商务部和上海市组织编制了《全国城市配送发展指引》,提出城市配送体系的建设重点、建设标准及考核指标。

七、政策法规

1. 继续扶持电子商务发展

电子商务成为推动经济转型和企业创新的重要驱动力,政府出台了一系列扶持政策,包括国务院出台的《关于加快促进信息消费扩大内需的若干意见》、发改委出台《关于进一步促进电子商务健康快速发展有关工作的通知》,商务部出台《促进电子商务应用的实施意见》,工信部发布《关于开展电子商务集成创新试点示范工程工作的通知》。为推动跨境电子商务的快速成长,商务部联合多部委出台《关于实施支持跨境电子商务零售出口有关政策的意见》,国家工商总局提出《关于加快促进流通产业发展的若干意见》,鼓励开展网上商品交易。为了继续发挥标杆示范作用,发改委等八部委发布了《关于启动第二批国家电子商务示范城市创建工作有关事项的通知》。广东、上海、北京、福建、湖南、成都等地纷纷出台地方性鼓励政策,加快区域电子商务发展。

2014 年,电子商务政策依然暖风频吹,尤其国发〔2015〕24 号文件的发布,推动电子商务政策密集发布,为电子商务的发展营造了更为良好的环境。2014 年是跨境电子商务启动之年,财政部、国家税务总局发布了《关于跨境电子商务零售出口税收政策的通知》,明确了跨境电子商务零售出口有关税收的优惠政策,促进了跨境电子商务发展。海关总署签署公告,增列海关监管方式代码"9610",全称"跨境贸易电子商务",有助于提高通关效率,降低通过成本。国家发改委、中国人民银行为鼓励移动商务创新发展,发布《关于组织开展移动电子商务金融科技服务创新试点工作的通知》。财政部、商务部、国家邮政局发布《关于开展电子商务与物流快递协同发展试点有关问题的通知》,决定划拨专项资金,在天津、石家庄、杭州、福州、贵阳 5 个城市开展电子商务与物流快递协同发展试点。农业部在继续推进信息进村入户的工作部署,加大对涉农电子商务的支持力度;商务部和财政部联合发布《关于开展电子商务进农村综合示范的通知》,拨付资金,增加试点,推动电子商务在农村的应用。交通部等四机构出台政策,进一步改善农村物流环境。国务院扶贫办正式将电商扶贫纳入国家扶贫政策体系。全国供销总社加快了全系统的电商转型,并启动了示范县工作。此外,各地方政府也纷纷出台政策措施,促进电子商务深入应用。

2015 年,诸多政策密集出台,支持电子商务快速有序发展。3 月,政府工作报告首次提出"互联网+"行动计划;随后,国务院发布了《关于积极推进"互联网+"行动的指导意见》。6 月,工信部发布通知,为支持我国电子商务发展,鼓励外资参与,放开外资持股比例限制,外资持股比例可至 100%。7 月,在电子商务领域出台了《"互联网+流通"行动计划》,提出巩固和增强我国电子商务发展领先优势,大力发展农村电商、行业电商和跨境电商,进一步扩大电子商务发展空间;深化电子商务与其他产业的融合。9 月,国务院办公厅印发《关于推进线上线下互动加快商贸流通创新发展转型升级的意见》,提出大力发展线上线下互动,对推进实体店转型、促进商业模式创新、增强经济发展新动力具有重要意义。11 月,中央经济会议提出供给侧改革,为电子商务服务提供契机,推动传统企业互联网转型。

【拓展阅读】"互联网 +"行动计划

2015 年 3 月 5 日十二届全国人大三次会议上,李克强总理在政府工作报告中首次提出"互联网+"行动计划。报告指出:"制定"互联网+"行动计划,推动移动互联网、云计算、大数据、物联网等与现代制造业结合,促进电子商务、工业互联网和互联网金融健康发展,引导互联网企业拓展国际市场。国家已设立 400 亿元新兴产业创业投资引导基金,要整合筹措更多资金,为产业创新加油助力。"

2015 年 7 月 4 日,国务院印发了《关于积极推进"互联网+"行动的指导意见》(以下简称《意见》)。《意见》明确了未来三年以及十年的发展目标,提出了 11 个具体行动计划,既涵盖了创业创新、制造业、农业、金融、能源、益民服务、物流、交通、电子商务、生态、人工智能等产业。《意见》提出 7 项推进"互联网+"的保障措施:一是夯实发展基础;二是强化创新驱动;三是营造宽松环境;四是拓展海外合作;五是加强智力建设;六是加强引导支持;七是做好组织实施。《意见》是党中央、国务院在信息技术快速发展、国内外政治经济环境日趋复杂情况下,审时度势,立足国情,对互联网与经济社会融合发展做出的重大战略部署和顶层设计,将加快推进互联网与传统经济的融合,催生经济发展新动能,推动大众创业和万众创新,具有划时代的重大意义。

2015 年 11 月 25 日,工业和信息化部为了落实《意见》,研究制定了《工业和信息化部关于贯彻落实<国务院关于积极推进"互联网+"行动的指导意见>的行动计划(2015-2018 年)》(以下简称《行动计划》)。《行动计划》提出"互联网+"行动的四项基本原则,分别是:坚持创新引领、坚持两化融合、坚持开放共享、坚持安全有序。《行动计划》的总体目标是到 2018 年,互联网与制造业融合进一步深化,制造业数字化、网络化、智能化水平显著提高。七项主要行动包括:两化融合管理体系和标准建设推广行动、智能制造培育推广行动、新型生产模式培育行动、系统解决方案能力提升行动、小微企业创业创新培育行动、网络基础设施升级行动、信息技术产业支撑能力提升行动。

2. 加强行业监管力度,监管和预防并重

行业监管方面,全国人大出台《关于修改<中华人民共和国消费者权益保护法>的决定》,明确消费者自收到商品之日起可以七天无理由退换货。为了保障电子商务健康有序发展,《电子商务法》立法工作也开始启动。

2015 年初,发生在国家工商总局与阿里巴巴之间的网络监管纠纷和相互间公开指责,在国内外电商领域和全社会引起广泛而深刻的影响。打车软件、尤其专车经营模式给既有租车市场带来的冲击和对原有监管方式的挑战,进一步暴露出电子商务监管机制的调整滞后于电子商务实践发展的深层矛盾,推动电子商务市场监管与公共服务领域的创新。

在监管方面,各政府部门分别出台了多项监管细则。国家工商总局出台《网络交易管理办法》《网络商品和服务集中促销活动管理暂行规定(征求意见稿)》,分别对网络购物退货和网络促销环节进行了规范。中国银监会、中国人民银行发布了《关于加强商业银行与第三方支付机构合作业务管理的通知》,加强银行与第三方支付的合作,保护客户资金安全和信息安全。海关总署出台《关于跨境贸易电子商务进出境货物、物品有关监管事宜的公告》,明确规定了跨境电商的监管办法。国家食品药品监督管理总局发布《互联网食品药品经营监督管理办法(征求意见稿)》,规定包括:B2B 无需审批或备案,B2C 第三方交易平台由省级食品药品监管部门审批。商务部公布《网络零售第三方平台交易规则制定程序规定(试行)》,对电商平台规则制定、修改、公布等环节进行规范,能够更好地保护商家的利益。

【拓展阅读】中央网络安全和信息化领导小组成立

2014 年 2 月 27 日,中央网络安全和信息化领导小组成立。并在北京召开了第一次会议,领导小组包括 12 位党和国家领导人,由习近平亲自担任组长,李克强、刘云山任副组长。中央网络安全和信息化建设领导小组的成立是以规格高、力度大、立意远来统筹指导中国迈向网络强国的发展战略,在中央层面设立一个更强有力、更有权威性的机构,解决了现行管理体制存在多头管理、职能交叉、权责不一、效率不高的弊端。

在互联网快速发展,日益渗透到人民工作、生活方方面面的背景下,中央网络安全和信息化领导小组将围绕"建设网络强国",重点发力,机构的主要职责是着眼国家安全和长远发展,统筹协调涉及经济、政治、文化、社会及军事等各个领域的网络安全和信息化重大问题;研究制定网络安全和信息化发展战略、宏观规划和重大政策;推动国家网络安全和信息化法治建设,不断增强安全保障能力。习近平总书记在会上指出:"没有网络安全,就没有国家安全;没有信息化,就没有现代化。"

该小组的成立,体现了中国最高层全面深化改革、加强顶层设计的意志,显示出在保障网络安全、维护国家利益、推动信息化发展的决心。这是中共落实十八届三中全会精神的又一重大举措,是中国网络安全和信息化国家战略迈出的重要一步,标志着这个拥有 6 亿网民的网络大国加速向网络强国挺进。

七、人才培养

中国电子商务呈现高速发展之势,传统产业电子商务转型需求旺盛,因此也增加了对电子商务人才的需求。除了总量缺口外,具有综合素质的电子商务高端人才依然短缺。为了满足对电子商务高端人才的需求,各大培训机构纷纷开设电子商务总裁班,如北京大学、清华大学、人民大学等等。百度输入关键词"电子商务总裁班",搜索结果达到88.2万个。根据教育部数据,2013年有19所高校将电子商务作为新的研究生招生专业。此外,电子商务人才供需矛盾问题有所缓解。各教育机构逐步重视理论与实践相结合的培养方式,毕业生基本能够满足企业的需要。调查显示[1],电子商务学生专业实习率达到96%,毕业生就业率达到93.1%。2014年,电子商务人才需求仍然趋紧。数据显示,截止2014年底,电子商务服务企业直接从业人员超过250万人[2],间接带动就业人数1800万人。但是,伴随着电子商务+传统领域的进程,电子商务人才仍然不能满足需要。报告显示,未来两年,县域网商对电商人才的需求量超过200万[3]。其中,最缺的三类人才分别是运营推广、美工设计和数据分析。2014年秋季求职期间,互联网/电子商务排名十大需求最旺行业之首。以常州市为例,电子商务人才缺口就达2100人[4]。

针对人才需求,全国各地加强了对电子商务人才的培训工作。各地不仅出台电子商务人才培训政策,还积极建设电子商务人才培训基地。全国微电商人才培训项目在京启动,福建省出台《福建省人民政府关于进一步加快电子商务发展的若干意见》,河北省启动百万电商人才培养计划。各地的电子商务培训方式也充分考虑到实际需求,积极推广订单培养及委托培养模式,淘宝大学、高校、第三方培训机构及电商企业等多种培训渠道互相融合,广泛探索合作办学。

电子商务人才的社会化培训也取得新的进展。一些大型电子商务平台企业结合市场推广,加强了对现有用户和潜在用户的培训。地方政府为加快本地电子商务的发展,也纷纷出台优惠措施,有些地方明确采用"政府购买服务"的方式,调动社会化培训机构的积极性,加快培养本地电子商务所需的各类人才。

---

[1]来源:对外经贸大学调研组,《电子商务领域教育教学改革热点难点问题调查报告(2013年)》。
[2]来源:中国电子商务研究中心,《2014年度中国电子商务市场数据监测报告》。
[3]来源:阿里研究院与淘宝商学院,《县域电子商务人才研究微报告》,2014年。
[4]来源:《常州日报》,《电商人才至少缺口2100人》,2015年5月24日。

第五节　主要存在的问题

我国电子商务发展依然处在成长期，与实体经济和发达国家的发展水平相比，有较大提升空间，电子商务发展环境仍需不断完善。

一、电子商务与传统经济的全面融合有待突破

传统产业与电子商务的融合尚处在探索阶段，电子商务对促进传统生产转型升级的作用尚未充分显现。传统企业对电子商务的认识逐年增强，但是传统企业的电子商务应用水平仍然较低，互联网+转型困难重重。一是企业电子商务应用效果不如预期，现有电子商务服务还不能切实满足中小企业获得订单和实现转型的需求。二是中小企业缺少电商人才和运营资金。三是各领域还缺少成功的应用模式和典型案例。四是数字鸿沟依然存在，尤其城乡之间、东部和西部之间、大企业和中小企业之间差距依然明显。

二、电子商务发展不平衡

首先是电子商务区域发展不平衡，东部地区的发展水平远远领先于西部地区，表现在电子商务平台服务企业主要分布与长三角、珠三角以及北京上海等经济较为发达的省市，90%的淘宝村集中在东部五省。其次，农村地区的电子商务发展明显滞后于城市地区。此外，相比其他领域，农产品电子商务以及跨境电子商务发展还存在诸多瓶颈问题。

三、电子商务服务市场缺乏创新

电子商务服务市场同质化竞争严重，商业模式缺乏创新，还不能完全满足市场需求。平台的低水平无序竞争，会导致服务质量降低，企业大面积亏损倒闭。如兰亭集势的离职潮，如P2P的跑路风波，如众多O2O公司的倒闭潮等。再如国内第三方钢铁电子商务网站已经达到300家，造成巨大的资源浪费。为了融资圈钱，中钢网、快塑网、一亩田还分别被媒体曝出虚增交易，夸大交易数据，造成恶劣的社会影响。

四、配套环境还需改善

电子商务配套环境还不完善,阻碍电子商务健康快速发展。物流方面,管理滞后,效率偏低,冷链能力需要加强。人才方面,电子商务高端人才不足,不能满足实践需要。安全方面,诚信体系建设滞后,假冒伪劣依然猖獗,信息安全问题仍然存在。在政策和法律法规方面,2015年政府部门出台了一系列电子商务股利政策,但是在个别地方,电子商务却成为面子工程或是政绩工程,这些地方投入巨大资源,盲目上马一批电子商务项目,但是平台没有流量和交易量,对于发展经济,提高人民生活水平没有任何意义。另外,还有个别政府部门仓促出台政策,没有充分考虑实践发展的客观情况,导致政策没有操作性,甚至是阻碍实践的发展。在跨境电子商务领域,监管部门分散,部门间没有形成有效的协调机制,无法形成合力。

附录　中国电子商务大事记

1994—1997 年中国电子商务大事记

1. 1994 年 4 月，NCFC 工程通过美国 Sprint 公司连入 Internet 的 64K 国际专线开通，实现了与 Internet 的全功能连接。中国成为真正拥有全功能 Internet 的国家。

2. 1994 年 5 月，中国科学院高能物理研究所设立了国内第一个 WEB 服务器，推出中国第一套网页，内容除介绍中国新闻、经济、文化、商贸等情况，命名为《中国之窗》。

3. 1994 年 5 月，国家智能计算机研究开发中心开通曙光 BBS 站，这是中国大陆的第 1 个 BBS 站点。

4. 1996 年 1 月，国务院信息化工作领导小组及其办公室成立，国务院副总理邹家华任领导小组组长。原国家经济信息化联席会议办公室改为国务院信息化工作领导小组办公室。

5. 1996 年 1 月，中国公用计算机互联网（CHINANET）全国骨干网建成并正式开通，全国范围的公用计算机互联网络开始提供服务。

6. 1996 年 2 月，国务院第 195 号令发布了《中华人民共和国计算机信息网络国际联网管理暂行规定》。

7. 1996 年 4 月 9 日，邮电部发布《中国公用计算机互联网国际联网管理办法》，并自发布之日起实施。

8. 1996 年 9 月，全国第一个城域网——上海热线正式开通试运行。

9. 1997 年 10 月，中国商品交易中心成立，是国家金贸工程的试点示范单位。

10. 1996 年 11 月，实华开公司在北京首都体育馆旁边开设了实华开网络咖啡屋，这是中国第一家网络咖啡屋。

11. 1997 年 5 月 30 日，国务院信息化工作领导小组办公室发布《中国互联网络域名注册暂行管理办法》，授权中国科学院组建和管理中国互联网络信息中心（CNNIC），授权中国教育和科研计算机网网络中心与 CNNIC 签约并管理二级域名.edu.cn。

12. 1997 年 11 月，中国互联网络信息中心（CNNIC）发布了第一次《中国互联网络发展状况统计报告》。

13. 1997 年 12 月，中国化工网（英文版）上线，成为国内第一家垂直 B2B 电子商务商业网站。

14. 1997 年 12 月，公安部发布了由国务院批准的《计算机信息网络国际联网安全保护管理办法》。

1998—2002 年中国电子商务大事记

1. 1998 年 10 月，美商网（又名"相逢中国"）获多家美国知名 VC 千万美金投资，是最早进入中国 B2B 电子商务市场的海外网站，首开全球 B2B 电子商务先河。

2. 1998 年 2 月，由焦点科技运营的中国制造网（英文版）在南京上线。

3. 1999 年 3 月，阿里巴巴中国在杭州创建，同年 6 月在开曼群岛注册阿里巴巴集团。

4. 1998 年 4 月，CCEC 网站上进行了我国第一笔真正意义上的 B2B 交易，北京海星凯卓计算机公司和陕西华星进出口公司签订 166 万元的计算机买卖合同。

5. 1998 年 4 月，由上海市信息港办公室、美国战略与国际研究中心和中国社会科学院信息基础结构与经济发展研究中心联合召开"上海国际电子商务论坛。"

6. 1999 年 8 月，邵亦波创办国内首家 C2C 电子商务平台"易趣网"。

7. 1999 年 5 月，王峻涛创办国内第一家 B2C 电子商务网站"8848"，并在当年融资 260 万美元。

8. 1999 年 9 月 6 日，中国国际电子商务应用博览会在北京举行，是中国第一次全面推出的电子商务技术与应用成果大型汇报会。

9. 1999 年 9 月,招商银行率先在国内全面启动"一网通"网上银行服务,成为国内首家开展网上个人银行业务的商业银行。

10. 1999 年 12 月,建设银行在京宣布推出网上支付业务,成为国内首家开通网银的国有银行。

11. 1999 年 12 月,国家信息化工作领导小组成立,国务院副总理吴邦国任组长。并将国家信息化办公室改名为国家信息化推进工作办公室。

12. 2000 年 4 月,慧聪国际推出慧聪网。

13. 2000 年 5 月,卓越网成立。

14. 2000 年 6 月,中国电子商务协会正式成立。

15. 2000 年 7 月,由国家经贸委、信息产业部指导,中国电信集团公司与国家经贸委经济信息中心共同发起的"企业上网工程"正式启动。

16. 2000 年 10 月 11 日,中国共产党第十五届中央委员会第五次会议通过《中共中央关于制定国民经济和社会发展第十个五年计划的建议》,指出:"以信息化带动工业化,发挥后发优势,实现社会生产力的跨越式发展。"

17. 2001 年 7 月,中国人民银行颁布《网上银行业务管理暂行办法》。

18. 2002 年 3 月,全球最大网络交易平台 eBay 投资 3000 万美元,入股易趣网 33% 的股份。

19. 2002 年 7 月,国家信息化领导小组的第二次会议,审议通过了《国民经济和社会发展第十个五年计划信息化重点专项规划》、《关于我国电子政务建设的指导意见》和《振兴软件产业行动纲要》。

2003 年中国电子商务大事记

1. 2003 年 5 月,阿里巴巴集团投资 1 亿人民币成立淘宝网,进军 C2C。

2. 2003 年 6 月,eBay 以 1.5 亿美元收购易趣剩余股份。

3. 2003 年 9 月,阿里巴巴集团与英特尔签订协议,合作建设首个手机电子商务平台。

4. 2003 年 10 月,阿里巴巴推出"支付宝",致力于为网络交易用户提供基于第三方担保的在线支付服务,正式进军电子支付领域。

5. 2003 年 12 月,慧聪国际在香港挂牌上市,为国内信息服务业及 B2B 电子商务服务业首家上市公司。慧聪网上市,造就一百个百万富翁。

6. 2003 年 12 月,携程网在纳斯达克上市。

2004 年中国电子商务大事记

1. 2004 年 1 月,京东涉足电子商务领域,京东多媒体网正式开通,启用域名。

2. 2004 年 1 月,阿里巴巴集团董事局主席马云正式提出"网商"概念。

3. 2004 年 2 月,当当网获得第二轮风险投资,7 月,当当网拒绝亚马逊的并购请求。

4. 2004 年 6 月, 由中国电子商务协会和阿里巴巴联合举办的首届中国网商大会在杭州召开,大会还公布中国十大"网商"。

5. 2004 年 8 月,亚马逊以 7500 万美元协议收购卓越网,并更名为卓越亚马逊。

6. 2004 年 8 月 28 日,十届全国人大常委会第十一次会议表决通过了《中华人民共和国电子签名法》,于 2005 年 4 月 1 日起施行。

7. 2004 年 10 月,阿里巴巴投资成立支付宝公司,推出基于中介的安全交易服务。

8. 2004 年 12 月,由温家宝总理主持的信息化领导小组第四次会议,通过了《关于加快电子商务发展的若干意见》。

9. 2004 年,淘宝网正式推出"淘宝旺旺"和淘宝商城,开创全新的 B2C(企业对个人)业务

2005 年中国电子商务大事记

1. 2005 年 2 月,支付宝推出保障用户利益的"全额赔付"制度,开国内电子支付的先河;当年 7 月又推出"你敢用,我敢赔"的支盟计划。

2. 2005 年 4 月 1 日,《电子签名法》正式施行,奠定了电子商务市场良好发展态势的基础,也是中国信息化领域的第一部法律。

3. 2005 年 4 月,中国电子商务协会政策法律委员会组织有关企业起草的《网上交易平台服务自律规范》正式对外发布。

4. 2005 年 8 月,阿里巴巴宣布收购包括雅虎中国的门户网站、搜索技术、通讯、广告业务、3721 网络实名服务以及一拍在线拍卖业务在内的所有资产。

5. 2005 年 9 月,腾讯依托 QQ 逾 5.9 亿的庞大用户推出"拍拍网",C2C 三足鼎立格局渐形成。

6. 2005 年 10 月,中国人民银行出台《电子支付指引(第一号)》,全面针对电子支付中的规范、安全、技术措施、责任承担等进行了规定。

2006 年中国电子商务大事记

1. 2006 年 1 月,国信办下发了《关于加快电子商务发展工作任务分工的通知》(即国信办[2006]9 号文件),把政府不同部门之间涉及电子商务发展与管理的体制进行了梳理和分工。

2. 2006 年 3 月,腾讯宣布拍拍网正式运营。

3. 2006 年 3 月 19 日,中共中央办公厅、国务院办公厅印发《2006—2020 年国家信息化发展战略》(中办发〔2006〕11 号)。

4. 2006 年 3 月,中国电子商务协会诚信评价中心在京颁布由该中心制定的《中国企业电子商务诚信基本规范》。

5. 2006 年 3 月,"第一届中小企业电子商务应用发展大会"在北京举行。

6. 2006 年 4 月 25 日,中国人民银行、国家发改委、公安部等 9 部委联合召开全国银行卡工作会议,以推动银行卡电子支付快速健康发展。会议分析了当前我国银行卡发展面临的形势和挑战,就今后一个时期的银行卡工作进行了具体部署。

7. 2006 年 5 月,由亚太经济合作组织及中华人民共和国商务部主办,"第二届APEC电子商务工商联盟论坛"在青岛成功举办。

8. 2006 年 5 月,环球资源公司和慧聪网宣布正式结成战略伙伴关系,环球资源收购慧聪国际 10%的股份。慧聪和环球资源 2005 年年收入合计达到 1.5 亿美元,中国最大的 B2B 战略联盟成立。

9. 2006 年 6 月 1 日起,全国试行由国家税务总局统一监制的航空运输电子客票行程单,作为旅客购买电子客票的付款、报销凭证,试行期为两年。

10. 2006 年 6 月,经过 10 天的网民投票,38%用户支持,61%的用户反对,淘宝网"招财进宝"收费项目被取消。

11. 2006 年 6 月,国家发改委、信息产业部和国务院信息化工作办公室联合召开了"中小企业信息化推进工程暨百万企业信息化培训信息发布会",并启动了百万中小企业上网培训工作。

12. 2006 年 6 月,商务部公布了《中华人民共和国商务部关于网上交易的指导意见》(征求意见稿)。

13. 2006 年 8 月,国家发改委中小企业司和信息产业部信息化推进司实施的"中小企业信息化推进工程"正式启动。同时,中国电信、思科、微软、惠普、联想、中兴、用友等 9 家国内外 IT 企业组成中小企业信息化联盟。

14. 2006 年 10 月,慧聪网与分众无线联手推出国内首个无线 B2B 平台。

15. 2006 年 11 月,易趣网和 TOM 在线合并。

16. 2006 年 11 月,创立于 1999 年的 B2B 电子商务服务企业——亚商在线,被世界 500 强公司之一的 Office Depot 收购,亚商在线是中国当时最大的办公用品与办公服务 B2B 电子商务公司,Office Depot 公司是世界最大的电子商务零售商之一。

17. 2006 年 12 月 15 日,电子商务领军企业网盛科技登陆深圳中小企业板,标志着 A 股"中国互联网第一股"诞生,由此改变了十年来我国互联网产业与资本市场的无一境内上市公司的尴尬历史。

2007 年中国电子商务大事记

1. 2007 年 1 月,国家电子商务标准化总体组在京成立,是我国电子商务标准化工作的总体规划和技术协调机构。

2. 2007 年 1 月,中共中央政治局第三十八次集体学习,学习内容是世界网络技术发展和我国网络文化建设与管理。学习由中共中央总书记胡锦涛主持。他强调,"加强网络文化建设和管理,……,有利于提高全民族的思想道德素质和科学文化素质,有利于扩大宣传思想工作的阵地,有利于扩大社会主义精神文明的辐射力和感染力,有利于增强我国的软实力。我们必须……切实把互联网建设好、利用好、管理好。"

3. 2007 年 3 月,信息产业部发布《信息产业"十一五"规划》。《规划》预计到 2010 年,我国信息产业总收入将达到 10 万亿元。

4. 2007 年 3 月, 北京奥组委正式开通第 29 届奥林匹克运动会官方票务网站(www.tickets.beijing2008.cn),接受国内公众用户注册。该网站是北京奥组委惟一的官方在线票务信息平台和门票销售平台,以中、英文两种界面(后又增添法文界面)向全球公众提供最新的奥运会票务政策和信息。

5. 2007 年 6 月,国家发改委、国务院信息化办联合发布我国首部《电子商务发展"十一五"规划》,该《规划》是贯彻落实《2006—2020 年国家信息化发展战略》、《国务院办公厅关于加快电子商务发展若干意见》的重大举措,是《国民经济和社会发展信息化"十一五"规划》的重要组成部分。

6. 2007 年 9 月,2007 中国信息化推进大会在北京开幕。大会以"信息化促进经济结构调整和增长方式转变"为主题。重点突出了加快信息服务业和信息化促进节能减排的具体做法。

7. 2007 年 10 月,全球最大中文搜索引擎百度宣布正式进军电子商务,并选取 C2C(个人对个人)作为突破口。百度计划基于独有的搜索技术和强大社区资源,建立中文互联网领域最具规模的网上个人交易平台。

8. 2007 年 11 月,成立八年的阿里巴巴 B2B 在香港挂牌上市,阿里巴巴首日挂牌,收市价为 39.5 港元,并创下香港股市有史以来冻资最高纪录、国内互联网公司融资之最、国内最大市值互联网公司及国内 IT 业上市公司最大规模造富运动等多项记录。

9. 2007 年 12 月,我国首届移动互联网大会在北京隆重举办。大会以"科学发展与商业价值"为主题,来自全球的移动互联网产业巨头将集中剖析移动互联网的政策管理、技术趋势、演进路线、商业模式和投资方向。

2008 年中国电子商务大事记

1. 2008 年 1 月,由国务院信息化工作办公室、信息产业部、科技部、农业部和文化部联合组织的"全国农村信息化综合信息服务试点经验交流暨工作座谈会暨农村信息化大篷车启动仪式"在北京隆重举行。

2. 2008 年 1 月,第三方支付平台支付宝与中国建设银联合推出了支付宝卖家信贷服务,符合信贷要求的淘宝网卖家将可获得最高十万元的个人小额信贷,国内首次推出这种信贷模式

3. 2008 年 3 月,国家发展和改革委员会、国务院信息化工作办公室、科学技术部、信息产业部、商务部等七部委联合发布文件《关于印发强化服务 促进中小企业信息化意见的通知》,要求各地结合本地实际,强化政府对中小企业信息化的公共服务,完善中小企业信息化社会服务体系。

4. 2008 年 3 月,科技部、信息产业部联合印发了《关于推进农村科技信息服务的意见》,指出要推进农村科技信息服务,加快农村信息化建设。

5. 2008 年 3 月,《国务院办公厅关于加快发展服务业若干政策措施的实施意见》正式发布,要求加强商业网点规划调控,鼓励发展连锁经营、特许经营、电子商务、物流配送、专卖店、专业店等现代流通组织形式。

6. 2008 年 4 月,《电子商务模式规范》和《网络购物服务规范》网上征求意见。《电子商务模式规范》规定了服务提供方主体法人资格、服务对象主体法人资格、中立的第三方参与经营、实物交易、在线支付、售后服务、独立的技术配套设施以及人员技能等方面的规范。《网络购物服务规范》对交易方、网络购物平台提供商、网络支付平台提供商进行了行为规范。

7. 2008 年 5 月,易趣网宣布对用户终身免收包括高级店铺和超级店铺在内的店铺费,也不再收取商品登录费、店铺使用费等传统项目费用,开始转向全平台免费使用的模式。

8. 2008 年 5 月,中国电子商务协会会员易宝支付携手北京市红十字会,正式启动网

络募捐平台,通过互联网的力量,积极为汶川灾区捐款。最后,通过该平台共为灾区捐款8100万。

9. 2008年6月,由亚太经合组织(APEC)和商务部共同主办的"第三届APEC电子商务工商联盟论坛"在北京举行。论坛以"模式创新———APEC电子商务发展新动力"为主题。

10. 2008年7月,北京市工商局公布"关于贯彻落实《北京市信息化促进条例》加强电子商务监督管理的意见"(下称《意见》)。该《意见》指出,8月1日起北京营利性网店必须先取得营业执照后才能经营,且经营者要对外公示"身份信息",而个人不以营利为目的网店则不受上述约定。

11. 2008年10月,百度公司正式公布进军C2C(消费者对消费者的电子商务)网络交易平台。

2009年中国电子商务大事记

1. 2009年1月,工业和信息化部为中国移动通信集团、中国电信集团公司和中国联合网络通信有限公司发放3张第三代移动通信(3G)牌照。此举标志着我国正式进入3G时代。

2. 2009年1月,网易"有道"搜索推出面向普通大众的购物搜索服务。消费者可以通过有道购物搜索自由比较产品与价格,看到来自消费者的真实商家评论。

3. 2009年1月,今日资本、雄牛资本等向京东商城联合注资2100万美元,引发国内垂直B2C领域投资热。

4. 2009年3月,九城关贸宣布关闭以B2B为核心业务的沱沱网。

5. 2009年4月,《电子信息产业调整和振兴规划》发布。规划指出,今后三年,我国电子信息产业要围绕九大重点领域,完成确保骨干产业稳定增长、战略性核心产业实现突破、通过新应用带动新增长的任务。

6. 2009年5月,网盛生意宝和阿里巴巴分别推出SNS服务"生意人脉圈"和"人脉通",标志着SNS与电子商务的融合阶段来临。

7. 2009 年 5 月,中国"首届网商交易会"在广州开幕,交易会持续两天,参会者包括 3 万名来自全国各地的淘宝大卖家与广东地区的 400 家供应商。

8. 2009 年 5 月,当当网宣布盈利,成为目前国内首家实现全面盈利的网上购物企业。

9. 6 月,优酷网宣布与淘宝网合作,推出视频电子商务新应用技术。。

10. 2009 年 8 月,百度宣布以"X2C"为核心的电子商务战略,并公布了"凤鸣计划"、"方舟计划"、"布雷顿森林计划"等举措,分别涉及企业商户、网络购物全程体验、信用评价机制。

11. 2009 年 10 月,由商务部、工信部共同主办的第二届国际电子商务应用博览会在北京开幕。"博览会"以高新信息技术展示、电子商务合作洽谈、高层领导电子商务研讨为主。

12. 2009 年 11 月,淘宝网宣布开展"全民打假"运动,将拿出一亿元来支持打假行动和建设网购保障。

13. 2009 年 11 月,商务部发布《关于加快流通领域电子商务发展的意见》,明确了未来政府部门对电子商务的引导、扶持措施。

14. 2009 年 12 月,主营 B2B 业务的焦点科技在深交所中小企业版挂牌交易。

2010 年中国电子商务大事记

1. 2010 年 1 月,淘宝网宣布启动消费保障计划,并将 2000 万消保基金额度提升到 1 亿元。

2. 2010 年 1 月,国务院常务会议决定推动电信网、广电网,及互联网三网融合。

3. 2010 年 1 月,国内首家团购网站"满座"网上线。

4. 2010 年 2 月,苏宁电器旗下 B2C 网站"苏宁易购正式上线,并宣布力争用三年时间使苏宁易购占据中国家电网购市场超过 20%的份额。

5. 2010 年 3 月,工业和信息化部等七部委联合印发了《关于推进光纤宽带网络建设的意见》,明确提出要推进光纤宽带网络建设。

6. 2010 年 6 月,国家工商总局正式出台《网络商品交易及有关服务行为管理暂行办法》,规定个人网店须实名制,而网络平台监管失职最高罚 3 万元。

7. 2010 年 6 月,中国人民银行发布《非金融机构支付服务管理办法》,规范非金融机构支付服务行为,防范支付风险,促进支付服务市场健康发展。

8. 2010 年 6 月,商务部发布"关于促进网络购物健康发展的指导意见",要求利用网络平台从事经营活动的个人实名注册,具备条件时对网络销售个人逐步实施工商登记制度。

9. 2010 年 8 月,中国邮政集团公司与 TOM 集团有限公司合资建设的 B2C 网上购物平台"邮乐网"正式上线。

10. 2010 年 8 月,中国人民银行发布《网上支付跨行清算系统业务处理办法》及《网上支付跨行清算系统业务处理手续》,明确各参与主体的权利、义务和责任。

11. 2010 年 9 月,中国人民银行出台的《非金融机构支付服务管理办法》正式执行,规定金融机构提供支付服务,应当取得许可证,标志着第三方支付的管理将逐步规范化。

12. 2010 年 9 月,国务院审议并原则通过《国务院关于加快培育和发展战略性新兴产业的决定》。

13. 2010 年 10 月,工信部和国家发改委联合发出《关于做好云计算服务创新发展试点示范工作的通知》,在北京、上海、深圳、杭州、无锡等 5 个城市将先行开展试点示范工作。

14. 2010 年 10 月,商务部发布《关于开展电子商务示范工作的通知》,将加大电子商务等现代流通方式和新型流通模式推广的应用力度。

15. 2010 年 10 月,国务院发布《国务院关于加快培育和发展战略性新兴产业的决定》。七大战略性新兴产业中,"新一代信息技术"名列其中。

16. 2010 年 10 月,麦考林登陆纳斯达克,成为中国首家上市的 B2C 企业。上市当天麦考林以每股 11 美元价格募集资金约 1.29 亿美元,将主要用于物流和 IT 平台建设。

17. 2010 年 11 月,商务部发布《关于开展电子商务示范工作的通知》,将加大电子商务等现代流通方式和新型流通模式推广的应用力度,通过电子商务骨干企业引导行业发展。

18. 2010 年 12 月,当当网在美国纽约证券交易所正式挂牌上市,公司拟融资规模为 2 亿美元,用于加强基础设施、提升配送能力、拓展百货产品线和完善服务。

2011年中国电子商务大事记

1. 2011年1月,商务部发布《关于规范网络购物促销行为的通知》

2. 2011年3月,国家发展改革委、商务部、人民银行、国家税务总局、国家工商总局决定联合发布"关于开展国家电子商务示范城市创建工作的指导意见"。

3. 2011年4月,工信部等五部委印发《关于加快推进信息化与工业化深度融合的若干意见》,大力推进信息化与工业化深度融合,促进经济发展方式转变和工业转型升级。

4. 2011年4月,中央4部门开展整治非法网络公关行为专项行动。中央外宣办、工业和信息化部、公安部、工商总局等四部门联合下发了《深入整治非法网络公关行为专项行动工作方案》。

5. 2011年4月,商务部发布《第三方电子商务交易平台服务规范》。

6. 2011年4月,商务部、工业和信息化部、公安部、人民银行、海关总署、工商总局、质检总局、新闻出版总署(版权局)、知识产权局"关于进一步推进网络购物领域打击侵犯知识产权和制售假冒伪劣商品行动的通知"。

7. 2011年5月,国家互联网信息办公室成立。

8. 2011年5月,中国人民银行颁发首批27家电子支付牌照。

9. 2011年8月,商务部发布83家电子商务示范企业名单。

10. 2011年8月,中国人民银行颁发第二批13家第三方电子支付牌照。

11. 2011年10月,商务部发布《商务部"十二五"电子商务发展指导意见》。

12. 2011年12月,工业和信息化部发布《电子商务"十二五"发展规划》,指出"十二五"期间,电子商务将被列入战略性新兴产业的重要组成部分,并作为新一代信息技术的分支成为下一阶段信息化的重心。

13. 2011年12月,中国人民银行公布第三批61家第三方支付许可证(支付牌照)的企业名单。

2012 年中国电子商务大事记

1. 2012 年 1 月,阿里巴巴集团旗下淘宝商城采用独立品牌,正式更名为天猫。

2. 2012 年 2 月,八部委下发《关于促进电子商务健康快速发展有关工作的通知》,将在广州等 22 个城市开展网络(电子)发票应用试点,从国家层面上规范网购发票问题。

3. 2012 年 3 月,工信部发布《电子商务"十二五"发展规划》,提出"十二五期间"电子商务发展的重点任务及一些列政策措施。

4. 2012 年 3 月,定位于闪购模式的 B2C 网站唯品会正式登陆纽交所,通过 IPO 募集了 7150 万美元。

5. 2012 年 5 月,阿里向雅虎回购股权,阿里巴巴重新获得大股东位置。

6. 2012 年 6 月,阿里巴巴宣布其 B2B 公司退市,私有化计划生效。

7. 2012 年 8 月,沃尔玛收购 1 号店,布局中国电子商务市场。

8. 2012 年 8 月,京东、国美、苏宁掀起电商价格战。

9. 2012 年 9 月,国家发改委对电商价格战展开调查,认定电商价格战存在欺诈行为。

10. 2012 年 9 月,苏宁召开发布会,正式宣布收购母婴类垂直电商网站红孩子。

11. 2012 年 11 月, 全球最大电商平台 eBay 与国内服装 B2C 走秀网合作,以推出"eBayStyle 秀"频道,为国内用户提供美国商品。

12. 2012 年 12 月,窝窝团宣布盈利,成为中国生活服务电商行业第一家实现规模性盈利的公司。

2013 年中国电子商务大事记

1. 2013 年 3 月,国税总局发布《网络发票管理办法》。

2. 2013 年 4 月,国家发展改革委、财政部、农业部、商务部等十三个部门联合发布《关于进一步促进电子商务快速发展有关工作的通知》,继续加快完善支持电子商务创新发展的法规、政策环境。2013 年 4 月,阿里巴巴入股新浪微博、高德地图;百度收购 PPS

视频业务。

3. 2013 年,6 月,阿里巴巴集团支付宝推出余额宝,互联网金融成为竞争焦点。8 月,腾讯推出"活期通";9 月,在招商银行"小企业 e 家"金融服务平台开始提供类 P2P 贷款的投融资撮合服务;10 月,百度推出在线理财产品"百发";12 月,京东"京保贝——3 分钟融资到账业务"正式上线。

4. 2013 年 4 月,阿里巴巴入股新浪微博、高德地图;百度收购 PPS 视频业务。

5. 2013 年 8 月,商务部、发改委等八部委联合下发《关于实施支持跨境电子商务零售出口有关政策的意见》。

6. 2013 年 8 月, 国务院发布《关于促进信息消费扩大内需的若干意见》提出,到2015 年,信息消费规模超过 3.2 万亿元,年均增长 20% 以上。

7. 2013 年 8 月,国务院发布了《"宽带中国"战略及实施方案》,部署未来 8 年宽带发展目标及路径,宽带首次成为国家战略性公共基础设施。

8. 2013 年 10 月,58 同城在纽交所挂牌上市;

9. 2013 年 11 月,去哪儿网在美国纳斯达克成功上市;

10. 国家工商总局、质检总局、林业局、旅游局、邮政局、国家标准委联合下发《发改委促进电子商务健康快速发展有关工作的通知》。

11. 2013 年 11 月,十八届三中全会通过《中共中央关于全面深化改革若干重大问题的决定》,提出坚持"积极利用、科学发展、依法管理、确保安全"的方针,加大依法管理网络力度,加快完善互联网管理领导体制,确保国家网络和信息安全。

12. 2013 年 12 月,工信部正式向三大运营商发布 4G 牌照,中国移动、中国电信和中国联通均获得 TD–LTE 牌照。

2014 年中国电子商务大事记

1. 2014 年 1 月,财政部、国家税务总局发布《关于跨境电子商务零售出口税收政策的通知》,明确跨境电子商务零售出口有关税收优惠政策。

2. 2014 年 2 月,中央网络安全和信息化领导小组成立,中共中央总书记习近平任组长。

3. 2014年2月,工商总局公布《网络交易管理办法》公布,明确网络商品经营者和有关服务经营者应承担的义务,以及违反这一管理办法所应承担的法律责任。

4. 2014年5月,国家食品药品监督管理总局公布《互联网食品药品经营监督管理办法(征求意见稿)》,确定B2B药品购销活动无需审批或备案,B2C采取备案制。

5. 2014年11月国家工商总局发布《网络商品和服务集中促销活动管理暂行规定(征求意见稿)》,明确,网络集中促销组织者应当对网络集中促销经营者的经营主体身份进行审查和核实,并对网络集中促销经营者的促销活动进行监督。

6. 2014年,是上市年。阿里巴巴、京东、聚美优品上市,58同城、去哪儿网分别IPO,2014成为电商最火热的"上市年"。其中,2014年9月19日,阿里巴巴在纽约证券交易所挂牌上市最受关注,按其68元的招股价计算,融资规模超过218亿美元。

7. 2014年,也是强强联合之年。8月,腾讯、万达以及百度宣布注册成立万达电商公司,将持续投资超200亿元打造中国最大的O2O平台。此举也被看作是向阿里巴巴电商帝国发出的挑战。2014年3月,腾讯入股京东,实现资源优势互补,对后续京东的顺利上市也起到了很好的推动作用。

8. 2014年是互联网金融发展元年。互联网巨头公司纷纷涉足互联网金融。6月,支付宝联合天弘基金推出"余额宝";7月,京东众筹上线。10月,阿里小微金融服务集团宣布正式定名为"蚂蚁金融服务集团"。

2015年中国电子商务大事记

1. 2015年1月,国内首批民营银行中的深圳前海微众银行正式营业,是国内首家互联网银行。

2. 2015年1月,贝贝网获1亿美元C轮融资。融资完成之后,贝贝网的估值接近10亿美元。此轮融资将主要投入到消费者体验升级、中小品牌扶持及新业务拓展等方面。

3. 2015年1月,跨境电商网站洋码头正式宣布完成1亿美元B轮融资。

4. 2015年3月,第十二届全国人民代表大会第三次会议上,李克强总理提出制定"互联网+"行动计划,推动移动互联网、云计算、大数据、物联网等与现代制造业结合,促进电子商务、工业互联网和互联网金融健康发展,引导互联网企业拓展国际市场。

5. 2015 年 5 月,国务院出台《关于大力发展电子商务加快培育经济新动力的意见》,对农业、工业、服务业三大产业未来的发展方向均进行了前瞻性引导,且指明了利用电商转型升级的方向。

6. 2015 年 5 月,工信部发布《关于实施"宽带中国"2015 专项行动的意见》。10 月,39 个城市被确定为 2015 年度"宽带中国"示范城市。

7. 2015 年 6 月,李克强总理主持召开国务院常务会议,部署推进"互联网+"行动,促进形成经济发展新动能。

8. 2015 年是战略合并年。2 月,滴滴与快的宣布战略合并;4 月,赶集网与 58 同城合并;5 月,携程收购艺龙股份;8 月,阿里与苏宁互相参股,实现战略合作;10 月,美团和大众点评合并,携程与百度合作,携程与去哪网合作;12 月,世纪佳缘与百合网合并。

9. 2015 年 7 月,国务院发布《关于积极推进"互联网+"行动的指导意见》,明确积极推进"互联网+"11 项重点行动。

10. 2015 年 7 月,央行、工信部等十部委联合引发了《关于促进互联网金融健康发展的指导意见》。

11. 2015 年 9 月国办出台《关于推进线上线下互动,加快商贸流通创新发展转型升级的意见》。

12. 2015 年 10 月,国办印发《关于加强互联网领域侵权假冒行为治理的意见》,以全面推进依法治国为统领,以改革创新监管制度为保障,以新信息技术手段为支撑,以建立健全长效机制为目标,用 3 年左右时间,有效遏制互联网领域侵权假冒行为,初步形成政府监管、行业自律、社会参与的监管格局,营造开放、规范、诚信、安全的网络交易环境。

13. 2015 年 10 月,十八届五中全会审议通过的"十三五"规划建议,明确提出实施网络强国战略,实施"互联网+"行动计划,发展分享经济,实施国家大数据战略。

14. 2015 年"双 11",阿里巴巴全天交易额突破 912.17 亿,接近千亿大关,总共有 232 个国家和地区参加促销活动。

15. 2015 年 12 月,第二届世界互联网大会·互联网之光博览会在乌镇开幕,国家主席习近平作主旨演讲,提出推进全球互联网治理体系变革的四项原则和共同构建网络空间命运共同体的五点主张。